Jürgen Vortmann

Aufklärungs- und Beratungspflichten der Banken

RWS-Skript 226

Aufklärungs- und Beratungspflichten der Banken

11., neu bearb. Aufl.

2016

von

RA Dr. Jürgen Vortmann, Cloppenburg

RWS Verlag Kommunikationsforum GmbH · Köln

Die Deutsche Bibliothek verzeichnet diese Publikation in der Deutschen Nationalbibliografie; detaillierte bibliografische Daten sind im Internet über http://dnb.d-nb.de abrufbar.

© 2016 RWS Verlag Kommunikationsforum GmbH
Postfach 27 01 25, 50508 Köln
E-Mail: info@rws-verlag.de, Internet: http://www.rws-verlag.de

Alle Rechte vorbehalten. Ohne ausdrückliche Genehmigung des Verlages ist es auch nicht gestattet, das Werk oder Teile daraus in irgendeiner Form (durch Fotokopie, Mikrofilm oder ein anderes Verfahren) zu vervielfältigen.

Satz und Datenverarbeitung: SEUME Publishing Services GmbH, Erfurt
Druck und Verarbeitung: rewi druckhaus, Reiner Winters GmbH, Wissen

Vorwort zur 11. Auflage

Als ich im Jahre 1991 das Manuskript zur ersten Auflage verfasste, habe ich nicht erwartet, dass nunmehr bereits die elfte Auflage erscheint. Es konnte damals nicht davon ausgegangen werden, dass das gerade aufkommende und aktuell werdende Thema der Aufklärungs- und Beratungspflichten der Banken in den kommenden Jahren an Aktualität zunehmen würde. Die berühmte Bond-Entscheidung ist im Übrigen erst 1993 ergangen. Es sind fast 25 Jahre vergangen und es zeichnet sich nicht ab, dass die Flut der gerichtlichen Entscheidungen zu diesem Generalthema zukünftig abnehmen wird. Es kommen immer neue Fragestellungen auf, wie beispielsweise in den letzten Jahren die Problematik der Aufklärungspflicht bezüglich etwaiger Rückvergütungen oder Innenprovisionen.

Ich danke allen Lesern, dass sie es mir mit ihrem Bezug des Buches ermöglicht haben, 25 Jahre intensiv an diesem Thema zu arbeiten. Aufgrund meines Alters werden es sicherlich nicht noch einmal elf Auflagen. Ein paar sollen es allerdings noch werden. Es macht immer wieder Spaß, eine neue Auflage vorzubereiten. Ich freue mich deshalb auf weitere Ausgaben, zu denen ich gerne ihre Anregungen, Kritik und Verbesserungsvorschläge unter vortmann@vortmann.biz entgegennehme.

Cloppenburg, im Februar 2016 *Dr. Jürgen Vortmann*

Inhaltsverzeichnis

Rn. Seite

Abkürzungsverzeichnis XIII
Literaturverzeichnis XVII

I. Grundlagen 1 1
1. Pflichtenkatalog 1 1
2. Begriffsbestimmung 2 1
   a) Aufklärung und Beratung 2 1
      aa) Inhalt 2 1
      bb) Rechtsfolge 11 3
   b) Sonstige Warnpflichten 14 3
3. Keine generelle Aufklärung und Beratung 18 4
4. Haftungsgrundlagen 32 7
   a) Vertragliche Ansprüche 32 7
      aa) Grundsatz 32 7
      bb) Voraussetzungen 35 8
         (1) Vertrag 35 8
         (2) Pflichtverletzung 45 10
         (3) Verschulden 56 12
            (a) Verschulden der Bank 56 12
            (b) Mitverschulden des Kunden 64 14
         (4) Schaden 73 16
         (5) Vorteilsausgleichung 102 21
         (6) Kausalität 120 24
         (7) Zurechnung 138 28
      cc) Beweis- und Darlegungslast 150 30
      dd) Verjährung 186 36
      ee) Verwirkung 214 42
   b) Gesetzliche Ansprüche 215 42
5. Haftungsausschluss 225 45
6. Prozessuales 228 45

II. Besondere Aufklärungs-, Beratungs- und sonstige Warnpflichten der Bank 231 47
1. Kontoverbindung 232 47
   a) Kontoeröffnung 232 47
   b) Kontovollmacht 239 49
   c) Kontoführung 244 50

VII

Inhaltsverzeichnis

	Rn.	Seite

2. Kreditgeschäft 250 51
   a) Allgemeines 250 51
   b) Kreditarten 296 61
      aa) Baufinanzierung 296 61
          (1) Aufklärungs-/Beratungspflichten 296 61
          (2) Überwachungspflicht 304 63
      bb) Kredite mit Tilgungsaussetzung 309 65
          (1) Kapitallebensversicherung 310 65
          (2) Sparvertrag 321 68
          (3) Bausparvertrag 322 69
          (4) Investmentsparpläne 323 69
          (5) Fondsgebundene Lebensversicherung 324 69
          (6) Rentenversicherung 325 69
      cc) Verbraucherkredit 326 69
          (1) Idealkredit 331 70
          (2) Restschuldversicherung 332 71
      dd) Umschuldung 334 71
          (1) Aufklärungs- und Beratungspflichten 334 71
              (a) Gegenüber dem eigenen Kunden 334 71
              (b) Gegenüber einer umschuldenden
                  Bank 344 74
          (2) Nachforschungspflichten 345 74
      ee) Finanzierung von Vermögensanlagen 348 75
          (1) Bank als Kreditgeberin 349 75
              (a) Grundsatz 349 75
              (b) Aufklärungspflichten in Sonderfällen 364 79
                  (aa) Zweckvereitelung 366 80
                  (bb) Wissensvorsprung 378 83
                  (cc) Interessenkollision 397 88
          (2) Beteiligung an der Vermögensanlage 408 90
      ff) Kreditvermittlung 416 91
      gg) Abzahlungskauf 424 93
      hh) Existenzgründungsdarlehen 434 95
   c) Schuldmitübernahme 435 95
   d) Kundenkredite für Geschäfte mit Dritten 439 96
   e) Sonstige Bankgeschäfte mit Kreditfunktion 446 97
      aa) Diskontgeschäft 446 97
      bb) Factoring 451 98

3. Kreditsicherheiten 454 99
   a) Sicherheitenbestellung 454 99
      aa) Bürgschaft 457 99
          (1) Bank als Bürgschaftsnehmerin 458 100
              (a) Grundsatz 458 100
              (b) Ausnahmefälle 468 102
          (2) Bank als Bürgin 483 105

Inhaltsverzeichnis

	Rn.	Seite

    (a) Aufklärungspflichten 483 105
    (b) Benachrichtigungspflichten 485 105
  bb) Grundschuld 489 106
  cc) Abtretung von Lebensversicherungen 492 107
 b) Sicherheitenverwertung 494 107
4. Einlagengeschäft 502 108
5. Zahlungsverkehr 508 110
 a) Grundsatz 508 110
  aa) Inland 508 110
  bb) Ausland 513 111
 b) Einzelfälle 517 112
  aa) Überweisungen 517 112
    (1) Überweisungsbank 522 113
      (a) Aufklärungspflichten 522 113
        (aa) Drohende Insolvenz 522 113
        (bb) Sonstige Tatbestände 534 116
      (b) Nachforschungspflichten 536 116
      (c) Benachrichtigungspflichten 539 117
    (2) Empfängerbank 546 118
    (3) Abrechnungsverkehr der Zentralbanken 547 118
  bb) Lastschriftverfahren 549 119
    (1) Aufklärungspflichten 550 119
    (2) Benachrichtigungspflichten 552 119
      (a) Zahlstelle 552 119
        (aa) Gegenüber dem Gläubiger 552 119
        (bb) Gegenüber dem Schuldner 555 120
      (b) Inkassostelle 563 122
  cc) Wechsel 565 122
    (1) Aufklärungspflichten 565 122
    (2) Nachforschungspflichten 568 123
  dd) Scheck 569 123
    (1) Aufklärungspflichten 569 123
    (2) Beratungspflichten 577 125
    (3) Nachforschungspflichten 578 125
      (a) Einzugsbank 578 125
        (aa) Grundsatz 578 125
        (bb) Verdachtsmomente 588 127
      (b) Bezogene Bank 592 129
      (c) Benachrichtigungspflicht 596 130
  ee) Geldausgabeautomat 598 130
6. Depotgeschäft 602 131
 a) Überwachungspflicht 602 131
 b) Beratungspflicht 604 131
 c) Benachrichtigungspflichten 608 132

IX

Inhaltsverzeichnis

| | Rn. | Seite |

7. Testamentsvollstreckung ... 611 ... 133
8. Kapitalanlagen ... 614 ... 133
   a) Treuhandschaft ... 615 ... 134
      aa) Allgemeines ... 615 ... 134
      bb) Pflichtenkatalog ... 624 ... 135
         (1) Aufklärungs- und Beratungspflichten ... 624 ... 135
         (2) Nachforschungspflichten ... 632 ... 137
         (3) Benachrichtigungspflichten ... 634 ... 137
         (4) Überwachungspflichten ... 635 ... 137
   b) Anlagevermittlung ... 636 ... 137
      aa) Abgrenzung zur Anlageberatung ... 637 ... 138
         (1) Anlagevermittler ... 640 ... 138
         (2) Anlageberater ... 649 ... 140
      bb) Pflichtenkatalog ... 658 ... 141
         (1) Aufklärungspflichten ... 658 ... 141
            (a) Grundsatz ... 658 ... 141
               (aa) Richtigkeit und Vollständigkeit der Information ... 662 ... 142
               (bb) Aufklärungsbedürftige Umstände ... 670 ... 143
            (b) Einzelne Anlagebeteiligungen ... 675 ... 145
               (aa) Immobilien ... 675 ... 145
               (bb) Abschreibungsgesellschaften ... 682 ... 146
               (cc) Warenterminoptionen ... 684 ... 147
               (dd) Termindirektgeschäfte ... 715 ... 154
               (ee) Finanztermingeschäfte ... 719 ... 154
               (ff) Devisentermingeschäfte ... 744 ... 159
               (gg) Aktienoptionen ... 748 ... 160
               (hh) Sonstige Optionsscheine ... 754 ... 161
               (ii) Stillhalteroptionsgeschäfte ... 755 ... 162
               (jj) Nicht börsennotierte Aktien ... 757 ... 162
         (2) Nachforschungspflichten ... 760 ... 163
      cc) Mitverschulden des Anlegers ... 775 ... 166
   c) Anlageberatung ... 776 ... 166
      aa) Schutzbedürftigkeit ... 778 ... 167
      bb) Anlegergerechte Beratung ... 793 ... 171
      cc) Pflichtenkatalog ... 801 ... 173
         (1) Aufklärungs- und Beratungspflichten ... 804 ... 174
            (a) Allgemeines ... 804 ... 174
               (aa) Grundsatz ... 804 ... 174
               (bb) Beratungsvertrag ... 863 ... 186
               (cc) Beratungsverzicht ... 878 ... 189
               (dd) Dauer der Beratung ... 885 ... 190
               (ee) Beratungsdokumentation ... 893 ... 192

Inhaltsverzeichnis

		Rn.	Seite
(b) Pflichteninhalt		896	192
(aa) Wahrheit		896	192
(bb) Klarheit		901	193
(cc) Vollständigkeit		903	193
(dd) Richtigstellung		907	194
(c) Einzelne Anlagearten		909	195
(aa) Aktien		909	195
(bb) Aktienfonds		934	199
(cc) Wandelschuldverschreibungen		936	199
(dd) Aktienoptionen		937	200
(ee) Aktienanleihen		945	201
(ff) Swapgeschäfte		949	202
(gg) Medienfonds		964	206
(hh) Immobilienfonds		970	207
(ii) Genussscheine		991	211
(jj) Unternehmensbeteiligungen		992	211
(kk) Lebensversicherung		998	212
(ll) Sonstige Anlagen		1007	215
(2) Nachforschungspflichten		1013	216
(a) Grundsatz		1013	216
(b) Bonitäts- und Plausibilitätsanalyse		1026	218
(3) Überwachungspflichten		1033	220
(4) Dokumentationspflicht		1035	220
d) Maßnahme zur Reduzierung des Haftungsrisikos		1036	220

9. Vermögensverwaltung ... 1042 222
   a) Benachrichtigungspflichten ... 1042 222
   b) Aufklärungs- und Beratungspflichten ... 1047 223

10. Besonderheiten bei grenzüberschreitenden Bankdienstleistungen ... 1060 225

11. Insolvenzverfahren ... 1063 226

12. Steuerfahndungsverfahren ... 1065 226

Stichwortverzeichnis ... 227

Abkürzungsverzeichnis

a. A.	anderer Ansicht
Abs.	Absatz
AcP	Archiv für die civilistische Praxis
AG	Amtsgericht/Die Aktiengesellschaft (Zeitschrift)
AGBG	Gesetz zur Regelung des Rechts der Allgemeinen Geschäftsbedingungen
AGB-Bk	Allgemeine Geschäftsbedingungen der Banken
AGB-Spk	Allgemeine Geschäftsbedingungen der Sparkassen
Anh.	Anhang
Anm.	Anmerkung
Aufl.	Auflage
BAKred	Bundesaufsichtsamt für das Kreditwesen
BB	Betriebs-Berater
Bd.	Band
BGB	Bürgerliches Gesetzbuch
BGH	Bundesgerichtshof
BGHZ	Amtliche Sammlung der Entscheidungen des BGH in Zivilsachen
BI	Bank Information (Zeitschrift)
BK	Bankkaufmann (Zeitschrift)
BKR	Zeitschrift für Bank- und Kapitalmarktrecht
BörsG	Börsengesetz
BuW	Betrieb und Wirtschaft
BVerfG	Bundesverfassungsgericht
bzw.	beziehungsweise
DB	Der Betrieb
ders.	derselbe
d. h.	das heißt
dies.	dieselben
Diss.	Dissertation
DStR	Deutsches Steuerrecht (Zeitschrift)
DZWIR	Deutsche Zeitschrift für Wirtschaftsrecht (bis 1992 DWiR; bis 1998 DZWir)
c. i. c.	culpa in contrahendo
EG	Europäische Gemeinschaften
EWiR	Entscheidungen zum Wirtschaftsrecht
f./ff.	folgende/fortfolgende
FLF	Finanzierung, Leasing, Factoring
FRUG	Finanzmarktrichtlinie-Umsetzungsgesetz

GWR	Gesellschafts- und Wirtschaftsrecht
HGB	Handelsgesetzbuch
hrsg.	herausgegeben
Hrsg.	Herausgeber
i. V. m.	in Verbindung mit
JuS	Juristische Schulung
JR	Juristische Rundschau
JZ	Juristenzeitung
KaRS	Kapitalanlagen, Recht und Steuern
KG	Kammergericht
KTS	Konkurs-, Treuhand- und Schiedsgerichtswesen
KWG	Gesetz über das Kreditwesen
LG	Landgericht
MiFiD	Markets in Financial Instruments Directive
MDR	Monatsschrift für Deutsches Recht
m. w. N.	mit weiteren Nachweisen
NJW	Neue Juristische Wochenschrift
NJW-RR	NJW-Rechtsprechungs-Report Zivilrecht
Nr.	Nummer
NWB	Neue Wirtschaftsbriefe
ÖBA	Österreichisches Bankarchiv
OLG	Oberlandesgericht
RIW	Recht der internationalen Wirtschaft
RG	Reichsgericht
RGZ	Amtliche Sammlung der Entscheidungen des RG in Zivilsachen
Rn.	Randnummer
S.	Seite
ScheckG	Scheckgesetz
SchVG	Schuldverschreibungsgesetz
StBerG	Steuerberatungsgesetz
u. a.	unter anderem
VerbrKrG	Verbraucherkreditgesetz
VersR	Zeitschrift für Versicherungsrecht

vgl.	vergleiche
VuR	Verbraucher und Recht
Warn	Rechtsprechung des RG (hrsg. von Warneyer)
WBl	Wirtschaftliche Blätter, Beilage Juristische Blätter
WG	Wechselgesetz
WiB	Wirtschaftsrechtliche Beratung
WM	Wertpapier-Mitteilungen Zeitschrift für Wirtschafts- und Bankrecht
WpDVerOV	Wertpapierdienstleistungs-Verhaltens- und Organisationsverordnung
WpHG	Wertpapierhandelsgesetz
WuB	Entscheidungssammlung zum Wirtschafts- und Bankrecht
ZAP	Zeitschrift für die Anwaltspraxis
z. B.	zum Beispiel
ZBB	Zeitschrift für Bankrecht und Bankwirtschaft
ZfIR	Zeitschrift für Immobilienrecht
ZGR	Zeitschrift für Unternehmens- und Gesellschaftsrecht
ZHR	Zeitschrift für das gesamte Handelsrecht und Wirtschaftsrecht
ZIP	Zeitschrift für Wirtschaftrecht
ZKW	Zeitschrift für das gesamte Kreditwesen
ZPO	Zivilprozessordnung
ZRP	Zeitschrift für Rechtspolitik

Literaturverzeichnis
(mit weiterführender Literatur)

Kommentare, Handbücher, Monographien

Assmann/Schütze (Hrsg.)
Handbuch des Kapitalanlagerechts, 4. Aufl., 2015
(zit.: *Bearbeiter*, in: Assmann/Schütze)

Baumbach/Hefermehl/Casper
Wechsel- und Scheckgesetz, Kommentar, 23. Aufl., 2008

Bruske
Beweiswürdigung und Beweislast bei Aufklärungspflichtverletzungen im Bankrecht, 1994

Bülow
Sittenwidriger Konsumentenkredit, RWS-Skript 202, 3. Aufl., 1997

Bundschuh
Neuere höchstrichterliche Rechtsprechung zum Bankrecht, RWS-Skript 40, 4. Aufl., 1989

Canaris
Bankvertragsrecht, Bd. I, 3. Aufl., 1988

Dornfeld/Klumpe
Bauherrenmodell, Bauträgermodell, 1983 (zit.: *Bearbeiter*, in: Dornfeld)

Emmerich
Das Recht der Leistungsstörungen, 6. Aufl., 2005

Gerke
Schadensersatz wegen vorvertraglicher Informationspflichten beim Verbraucherkredit, 2014

Gößmann
Recht des Zahlungsverkehrs, 3. Aufl., 1997

Heymann
Handelsgesetzbuch, §§ 1–237, 2. Aufl., 1995, §§ 238–460 und Anhang, 1. Aufl., 1989 (zit.: Heymann/*Bearbeiter*, HGB)

v. Heymann
Bankenhaftung bei Immobilienanlagen, 18. Aufl., 2010

Hopt
Aktuelle Rechtsfragen der Haftung für Anlage- und Vermögensberatung einschließlich Prospekthaftung, RWS-Skript 65, 2. Aufl., 1985

Horn
Bürgschaften und Garantien, RWS-Skript 94, 7. Aufl., 1997, 8. Aufl., 2001

Jauernig
Bürgerliches Gesetzbuch. Mit Gesetz zur Regelung des Rechts der Allgemeinen Geschäftsbedingungen, 15. Aufl., 2013
(zit.: Jauernig/*Bearbeiter*, BGB)

Joost
Vertragslose Auskunfts- und Beratungshaftung, 1991

Köndgen
Gewährung und Abwicklung grundpfandrechtlich gesicherter Kredite, RWS-Skript 187, 3. Aufl., 1994

Lang
Aufklärungspflichten bei der Anlageberatung, 1995

Lang
Informationspflichten bei Wertpapierdienstleistungen, 2002

Leisch
Informationspflichten nach § 31 WpHG, 2004

Lwowski
Das Recht der Kreditsicherheiten, 8. Aufl., 2000

Meiwes
Probleme des Ratenkreditvertrages, 3. Aufl., 1988

Meyer-Cording
Das Recht der Banküberweisung, 1951

Möllers/Wenninger
Das Anlegerschutz- und Funktionsverbesserungsgesetz, NJW 2011, 1697

Müller
Die Mitverantwortung des Kreditgebers im Hinblick auf eine tragfähige Kreditbelastung – bezogen auf den Konsumentenkredit, 1994

Münchener Kommentar zum Bürgerlichen Gesetzbuch
hrsg. von Kurt Rebmann und Franz Jürgen Säcker, 6. Aufl., 2012
(zit.: MünchKomm-*Bearbeiter*, BGB)

Palandt
Bürgerliches Gesetzbuch, Kommentar, 75. Aufl., 2015
(zit.: Palandt/*Bearbeiter*, BGB)

Pause
Bauträgerkauf und Bauherrenmodelle, 5. Aufl., 2011

Polke
Der Zahlungsverkehr der Banken im In- und mit dem Ausland, Diss. Hamburg, 1978

Rollinger
Aufklärungspflichten bei Börsentermingeschäften, 1990

Schäfer
Haftung für fehlerhafte Anlageberatung und Vermögensverwaltung – insbesondere von Kreditinstituten, RWS-Skript 240, 2. Aufl., 1995

Schimansky/Bunte/Lwowski
Bankrechts-Handbuch, 4. Aufl., 2011
(zit.: *Bearbeiter*, in: Bankrechts-Handbuch)

Schmelz
Der Verbraucherkredit, 1989

Seibert
Das Recht der Kapitalanlageberatung und -vermittlung, 2014

Staudinger
Kommentar zum Bürgerlichen Gesetzbuch, 15. Aufl., 2009
(zit.: Staudinger/*Bearbeiter*, BGB)

Thiel
Die Haftung der Anlageberater und Versicherungsvermittler, 2. Aufl., 2007

Veldhoff
Die Haftung von Kreditinstituten für die fehlerhafte Aufklärung und Beratung von Privatkunden beim Erwerb von Zertifikaten, 2012

Wach
Terminhandel in Recht und Praxis, 1986

Walter
Die Terminspekulation mit Optionen, 1986

Wienecke
Discount-Broking und Anlegerschutz, 1999

Zoller
Die Haftung bei Kapitalanlagen, 2. Aufl., 2014

Aufsätze

Andres
Die Kausalitätsvermutung im Kapitalanlagerecht – Eine kritische Würdigung der aktuellen Rechtsprechung, BKR 2011, 277

Arendts
Beratungs- und Aufklärungspflichten über das Wertpapier erteilte Rating, WM 1993, 229

Arendts
Die Haftung für fehlerhafte Anlageberatung, JuS 1994, 915

Arendts
Die Bond-Entscheidung des BGH und künftige Anlagehaftungsprozesse, ZAP Fach 8, 165

Arendts
Die Haftung der Banken für fehlerhafte Anlageberatung nach der neueren deutschen Rechtsprechung, ÖBA 1994, 251

Arendts
Aufklärungs- und Beratungspflichten bei der Anlageberatung, DZWir 1994, 185

Arendts
Bankenhaftung – kann Privatautonomie durch Aufklärungs- und Beratungspflichten erreicht werden?, in: Jahrbuch Junger Zivilrechtswissenschaftler 1995, S. 165

Arendts
Die Nachforschungspflichten des Anlageberaters über die von ihm empfohlene Kapitalanlage, DStR 1997, 1649

Assies/Faulenbach
Prozessuale Probleme des Güteverfahrens (Verjährungshemmung durch Güteanträge, BKR 2014, 89

Assmann
Informationspflicht des Anlagevermittlers und Mitverschulden des Anlegers, NJW 1982, 1083

Assmann
Der Inhalt des Schadensersatzanspruchs fehlerhaft informierter Kapitalanleger, in: Festschrift Lange, 1992, S. 345

Assmann
Die Pflicht von Anlageberatern und Anlagevermittlern zur Offenlegung von Innenprovisionen, ZIP 2009, 2125

Balzer
Discount-Broking im Spannungsfeld zwischen Beratungsausschluß und Verhaltenspflichten nach WpHG, DB 1997, 2311

Balzer
Anlegerschutz bei Verstößen gegen die Verhaltenspflichten nach §§ 31 ff WpHG, ZBB 1997, 260

Balzer
Aufklärungs- und Beratungspflichten bei der Vermögensverwaltung, WM 2000, 441

Bassler
Die Vermutung aufklärungsrichtigen Verhaltens – kritische Würdigung der richterrechtlichen Beweislastumkehr im Kapitalanlageberatungsrecht, WM 1013, 544

Baterau
Bankenhaftung aus Anlageberatung und -vermittlung, BI 8/1993, 39

Bausch
Beratung und Beratungshaftung von Banken im Lichte der Pilotentscheidungen zu Lehman-Zertifikaten, NJW 2012, 354

v. Bernuth/Kremer
Die Haftung für fehlerhafte Kapitalmarktinformationen: Zur IKB-Entscheidung des BGH, WM 2012, 831

Besch/Keine
Die Verjährung von Anlegeransprüchen gegenüber Anlagevermittler durch Anlageberater, DB 2004, 1819

Binder
Aufklärungs- und Beratungspflichten bei der Finanzierung von Kapitalanlagen und Immobilien, in: Hadding/Nobbe, Bankrecht 2000, RWS-Forum 17, S. 279 (zit.: in: RWS-Forum 17)

Bilsdorfer
Das Bankgeheimnis, DStR 1984, 498

Blaich
Die Bank haftet für fremdes Verschulden, BankMagazin 11/97, 77

Bork
Testamentsvollstreckung durch Banken, WM 1995, 225

Brandner
Verhaltenspflichten der Kreditinstitute bei der Vergabe von Verbraucherdarlehen, ZHR 153 (1989), 147

Brenncke
Die Rechtsprechung des BGH zur Präsentation von Risiken bei der Anlageberatung, WM 2014, 1749

Brocker
Aufklärungspflichten der Bank bei Innenprovisionsgestaltungen, BKR 2007, 365

Bruchner
Bankenhaftung bei fremdfinanziertem Immobilienerwerb, WM 1999, 825

Bruchner
Die Bankenhaftung bei vermittelten Immobilienkrediten, ZfIR 2000, 677

Bruske
Beweiswürdigung und Beweislast für Aufklärungspflichtverletzung im Bankrecht, WM 1994, 1956

Brych
Die Bankenhaftung beim Immobiliarkredit, in: Festschrift Bärmann und Weitnauer, 1990, S. 39

Buck-Heeb
Zur Aufklärungspflicht von Banken bezüglich Gewinnmargen, BKR 2010, 1

Buck-Heeb
Aufklärung über Rückvergütungen – Die Haftung von Banken und freien Anlageberatern, BKR 2010, 309

Buck-Heeb
Der Anlageberatungsvertrag – Die Doppelrolle der Bank zwischen Fremd- und Eigeninteresse, WM 2012, 625

Buck-Heeb
Kreditberatung, Finanzierungsberatung, BKR 2014, 221

Buck-Heeb
Aufklärungs- und Beratungspflichten bei Kreditverträgen – Verschärfungen durch die EugH-Rechtsprechung und die Wohnmobilkredit-Richtlinie, BKR 2015, 177

Bultmann
Aufklärungspflichten der Banken bei der Vergabe von Existenzgründungsdarlehen, BuW 1995, 760

Bundschuh
Die Haftung für die Verletzung der Aufklärungspflicht beim Vertrieb von Warenterminoptionen, WM 1985, 249

Bundschuh
Haftung der Banken im Zahlungs- und Scheckverkehr, in: Köndgen (Hrsg.), Neue Entwicklungen im Bankhaftungsrecht, RWS-Forum 1, 1987, S. 71 (zit.: in: RWS-Forum 1)

Bydlinski
Aufklärungspflichten der Bank bei Geschäften mit Wertpapier und Derivaten nach österreichischem Recht, RIW 1996, 290

Canaris
Schutzgesetze – Verkehrspflichten – Schutzpflichten, in: Festschrift Larenz, 1983, S. 27

Derleder
Kettenkreditverträge, JZ 1983, 81

Dieckmann
Die Vermutung aufklärungsrichtigen Verhaltens bei Beratungsfehlern von Banken, WM 2011, 1159

Drygala
Gesetzliches Schriftformerfordernis bei der Anlegeraufklärung?, WM 1992, 1213

Duchstein
Die Bestimmtheit des Güteantrages zur Verjährungshemmung, NJW 2014, 342

Edelmann
Bankenhaftung – Aufklärungs- und Hinweispflichten bei der Finanzierung von Bauherren- und Erwerbermodellen, MDR 2000, 1172

Edelmann
Die Kick-Back-Rechtsprechung – ein Irrweg? BB 2010, 1163

Edelmann
Gibt es eine Hinweispflicht des Anlagevermittlers/-beraters auf negative Presseberichterstattungen?, BKR 2003, 438

Edelmann/Hertel
Grenzen des Verbraucherschutzes und die Haftung der Banken bei der Immobilienfinanzierung, DStR 2000, 331

Einsiedler
Rückvergütung und verdeckte Innenprovision, WM 2013, 1109

Ellenberger
Die neuere Rechtsprechung des Bundesgerichtshofes zu Aufklärungs- und Beratungspflichten bei der Anlageberatung, WM 2001, Beilage 1, S. 1

Ellenberger
Neue Rechtsprechung zur zivilrechtlichen Haftung beim Vertrieb von Kapitalanlagen, in: Habersack/Mülbert/Nobbe/Wittig, Anlegerschutz im Wertpapiergeschäft. AGB in der Kreditwirtschaft. Bankrechtstag 2010, Schriftenreihe der Bankrechtlichen Vereinigung, Bd. 31, 2010, S. 37

Emmerich
Haftung einer Bank für falsche Anlagenberatung: das „Bond"-Urteil, JuS 1993, 962

Emmerich
Haftung einer Bank für falsche Anlageberatung: das BGH-Urteil vom 28.1.1997, JuS 1997, 654

Faulmüller
Aufklärung über das allgemeine Emittentenrisiko bei Zertifikaten – Anmerkung zum Urteil des BGH vom 24.4.2015, VuR 2015, 347

Feuchter/Bauer
Transparenz beim Vertrieb kapitalbildender Lebensversicherungen: Der Bankenvertrieb im Fokus aktueller Rechtsprechung, BKR 2015, 271

Fischer
Schutzpflicht der Bundesbank bei bevorstehender Bankschließung („Herstatt"-Fall), Sparkasse 1978, 288

Fischer
Neue Entwicklungen in der Haftung für Rat und Auskunft, in: Köndgen (Hrsg.), Neue Entwicklungen im Bankhaftungsrecht, RWS-Forum 1, 1987, S. 95 (zit.: in: RWS-Forum 1)

Franck
Unionsrechtliche Regulierung des Wertpapierhandels und mitgliedstaatliche Gestaltungsspielräume: Dokumentation der Anlageberatung als Pradigma, BKR 2012, 1

Frings
Das neue Recht des Verbraucherkredits, NWB 2010, 1608

Früh
Die Aufklärungspflichten von Kreditinstituten bei der Kreditvergabe, WM 1998, 2176

Früh
Zur Bankenhaftung bei Immobilien-Kapitalanlagen, ZIP 1999, 701

Frühstorfer
Aufklärungspflichten von Banken beim Wechseldiskont, ÖBA 2000, 871

Fuellmich/Rieger
Die Haftung der Banken für massenhaft fehlerhafte Treuhandmodellfinanzierungen, ZIP 1999, 465

Gaßner/Escher
Bankpflichten bei der Vermögensverwaltung nach WpHG und BGH-Rechtsprechung, WM 1997, 93

Geibel
Schadensersatz wegen verdeckter Innenprovision und ähnlicher Zuwendungen, ZBB 2003, 349

Geßner
Retrozessionen im Fokus der neueren Judikatur, BKR 2010, 89

Grün
Abstandnahme vom Vertragsschluß als Ziel anlegergerechter Aufklärung bei hohen Prämienaufschlägen des Terminoptionsvermittlers, NJW 1994, 1330

Grüneberg
Zur Verjährung und Rechtskrafterstreckung bei mehreren Aufklärungs- und Beratungsfehlern in demselben Kapitalanlagegespräch, WM 2014, 1109

Grüneberg
Aktuelle höchstrichterliche Rechtsprechung zur Verjährung im Kapitalanlagerecht, BKR 2015, 485

Grunewald
Aufklärungspflichten ohne Grenzen? AcP 190 (1990), 609

Grunewald
Die Beweislastverteilung bei der Verletzung von Aufklärungspflichten, ZIP 1994, 1162

Gundermann
Zu den Anforderungen der Bankberatung bei strukturierten Finanzprodukten, BKR 2013, 406

Habersack
Anlegerschutz im Wertpapiergeschäft – Grundsatz- und Praxisfragen, in: Habersack/Mülbert/Nobbe/Wittig, Anlegerschutz im Wertpapiergeschäft. AGB in der Kreditwirtschaft. Bankrechtstag 2010, Schriftenreihe der Bankrechtlichen Vereinigung, Bd. 31, 2010, S. 3

Habersack
Die Pflicht zur Aufklärung über Rückvergütungen und Innenprovisionen und ihre Grenzen, WM 2010, 1245

Hadding
Die zivilrechtliche Beurteilung des Lastschriftverfahrens, in: Festschrift Bärmann, 1975, S. 375

Hadding
Neuere Rechtsprechung zum bargeldlosen Zahlungsverkehr, JZ 1977, 281

Hadding
Das Lastschriftverfahren in der Rechtsprechung, WM 1978, 1366

Hadding
Zur Abgrenzung von Unterrichtung, Aufklärung, Auskunft, Beratung und Empfehlung als Inhalt bankenrechtlicher Pflicht, in: Festschrift Schimansky, 1999, S. 67

Hadding/Hennrichs
Devisentermingeschäfte-Prolongation und Aufklärungspflichten, in: Festschrift Claussen, 1997, S. 447

Hannes
Ratenbelastung und Pfändungsfreigrenzen; Vermittlerkosten als Teil der Kreditgebühren, FLF 1988, 216

Harnos
Rechtsirrtum über Aufklärungspflichten beim Vertrieb von Finanzinstrumenten, BKR 2009, 316

Harnos
Das vorsätzliche Organisationsverschulden bei der Anlageberatung, BKR 2012, 185

Hasse
Beratungshaftung bei der Vermittlung von Wertpapieren und Versicherungen, BI 1998, Heft 9, S. 63

Häuser
Zur Beweislast für die Schadensursächlichkeit der Verletzung der Mitteilungspflicht über die Nichteinlösung einer Einzugsermächtigungslastschrift mangels Deckung, WM 1989, 841

Heidinger
Zu den Aufklärungspflichten der finanzierenden Bank, WBl 1995, 314

Heinsius
Anlageberatung durch Kreditinstitute, ZHR 145 (1981), 204

Heinsius
Pflichten und Haftung der Kreditinstitute bei der Anlageberatung, ZBB 1994, 47

Hellner
Rechtsprobleme des Zahlungsverkehrs unter Berücksichtigung der höchstrichterlichen Rechtsprechung, ZHR 145 (1981), 109

Henning
Haftung der eine Beteiligung an einem Filmfonds finanzierenden Bank – zugleich Besprechung des Urteils des OLG München vom 13.7.2010, WM 2012, 153

Herresthal
Die Grundlage und Reichweite von Aufklärungspflichten im Eigenhandel mit Zertifikaten – zugleich eine Besprechung von BVerfG 1 BvR 2514/11, BGH XI ZR 182/10 und BGH XI ZR 178/10, ZBB 2012, 89

Heun-Rehn/Lang/Ruf
Neue (Un-)Klarheit bezüglich Innenprovisionen und Rückvergütungen bei Kapitalanlagen, NJW 2014, 2909

v. Heymann
Die neuere Rechtsprechung zur Bankenhaftung bei Kapitalanlagen, NJW 1990, 1137

v. Heymann
Bankenhaftung bei Immobilienanlagen: Neueste Rechtsprechung, BB 2000, 1149

Hoegen
Einzelfragen zur Haftung bei Anlagevermittlung unter besonderer Berücksichtigung der Rechtsprechung des Bundesgerichtshofes, in: Festschrift Stimpel, 1985, S. 248

Hofmann
Zur Beweislastumkehr bei Verletzung vertraglicher Aufklärungs- und Beratungspflichten, NJW 1974, 1641

Hofmann, C.
Aufklärungspflichten des Kreditinstituts beim vollfinanzierten Immobilienerwerb durch mittellose Kleinverdiener („Schrottimmobilien"-Fälle), ZIP 2005, 688

Hofmann, C.
Die Belehrungspflichten bei kreditfinanzierten Anlagemodellen: Die neue BGH-Rechtsprechung zu institutionalisiertem Zusammenwirken, WM 2006, 1847

Hofmann, C.
Die neue Erläuterungspflicht des § 491a Abs. 3 BGB, BKR 2010, 232

Hofmann, C.
Die Pflicht zur Bewertung der Kreditwürdigkeit, NJW 2010, 1782

Hölscheidt
Warn- und Hinweispflichten der Banken im Zahlungsverkehr, ÖBA 1993, 202

Honsell
Aufklärungs- und Beratungspflichten der Banken bei der Vermögensanlage, ÖBA 1999, 593

Hopt
Berufshaftung und Berufsrecht der Börsendienste, Anlageberater und Vermögensverwalter, in: Festschrift Fischer, 1979, S. 237

Hopt
Haftung der Banken bei der Finanzierung von Publikumsgesellschaften und Bauherrenmodellen, in: Festschrift Stimpel, 1985, S. 265

Hopt
Die Haftung des Wirtschaftsprüfers, Rechtsprobleme zu § 323 HGB (§ 168 AktG a. F.) und zur Prospekt- und Auskunftshaftung, in: Festschrift Pleyer, 1986, S. 341

Hopt
Funktion, Dogmatik und Reichweite der Aufklärungs-, Warn- und Beratungspflichten der Kreditinstitute, in: Festschrift Gernhuber, 1993, S. 168

Horn
Bürgschaften und Garantien zur Zahlung auf erste Anforderung, NJW 1980, 2153

Horn
Die Aufklärungspflichten der Banken beim finanzierten Abzahlungskauf, FLF 1985, 90

Horn
Börsentermingeschäfte nach neuem Recht, ZIP 1990, 2

Horn
Die Aufklärungs- und Beratungspflichten der Banken, ZBB 1997, 139

Horn
Zur Haftung der Banken bei der Kreditfinanzierung von Vermögensanlagen, in: Festschrift Claussen, 1997, S. 469

Horn
Der Ausschluß von Aufklärung und Beratung im Anlegerschutzrecht, in: Festschrift Schimansky, 1999, S. 653

Höser
Zur groben Fahrlässigkeit bei der Einziehung von abhanden gekommenen Börsenschecks, MDR 1984, 628

Immenga
Bankenhaftung bei der Finanzierung steuerbegünstigter Anlagen, ZHR 151 (1987), 148

Jäger/Meuschke/Hartlieb
Aufklärungspflicht über den anfänglichen negativen Marktwert bei anderen Finanzinstrumenten als Swaps? BKR 2013, 456

Jooß
Rückvergütung vs. Innenprovisionen, WM 2011, 1260

Jordans
Aufklärungspflichten über Einnahmen aus dem Vertrieb von Finanzprodukten – eine Übersicht über die Rechtsprechung zu Kick-Backs, Provisionen und Margen seit dem Jahr 2000, BKR 2011, 456

Jordans
Aktueller Überblick über die Aufklärungspflichten über Einnahmen aus dem Vertrieb von Finanzprodukten, BKR 2015, 309

Keßler
Zivilrechtliche Haftungsrisiken von Kreditinstituten beim Vertrieb von Immobilienanlagen, VuR 1998, 3

Kiethe/Hektor
Haftung für Anlageberatung und Vermögensverwaltung, DStR 1996, 547

Kirchhartz
Darlegungs- und Beweislast bei fehlerhafter Anlageberatung auf Prospektbasis, GWR 2009, 427

Knops
Vorfälligkeits- und Nichtabnahmeentschädigung bei Darlehen mit fester Laufzeit, ZfIR 2001, 438

Koch
Innenprovisionen und Rückvergütungen nach der Entscheidung des BGH vom 27.10.2009, BKR 2010, 177

Köble
Zur Haftung des Treuhänders bei Bauherrenmodellen, in: Festschrift Korbion, 1986, S. 215

Köhler
Die Problematik automatisierter Rechtsvorgänge, insbesondere von Willenserklärungen, AcP 182 (1982), 126

Kohte
Die Schlüsselrolle der Aufklärungspflicht – neue Rechtsprechung zur Kombination von Verbraucherkredit und Kapitallebensversicherung, ZBB 1989, 130

Koller
Informationsobliegenheiten bei Börsentermingeschäften, BB 1990, 2202

Kondert/Schirp
Anlegerschaden im Zusammenhang mit dem Beitritt zu geschlossenen Fonds: Ermittlung in der gerichtlichen Auseinandersetzung, BKR 2007, 357

Köndgen
Die Haftung von Börseninformationsdiensten: Lücke im Anlegerschutz, JZ 1978, 389

Köndgen
Die Entwicklung des privaten Bankrechts in den Jahren 1990/91, NJW 1992, 2263

Köndgen
Die Entwicklung des privaten Bankrechts in den Jahren 1999–2003, NJW 2004, 1288

Köndgen
Grenzen des informierten Anlegerschutzes – zugleich Anmerkung zu BGH, Urt. v. 22.3.2011 – XI ZR 33/10, BKR 2011, 283

Köndgen/Sandmann
Strukturierte Zinsswaps vor den Berufungsgerichten: eine Zwischenbilanz, ZBB 2010, 77

Kotte
Keine Aufklärungspflicht der Banken über Rückvergütungen beim Vertrieb konzerneigener Produkte, BB 2014, 1353

Kotte
Keine Auskunfts- und Herausgabepflicht der Banken für Vertriebs- und Vertriebsfolgeprovisionen aus erfolgreicher Kapitalanlageberatung, BB 2015, 1283

Kreft
Privatautonomie und persönliche Umschuldung, WM 1992, 1425

Kritter
Die Verjährung nach § 37a WpHG – eine Zwischenbilanz, BKR 2004, 261

Kropf
Keine zivilrechtliche Haftung der Banken im beratungsfreien Anlagegeschäft – zugleich Urteilsanmerkung zu BGH v. 17.2.2013 = WM 2013, 1983, WM 2014, 640

Kübler, Bruno M.
Der Einfluß der Konkurseröffnung auf den Überweisungsverkehr des Gemeinschuldners, BB 1976, 801

Kübler, Friedrich
Müssen Anlageempfehlungen anlegergerecht sein? in: Festschrift Coing, Bd. II, 1982, S. 193

Kumpan/Hellgardt
Haftung der Wertpapierdienstleistungsunternehmen nach Umsetzung der EU-Richtlinie über Märkte für Finanzinstrumente (MiFiD), DB 2006, 1714

Kümpel
Die AGB und ihre Bedeutung für die Kreditsicherheiten – unter Berücksichtigung des AGB-Gesetzes –, WM 1978, 970

Kümpel
Börsennovelle 1989 (Teil I), WM 1989, 1313, (Teil II), WM 1989, 1485

Lambsdorff/Stüsser
Bankenhaftung bei gescheiterten Immobilientreuhandmodellen – Verschuldenszurechnung externer Vertriebsmitarbeiter, VUR 2001, 3

Lang
Die Beweislastverteilung im Falle der Verletzung von Aufklärungs- und Beratungspflichten bei Wertpapierdienstleistungen, WM 2000, 450

Lang
Aufklärungspflichten bei der Anlageberatung, WM 1988, Beilage 9, S. 18

Lang
„Börsentermingeschäftsfähigkeit" von privaten Anlegern auch ohne Unterzeichnung des Informationsblatts?, ZBB 1999, 218

Lauer
Haftung der Kreditinstitute bei Immobilienanlagen, ZAP Fach 8, S. 145

Lehmann
Die zivilrechtliche Haftung der Banken für informative Angaben im deutschen und europäischen Recht, WM 1985, 181

Liesecke
Das Bankguthaben in Gesetzgebung und Rechtsprechung, WM 1975, 286

Lippe/Voigt
Offenlegungspflichten der Anlageberater jenseits von Rückvergütungen – unterschiedliche Anforderungen an Anlageberater bei der Offenlegung von Innenprovisionen durch verschiedene BGH-Senate?, BKR 2011, 151

van Look
Bedeutung des Rating bei der Anlageberatung durch Kreditinstitute, in: Büschgen/Everling, Handbuch Rating, 1996, S. 521

Loritz
Schadensersatz bei Rückabwicklung von Kapitalanlagen mit entstandenen Steuervorteilen, in: Festschrift Schütze, 2014, S. 355

Loritz
Neues zur (Nicht)Haftung bei der Emission gescheiterter geschlossener Fonds, BKR 2014, 404

Machunsky
Bankenhaftung für Börsenverluste, KaRS 1990, 754, und 855

Mahler
Beratungspflichten bei „Outsourcing" der Anlageberatung an die Tochtergesellschaft einer Bank, AG 2011, R 356

Maier
Die aktuelle Rechtsprechung der Landgerichte zu den Aufklärungspflichten beratender Banken bei Vertrieb von Lehman-Zertifikaten, VuR 2009, 369

Maier
Die Aufklärungspflicht des Anlageberaters über vereinnahmte Provisionen (Rückvergütungen/"Kick-Backs"), VuR 2010, 25

Maier
Das obligatorische Beratungsprotokoll: Anlegerschutz mit Tücken, VuR 2011, 3

Mann
Rückvergütungen, Provisionen und Gewinnmargen: Zur Aufklärungspflicht des bankgebundenen Anlageberaters nach der Entscheidung des BGH WM 2012, 1520 – Lehman II, WM 2013, 727

Mayen
Aufklärungspflichten bei neuen Kreditformen zur Übertragbarkeit der Rechtsprechung des Bundesgerichtshofs auf den Fall der Bausparsofortfinanzierung mit Fremdgeldbesparung, WM 1995, 913

Meixner
Das Anlegerschutz- und Funktionsverbesserungsgesetz, ZAP Fach 8, S. 461

Merz
Die Rechtsprechung des Bundesgerichtshofs zur Bürgschaft, WM 1988, 241

Metz
Erläuterungspflichten bei Verbraucherkrediten, NJW 2012, 1990

Möllers/Wenninger
Das Anlegerschutz- und Funktionsverbesserungsgesetz, NJW 2011, 1697

Müchler
Die neuen Kurzinformationsblätter – Haftungsrisiken im Rahmen der Anlageberatung, WM 2012, 974

Mülbert
Anlegerschutz bei Zertifikaten – Beratungspflichten, Offenlegungspflichten bei Interessenkonflikten und die Änderung durch das Finanzmarkt-Richtlinie-Umsetzungsgesetz (FRUG), WM 2007, 1149

Müller-Christmann
Das Gesetz zur Stärkung des Anlegerschutzes und Verbesserung der Funktionsfähigkeit des Kapitalmarktes, DB 2011, 749

Müssig
Falsche Auskunftserteilung und Haftung, NJW 1989, 1697

Mutter
Über das Menschliche im Kapitalanleger, MDR 1994, 233

Nasall
Wenn das Blaue am Himmel bleibt – Die Rechtsprechung des BGH zur Haftung des freien Anlageberaters, NJW 2011, 2323

Niehoff
Die Haftung für die Verletzung von Beratungs- und Aufklärungspflichten beim Abschluß von Effektengeschäften, Sparkasse 1986, 45

Niehoff
Die Pflichten eines Kreditinstitutes bei der Anlageberatung, Sparkasse 1987, 61

Nittel/Knöpfel
Die Haftung des Anlageberaters wegen Nichtaufklärung über Zuwendungen – die gar nicht so neue Rechtsprechung des BGH, BKR 2009, 411

Obermüller
Zahlungsverkehr bei Insolvenz des Empfängers – Warnpflichten der Empfängerbank, ZIP 1981, 1045

Oppenheim
Anlageberatung einer Stiftung – Zugleich Anmerkung zu OLG Frankfurt, Urt. v. 28.1.2015 – 1 U 32/13, BKR 2015, 292 (rechtskräftig)

Otto
Strafrechtliche Aspekte der Anlageberatung, WM 1988, 729

Pap
Haftungsfragen bei geschlossenen Fonds, BKR 2008, 367

Pfeifer
Einführung der Dokumentationspflicht für das Beratungsgespräch durch § 34 Abs. 2a WpHG, BKR 2009, 485

Piekenbrock
Der Kausalitätsbeweis im Kapitalanlegerprozess: ein Beitrag zur Dogmatik der „ungesetzlichen" tatsächlichen Vermutungen, WM 2012, 429

Pielsticker
Verschärfte Haftung für Versicherungen und Banken? – Die aktuelle Rechtsprechung zu kreditfinanzierten Lebensversicherungen

Pleyer
Die Bankgarantie im zwischenstaatlichen Handel, WM Sonderbeilage 2/1973, S. 13

Podewils/Reisich
Haftung für „Schrott-Zertifikate"? – Aufklärungs- und Beratungspflichten nach BGB und WpHG beim Erwerb von Zertifikaten, NJW 2009, 116

Potthoff
Aufklärungs- und Beratungspflichten bei Optionsscheingeschäften, WM 1993, 1319

Preuße/Schmidt
Anforderungen an Informationsblätter nach § 31 Abs. 3 a WpHG, BKR 2011, 265

Puszkajler
Aktuelle Rechtsprechung der Oberlandesgerichte zum WpHG, in: Habersack/Mülbert/Nobbe/Wittig, Anlegerschutz im Wertpapiergeschäft. AGB in der Kreditwirtschaft. Bankrechtstag 2010, Schriftenreihe der Bankrechtlichen Vereinigung, Bd. 31, 2010, S. 3

Raab
Direktbanken: Das Beratungskonzept, Die Bank 1996, 280

Raeschke-Kessler
Bankenhaftung bei der Anlageberatung über neue Finanzprodukte, WM 1993, 1830

Regenfus
Auskunft und Herausgabe von Rückvergütungen – zwei allenfalls selten begründete Klageanträge, Teil I, WM 2015, 169, Teil II, WM 2015, 209

Reich
Informations-, Aufklärungs- und Warnpflichten beim Anlagegeschäft unter besonderer Berücksichtigung des „execution-only-business" (EOB), WM 1997, 1601

Reifner
Die Lebensversicherungshypothek als „wirtschaftliche Einheit", ZBB 1999, 349

Reiter
Beweislastumkehr bei Bankgeschäften?, ZRP 2010, 167

Reiter/Methner
Die Interessenkollision beim Anlageberater – Unterschiede zwischen Honorar- und Provisionsvereinbarungen, WM 2013, 2053

Renner
Beweislastumkehr bei Bankgeschäften?, ZRP 2010, 167

Rieder
Rechtsfragen bei Gemeinschaftskonten, WM 1987, 29

Roberts
Finanzderivate als Glücksspiel? Aufklärungspflichten der Emittenten, DStR 2010, 1082

Roberts
Beratungsbedarf bei Finanzderivaten im Lichte neuerer Rechtsentwicklungen, DStR 2011, 1231

Roberts
Swaps, „Interessenkonflikt" und die Rechtsprechung des BGH, BKR 2015, 330

Roller/Hachenberg
Verjährungsfrist und Sekundärverjährung unter §37a WpHG, ZBB 2004, 227

Römer
Zu den Informationspflichten der Versicherer und ihrer Vermittler, VersR 1998, 1313

Rösler
Risiken bei Darlehen mit Tilgungsaussetzung: Haftungsvermeidung durch Aufklärung, BKR 2001, 125

Rösler/Werner
Erhebliche Neuerungen im zivilen Bankrecht: Umsetzung von Verbraucherkredit- und Zahlungsdienstrichtlinie, BKR 2009, 1

Rössner/Lachmair
Betrug mit Penny Stocks, BB 1986, 336

Roth
Beweismaß und Beweislast bei der Verletzung von bankvertraglichen Aufklärungs- und Beratungspflichten, ZHR 154 (1990), 513

Rümker
Haftung bei dem Erwerb und der Finanzierung von Vermögensanlagen, in: Köndgen (Hrsg.), Neue Entwicklungen im Bankhaftungsrecht, RWS-Forum 1, 1987, S. 71 (zit.: in: RWS-Forum 1)

Rümker
Haftung der Bank aus der Finanzierung von Bauherrenmodellen und geschlossenen Immobilienfonds-Modellen, ZHR 151 (1987), 162

Ruland/Wetzig
Aufklärungs- und Beratungspflichten bei Cross-Currency-Swaps, BKR 2013, 56

Sagemeister
Haftungsverhältnisse für Banken bei geschlossenen Immobilienfonds, Sparkasse 1996, 533

Sandberger
Die Sorgfaltspflichten der Bundesbank beim Abrechnungsverkehr, BB 1976, 487

Sauer/Wittemann
Die neuere Rechtsprechung zu steuerbegünstigten Immobilienfinanzierungen, BKR 2008, 1

Schäfer
Novellierung des Börsengesetzes, ZIP 1989, 1103

Schäfer
Vereinbarungen über Benachrichtigungspflichten in Vermögensverwaltungsverträgen, WM 1995, 1009

Schäfer
Vermögensverwaltung nach der MiFiD, in: Schriftenreihe der Bankrechtlichen Vereinigung, Bd. 27, 2006, S. 31

Schäfer
Sind die §§ 31 ff WpHG n. F. Schutzgesetze i. S. v. § 823 Abs. 2 BGB?, WM 2007, 1872

Schäfer
Vorsatz bei unterlassener Aufklärung über den Erhalt von Rückvergütungen, WM 2012, 1022

Schäfer/Lang
Wider die Kriminalisierung der Banken, BKR 2011, 239

Schatz
Das Mahnverfahren im Anlegerschutzprozess – Anmerkung zu BGH, Urteil vom 23.6.2015, Az. XI ZR 536/14, VuR 2015, 411

Schirp/Mosgo
Aufklärungspflichten bei internen Provisionsvereinbarungen, BKR 2002, 354

Schlick
Die aktuelle Rechtsprechung des III. Zivilsenats des BGH zum Kapitalanlagerecht, WM 2011, 154

Schlick
Die aktuelle Rechtsprechung des III. Zivilsenats des BGH zum Kapitalanlagerecht, Teil I WM 2014, 581, Teil II WM 2014, 633

Schlick
Die aktuelle Rechtsprechung des III. Zivilsenats zum Kapitalanlagerecht, Teil I, WM 2015, 261, Teil II WM 2015, 633

Schlie
Belegloses Scheckeinzugsverfahren und Scheckprozeß, WM 1990, 617

Schlüter
Bankenhaftung bei fehlgeschlagenen Immobilienerwerbertreuhandmodellen, DZWiR 2002, 96

Schnauder
Sorgfalts- und Aufklärungspflichten im Kreditgeschäft, JZ 2007, 1009

Schnauder
Auskunfts- und Beratungsvertrag beim Vertrieb von Kapitalanlagen, JZ 2013, 120

Schoch
Bankenhaftung trotz ordnungsgemäßer Begründung der Börsentermingeschäftsfähigkeit, BB 1996, 1565

Schödermeier
Nachforschungspflichten einer Bank als Vermögensverwalterin zur Person ihres Kunden, WM 1995, 2053

Schödermeier
Verspätete Aufklärung bei Börsentermingeschäften, Die Bank 1996, 166

Schreiber
Das Sicherungseigentum und seine Verwertung, JR 1984, 485

Schultheiß
Der Umfang der Beratungspflichten beim Erwerb von Anteilen an offenen Immobilienfonds, VuR 2014, 300

Schumacher
Zur Anwendbarkeit des § 31d WpHG auf Gewinnmargen im Finanzinstrumentenvertrieb, WM 2011, 678

Schwark
Die Haftung aus dem Prospekt über Kapitalanlagen, BB 1979, 897

Schwark
100 Bände BGHZ: Bank und Wertpapierrecht, ZHR 151 (1987), 325

Schwark
Spekulation – Markt – Recht. Zur Neuregelung der Börsentermingeschäfte, in: Festschrift Steindorff, 1990, S. 473

Schwennicke
Die neuere Rechtsprechung zur Börsentermingeschäftsfähigkeit und zu den Aufklärungs- und Beratungspflichten bei Börsentermingeschäften, WM 1997, 1265

Schwintowski
Haftung bei der Finanzierung von (atypisch) fehlgeschlagenen steuerbegünstigten Kapitalanlagen, NJW 1989, 2087

Schwintowski
Informationspflichten in der Lebensversicherung, VuR 1996, 223

Schwintowski
Anleger- und objektgerechte Beratung in der Lebensversicherung, VuR 1997, 83

Schwintowski
Aktuelle Verjährungsfragen aus dem Bank- und Kapitalmarktrecht, BKR 2009, 89

Serick
Die Verwertung von Sicherungseigentum, BB 1970, 541

Siller
Finanztermingeschäfte, in: Hellner/Steuer, Bankrecht und Bankpraxis, 2004, Fach 7

Singer
Aufklärungspflichten (und Sittenverstöße) im Konsumentenkreditgeschäft, ZBB 1998, 141

Spickhoff/Petershagen
Bankenhaftung bei fehlgeschlagenen Immobilienerwerber-Treuhandmodellen, BB 1999, 165

Spindler
Aufklärungspflichten im Bankrecht nach dem „Zins-Swap-Urteil" des BGH, NJW 2011, 1920

Sprockhoff
Die Bankenhaftung bei Abschluss und Umsetzung eines Vermögensverwaltungsvertrags in der richterlichen Praxis, WM 2005, 1739

Stackmann
Probleme mit der Fiktion – Die Feststellung der Kausalität von Beratungsfehlern, NJW 2009, 3265

Stackmann
Klagen gegen Finanzberater – Beobachtungen der Bodenstation, NJW 2011, 2616

Stackmann
Aufklärungsdefizite und Verjährung im Bankgewerbe, NJW 2012, 2913

Stackmann
(Rück-)Abwicklung von Finanzanlagen, NJW 2014, 961

Stackmann
Aktuelle Rechtsprechung zum Kapitalanlagerecht, NJW 2015, 988

Staudinger, A.
Haftung des Anlagevermittlers bei nicht (zutreffend) prospektierter Innenprovision?, BKR 2004, 257

Steiner
Keine allgemeine Hinweispflicht auf die Gefahr von Zinsschwankungen, Der langfristige Kredit 1993, 430

Steiner
BGH relativiert Aufklärungspflichten der Banken, ZKW 1996, 400

Stodolkowitz
Beweislast und Beweiserleichterungen bei der Schadensursächlichkeit von Aufklärungspflichtverletzungen, VersR 1994, 11

Strauch
Rechtsgrundlagen der Haftung für Rat, Auskunft und Gutachten, JuS 1992, 897

Streck/Mack
Banken und Bankkunden im Steuerfahndungsverfahren, BB 1995, 2137

Streit
Erfüllungsgehilfenhaftung der Kreditinstitute für Vermittler von Immobilienanlagen, ZIP 1999, 477

Stützel
Schadensersatz bei vermögensverwaltenden Immobilienfonds – Besteuerung und Anrechnung von Steuervorteilen, NJW 2014, 2070

Terpitz
Benachrichtigungspflicht der Kreditinstitute im Falle der Nichteinlösung von Lastschriften, NJW 1989, 2740

Terpitz
Benachrichtigungspflichten bei nicht eingelösten Lastschriften, Sparkasse 1989, 480

Teuber
Finanzmarkt-Richtlinie (MiFiD) – Auswirkungen auf Anlageberatung und Vermögensverwaltung im Überblick, BKR 2006, 429

Tiedtke
Haftung der Banken für unberechtigte Zusagen ihrer Sachbearbeiter, WM 1993, 1228

Titz
Beratungspflichten für Discount-Broker?, WM 1998, 2179

Trüter
Schadensberechnung bei gescheiterten steuerbegünstigten Kapitalanlagen, BB 1986, 269

Ungnade/Kruck
Auskunftspflichten der Kreditinstitute gegenüber Finanzbehörden, WM 1980, 258

Veil
Anlageberatung im Zeitalter der MiFiD – Inhalt und Konzeption der Pflichten und Grundlagen einer zivilrechtlichen Haftung, WM 2007, 1821

Vogel/Habbe
Pflicht des Anlageberaters zur Aufklärung über die Möglichkeit der Aussetzung der Anteilsrücknahme bei Erwerb einer Beteiligung an einem offenen Immobilienfonds? BKR 2016, 7

Vortmann
Die neuere Rechtsprechung zu den Aufklärungs- und Beratungspflichten der Banken, WM 1989, 1557

Vortmann
Aufklärungs- und Beratungspflichten bei grenzüberschreitenden Bankdienstleistungen, WM 1993, 581

Vortmann
Testamentsvollstreckung durch Banken, ZBB 1994, 259

Vortmann
Anlegergerechte Beratung und Maßnahmen zur Reduzierung des Haftungsrisikos, ÖBA 1994, 579

Vortmann
Banken als Testamentsvollstrecker, WM 1995, 1745

Vortmann
Informationspflichten der Banken in Steuerfahndungsverfahren, WM 1996, 1166

Wagner, K.-R.
Der stillschweigende Anlagevermittlungs-/-beratungsvertrag, DStR 2003, 1757

Wagner, K.-R.
Neue Entwicklungen zur Anlagevermittler-/Anlageberaterhaftung (Teil I), DStR 2004, 1836

Wagner, K.-R.
Neue Entwicklungen zur Anlagevermittler-/Anlageberaterhaftung (Teil II), DStR 2004, 1883

Wagner, K.-R.
Freier Kapitalanlagemarkt: Bewusste und eigenverantwortliche Entscheidung von Anlegern, DStR 2005, 1449

Wand
Aufklärungs- und Beratungspflichten im grenzüberschreitenden Zahlungsverkehr, WM 1994, 8

Weber/Bulach
Hasta la vista, Baby – Ausstieg aus den Medienfonds, BKR 2009, 504

Welker
Mangelhafte Beratung vs. leichtsinniges Verhalten des Anlegers – Aktuelle anlegerfreundliche BGH-Rechtsprechung, NWB 2015, 3178

Wellkamp
Aufklärungspflichten der Kreditinstitute im Kreditgeschäft, VuR 1994, 61

Werner/Machunsky
Einwendungsdurchgriff und Schadensersatzansprüche gegen Kreditinstitute bei der Finanzierung von Bauherrengemeinschaft, DB 1982, 2229

Westermann, H. P.
Verhaltenspflichten der Kreditinstitute bei der Vergabe von Verbraucherdarlehen, ZHR 153 (1989), 123

Wigand/Ludwig
Keine Pflicht des Anlageberaters, den („Nur"-)Kommanditisten einer GmbH & Co.KG über das Risiko der Rückerstattung von Ausschüttungen gem. §§ 30, 31 GmbH analog aufzuklären, BKR 2015, 448

Witte/Hillebrand
Haftung für die nicht erfolgte Offenlegung von Kick-Back-Zahlungen, DStR 2009, 1759

Witte/Mehrbrey
Haftung für Verkauf wertlos gewordener Zertifikate – der Fall Lehmann Brothers, ZIP 2009, 744

Yildirim
BGH contra BFH? Anrechnung von Steuervorteilen bei Inspruchnahme von Sonderabschreibungen nach dem Fördergebietsgesetz durch die Fonds-KG eine geschlossenen Immobilienfonds, BKR 2014, 188

Zimmermann
Die Verjährung von Ersatzansprüchen gegen Wertpapierdienstleistungsunternehmen – ein Plädoyer für die Abschaffung des § 37a WpHG, ZIP 2007, 410

Zingel/Rieck
Die neue Rechtsprechung zur Offenlegung von Rückvergütungen, BKR 2009, 353

Zoller
(Keine) Aufklärungspflicht anlageberatender Banken über den negativen Marktwert bei Swap-Verträgen? NJW 2015, 2220

I. Grundlagen

1. Pflichtenkatalog

Die Beratungs- und Aufklärungspflichten der Banken sind seit Jahrzehnten Themen in der Rechtsprechung. Dabei werden die Begriffe Beratung und Aufklärung als Oberbegriffe verstanden, die eigene Pflichten begründen können. Jedoch sind von der Rechtsprechung weitere Pflichten entwickelt worden, die den Banken spezielle Obliegenheiten auferlegen. Dazu gehören Nachforschungs-, Überwachungs- und Benachrichtigungspflichten, die ihren rechtlichen Ursprung in der Verpflichtung zur Aufklärung und Beratung haben. Es ist deshalb gerechtfertigt, den bisherigen allgemeinen Pflichtenkatalog, der sich auf die Beratung und Aufklärung beschränkte, auf sonstige Warn- und Hinweispflichten als spezielle Tatbestände der Aufklärungspflicht auszudehnen. Die neuen Pflichten stellen somit eine Fortentwicklung der Rechtsprechung zu der Lehre von den Schutzpflichten, hier insbesondere der Banken, dar.

2. Begriffsbestimmung

a) Aufklärung und Beratung

aa) Inhalt

Unter der Aufklärungspflicht ist die Pflicht zu verstehen, den Vertragspartner über erkennbare entscheidungserhebliche Umstände zu informieren.

> MünchKomm-*Roth*, BGB, § 241 Rn. 114.

Neue Erkenntnisse aufseiten der Bank nach der Entscheidung durch den Kunden sind unerheblich.

> Vgl. LG Hamburg ZIP 1994, 1439 = WM 1994, 2014,
> dazu EWiR 1994, 1167 *(Staab)*
> sowie WuB I G 1.-3.95 *(van Look)*.

Ist eine Bank nicht in der Lage, die Risiken eines ihr angetragenen Geschäfts abschließend zu beurteilen, so darf sie sich damit begnügen, den Kunden auf ihre fehlende Sachkunde hinzuweisen. Sie muss den Geschäftsabschluss nicht verweigern.

> BGH ZIP 1998, 1220 = WM 1998, 1391,
> dazu EWiR 1998, 681 *(Schäfer)*
> sowie WuB I G 7.-6.98 *(Einsele)*.

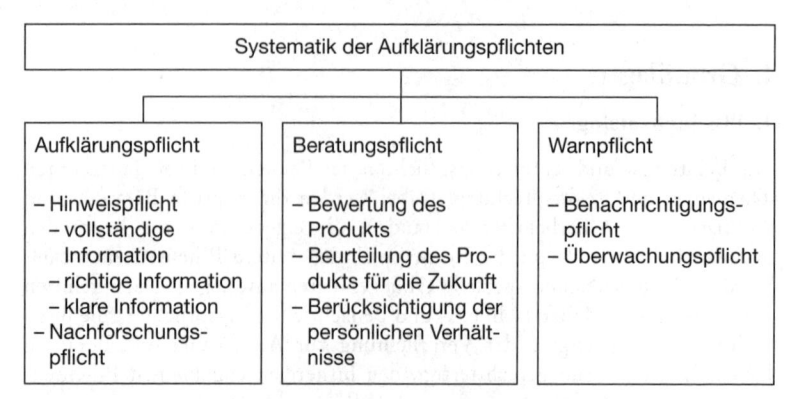

I. Grundlagen

Systematik der Aufklärungspflichten

Aufklärungspflicht	Beratungspflicht	Warnpflicht
– Hinweispflicht – vollständige Information – richtige Information – klare Information – Nachforschungspflicht	– Bewertung des Produkts – Beurteilung des Produkts für die Zukunft – Berücksichtigung der persönlichen Verhältnisse	– Benachrichtigungspflicht – Überwachungspflicht

5   Die Aufklärungspflicht erstreckt sich jedoch nur auf solche Gegebenheiten, die dem Aufklärungsempfänger verborgen bleiben. Sie besteht niemals hinsichtlich solcher Umstände, über die sich jede Vertragspartei aufgrund der allgemeinen Informationsquellen ohne Weiteres selbst informieren kann.

Vgl. statt vieler *Emmerich*, S. 44 ff. m. w. N.;
Kessler, WuB I G 4.-4.89.

6   Bei der Aufklärungspflicht handelt es sich damit um Mitteilungen, an denen der Vertragspartner sein früheres Verhalten ausgerichtet hätte. Im Gegensatz dazu geht es beim Auskunftsanspruch nicht das Vorenthalten von Informationen, sondern um die Mitteilung bestimmter Tatsachen. Bei der Aufklärung und der Raterteilung liegt der Schwerpunkt bei der Bewertung von Tatsachen und den aus ihnen zu ziehenden Schlüssen.

Canaris, Rn. 101;
zustimmend OLG Karlsruhe WM 1988, 411, 412;
dazu WuB I G 4.-4.89 *(Kessler)*.

7   Folglich ergibt sich bei der Aufklärung und der Beratung ein verhältnismäßig weiter Wertungs- und Bewertungsspielraum, der eine Pflichtverletzung nur dann begründet, wenn beispielsweise das Vorenthalten der Information den Vertragspartner zu einem anderen Verhalten als bei Kenntnis der Umstände veranlasst hat. Dem Aufklärungspflichtigen obliegt deshalb die Mitteilung aller für die Entschließung des Aufklärungsempfängers bedeutsamen Informationen.

8   Die Auskunftpflicht erstreckt sich dagegen auf solche Tatsachen, von denen der Auskunftsempfänger sein künftiges Verhalten abhängig machen will. Aufgrund dieser begrifflichen Abgrenzung zwischen Aufklärung und Auskunft wird deutlich, dass Auskunftspflichten im Gegensatz zu Aufklärungspflichten einklagbar sind. Bei den Letzteren geht es um den Ausgleich des Schadens, der dadurch entsteht, dass im Nachhinein die vorenthaltene Information bekannt geworden und nunmehr für den Vertragspartner im Hinblick auf sein zukünftiges Verhalten ohne Wert ist.

2. Begriffsbestimmung

Die Pflicht zur Aufklärung muss der Pflicht zur Beratung gleichgestellt werden. 9

MünchKomm-*Roth*, BGB, § 241 Rn. 114;
zur Abgrenzung von Unterrichtung, Aufklärung, Auskunft, Beratung und Empfehlung im Einzelnen vgl. *Hadding*, in: Festschrift Schimansky, S. 67 ff.

Beide Pflichten sind vorvertragliche Nebenleistungspflichten, die dazu dienen, den Vertragspartner über Umstände zu informieren, die zur Vereitelung des Vertragszwecks geeignet sind. Die Verletzung dieser Pflichten kann durch Unterlassen oder durch positive Falschinformation erfolgen. Im Einzelfall ist die Grenze zwischen Falschinformation und unterlassener Information fließend und insbesondere in den Fällen des Vorliegens einer Aufklärungspflicht ohne Bedeutung, da es für die Haftung des Aufklärungspflichtigen gleichgültig ist, ob Angaben unrichtig oder unvollständig gemacht worden sind. 10

bb) Rechtsfolge

Rechtsfolge der Verletzung von Aufklärungs- und Beratungspflichten können Schadensersatzansprüche sein. 11

Herausgabeansprüche bezüglich der von der Bank nach § 31 WpHG erstellten Erhebungsbögen wurden bisher nicht begründet, da die §§ 31, 32 WpHG keine Aufzeichnungspflicht gegenüber dem Kunden vorsehen. 12

OLG Nürnberg WM 2007, 647,
dazu WuB I G 6.-1.07 *(Nietsch)*.

Die Rechtslage stellt sich nunmehr jedoch anders dar. Mit dem am 1.1.2010 in Kraft tretenden Schuldverschreibungsgesetz zur Stärkung des Anlegerschutzes, 13

BGBl I 2009, 2512 ff.,

werden in § 34 WpHG die Abs. 2a und 2b eingefügt, die die Wertpapierdienstleistungsunternehmen zukünftig verpflichten, über jede Anlageberatung bei einem Privatkunden ein Protokoll auszufertigen. Dieses muss vom Berater unterschrieben sein und dem Kunden vor Geschäftsabschluss ausgehändigt werden. Anderenfalls hat der Kunde ein einwöchiges Rücktrittsrecht.

b) Sonstige Warnpflichten

Die sonstigen Hinweis- und Warnpflichten, die sich aus den Aufklärungs- und Beratungspflichten entwickelt haben, sind spezielle Schutzpflichten, die als Gefahrenabwendungspflichten zu bezeichnen sind. Ihre Entstehung folgt aus dem Bedürfnis, den Vertragspartner vor einem geschäftlichen Kontakt oder den Leistungsgegenstand selbst zu schützen. 14

I. Grundlagen

Beispielsweise Benachrichtigung des Zahlungspflichtigen bei der Nichteinlösung einer Lastschrift; BGH ZIP 1989, 563 = WM 1989, 625, dazu EWiR 1989, 565 *(Koller)*.

15 Der Vertragspartner soll davor geschützt werden, durch bestimmte Umstände, die er selbst nicht erkennen kann und von denen der Warnpflichtige Kenntnis hat, Schäden zu erleiden. Die Warnpflicht wird gerade in den Fällen zu Recht angenommen, in denen der Warnpflichtige im Rahmen der Geschäftsverbindung eine besondere Schutzpflicht hat und er diese Pflicht ohne Weiteres erfüllen kann. Auch zwischen den Warnpflichten einerseits und den Aufklärungs- und Beratungspflichten andererseits können die Grenzen im Einzelfall fließend sein.

16 Die enge Verbindung der sonstigen Warnpflichten zur Aufklärungs- und Beratungspflicht wird insbesondere bei den Nachforschungspflichten deutlich. Die Letzteren ergeben sich zwangsläufig aus den Aufklärungs- und Beratungspflichten, denn z. B. bei der Anlageberatung ist die notwendige Aufklärung und Beratung nur möglich, wenn vorher Nachforschungen über die aufzuklärenden Umstände eingeholt worden sind. Das Maß der Nachforschung hängt deshalb eng mit dem Umfang der Aufklärungs- und Beratungspflichten zusammen.

17 Während es sich bei Aufklärungs- und Beratungspflichten sowohl um vorvertragliche als auch vertragliche Schutzpflichten handeln kann, sind Benachrichtigungspflichten vertragliche Obliegenheiten, weil sich diese Pflichten in der Regel während der laufenden Vertragsbeziehungen ergeben. Vor der Ausführung von Vorgängen im Rahmen der bestehenden Geschäftsverbindung ist im Einzelfall die Benachrichtigung des Kunden geboten, um drohende Schäden von ihm fern zu halten. Überwachungspflichten sind ebenfalls vertragliche Pflichten, da sie sich aus der besonderen Vertragsbeziehung im Einzelfall ergeben können und die Beobachtung der Abwicklung des Vertrages zwischen dem Kunden und der Bank oder – in Ausnahmefällen – zwischen dem Kunden und einem Dritten beinhalten. Zwischen Überwachung und Benachrichtigung besteht insofern ein enger Zusammenhang, als sich aus der Überwachung eine Benachrichtigungspflicht ergibt, damit der Kunde die entsprechenden Dispositionen treffen kann. Aus der Überwachung kann aber auch die Bank selbst ohne Benachrichtigung des Kunden zu weiterem Handeln verpflichtet sein.

3. Keine generelle Aufklärung und Beratung

18 Die Bank ist grundsätzlich verpflichtet, den Kunden treu zu beraten und ihn über alle Umstände aufzuklären, die für seine Entschließung von Bedeutung sind.

RG Warn 1916, Nr. 227, S. 456;
ähnlich z. B. BGH WM 1987, 1329, 1331 unter B 2.

3. Keine generelle Aufklärung und Beratung

Diese Definition darf jedoch nicht dahingehend verstanden werden, dass eine generelle Aufklärungs- und Beratungspflicht besteht.

BGH ZIP 1981, 962 = WM 1981, 869;
BGH ZIP 1983, 1060 = WM 1983, 1039.

Eine extensive Beratungs- und Aufklärungsverpflichtung ist nicht nur im Hinblick auf die Vorschriften des Rechtsberatungsgesetzes problematisch, sondern schon wegen des natürlichen Interessenwiderstreites der Vertragsparteien abzulehnen. Die Ausnutzung geschäftlicher Vorteile würde bei der Festlegung einer generellen Aufklärungs- und Beratungspflicht vollständig ausgeschlossen. Der vielfach vertretenen Gegenansicht kann deshalb nicht gefolgt werden. 19

Vgl. zu den Gegenmeinungen insbesondere
Werner/Machunsky, DB 1982, 2229, 2231;
LG Lübeck WM 1987, 555;
für den Kreditbereich vgl. insoweit *Bultmann*, BuW 1995, 760 ff.

Eine andere rechtliche Beurteilung folgt auch nicht aus der Tatsache, dass zwischen dem Kunden und der Bank eine langjährige Geschäftsbeziehung besteht oder die Bank eine Hausbankfunktion übernommen hat. 20

BGH WM 1990, 584,
dazu WuB I E 1.-14.90 *(Vortmann)* zu den Nachforschungspflichten einer Hausbank bei der Umschuldung;
OLG Köln WM 1990, 1616, 1617,
dazu EWiR 1990, 869 *(Vortmann)*, zu den Aufklärungspflichten gegenüber einem langjährigen Kunden, der für einen anderen Kunden eine Bürgschaft übernimmt:

„Auch in diesem Fall muss der Bürge bzw. der Kunde des Kreditinstitutes annehmen und wissen, dass der Hauptschuldner ohne weitere Sicherungen nicht mehr kreditwürdig ist und das Geldinstitut insoweit in einem Interessenwiderstreit steht. Hierüber muss die Bank den Bürgen nicht besonders aufklären, für ihn ist vielmehr offensichtlich, dass die Bank in diesem Fall zumindest auch ihm, dem Bürgen, unter Umständen entgegengesetzte, eigene Interessen mit der Hereinnahme von Sicherheiten verfolgt."

Eine andere Ansicht vertritt *Köndgen*, S. 58, der eine gesteigerte Aufklärungspflicht einer Hausbank bejaht;
vgl. dazu auch Rn. 53.

Eine Aufklärungspflicht besteht deshalb nicht schlechthin, sondern nur, wenn der Vertragspartner die Aufklärung nach Treu und Glauben und der Verkehrsauffassung redlicherweise erwarten darf. 21

RGZ 111, 233 f.;
BGH NJW 1973, 752, 753;
Schmelz, Rn. 153.

Bei einem Kunden mit gehobener Schulbildung kann das Wissen unterstellt werden, dass es eine Bank, erst recht ein einzelner Bankmitarbeiter, nicht in der Hand hat, die zukünftige Entwicklung einer ausländischen Währung zu beeinflussen oder sicher vorherzusagen. 22

OLG Hamm WM 1996, 17,
dazu WuB I G 7.-2.96 *(Vortmann)*.

I. Grundlagen

23 Es besteht deshalb auch grundsätzlich keine Verpflichtung der Banken, Eltern im Hinblick darauf, dass jedes Kind einmal volljährig wird, über die unterschiedliche rechtliche Ausgestaltung bei der Anlage von Geldern auf einem Sparkonto oder beim Erwerb eines Sparbriefes auf den Namen eines Kindes ungefragt zu informieren. Der Eintritt der Volljährigkeit als solcher löst darüber hinaus keinen Beratungsbedarf aus.

> OLG Celle WM 1994, 1069,
> dazu EWiR 19894, 641 *(Vortmann)*
> sowie WuB I C 2.-1.95 *(Göbel)*.

24 Die Tatsache, dass mit einer Spekulation auf Kredit erhebliche Risiken verbunden sind, ist selbstverständlich und bedarf grundsätzlich keines Hinweises durch die kreditgebende Bank.

> BGH ZIP 1991, 714 = WM 1991, 982, 983,
> dazu EWiR 1991, 671 *(Canaris)*;
> BGH ZIP 2004, 111 = WM 2004, 24 = BB 2004, 172
> = DB 2004, 181,
> dazu EWiR 2004, 9 *(Koller)*;
> OLG Stuttgart EWiR 2003, 549, dazu EWiR 2003, 549 *(Balzer)*;
> OLG Düsseldorf NJW-RR 2004, 409,
> dazu EWiR 2003, 1161 *(Allmendinger)*;
> LG Darmstadt WM 1994, 1565, 1571,
> dazu EWiR 1994, 1187 *(Summ)*.

25 Eine Bank ist grundsätzlich nicht verpflichtet, einen Wertpapierkunden mit einem international ausgerichteten Depot bei einer internationalen politischen Krise über möglicherweise bevorstehende Kursrückgänge aufzuklären.

> OLG München ZIP 1994, 125 = WM 1994, 236,
> dazu EWiR 1994, 119 *(Wittkowski)*
> sowie WuB I G 4.-4.94 *(Vortmann)*;
> ebenso OLG Frankfurt/M. WM 1994, 234,
> dazu WuB I G 5.-3.94 *(Potthoff)*, das darauf verweist, dass mit dem Erwerb von Anlagen im Umfeld einer politisch brisanten Situation der Anleger bewusst ein höheres Risiko eingeht.

26 Über die allgemeinen Risiken einer Anlage, z. B. Art der Anlage, quellensteuerliche Probleme, Konjunkturlage, Börsenentwicklung etc., braucht nicht aufgeklärt zu werden.

> BGH ZBB 1994, 44 (m. Bespr. *Heinsius*, S. 47) = ZIP 1993, 1148,
> 1149 = WM 1993, 1455 = NJW 1993, 2433,
> dazu EWiR 1993, 857 *(Köndgen)*
> sowie WuB I G 4.-9.93 *(Schwark)*;
> ebenso OLG Hamm WM 1996, 1812 für die Belehrung einer Akademikerin über das Kursrisiko.

27 Es besteht keine Hinweispflicht einer Bank, ob mit einem Zinsswapgeschäft gegen kommunalrechtliche Bestimmungen verstoßen wird.

> LG Ulm ZIP 2008, 2009,
> dazu EWiR 2009, 73 *(Elster)*;
> ähnlich OLG Bamberg ZIP 2009, 1209 = BKR 2009, 288;

4. Haftungsgrundlagen

OLG Dresden ZIP 2004, 1589;
a. A. OLG Naumburg ZIP 2005, 1546 = ZBB 2005, 360
(m. Bespr. *Heinze*, S. 367) = WM 2005, 1313,
dazu EWiR 2005, 661 *(Schwintek)*.

Die Haftung der Bank aufgrund der Verletzung ihrer Aufklärungs-, Beratungs- oder Warnpflichten bleibt daher auf wenige Ausnahmen beschränkt. Solche Pflichten sind ausnahmsweise gegeben, wenn ein besonderes Aufklärungs- und Schutzbedürfnis des Kunden besteht; etwa dann, wenn die Bank selbst einen zu den allgemeinen wirtschaftlichen Risiken des Geschäfts hinzutretenden Gefährdungstatbestand für den Kunden schafft oder dessen Entstehung begünstigt oder wenn sie in Bezug auf die speziellen Risiken des Geschäfts einen konkreten Wissensvorsprung hat. 28

So z. B. für das Kreditgeschäft BGH WM 1987, 1546,
dazu EWiR 1988, 27 *(Peterhoff)*.

Die vorgenannten Grundsätze gelten nicht nur für die Aufklärung und Beratung, sondern auch für die sonstigen Warnpflichten. Demzufolge scheidet eine generelle Warnpflicht der Bank gegenüber ihrem Kunden ebenfalls aus. 29

Die Bank hat insbesondere auch keine Verpflichtung, sich durch gezielte Auswertung ihr zugänglicher Unterlagen oder durch Nachforschungen einen Wissensvorsprung zu verschaffen. Der positiven Kenntnis ist die bloße Erkennbarkeit nur dann gleichzustellen, wenn sich die für den Kunden bedeutsamen Tatsachen einem zuständigen Bankmitarbeiter nach den Umständen des Einzelfalles aufdrängen mussten; er ist dann nach Treu und Glauben nicht berechtigt, seine Augen vor solchen Tatsachen zu verschließen. 30

BGH WM 1992, 602,
dazu WuB I G 7.-5.92 *(v. Heymann)*.

Ein Wertpapierdienstleistungsunternehmen, das Kundenaufträge zum Kauf oder Verkauf von Wertpapieren lediglich ausführt, ohne zu beraten (Discount-Broker), ist nicht zu einer Individualaufklärung des Kunden verpflichtet. 31

OLG München ZIP 1998, 1954 = WM 1998, 2188,
dazu EWiR 1998, 1051 *(Balzer)*;
AG München ZIP 2010, 71 (LS),
dazu EWiR 2011, 37 *(Bernau)*;
vgl. zum Gesamtkomplex *Wienecke*, Discount-Broking und Anlagenschutz, 1999 sowie *Titz*, WM 1998, 2179.

4. Haftungsgrundlagen

a) Vertragliche Ansprüche

aa) Grundsatz

Bei einer schuldhaften Verletzung von Schutzpflichten durch die Bank hat der Kunde aus c. i. c. gemäß §§ 311 ff. BGB einen Anspruch auf Schadensersatz. Die c. i. c. begründet nur dort einen Schadensersatzanspruch, wo ein 32

I. Grundlagen

Vertragsschluss trotz tatsächlicher Beziehungen engerer Art zwischen den Parteien nicht zustande gekommen ist. Voraussetzung für diesen Anspruch ist das Vorliegen einer schuldhaften Verletzung außervertraglicher Schutzpflichten. Der Ersatz eingetretener Schäden im Rahmen eines rechtswirksam bestehenden Rechtsverhältnisses hat seine Rechtsgrundlage in der positiven Forderungsverletzung, die eine schuldhafte Verletzung einer vertraglichen Schutzpflicht voraussetzt.

33 Beiden Haftungsgrundlagen ist gemeinsam, dass neben der Pflichtverletzung ein Verschulden und ein Schaden aufseiten des Kunden gegeben sein müssen. Darüber hinaus wird der Anspruch nur begründet, wenn die Pflichtverletzung kausal für die Schadensentstehung war. Das erforderliche Verschulden muss sich dabei nur auf die Pflichtverletzung, nicht aber auf den Schaden erstrecken.

Schmelz, Rn. 172.

34 Allerdings kann auch ein stillschweigend geschlossener Beratungsvertrag eine Haftung begründen.

bb) Voraussetzungen

(1) Vertrag

35 Da generelle oder umfassende allgemeine Aufklärungs-, Beratungs- und sonstige Warnpflichten nicht bestehen (vgl. Rn. 18 ff.), können sich Verletzungen dieser Pflichten nur ergeben, wenn die Bank eine Pflicht zum Handeln, nämlich zur Aufklärung oder zur Beratung oder zur Warnung, hat. Der Konflikt zwischen der Pflicht, den Kunden auf Risiken hinzuweisen (z. B. Konkursreife des Bauträgers) und der Pflicht zur Wahrung des Bankgeheimnisses ist im Einzelfall durch Güterabwägung zu lösen.

BGH ZIP 1991, 90 = NJW 1991, 693,
dazu EWiR 1991, 131 (*S. Feuerborn*).

36 Die Handlungspflicht wird nicht ausschließlich durch einen ausdrücklichen Beratungsvertrag begründet, sondern sie kann sich auch aus allgemeinen Interessenwahrungspflichten ergeben. Der Abschluss eines stillschweigend abgeschlossenen Beratungsvertrages kann angenommen werden, wenn der Rat für den Empfänger erkennbar von erheblicher Bedeutung ist und er ihn zur Grundlage wesentlicher Entschlüsse machen will und der Auskunftgeber über eine spezielle Sachkunde verfügt.

Vgl. dazu insbesondere *Joost*, S. 1 ff.;
Strauch, JuS 1992, 897.

37 Erforderlich ist jedoch, dass sich aus den Umständen des Einzelfalles ein bestimmter rechtsgeschäftlicher Verpflichtungswille schlüssig ergibt. Dies setzt eine umfassende Gesamtwürdigung aller Gegebenheiten voraus.

BGH ZIP 1985, 1506 = WM 1985, 1531 = NJW 1986, 180, 181,
dazu EWiR 1985, 965 (*Gräfe*);
BGH WM 1990, 1554 = NJW 1991, 32.

4. Haftungsgrundlagen

Ein Beratungsvertrag kann also stillschweigend, auch bei Beratung unter Zeit- 38
druck,

> OLG Frankfurt/M. ZIP 1998, 1713,
> dazu EWiR 1998, 1025 *(Hartung)*,

abgeschlossen werden, wenn die Auskunft für den Empfänger erkennbar von erheblicher Bedeutung ist und diesem als Grundlage für Vermögensdispositionen dient, der Auskunftsgeber sich als sachkundig bezeichnet oder er ein eigenes wirtschaftliches Interesse hat.

> Ständige Rechtsprechung
> BGH WM 1979, 548 = NJW 1979, 1595;
> BGHZ 74, 103 = WM 1979, 530 = NJW 1979, 1449;
> BGH WM 1982, 1201;
> BGH WM 1985, 381,
> dazu EWiR 1985, 153 *(S. Feuerborn)*
> sowie WuB I B 4.-2.85 *(Locher)*.

An diesen Kriterien fehlt es, wenn ein Bankmitarbeiter dem Kunden der 39
Schweizer Tochtergesellschaft der Bank den Kauf einer Anleihe empfiehlt.

> LG Frankfurt/M. WM 1992, 2140, 2141.

Ein konkludenter Beratungsvertrag kommt beispielsweise durch einen auf 40
Bitte um Beratung einer Baufinanzierung von dem Kreditinstitut erstellten
Finanzierungsvorschlag zustande.

> OLG Hamm ZIP 1997, 360,
> dazu EWiR 1997, 441 *(Reifner)*;
> ähnlich OLG Stuttgart WM 2000, 1190,
> dazu EWiR 2000, 955 *(Balzer)*
> sowie WuB I G 5.-12.00 *(Wulff)*.

Stellt ein Anleger der konsortialführenden Bank im Hinblick auf die Ausge- 41
staltung einer Anleihe eine gezielte Frage, kommt durch die entsprechende
Antwort weder ein Beratungsvertrag noch sonst ein Vertrauensverhältnis zustande, aus dem Hinweis- oder Sorgfaltspflichten entstehen.

> OLG Oldenburg NJW-RR 2003, 1047,
> dazu EWiR 2003, 959 *(Siller)*.

Sonstige Vereinbarungen sind für einen derartigen haftungsbegründenden 42
Beratungsvertrag nicht erforderlich. Insbesondere ist die Vereinbarung eines
Entgelts nicht notwendige Voraussetzung.

> BGH ZIP 1983, 433 = WM 1983, 263 = NJW 1983, 1730;
> BGH ZIP 1984, 1080 = WM 1984, 1075 = NJW 1984, 2554;
> BGH ZIP 1985, 398 = WM 1985, 450,
> dazu EWiR 1985, 151 *(Köndgen)*
> sowie WuB IV A. § 305 BGB 1.85 *(Werhahn)*.

Ausdrücklich oder stillschweigend geschlossene Beratungs- und Aufklärungs- 43
verträge sind je nach Inhalt Dienstverträge mit Geschäftsbesorgungscharakter
nach §§ 611, 675 BGB, bei Dauerschuldverhältnissen oder Werkverträge

nach § 631 BGB bei einmaliger Raterteilung – z. B. durch Steuerberater oder Wirtschaftsprüfer.

> BGHZ 70, 356 = WM 1978, 306 = NJW 1978, 997;
> OLG Saarbrücken BB 1978, 1434;
> OLG München BB 1980, 717;
> ebenso *Hoegen*, in: Festschrift Stimpel, S. 247 ff.

44 Die sich aus einem solchen Vertrag ergebenden Pflichten sind nach den Umständen des Einzelfalles zu bestimmen. Empfiehlt die Bank konservative Anlageprodukte und wählt der Anleger stattdessen selbst spekulative Anlageprodukte, z. B. japanische Optionsscheine, ist nicht zu beraten, da von einer gewissen geschäftlichen Erfahrenheit des Anlegers auszugehen ist.

> LG München WM 1995, 1308, 1309.

(2) Pflichtverletzung

45 Hier wird ein weiterer Unterschied zwischen Aufklärungs- und Beratungspflichten einerseits und der Bankauskunft andererseits deutlich. Die Ersteren beruhen grundsätzlich auf einer Pflicht der Bank zum Handeln, während die Auskunft, abgesehen von Ausnahmefällen, in denen die Auskunft gesetzlich oder vertraglich geschuldet wird, freiwillig erfolgt.

46 Die Pflicht zur Aufklärung und zur Beratung kann sich bereits vom Beginn einer Geschäftsverbindung an oder im Laufe der Geschäftsverbindung als Nebenpflicht gemäß § 242 BGB ergeben.

> *Bundschuh*, Rn. 24.

47 Eine Pflichtverletzung besteht nicht nur darin, dass wissentlich oder fahrlässig falsche Behauptungen aufgestellt werden, sondern zum Inhalt des durch einen bestehenden Vertrag oder durch Vertragsverhandlungen begründeten Vertrauensverhältnisses gehört nach den Grundsätzen von Treu und Glauben auch eine für die redliche Bank selbständige Offenbarungs- und Aufklärungspflicht gegenüber dem Kunden für solche Umstände, die für die Entschließung des anderen Teils erkennbar von Bedeutung sind oder sein können.

> BGH ZIP 1989, 558 = WM 1989, 665,
> dazu EWiR 1989, 449 *(Reifner)*
> sowie WuB I E 1.-8.89 *(Münstermann)*;
> a. A. *Brandner*, ZHR 153 (1989), 147, 150, der diese Formel für zu weitgehend hält und deshalb zu Recht den Aufklärungstatbestand genauer eingrenzt.

48 Eine unrichtige Aufklärung oder Beratung liegt vor, wenn die Äußerungen der Bank Tatsachen oder Wertungen enthalten, die nach dem Kenntnisstand der Bank richtig dargestellt werden konnten. Ein unzureichender Kenntnisstand aufseiten der Bank darf nicht dazu führen, dass die Bank dem Kunden den Eindruck einer umfassenden Beurteilung vermittelt.

4. Haftungsgrundlagen

Der Umfang und der Inhalt der Aufklärungs- und Beratungspflicht hängt 49
von dem jeweiligen Bankgeschäft und den Umständen des Einzelfalles ab,
insbesondere von den Gefahren, die den Kunden aufgrund des Geschäfts typischerweise
treffen können.

OLG Frankfurt/M. WM 1980, 95 = BB 1980, 124;
OLG Celle WM 1988, 1329,
dazu WuB I 2 b.-2.88 *(Kessler)*.

Dabei sind folgende allgemeine Anhaltspunkte zu berücksichtigen: 50

- Aufklärungsbedürftigkeit des Kunden. Nicht nur geschäftsunerfahrene
Kunden können aufklärungsbedürftig sein, sondern auch Vollkaufleute,
wenn sie Geschäfte tätigen, die aus dem üblichen Rahmen ihrer sonstigen
Geschäfte fallen. Die Aufklärungsbedürftigkeit wird somit in erster Linie
durch die Person des Kunden und dessen Geschäftserfahrung bestimmt.

BGH ZIP 1981, 845 = WM 1981, 552 = NJW 1981, 1440
zur Aufklärungsbedürftigkeit eines Vollkaufmanns;
Brandner, ZHR 153 (1989), 147, 150 f.;
BGH WM 1988, 41 = NJW-RR 1988, 365,
dazu WuB I E 1.-6.88 *(Kessler)* zur Anlageberatung;
OLG Karlsruhe NJW-RR 2004, 1052;
OLG Koblenz WM 2002, 1224,
dazu EWiR 2002, 755 *(Frisch)*
sowie WuB I G 1.-6.02 *(Jaschulla)*;
LG Düsseldorf BKR 2002, 924.

Bei steuersparenden Bauherrenmodellen gelten, wie der BGH wiederholt 51
festgestellt hat, besonders strenge Voraussetzungen für die Bejahung der
Schutzbedürftigkeit des Erwerbers, weil davon auszugehen ist, dass dieser
entweder selbst über die notwendigen Kenntnisse und Erfahrungen verfügt
oder sich der Hilfe von Fachleuten bedient.

BGH ZIP 1988, 562 = WM 1988, 561, 563,
dazu EWiR 1988, 437 *(Hegmanns)*;
BGH WM 1990, 920, 922,
dazu EWiR 1990, 755 *(Reithmann)*;
OLG Stuttgart ZIP 1999, 529 = WM 1999, 844,
dazu EWiR 1999, 933 *(Frisch)*
und WuB I G 5.-4.99 *(Hertel)*.

- Konkrete Anfragen des Kunden, beispielsweise durch besonders erbetene 52
Beratung.

BGHZ 70, 356.

- Intensität der gegenseitigen Beziehungen, z. B. selbständige Vermögens- 53
oder Wertpapierberatung.

BGH BB 1983, 1174 zu der Tätigkeit als Hausbank;
Rümker, in: RWS-Forum 1, S. 71, 82, hält dieses Kriterium zu
Recht für zweifelhaft, da der Einmal-Kunde genauso eine ordentliche
Beratung wie der Stammkunde erwarten kann. Die Hausbankeigenschaft
wird deshalb zunehmend als Kriterium abgelehnt
(vgl. Rn. 20);

11

I. Grundlagen

a. A. AG München,
dazu EWiR 1992, 243 (*Feuerborn*);
OLG Köln WM 1995, 381, das sogar auch ohne einen Beratungsvertrag allein aus der Hausbankeigenschaft eine Beratungspflicht begründet sieht,
dazu EWiR 1994, 849 (*Nassall*).

54 • Schutzverzicht durch den Kunden, der als Branchenkenner auftritt.

BGH WM 1980, 284 zum Fall des Käufers eines Aktienpakets, der selbst Aktionär und Branchenkenner war;
OLG Düsseldorf ZIP 1990, 1396 = WM 1990, 1959 = NJW-RR 1991, 117,
dazu WuB I G 7.-1.91 (*v. Heymann*) zum Anleger, der aufseiten des Prospektherausgebers mitgewirkt hat;
vgl. auch *Niehoff*, Sparkasse 1987, 61, 63;
LG München BKR 2003, 769.

55 • Betriebliche und finanzielle Tragbarkeit für die Bank. Dieses Kriterium schließt Nachforschungspflichten im weiteren Sinn aus, weil nur dort Verhaltenspflichten der Bank im Hinblick auf die Aufklärung und Beratung bestehen, wo kein unzumutbarer Zeit- und Kostenaufwand entsteht. Allerdings ist in diesem Zusammenhang die neuerdings vertretene Auffassung,

Koller, WuB I E 1.-15.90,

eine Aufklärungspflicht könne nur dann bestehen, wenn der infolge mangelnder Information entstehende Schaden höher ist als die Kosten einer Aufklärung, abzulehnen. Dieser Ansatz ist als Abgrenzungskriterium bei der Frage, ob Aufklärungspflichten im Einzelfall gegeben sind, wenig geeignet, weil bei der Entscheidung dieser Frage nicht abgeschätzt werden kann, wie hoch der Schaden bei unterlassener Aufklärung sein wird. Darüber hinaus werden im Regelfall die Aufklärungskosten immer geringer sein als der Schaden, so dass bei Anwendung dieses Abgrenzungskriteriums eine Aufklärungspflicht grundsätzlich bestünde.

(3) **Verschulden**

(a) **Verschulden der Bank**

56 Die Bank haftet für die Erfüllung der Aufklärungs- und Beratungspflichten nach Vertragsgrundsätzen. Sie muss also für die Sorgfalt eines ordentlichen Kaufmanns einstehen.

Bundschuh, Rn. 24;
BGH ZIP 1989, 1184, 1186 = WM 1989, 1368, 1370.

57 Die Bank haftet somit nach den §§ 276 Abs. 1 BGB, 347 HGB für Vorsatz und Fahrlässigkeit. Die Beurteilung der Fahrlässigkeit richtet sich danach, was im Wirtschaftsverkehr erwartet werden darf und muss. Nach § 278 BGB trifft die Bank auch das Verschulden des Vermittlers, sofern dieser ihr Erfüllungsgehilfe ist. Diese Eigenschaft liegt vor, wenn der Vermittler als Ver-

4. Haftungsgrundlagen

treter der Bank – z. B. bei einer Kreditzusage – oder Verhandlungs- und Abschlussgehilfe – z. B. bei der bloßen Antragstellung – tätig wird. In diesen Fällen sind das Verhalten des Vermittlers entsprechend § 278 BGB und seine Kenntnisse nach § 166 Abs. 1 BGB der Bank zuzurechnen.

BGH ZIP 1981, 962, 963 = WM 1981, 869, 870 f.;
Schmelz, Rn. 173;
Meiwes, S. 147 f. m. w. N.

Dies gilt selbst dann noch, wenn die Bank die vom Kreditvermittler angebahnten Verhandlungen selbst fortführt. 58

OLG München WM 1990, 396,
dazu EWiR 1990, 349 *(Vortmann)*.

Davon unberührt bleibt jedoch die ggf. vorliegende Eigenhaftung des Vermittlers, weil dieser im Hinblick auf seine Provision regelmäßig ein eigenes wirtschaftliches Interesse am Vertragsabschluss hat. 59

Wird bei der Anwerbung von Anlegern ein Prospekt mit unrichtigen Angaben verwandt, ergibt sich hieraus im Regelfall nicht nur die Verletzung von Aufklärungspflichten, sondern auch das Verschulden der handelnden Personen. 60

BGH ZIP 1992, 1561 = WM 1992, 1892,
dazu EWiR 1993, 347 *(Schäfer)*
sowie WuB I G 7.-1.93 *(Vortmann)*.

Das Verschulden kann jedoch ausgeschlossen sein; nämlich wenn besondere Umstände vorgetragen werden, die die unterlassene Aufklärung als nicht schuldhaft erscheinen lassen können. Die rechtsirrige Annahme des Anlageberaters oder des Initiators der Anlage, eines klarstellenden Hinweises an den Anleger bedürfe es nicht, kann allerdings nur unter ganz besonderen Umständen und unter Anlegung eines strengen Maßstabes entschuldigend wirken. 61

Dazu gehört beispielsweise, dass der Anlageberater sich mit Sorgfalt um die Klärung einer zweifelhaften Frage bemüht und nicht das Risiko, dass seine eigene Beurteilung unzutreffend ist, dem Anleger zugeschoben hat. 62

BGH ZIP 1992, 1561 = WM 1992, 189,
dazu EWiR 1993, 347 *(Schäfer)*
sowie WuB I G 7.-1.93 *(Vortmann)* m. w. N.

Eine einen entschuldbaren Rechtsirrtum begründende Klärung kann der Aufklärungspflichtige z. B. durch die Einholung des Rechtsrats eines Dritten herbeiführen. Die unrichtige Auskunft eines Dritten ist keinesfalls immer ein Entschuldigungsgrund. 63

BGHZ 74, 281 = WM 1979, 809
zum Fall einer erkennbaren Sittenwidrigkeit, die dennoch für rechtlich unbedenklich erklärt wird. Der Schuldner handelt i. d. R. schuldhaft, wenn er sich auf eine von zwei entgegengesetzten Rechtsauskünften verlässt (BGH VersR 1968, 148).

13

I. Grundlagen

(b) Mitverschulden des Kunden

64 Die Bank muss nicht in jedem Einzelfall den Schaden alleine tragen. Grundsätzlich besteht die Möglichkeit, dass sich der Kunde selbst bei einer vorliegenden Aufklärungspflichtverletzung ein Mitverschulden gemäß § 254 BGB anrechnen lassen muss.

> Grundsätzlich bejahend, z. B. wenn der Anleger die in eigenen Angelegenheiten gebotene Sorgfalt zur Verhinderung eines finanziellen Verlustes nicht wahrt, OLG Braunschweig ZIP 1993, 1457 = WM 1994, 59,
> dazu EWiR 1993, 1167 *(Staab)*
> sowie WuB I 4.-2.94 *(Herrmann)*;
> OLG Frankfurt/M. BKR 2007, 379.
> Für die Beschränkung des Mitverschuldens auf grobes Verschulden sprechen sich aus *Klumpe/Kießling*, in: Dornfeld, Fach 4500, Rn. 47.
> Grundsätzlich abgelehnt wird das Mitverschulden von *Assmann*, NJW 1982, 1083;
> ders., in: Festschrift Lange, S. 345, 366 ff.

65 Das Mitverschulden trifft den Kunden nur bei besonderen Umständen, weil sich der Anleger in der Regel auf die Richtigkeit und Vollständigkeit der ihm erteilten Aufklärung und Beratung verlassen darf.

> BGH ZIP 2015, 934 = WM 2015, 569 = BKR 2015, 214,
> dazu *Welker*, NWB 2015, 3178;
> OLG Braunschweig ZIP 1996, 1242 = WM 1996, 1484,
> dazu EWiR 1996, 875 *(Hegmanns)*;
> OLG Karlsruhe WM 2015, 1193,
> dazu *Lechner*, WuB 2015, 507;
> LG Mannheim WM 2003, 1234,
> dazu EWiR 2004, 53 *(Klanten)*
> und WuB I G 1.-4.03 *(Vortmann)*;
> LG Kleve EWiR 2003, 1011,
> dazu EWiR 2003, 1011 *(Strube);*
> *Heymann/Merz*, S. 302 f.

66 Eine Anrechnung des Mitverschuldens kommt nur bei branchenkundigen Anlegern in Betracht,

> OLG Koblenz WM 1996, 1089,
> dazu EWiR 1996, 781 *(v. Randow)*,

oder, wenn der Anleger – ohne in Besitz jeglicher Unterlagen zum Anlageobjekt zu sein – lediglich auf „Zuruf" des ihm persönlich unbekannten Anlagevermittlers eine Unternehmensbeteiligung zeichnet (hier 50 % Mitverschulden).

> OLG Karlsruhe WM 2015, 1193,
> dazu *Lechner*, WuB 2015, 507.

67 Ein solches Mitverschulden könnte beispielsweise angenommen werden, wenn der Kunde die ihm von einem Dritten vorgeschlagenen Finanzgeschäfte nicht sorgfältig prüft oder prüfen lässt.

> BGH WM 1987, 1546,
> dazu EWiR 1988, 27 *(Peterhoff)*.

4. Haftungsgrundlagen

Darüber hinaus kann die sachkundige Bank unter Umständen dem Kunden **68**
den Einwand des Mitverschuldens entgegenhalten, wenn er Warnungen von
dritter Seite oder differenzierende Hinweise des Beraters nicht genügend beachtet hat.

> BGH WM 1979, 548 = NJW 1979, 1595 = BB 1979, 960;
> BGH ZIP 1982, 169 = WM 1982, 90, 91;
> BGH ZIP 1993, 997 = WM 1993, 1238 = BB 1993, 1317,
> dazu EWiR 1993, 765 *(Brink)*
> sowie WuB I G 4.-7.93 *(v. Heymann)*;
> BGH WM 2002, 1456 = NJW 2002, 2641,
> dazu EWiR 2002, 943 *(Steiner)*.

Die Bank kann sich auf ein Mitverschulden des Anlegers jedoch nicht allein **69**
deshalb berufen, weil diesem infolge der Höhe des vereinbarten Zinssatzes
der Risikocharakter des Anlagegeschäfts hätte deutlich werden können.

> OLG Karlsruhe WM 1992, 1101,
> dazu EWiR 1992, 325 *(Melber)*
> sowie WuB I G 4.-6.92 *(Medicus)*.
> In diesem Fall ging es um 30,5 % Zinsen pro Quartal bei einer
> sog. Festgeldanlage. Zum gleichen Ergebnis kommt das
> OLG Hamm WM 1993, 241,
> dazu EWiR 1993, 235 *(Vortmann)*
> sowie WuB I G 4.-3.93 *(Medicus)* bei versprochenen Gewinnen
> von 26 bis 28 %;
> a. A. OLG Oldenburg WM 2001, 1685,
> dazu WuB I G 1- 4.01 *(Vortmann)*, das ein Mitverschulden bejaht,
> wenn eine auch für einen Unkundigen auffällig hohe Rendite versprochen wird.

Ein Mitverschulden des Kunden liegt vor, wenn er trotz sich verändernder **70**
Kapitalmarktlage lediglich einen Bruchteil der Optionsscheine zum Zwecke
der Verlustbegrenzung wieder veräußert und im Übrigen den drastischen
Kursverfall abwartet, um die Bank erst danach in Anspruch zu nehmen.

> Zutreffend *Potthoff*, WM 1993, 1319, 1322.

Ist der Anleger in Wertpapier- und Börsentermingeschäften nicht ganz unerfahren, **71**
lässt er sich auf eine äußerst risikobehaftete und höchst spekulative
Kapitalanlage ein und hätte er aufgrund der Honorierungsvereinbarungen erkennen
können, dass der Vermögensverwalter bei der Abwicklung und Häufigkeit
der Transaktionen vornehmlich eigene wirtschaftliche Interessen verfolgen
könnte, ist ihm zuzumuten, sich um Aufklärung derart sich aufdrängender Unklarheiten
zu bemühen. Anderenfalls ist ihm ein Mitverschulden anzulasten.

> KG ZIP 2006, 1497 = BKR 2006, 504.

Es besteht keine Pflicht des Anlegers, zur Minderung des aus einer beabsichtigten **72**
Geldanlage in Aktien drohenden Schadens (Spekulations-)Kredit
aufzunehmen.

> BGH BKR 2002, 499 ff.

I. Grundlagen

(4) Schaden

73 Die Verletzung der ihr obliegenden Aufklärungs-, Beratungs- und sonstigen Warnpflichten verpflichtet die Bank zum Ersatz des dem Berechtigten entstandenen Schadens.

Vgl. zum Ersatz bei Bauherrenmodellen BGH BB 1984, 94.

74 Der Anspruch des Kunden kann sich nicht auf den Abschluss eines anderen, für ihn günstigeren Vertrages richten. Er ist grundsätzlich auf den Ersatz des Vertrauensschadens gerichtet.

KG, WM 2005, 1118,
dazu WuB I E 1.-2.05 *(Nassall)*.

75 Es wird dabei in der Regel vermutet, dass der Empfänger bei richtiger Aufklärung oder Raterteilung das Geschäft nicht getätigt hätte.

BGHZ 79, 346.

76 Der Kunde kann verlangen, so gestellt zu werden, wie er ohne das schädigende Verhalten der Bank – also ohne Vertragsabschluss – gestanden hätte. Er hat somit Anspruch auf Befreiung vom abgeschlossenen Vertrag und Aufwendungsersatz (sog. negatives Interesse).

BGH NJW 1981, 1673;
OLG Hamburg, WM 1986, 13,
dazu WuB I G 9.-1.86 *(v. Heymann)*;
OLG Schleswig, WM 2010, 1971,
dazu WuB I G 1.-22.10 *(Vortmann)*.

77 Die Rechtsprechung hat jedoch den Grundsatz entwickelt, dass in bestimmten Ausnahmefällen die erfolgversprechende Geltendmachung des positiven Interesses möglich sein kann. Es werden jedoch keine Angaben dazu gemacht, in welchen Fällen dies im Einzelnen sein könnte.

BGH ZIP 1992, 166 = WM 1992, 133,
dazu EWiR 1992, 141 *(Büttner)*;
vgl. zur Auseinandersetzung um die Frage, ob bei Auskunftspflichten auch das positive Interesse zu ersetzen ist, *Schwark*,
BB 1979, 897, 898;
Hopt, in: Festschrift Fischer, S. 237, 254.
Für den Fall der allgemein-zivilrechtlichen Prospekthaftung nimmt *Assmann*, in: Festschrift Lange, S. 345, 353, einen solchen, ein positives Interesse begründenden Fall an, wenn konkrete Anlageerfolge – wie etwa Verlustzuweisungen und daraus resultierende Steuerminderungen – in Aussicht gestellt werden.

78 Der Umfang des Schadensersatzanspruchs muss im Einzelfall nach Maßgabe der jeweiligen Pflichtverletzung bestimmt werden.

Zur Schätzungsmöglichkeit vgl. BGH ZIP 2012, 1335 = ZBB 2012, 470 (m. Bespr. *Heusel*, S. 461) = WM 2012, 1337 = NJW 2012, 2427 = BKR 2012, 368 (m. Anm. *Göertz*, S. 375),
dazu EWiR 2012, 549 *(Wolters)*.

4. Haftungsgrundlagen

Für den Anspruch eines geschädigten Kreditnehmers bedeutet dieser Grundsatz, dass er die Aufhebung oder Rückgängigmachung des Kreditvertrages, 79

BGH WM 1987, 1546,
dazu EWiR 1988, 27 *(Peterhoff)*
sowie WuB I E 2 c.-1.88 *(Assmann)*;
OLG Celle NJW-RR 1987, 1261 f. für Fall der Baufinanzierung;
Bülow, Rn. 432 ff.,

oder ganze bzw. teilweise Prämienerstattung im Hinblick auf einen sinnlosen oder ungünstigen Restschuldversicherungsvertrag,

Schmelz, Rn. 175,

oder Reduzierung des effektiven Vertragszinses auf den falsch angegebenen oder den marktüblichen Zins verlangen kann.

BGH ZIP 1989, 558, 560 = WM 1989, 665, 667,
dazu EWiR 1989, 449 *(Reifner)*.

Verschweigt ein Kreditinstitut einem Kunden, der mithilfe eines Darlehens 80 den Erwerb einer Sache finanzieren will, schuldhaft Umstände, die den Zweck des Kaufs gefährden, so kann der Kunde im Wege des Schadensersatzes die Anpassung des Darlehensvertrages verlangen. Dann ist er so zu behandeln, als wäre es ihm bei Kenntnis der wahren Sachlage gelungen, den Kauf zu günstigeren Bedingungen abzuschließen und so den Kreditbedarf zu verringern. Darauf kann sich auch berufen, wer sich für die Kreditforderung gegen den Kunden verbürgt.

BGH ZIP 1999, 574 = WM 1999, 678 = BB 1999, 1184,
dazu EWiR 1999, 683 *(Schwintowski)*
sowie WuB I E 1.-1.99 *(Hammen)*.

Der Grundsatz, dass der Haftungsumfang durch den Schutzzweck der verletzten Pflicht begrenzt wird, gilt auch für Beratungs- und Auskunftspflichten im Rahmen vorvertraglicher Schuldverhältnisse. Es besteht deshalb keine Schadensersatzpflicht der Bank für den gesamten Vertragsschaden beim Immobilienkauf trotz Ursächlichkeit ihrer fehlerhaften Beratung in einem Teilaspekt. 81

BGH ZIP 1992, 166 = WM 1992, 133,
dazu EWiR 1992, 141 *(Büttner)*.

Bei der Ermittlung des Schadens im Zusammenhang mit der Verletzung von 82 Aufklärungs- und Beratungspflichten anlässlich eines Grunderwerbs müssen nicht nur Zinsen und Kosten der Darlehen, sondern auch die vermögensmäßigen Auswirkungen des Grunderwerbs berücksichtigt werden.

BGH ZIP 1983, 1430, 1431 = WM 1983, 1262, 1263;
BGH ZIP 1991, 644, 645,
dazu EWiR 1991, 765 *(Ackmann)*:

„Zu diesen Auswirkungen dürften in erster Linie die Wertentwicklung des erworbenen Hausgrundstücks, ersparte Mietaufwendungen und erzielte Steuervorteile, auf der anderen Seite aber möglicherweise auch Aufwendungen gehören, die den Klägern im Zusammenhang mit dem Grundbesitz entstanden sind."

I. Grundlagen

83 Bei der Verletzung von Aufklärungs-, Beratungs- und sonstigen Warnpflichten im Zusammenhang mit der Anlageberatung kann der Anleger als Geschädigter neben dem Ersatz der Einlage auch den Schaden geltend machen, der ihm durch das Nichtabschließen einer günstigeren Investition entstanden ist.

BGH WM 1990, 145, 148,
dazu EWiR 1990, 871 *(W. Müller)*;
BGH ZIP 1988, 505 = WM 1988, 781 = NJW 1988, 2234;
a. A. bezüglich der Rendite
AG München EWiR 1992, 243 *(Feuerborn)*, nach dessen Ansicht die Rendite allein in das Risiko des Anlegers fällt. Dies soll insbesondere gelten, wenn es sich um ein Spekulationsgeschäft mit Auslandsanleihen handelt. Der Anleger soll insoweit nur auf den Verzugsschaden beschränkt sein.

84 Die fehlerhafte Beratung in Erfüllung einer vertraglichen Verpflichtung zur Informationserteilung gegen Entgelt begründet einen Schadensersatzanspruch wegen Nichterfüllung, der die Liquidation des Minderwerts der bezahlten, aber nicht vertragsmäßig erbrachten Leistung erlaubt.

Assmann, in: Festschrift Lange, S. 345, 354 f.

85 Der geschädigte Kapitalanleger hat darüber hinaus einen Anspruch auf Befreiung von der getätigten Investition und auf Ersatz der im Zusammenhang mit der getätigten Investition angefallenen Nebenerwerbskosten (z. B. Agio oder Anschaffungsspesen). Der Befreiungsanspruch beinhaltet beispielsweise den Ersatz des Kaufpreises, wenn die angeschafften Effekten wertlos geworden sind. Der Schaden besteht dagegen im Kursverlust, wenn die Effekten bereits mit Verlust weiterveräußert wurden.

Assmann, in: Festschrift Lange, S. 345, 355.

86 Bei den Nebenerwerbskosten sind nur die ersatzfähig, die auf eine Drittfinanzierung der Kapitalanlage zurückgehen, z. B. wenn der Anlagerat die Drittfinanzierung mit umfasst.

BGH WM 1987, 1546,
dazu EWiR 1988, 27 *(Peterhoff)*.

87 In allen anderen Fällen dürfte der Ersatz der Nebenerwerbskosten an der Voraussetzung der Kausalität scheitern, es sei denn, dem Schädiger lagen zumindest Anhaltspunkte für das Drittfinanzierungsvorhaben des fehlerhaft informierten Anlegers vor.

Assmann, in: Festschrift Lange, S. 345, 356.

88 Der Schadensersatzanpruch setzt nicht voraus, dass sich der Anleger von der konkret getätigten Anlage getrennt hat.

BGH ZIP 1988, 1464, 1466 = WM 1988, 1685, 1688,
dazu EWiR 1988, 1191 *(Medicus)*.

89 Der Anleger kann auch den Ersatz des Schadens geltend machen, den er dadurch erleidet, dass er infolge der nicht ordnungsgemäßen Vertragserfüllung

4. Haftungsgrundlagen

eine andere Anlage unterlassen und den Gewinn, den er mit ihr hätte realisieren können, nicht erlangt hat. Dieser Anspruch steht ihm jedoch nur zu, wenn er beweisen kann, dass er im Vertrauen auf die Richtigkeit der Information von einem anderen Anlagegeschäft Abstand genommen hat, das ihm Gewinn gebracht hätte.

Assmann, in: Festschrift Lange, S. 345, 360 f.

Als entgangene Anlagenzinsen kann der Gläubiger unter Schadensersatzgesichtspunkten bei größeren Geldbeträgen nach den Grundsätzen des Anscheinsbeweises Zinsen in Höhe der jeweiligen Umlaufrendite festverzinslicher Wertpapiere gemäß der Kapitalmarktstatistik der Deutschen Bundesbank verlangen. 90

OLG Frankfurt/M. ZIP 1998, 1713,
dazu EWiR 1998, 1025 *(Hartung)*.

In diesem Zusammenhang ist grundsätzlich der Schaden zu ersetzen, der sich daraus ergibt, dass das Eigenkapital des Anlegers in dieser Höhe erfahrungsgemäß nicht ungenutzt geblieben, sondern zu einem allgemein üblichen Zinssatz angelegt worden wäre. 91

BGH WM 1992, 143, 144.

Es muss allerdings wahrscheinlich sein, dass der Anleger eine zeitnahe alternative Investitionsentscheidung getroffen und diese einen Zinsgewinn eingebracht hätte. 92

OLG Frankfurt/M. WM 2014, 1177.

Nach dem gewöhnlichen Lauf der Dinge kann nicht mit Wahrscheinlichkeit erwartet werden, dass sich ein zur Verfügung stehender Geldbetrag zumindest in Höhe des gesetzlichen Zinssatzes von 4 % verzinst. 93

BGH ZIP 2012, 1230 = BKR 2012, 291,
dazu EWiR 2012, 507 *(Simon)*.

Auch ein entgangener Gewinn aus Spekulationsgeschäften in Aktien ist zu ersetzen. 94

BGH BKR 2002, 499.

Der durch eine fehlerhafte Anlageberatung Geschädigte kann seinen im Abschluss eines notariellen Kaufvertrages über eine Immobilie mit einem Dritten bestehenden Schaden auch gegenüber dem beratenden Unternehmen in der Weise geltend machen, dass er die Erstattung des gezahlten Kaufpreises Zug um Zug gegen Übereignung der erworbenen Kapitalanlage verlangt; dies entspricht dem im allgemeinen Schadensersatzrecht geltenden Prinzip des Vorteilsausgleichs und bedarf keines besonderen Antrags und keiner Einrede des Schuldners. 95

BGH ZIP 2009, 870 = ZfIR 2009, 414 (m. Anm. *Wronna*, S. 416)
= WM 2009, 540,
dazu WuB I G 1.-4.09 *(Assies)*.

96 Zur Berechnung des entgangenen Gewinns bei einer pflichtwidrigen Vermögensverwaltung kann die Wertentwicklung eines Vergleichsportfolios (z. B. Fonds) herangezogen werden, dessen Anlagestrategie den zwischen Kunden und Verwalter vereinbarten Anlagerichtlinien entspricht.

BGH ZIP 2002, 1586 = WM 2002, 1177 = NJW 2002,
2556 = DStR 2002, 1363,
dazu EWiR 2002, 861 *(Balzer)*.

97 Wird ein Kapitalanleger durch schuldhaft unrichtige Angaben bewogen, einer Publikumsgesellschaft beizutreten, so ist ihm nicht nur seine Einlage zu erstatten, sondern auch der Schaden, der sich typischerweise daraus ergibt, dass Eigenkapital in solcher Höhe erfahrungsgemäß nicht ungenutzt geblieben, sondern zu einem allgemein üblichen Zinssatz angelegt worden wäre.

BGH WM 1992, 143,
dazu WuB I G 9.-4.92 *(Medicus)*.

98 Will der Anleger trotz der Pflichtverletzung am Vertrag festhalten, kann der Schaden nach dem Betrag bemessen werden, um den der Anleger den Anlagegegenstand im Vertrauen auf die ordnungsgemäße Aufklärung und Beratung durch die Bank zu teuer erworben hat. Der Geschädigte erhält in diesem Fall den merkantilen Minderwert als Schadensersatz.

BGH ZIP 1987, 995 = WM 1987, 1222 = NJW 1987, 25 12;
BGH WM 1987, 1446 = NJW-RR 1988, 328;
Assmann, in: Festschrift Lange, S. 345, 357 ff.

99 Verluste aus Börsentermingeschäften sind mit Gewinnen zu verrechnen.

OLG Celle WM 1998, 2012.

100 Der Schaden bei einer Pflichtverletzung im Rahmen eines Vermögensverwaltungsvertrages besteht in der Differenz zwischen dem Wert des verwalteten Depots und dem fiktiven Depot.

BGH WM 2005, 1576,
dazu WuB I G 9.-1.06 *(Edelmann)*.

101 Ein Anspruch auf Schadensersatz wegen Verletzung der aus einem Vermögensverwaltungsvertrag resultierenden Pflichten (hier: Verstoß gegen Anlagerichtlinien) kann nicht mit der Begründung verneint werden, es fehle an einem Schaden, da die Vermögensverwaltung nicht insgesamt zu einem negativen Ergebnis geführt habe. An einem Schaden des Anliegers fehlt es allerdings, wenn eine Saldierung der Gewinne und Verluste aus den unter Verstoß gegen die Anlagerichtlinien vorgenommenen Geschäften ein positives Ergebnis ergibt.

OLG Köln ZIP 2007, 1598 = WM 2007, 1067,
dazu WuB I G 9.-1.07 *(Fink)*.

4. Haftungsgrundlagen

(5) Vorteilsausgleichung

Ein Vorteil, den das schädigende Ereignis neben dem Schaden für den Geschädigten gebracht hat, muss bei der Schadensberechnung grundsätzlich berücksichtigt werden. Der Schädiger hat nur die Differenz von Schaden und Vorteil zu ersetzen. Sofern die Verletzung von Aufklärungs- und Beratungspflichten bei Wertpapiergeschäften neben Nachteilen (Verluste) auch Vorteile (Gewinne) gebracht hat, sind letztere im Wege der Vorteilsausgleichung anzurechnen, wenn zwischen der Pflichtverletzung und den Gewinnen ein adäquater Ursachenzusammenhang und darüber hinaus ein innerer Zusammenhang derart besteht, dass Nach- und Vorteile bei wertender Betrachtung gleichsam zu einer Rechnungseinheit verbunden sind. Ferner muss die Anrechnung dem Geschädigten zumutbar sein und darf den Schädiger nicht unbillig entlasten. 102

> OLG Düsseldorf ZIP 2003, 471 = WM 2003, 1263,
> dazu EWiR 2003, 457 *(Allmendinger)*
> sowie WuB I G 1.-1.04 *(Zeller);*
> vgl. dazu grundlegend *Vortmann*, ZfIR 2015, 835 f.

Nach gefestigter Rechtsprechung des BGH gehören zu den auf den Schadensersatzanspruch eines Geschädigten anzurechnenden Vorteilen auch Steuern, die der Geschädigte infolge der Schädigung erspart. 103

> BGH ZIP 2014, 469 = WM 2014, 460,
> dazu EWiR 2014, 269 *(Vortmann)*;
> BGH BKR 2014, 247;
> BGHZ 53, 132, 134 = NJW 1970, 461;
> BGH NJW 1967, 1462;
> BGH NJW 1979, 915;
> *Assmann*, in: Festschrift Lange, S. 345, 363 ff.;
> *Schlick*, WM 2011, 155, 158 ff.;
> *v. Heymann/Merz*, S. 316 ff.

Die Vorteilsausgleichung findet aber nur statt, wenn ein Vorteil aufseiten des Geschädigten tatsächlich gegeben ist. Dieser lässt sich erst nach einer Wiederversteuerung und der sich daraus per saldo ergebenden tatsächlichen Steuerminderung feststellen. 104

> BGHZ 84, 141 = ZIP 1982, 833 = WM 1982,
> 758 = NJW 1982, 2493;
> BGH ZIP 1986, 562 = WM 1986, 517,
> dazu EWiR 1986, 473 *(Niehoff)*
> und WuB I G 8.-5.86 *(v. Heymann)*.

Dabei ist die Anrechnung nicht der Regelfall. Nur außergewöhnlich hohe Steuervorteile rechtfertigen eine Anrechnung, denn dies wäre mit einem unverhältnismäßigen Aufwand verbunden. 105

> BGH WM 2014, 1667 = NJW 2014, 3436,
> dazu *Schlick*, WM 2015, 309, 313 ff.;
> kritisch *Loritz*, in: Festschrift Schütze, S. 355, 363 f.

I. Grundlagen

106 Diese sind jedoch beispielsweise im Zusammenhang mit der Rückabwicklung von Beteiligungen an geschlossenen Fonds nicht gegeben, wenn zwar eine nur geringe Bareinlage geschuldet war, diese aber zu einem von Anfang an negativen Kapitalkonto führte, das im Zuge einer Übertragung als außerordentlicher Gewinn zu versteuern ist.

BGH BKR 2014, 247.

107 Das Abstellen auf außergewöhnlich hohe Steuervorteile ist kritisch zu sehen. Für den Schädiger tut sich ein echtes Dilemma auf. Die Darlegungs- und Beweislast, die zu seinen Ungunsten festgelegt worden ist, ist faktisch mangels Kenntnis der Besteuerungsgrundlagen des Geschädigten nicht erfüllbar und die Gerichte haben aufgrund der von ihnen gestellten hohen Anforderungen der Berechnung von Steuervorteilen im Wege der Schätzung gem. § 287 ZPO einen Riegel vorgeschoben.

Vortmann, ZfIR 2015, 835, 836.

108 Es erfolgt keine Anrechnung steuerlicher Vorteile auf einen gegen die beratende Bank gerichteten Schadensersatzanspruch auf Rückabwicklung der Beteiligung an einem Medienfonds, wenn der Anleger entsprechend dem Fondskonzept nur eine Teil der Einlage eingezahlt und durch Verlustzuweisungen Steuervorteile erlangt hat, die oberhalb der tatsächlich geleisteten Einlage und unterhalb der Nominaleinlage gelegen haben.

BGH ZIP 2014, 469 = WM 2014, 460,
dazu EWiR 2014, 269 *(Vortmann)*.

109 Eine weitere Ausnahme von dem Grundsatz, keinen Steuervorteil anzurechnen, kann gegeben sein, wenn Steuervorteile durch Sonderabschreibungen nach dem Fördergebietsgesetz bestehen. Eine Besteuerung der Ersatzleistung ist auf der Basis der Rechtsprechung des BFH entgegen den Entscheidungen des BGH,

ZIP 2013, 311 und ZIP 2014, 468,

zwingend ausgeschlossen.

Yidirim, BKR 2014, 188 ff.

110 Der Geschädigte braucht sich die bei Abschluss oder während der Laufzeit der Anlage erhaltenen steuerlichen Vorteile jedoch nicht anrechnen zu lassen, wenn er die Schadensersatzleistung nachversteuern muss,

BGH NJW-RR 2014 469;
BGH WM 1990, 145, 148,
dazu EWiR 1990, 871 *(W. Müller)*;
BGHZ 74, 103 = WM 1979, 530 = NJW 1979, 1449, 1451;
Kondert/Schirp, BKR 2007, 357, 359;
Stützel, NJW 2014, 2070,

oder diese lediglich geringfügig ist.

Kondert/Schirp, BKR 2007, 357, 359 f.

4. Haftungsgrundlagen

Die Steuerbarkeit der Ersatzleistung kann nicht im Hinblick auf § 23 EStG   111
ausscheiden, weder in direkter noch in analoger Anwendung der Vorschrift.

BGH ZIP 2015, 1932 = ZfIR 2015, 832 (m. Anm. *Vortmann*,
S. 835) = WM 2015, 1803 = NJW-RR 2016, 115,
dazu EWiR 2015, 767 *(Podewils);*
Anm. v. *Klein/Wösthoff*, DB 2015, 2256,
dazu *Salger*, WuB 2016, 10;
a. A. OLG Karlsruhe BKR 2014, 212, 217 = ZfIR 2014, 394 (LS)
und OLG Frankfurt/M., Urt. v. 231.2012 – 23 U 114/10.

Dabei bleiben die Höhe der Nachversteuerung und ein sich aus der Differenz   112
zwischen Nachversteuerung der Ersatzleistung und der vorher ersparten
Steuervorteile möglicherweise ergebender Vorteil zugunsten des Schädigers
unberücksichtigt, weil es unter diesen Umständen unbillig wäre, etwaige dem
Geschädigten verbleibende Steuervergünstigungen, die der Staat aus einem besonderen
Anlass gewährt hat, dem Geschädigten zu entziehen, um den Schädiger
zu entlasten.

BGH ZIP 2014, 469 = WM 2014, 460,
dazu EWiR 2014, 269 *(Vortmann)*.
BGH WM 1988, 145, 148;
BGH WM 1989, 1286,
dazu EWiR 1989, 873 *(Schulze-Hagen)*
sowie WuB I G 7.-7.89 *(v. Heymann)*;
BGH WM 1988, 586, 587 = NJW-RR 1988, 788,
dazu WuB I G 7.-9.88 *(v. Heymann)*;
OLG Celle ZIP 2009, 1902 (LS) = WM 2009, 1794,
dazu WuB I G 1.-2.10 *(Nassall)*;
LG Paderborn WM 1996, 1843, 1846;
vgl. auch *Trüter*, BB 1986, 269.

Für die Frage, ob der Anleger sich auf seinen Schadensersatzanspruch aus   113
Prospekthaftung steuerliche Vorteile anrechnen lassen muss, kommt es auf
die Prüfung im Einzelfall nach dem konkreten Parteivorbringen an, wie sich
die Vermögenslage des Geschädigten bei Abstandnahme von der Beteiligung
entwickelt hätte. Allein die generelle Annahme, im Regelfall hätte der Geschädigte
eine andere steuerbegünstigte Anlage getätigt, kann die Nichtanrechnung
der Vorteile nicht rechtfertigen.

BGH ZIP 2006, 893 = ZfIR 2006, 635 (m. Anm. *Hoppe*, S. 637)
= WM 2006, 905,
dazu WuB I G 8.-10.06 *(Melber)*;
OLG Karlsruhe WM 2009, 691.

Besteht die Anlage aus einer – auch mittelbaren – Beteiligung als Gesellschafter   114
an einer gewerblich tätigen Personengesellschaft i. S. v. § 15 Abs. 1 Satz 1
Nr. 2 EStG, so muss sich der Anleger bereits erzielte Steuervorteile auf seinen
Schadensersatzanspruch wegen Falschberatung nicht im Wege des Vorteilsausgleichs
anrechnen lassen, da die Schadensersatzleistung einkommensteuerpflichtig
ist mit der Folge, dass zuvor entstandene Steuervorteile wieder
ausgeglichen werden.

I. Grundlagen

OLG München BKR 2007, 511;
OLG Schleswig WM 2010, 1071,
dazu WuB I G 1.-22.10 *(Vortmann)*.

115 Grundsätzliche erfolgt keine Anrechnung von Steuervorteilen bei der Rückabwicklung einer Kapitalanlage in Form der Beteiligung an einem Immobilienfonds, wenn die Rückabwicklung zur Besteuerung führt, die die erzielten Steuervorteile wieder nimmt.

BGH ZIP 2011, 868 = ZfIR 2011, 431 (LS) = WM 2011, 740,
dazu EWiR 2011, 301 *(Podewils)*;
BGHZ 186, 205 = ZIP 2010, 1646 = WM 2010, 1641,
dazu EWiR 2011, 333 *(Balzer/Warlich)*;
BGH ZIP 2010, 1397 = WM 2010, 1310 = NJW 2010, 2506,
dazu EWiR 2010, 699 *(Meyer zu Schwabedissen)* und
WuB I G 8.-6.10 *(Koch/Harnos)*;
OLG Schleswig WM 2010, 1071,
dazu WuB I G 1.-22.10 *(Vortmann)*;
OLG München WM 2012, 1429.

116 Dies gilt auch dann, wenn der Anleger nicht – als unmittelbarer Eigentümer – Immobilieneigentum erworben hat, sondern sich einem in der Rechtsform der Kommanditgesellschaft organisierten Immobilienfonds als mittelbarer Gesellschafter beigetreten ist.

OLG München BKR 2011, 520 = ZfIR 2011, 896 (LS).

117 In steuerlicher Hinsicht sind die für den Erwerb aufgewendeten Beträge nicht als steuerneutrale Anschaffungskosten, sondern als Werbungskosten anzusehen.

118 Sind bei der auf das negative Interesse gerichteten Rückabwicklung einer Kapitalanlage ausnahmsweise außergewöhnlich hohe Steuervorteile (insbesondere bei Verlustzuweisungen, die über die Eigenleistungen hinausgehen) anspruchsmindernd anzurechnen, so verbleiben dem Geschädigten diejenigen Steuervorteile, die er bei einer Verlustzuweisung von lediglich 100 % erhalten hätte.

OLG München BKR 2011, 304.

119 Die Darlegungslast für anzurechnende Steuervorteile liegt grundsätzlich bei der persönlich haftenden Gesellschafterin eines geschlossenen Immobilienfonds. Die Herabsetzung des bereits eingetretenen Vorteils durch einen späteren, weitgehend gleich hohen Schaden in Form künftiger steuerlicher Nachteile ist grundsätzlich vom Geschädigten vorzutragen.

OLG Frankfurt/M. DStR 2009, 1925.

(6) Kausalität

120 Die Bank muss nach allgemeinen Grundsätzen den durch die unrichtige Aufklärung oder den unrichtigen Rat ursächlich entstandenen Schaden ersetzen.

4. Haftungsgrundlagen

Die Kausalität ist haftungsbegründend und damit notwendige Anspruchsvoraussetzung.

Wird die Finanzierung einer Kapitalanlage erst nach Abschluss der zum Erwerb verpflichtenden Verträge beantragt, so setzt die Annahme einer Aufklärungspflicht der Bank und die Ursächlichkeit ihrer Verletzung voraus, dass der Erwerber bei Kenntniserlangung in der Lage gewesen wäre, sich aus seinen vertraglichen Bindungen zu lösen. 121

> BGH WM 1990, 920 = NJW-RR 1990, 876,
> dazu EWiR 1990, 755 *(Reithmann)*;
> OLG München WM 2000, 130,
> dazu WuB I G 5.-11.00 *(Rösler)*.

Eine durch die Lebenserfahrung begründete tatsächliche Vermutung spricht grundsätzlich für den Ursachenzusammenhang zwischen einer fehlerhaften Beratung und der Anlageentscheidung. 122

> BGH ZIP 2009, 1264, 1266 = NJW 2009, 2298,
> dazu EWiR 2009, 433 *(Koller)*;
> BGHZ 186, 152 = ZIP 2010, 1548 = ZfIR 2010, 866 (LS) = WM 2010, 1493 = NJW 2010, 3292 = BB 2010, 2005 = DB 2010, 1989 = VersR 2011, 395,
> dazu EWiR 2010, 685 *(Derleder)*;
> *Nassall*, NJW 2011, 2323, 2326 f.;
> *Assmann*, ZIP 2009, 2125, 2132;
> *Diekmann* WM 2011, 1153;
> *Stackmann*, NJW 2011, 2616, 2619 ff.;
> gegen die Anwendung der Vermutungsregel bei verschwiegenen Kick-Back-Zahlungen sprechen sich *Witte/Hillebrand*, DStR 2009, 1759, 1763 aus.

Die Ursächlichkeit einer Verletzung der Aufklärungspflicht für den Beitritt zu einem geschlossenen Immobilienfonds wird von der Rechtsprechung deshalb beispielsweise grundsätzlich vermutet. 123

> BGH ZIP 2014, 722 = ZfIR 2014, 308 (LS) = WM 2014, 661,
> dazu EWiR 2014, 473 *(Braun/Siegbartl)*
> sowie WuB I G 1.-5.14 *(Van Look)*.

Der Grundsatz, dass ein Prospektfehler für die Anlageentscheidung nach allgemeiner Lebenserfahrung ursächlich geworden ist, gilt auch für die pflichtwidrig unterlassene Übergabe eines Prospekts. 124

> LG Rottweil BKR 2009, 482.

Es ist Sache des auf Regress in Anspruch genommenen Beraters oder Vermittlers, diese Vermutung zu widerlegen. 125

> LG Schweinfurt WM 2009, 1696, 1697;
> *Ellenberger*, in: Habersack/Mülbert/Nobbe/Wittig, S. 37, 49 f.

Kausalität ist im Übrigen gegeben, wenn die gemachten Angaben den Kunden zu seiner Entschließung bestimmt haben und die Verletzung der Aufklä- 126

I. Grundlagen

rungspflicht ursächlich für den konkret geltend gemachten Schaden des Anlegers war.

So für die Fälle der Anlageberatung
BGHZ 79, 337 = ZIP 1981, 517 = WM 1981, 463 = NJW 1981, 1449.

127 Die Kausalität, d. h. der Ursachenzusammenhang, fehlt, wenn der Kunde den eindeutigen Rat der Bank, eine bestimmte Anlageentscheidung bezüglich eines bestimmten Papieres auf ein überschaubares Risiko zu begrenzen, nicht beachtet und ein Vielfaches an Kapital aufs Spiel setzt. In diesem Fall kann nicht mehr davon ausgegangen werden, dass der Willensentschluss des Anlegers noch durch die Anlageberatung herausgefordert war (sog. psychisch vermittelte Kausalität).

Potthoff, WM 1993, 1319, 1321.

128 Selbst wenn die anlegergerechte Aufklärung eines Bankkunden, der Covered Warrants erwerben will, vor dem Erstgeschäft unterblieben ist, muss dieser Aufklärungsmangel nicht stets für den späteren Kauf von Covered Warrants ursächlich sein. Der Kausalzusammenhang kann dadurch unterbrochen werden, dass der Kunde nicht abwartet, wie das erste Geschäft mit Optionsscheinen ausgeht, sondern rasch weitere Käufe von Covered Warrants tätigt, dabei Gewinne und herbe Verluste erleidet und nach hinreichender Aufklärung der Bank zahlreiche weitere Aufträge zum Erwerb und zur Veräußerung von Covered Warrants erteilt. Ein solches Verhalten des Bankkunden ist nicht mehr kausal auf das auf Aufklärungsmängel beruhende Erstgeschäft zurückzuführen; die Kausalkette ist durch freie Willensentscheidung des Bankkunden nach Kenntnis vom Charakter der Optionsgeschäfte und nach umfassender Aufklärung unterbrochen worden.

OLG Köln ZIP 1996, 325 = WM 1996, 18,
dazu WuB I G 1.-3.96 *(Zeller)*.

129 Der von einem Kapitalanlagenvermittler bei seinem Kunden allerdings geschaffene Vertrauenstatbestand in die Sicherheit einer Kapitalanlage und in die Seriosität des sie durchführenden Vermögensverwalters kann sich über das zunächst abgeschlossene Anlagegeschäft hinaus auch dann haftungsbegründend auf weitere Folgegeschäfte dieses Kunden fortwirken, wenn der Kunde die ihm von dem Vermittler gebotene Möglichkeit wahrgenommen hat, vor dem Folgegeschäft mit dem Vermögensverwalter selbst ein Gespräch zu führen, diesen aber nicht ausreichend befragt oder von ihm keine wahrheitsgemäße Aufklärung erhalten hat.

BGH WM 2002, 1456 = NJW 2002, 2641,
dazu EWiR 2002, 943 *(Steiner)*.

130 Zwar ist grundsätzlich davon auszugehen, dass ein Mangel der Aufklärung bei dem ersten Wertpapiergeschäft sich auch auf alle Folgegeschäfte auswirkt und dass bei einer Verletzung der Aufklärungspflicht eine Vermutung für ein

4. Haftungsgrundlagen

"aufklärungsrichtiges" Verhalten des Kunden spricht. Beide Ausnahmen sind aber widerlegbar.

OLG Düsseldorf WM 1995, 1751;
vgl. dazu auch Rn. 130 ff.;
zum Umfang der tatrichterlichen Feststellungen im Zusammenhang mit der Kausalität vgl. *Andres*, BKR 2011, 277.

Die Vermutung aufklärungsrichtigen Verhaltens gilt auch im Falle der unterlassenen Aufklärung über Rückvergütungen. **131**

BGH ZIP 2009, 1264 = WM 2009, 1274 = BKR 2009, 342
= DB 2009, 1529 = BB 2009, 1137 = MDR 2009, 939,
dazu EWiR 2009, 433 *(Koller)*
sowie WuB I G 1.-10.09 *(Mülbert)*;
dazu auch *Maier*, VuR 2010, 25.

Es fehlt allerdings an der erforderlichen Kausalität, wenn der Anleger bei früheren vergleichbaren Geschäften offengelegte Rückvergütungen rügelos hinge-nommen hat. **132**

OLG Celle ZIP 2010, 876,
dazu EWiR 2010, 407 *(Thewen)*.

Eine Anlagefalschberatung ist ausgeschlossen, wenn der Anleger von der Bank anlässlich eines vorangegangenen, vergleichbaren Geschäfts ordnungsgemäß aufgeklärt worden ist. **133**

OLG Celle, a. a. O.

Maßgeblich sind die Umstände des Einzelfalles unter besonderer Berücksichtigung bereits erlittener Verluste aus Börsentermingeschäften. **134**

LG Hildesheim WM 1996, 1576.

Die Kenntnis der Bank von arglistigen Täuschungen der Fondsinitiatoren wird widerleglich vermutet, wenn die Unrichtigkeit der Angaben des Verkäufers oder Fondsinitiatoren nach den Umständen des Einzelfalles objektiv evident ist, sodass sich nach der allgemeinen Lebenserfahrung aufdrängt, die Bank habe sich die Kenntnis von der arglistigen Täuschung geradezu verschlossen. **135**

OLG Schleswig WM 2010, 258 = ZfIR 2009, 755 (LS),
dazu WuB I G 5-4.10 *(Münscher)*.

Die für ein aufklärungsrichtiges Verhalten sprechende Vermutung ist eventuell widerlegt, wenn der Kunde seine Spekulationsgeschäfte erst nach erteilter Belehrung richtig ausgeweitet hat, ohne durch Gewinne aus den ohne Belehrung getätigten Geschäften oder gravierende Verluste hierzu animiert worden zu sein. **136**

OLG Köln WM 1995, 697 = NJW-RR 1995, 112,
dazu EWiR 1994, 1065 *(Hartung)*.

137 Allerdings schließt die tatsächliche Vermutung einer festgestellten Pflichtverletzung eine entgegenstehende Würdigung nicht aus. Der BGH sah sich zu dieser Feststellung gezwungen, wie die meisten Instanzgerichte eine Würdigung nicht mehr durchgeführt, sondern die Vermutung sofort getroffen haben.

> BGH ZIP 2015, 79 = WM 2015, 68,
> dazu *Reinhart/Kotte*, WuB 2015, 150;
> ebenso BGH BKR 2015, 339.

(7) Zurechnung

138 Die Bank hat sich die Kenntnisse ihrer Mitarbeiter zurechnen zu lassen. Dies gilt insbesondere für einen Wissensvorsprung, den einzelne Mitarbeiter haben. Diese Zurechnung gilt auch dann, wenn die Bank sich Prospektverantwortlicher oder Vermittler bedient und diese als ihre Vertreter (§§ 164, 166 Abs. 1 BGB) oder als Verhandlungs- oder Erfüllungsgehilfen (§ 278 BGB) anzusehen sind. Dies gilt z. B. auch für Vermittler, die zwar nicht Vertreter sind, jedoch im Rahmen der Finanzierungsabwicklung den Anlegern auch die Endfinanzierung anbieten. In diesen Fällen sind der Bank allerdings nicht alle Erklärungen dieser Verhandlungsgehilfen zuzurechnen, sondern nur diejenigen, die sich auf die Finanzierung beziehen. Bezüglich Angaben zu der ebenfalls vermittelten Anlage handeln sie für sich selbst und nicht für die finanzierende Bank.

> BGH WM 1992, 602,
> dazu WuB I G 7.-5.92 *(v. Heymann)*;
> OLG Frankfurt/M. WM 2002, 1281,
> dazu WuB I G 5.-6.02 *(Münscher)*;
> OLG München WM 2002, 1297,
> dazu WuB I G 5.-7.02 *(Münscher)*;
> zur Zurechnung für unberechtigte Zusagen von Bankmitarbeitern
> allgemein vgl. *Tiedtke*, WM 1993, 1228;
> *Lambsdorff/Stüsser*, VuR 2001, 3.

139 Die Zurechnung wird insoweit von der Funktion oder der Rolle abhängig gemacht, in der die Verhandlungsgehilfen Erklärungen abgeben. Die Umstände des Einzelfalles entscheiden.

> BGH WM 1987, 1331,
> dazu WuB I 2b.-2.88 *(Kessler)*;
> BGH WM 1995, 1542;
> BGH ZIP 1997, 444 = WM 1997, 477;
> dazu EWiR 1997, 345 *(Nassall)*
> sowie WuB I G 7.-5.97 *(M. Lange)*;
> OLG Düsseldorf ZIP 1993, 1379 = WM 1993, 2207,
> dazu EWiR 1993, 867 *(Koller)*;
> vgl. auch *Blaich*, BankMagazin 11/97, 77.

140 Das Fehlverhalten des Gehilfen der Bank muss aus objektiver Sicht einen inneren rechtlichen Zusammenhang mit dem Wirkungs- oder Pflichtenkreis der Bank selbst aufweisen.

4. Haftungsgrundlagen

OLG Frankfurt/M. WM 2002, 1281.
dazu WuB I G 5.-6.02 *(Münscher)*.

Wenn eine Bank einen Anlagevermittler von früher als „Strukturvertriebsbe- 141
auftragten" kennt und ihm für die Vermittlung des Darlehensnehmers eine
Provision zahlt, ergibt sich daraus keine Pflichtverletzung gegenüber dem
Darlehensnehmer.

OLG Zweibrücken WM 2000, 2150,
dazu WuB B I G 5.-12.01 *(van Look)*.

Jedoch haftet die Bank für kollusives Zusammenwirken zwischen einem An- 142
gestellten und dem Verkäufer einer kreditfinanzierten Wohnung.

OLG Frankfurt/M. ZIP 2003, 1192 = ZfIR 2003, 491 (LS) =
BKR 2003, 380,
dazu EWiR 2003, 701 *(Lang)*.

Indizien für das Zusammenwirken zwischen Angestelltem und Verkäufer 143
können sein:

- Verkauf der Wohnung zum doppelten Marktpreis,

- Zuschanzen eines Firmenrabatts bei privatem Pkw-Kauf des Angestellten,

- übereilte Auszahlungen des Darlehens und

- Verlangen nach weiteren unangemessenen Sicherheiten.

Ein Finanzvermittler wird durch bloße Weiterleitung von Darlehensunter- 144
lagen oder Formularen grundsätzlich nicht Erfüllungsgehilfe der Bank.

OLG Frankfurt/M. WM 2000, 2135.

Kenntnisse, die der Filialleiter einer Bank bei Kreditverhandlungen in seiner 145
Filiale erworben hat, sind der Bank für einen später ohne seine Mitwirkung
in einer anderen Filiale gewährten Kredit jedenfalls dann zuzurechnen, wenn
beide Kredite der Finanzierung desselben Vorhabens dienen sollten, die Vertreter der Bank diesen engen Zusammenhang bei der späteren Kreditgewährung kannten und ein Informationsaustausch beider Filialen daher möglich
und nahe liegend war.

Die Erfüllung der Aufklärungspflicht erfordert auch, dass eine Bank mit einer 146
organisationsbedingten Wissensaufspaltung selbst für die Kenntnis der einzelnen Kundenberater des auf der Leitungsebene vorhandenen Wissens sorgt.

BGH ZIP 2004, 452 = WM 2004, 422 = BB 2004,
515 = BKR 2004, 152,
dazu EWiR 2004, 269 *(M. Lange)*
sowie WuB I G 5.-8.04 *(Münscher)*;
BGH ZIP 1989, 1180,
dazu EWiR 1989, 965 *(Brink)*;
siehe auch BGH ZIP 1989, 1184,
dazu EWiR 1989, 991 *(Rowedder)*;

bestätigt durch BGH ZIP 2005, 481 = WM 2005, 375,
dazu EWiR 2005, 459 *(Kulke)*.

147 Pflichtverletzungen, welche der Kreditvermittler im Rahmen des Abschlusses des Kaufvertrages oder der Entscheidung über das Anlageobjekt begeht, muss sich die Bank nicht über eine Stellung des Kreditvermittlers als ihres Erfüllungsgehilfen bei Abschluss des Darlehensvertrages zurechnen lassen.

OLG Köln WM 1994, 197,
dazu EWiR 1994, 31 *(Hirth)*
sowie WuB I 1.-5.94 *(Kessler)*;
LG Ellwangen WM 1999, 129,
dazu WuB I G 5.-3.99 *(Bruchner)*;
vgl. dazu auch *Streit*, ZIP 1999, 477;
OLG Frankfurt/M. WM 2000, 2135;
OLG Zweibrücken WM 1999, 2022 *(m. Anm. Rösler)*;
OLG Karlsruhe BKR 2002, 128.

148 Der Anleger muss sich bei Anlageempfehlungen der Bank das Wissen seines Bevollmächtigten um die Risiken der Anlage zurechnen lassen.

OLG Frankfurt/M. WM 1994, 2106.

149 Bei Einschaltung eines Treuhänders durch einen Anleger ist auf den Kenntnisstand des Treuhänders abzustellen, wenn die Bank über ihre Rolle als finanzierende Bank nicht hinausgegangen ist.

OLG München WM 1995, 289.

cc) Beweis- und Darlegungslast

150 In der Literatur,

vgl. grundsätzlich zur Beweislastumkehr bei Verletzung vertraglicher Aufklärungs- und Beratungspflichten
Hofmann, NJW 1974, 1641,

ist die Auffassung vertreten worden, dass die Bank verpflichtet ist, die Erfüllung ihrer Schutzpflichten zu beweisen.

a. A. *Bruske*, S. 26 ff.;
Stodolkowitz, VersR 1994, 11 und
Lang, WM 2000, 450 die alle die Beweislastumkehr ablehnen und stattdessen dem Anleger Beweiserleichterungen einräumen wollen;
dazu auch *Bruske*, WM 1994, 1956;
ähnlich *Roth*, ZHR 154 (1990), 513, 520 ff.;
Grunewald, ZIP 1994, 1162, lehnt zwar auch die Beweislastumkehr ab, jedoch spricht sie sich gegen Beweiserleichterungen aus, sondern plädiert für die Anwendung der Grundsätze des Anscheinsbeweises zugunsten des Kunden;
vgl. Rn. 161 ff.;
zur grundsätzlichen Diskussion über das Für und Wider einer generellen Beweislastumkehr bei Bankgeschäften
vgl. *Reiter*, ZRP 2010, 167 und
Renner, ZRP 2010, 167;

4. Haftungsgrundlagen

Bassler, WM 2013, 544, sieht erhebliche verfassungsrechtliche Bedenken gegen die Beweislastumkehr.

Die Bank hat das Fehlen ihres eigenen Verschuldens oder das ihrer Erfüllungsgehilfen zu beweisen.   151

BGH NJW 1972, 1201.

Die wegen angeblich unterlassener Beratung und Aufklärung in Anspruch   152 genommene und an sich nicht darlegungs- und beweispflichtige Bank muss die Behauptung, eine ordnungsgemäße Aufklärung sei nicht erfolgt, substantiiert bestreiten und konkret darlegen, wann, wo und wie sie die gebotene Aufklärung und Beratung vorgenommen bzw. veranlasst hat.

OLG Düsseldorf WM 1996, 1082,
dazu WuB I G 1.-5.97 *(Grün)*.

Ferner kann die Bank dem Schadensersatzanspruch entgehen, wenn sie beweist, dass ein Schaden trotz pflichtgemäßer Aufklärung eingetreten wäre, der Geschädigte also den Rat oder Hinweis nicht befolgt bzw. das Geschäft dennoch abgeschlossen hätte.   153

BGH ZBB 2012, 470 (m. Bespr. *Heusel*, S. 461) = ZIP 2012, 1335
= WM 2012, 1337 = NJW 2012, 2427,
dazu EWiR 2012, 549 *(Wolters)*;
BGHZ 72, 93 = WM 1978, 1083 = NJW 1978, 2145;
BGH ZIP 1984, 547 = WM 1984, 221 = NJW 1984, 1688;
Roth, ZHR 154 (1990), 513, 527 m. w. N.;
ebenso OLG Hamburg WM 1987, 1260,
dazu WuB I G 7.-13.87 *(v. Heymann)*
zur Beweislast des Treuhänders beim Bauherrenmodell und
BGH WM 1984, 960, 961 zur Beweislast bei der Vermittlung
von Warenterminoptionen.

Diese Beweislastumkehr greift bereits bei feststehender Aufklärungspflichtverletzung ein. Es kommt bei Kapitalanlagefällen nicht darauf an, ob ein Kapitalanleger bei gehöriger Aufklärung vernünftigerweise nur eine Handlungsalternative gehabt hätte, er sich also nicht in einem Entscheidungskonflikt befunden hätte. Das Abstellen auf das Fehlen eines Entscheidungskonfliktes ist mit dem Schutzzweck der Beweislastumkehr nicht zu vereinbaren.   154

BGH ZIP 2012, 1335 = ZBB 2012, 470 (m. Bespr. *Heusel*, S. 461)
= WM 2012, 1337 = NJW 2012, 2427 = BKR 2012, 368
(m. Anm. *Göertz*, S. 375),
dazu EWiR 2012, 549 *(Wolters)*.

Die Vermutung, dass ein Bankkunde bei ordnungsgemäßer Aufklärung über   155 die Risiken von Börsentermingeschäften derartige Geschäfte und Folgegeschäfte nicht getätigt hätte, ist unter Berücksichtigung aller Umstände des Einzelfalles widerleglich.

Diekmann, WM 2011, 1158 spricht nicht von einer Beweislastumkehr, sondern von einer Beweiserleichterung, die Elemente des Anscheinsbeweises und der Beweislastumkehr mit einander

I. Grundlagen

verbinde. Entgegen einer echten Beweislastumkehr liegt das Risiko beim Anleger, dass sich nachträglich nicht mehr zur Überzeugung des Gerichts ermitteln lässt, wie er auf eine richtige Aufklärung reagiert hätte, und nicht bei der Bank.

156 Hierbei spielt insbesondere die Tatsache eine Rolle, dass der Bankkunde bereits Verluste aus Börsentermingeschäften erlitten und damit die Realisierung von Risiken selbst erlebt hat.

> OLG Stuttgart ZIP 1995, 641,
> dazu EWiR 1995, 337 *(Allmendinger)*.

157 Grundsätzlich muss derjenige, der wegen unterlassener Beratung oder Aufklärung in Anspruch genommen wird, beweisen, dass der Vertragspartner die einzige Möglichkeit zu „aufklärungsrichtigem Verhalten" nicht wahrgenommen hätte.

> BGH ZIP 1990, 659,
> dazu EWiR 1990, 553 *(Medicus)*;
> BGH ZIP 1994, 1168 = WM 1994, 1466 = NJW 1994, 2541,
> dazu EWiR 1994, 929 *(Bülow)*
> sowie WuB I D 3.-7.94 *(Menk)*;
> vgl. auch Rn. 127.

158 Auf diese Weise kann die haftungsbegründende Kausalität zwischen Pflichtverletzung und Schaden widerlegt werden.

159 Die Vermutung für „aufklärungsrichtiges Verhalten" gilt nur dann nicht, wenn eine gehörige Aufklärung einen Entscheidungskonflikt des Vertragspartners ausgelöst hätte, weil es vernünftigerweise mehrere Möglichkeiten aufklärungsrichtigen Verhaltens gab.

> BGH ZIP 1998, 1306 = WM 1998, 1527 = BB 1998, 1811
> = NJW-RR 1998, 1271,
> dazu EWiR 1998, 921 *(Jaskulla)*.

160 Die Vermutung, bei richtiger Aufklärung wäre es nicht zum Schaden gekommen, setzt voraus, dass es für den so Aufgeklärten nur ein objektiv sinnvolles Verhalten gegeben hätte. Für einen sehr vermögenden, kaufmännisch erfahrenen Anleger kann es jedoch sinnvoll sein, einen geringen Teil seines Vermögens hochspekulativ anzulegen.

> OLG Karlsruhe EWiR 1999, 211,
> dazu EWiR 1999, 211 *(Schwark)*.

161 Ein Indiz für die Widerlegung der Vermutung aufklärungsrichtigen Verhaltens kann sein, dass sich der Anleger von einem anderen, ebenfalls dem allgemeinen Emittentenrisiko unterworfenen, jedoch gewinnbringenden Zertifikat nicht getrennt hat, nachdem er durch die Insolvenz der Emittentin des streitgegenständlichen Zertifikats leidvoll erfahren musste, dass das mit Zertifikaten verbundene allgemeine Emittentenrisiko zum weitgehenden Verlust seines eingesetzten Kapitals führen kann.

> OLG Düsseldorf BKR 2014, 297.

4. Haftungsgrundlagen

Diese Vermutung wird auch widerlegt, wenn der Anleger in der Folgezeit nach der ersten Anlageentscheidung zumindest teilweise in Kenntnis des Gewinninteresses der Bank an der Vermittlung geschlossener Fonds weitere geschlossene Beteiligungen gezeichnet hat. **162**

OLG Frankfurt/M. BKR 2014, 251.

Verletzt ein Wertpapierdienstleistungsunternehmen seine Pflicht, den Kunden über Rückvergütungen aufzuklären, trägt es die Darlegungs- und Beweislast dafür, dass es nicht vorsätzlich gehandelt hat, auch dann, wenn seine Haftung für fahrlässiges Handeln nach § 37a WpHG a. F. verjährt ist. **163**

BGH ZIP 2009, 1264 = WM 2009, 1274 = BKR 2009, 342
= DB 2009, 1529 = BB 2009, 1137 = MDR 2009, 939,
dazu EWiR 2009, 433 *(Koller)*
sowie WuB I G 1.-10.09 *(Mülbert)*;
dazu auch *Maier*, VuR 2010, 25.

Der BGH differenziert hier zwischen Vorsatz und Fahrlässigkeit, weil die kurze Verjährung nach § 37a WpHG a. F. aufgrund einer teleologischen Reduktion bei Vorsatz nicht gelten soll. **164**

Nobbe, ZBB 2009, 93, 104.

Weist die Bank auf eine unterbliebene Aufklärung über erhaltene Provisionen in einem Schreiben hin und geht der Anleger in einem nachfolgenden Gespräch hierauf nicht ein, sondern stellt allein auf eine unterbliebene Risikoaufklärung ab, ist die Vermutung aufklärungsrichtigen Verhaltens erschüttert. **165**

LG München BKR 2012, 250.

Der Beweis, dass der Anleger die empfohlene Kapitalanlage auch bei Kenntnis von Rückvergütungen erworben hätte, kann auch durch den Beweis von Hilfstatsachen, die diesen Schluss zulassen, erbracht werden. Zu diesen Hilfstatsachen gehört die Kenntnis des Anlegers von Provisionen oder Rückvergütungen, die die beratende Bank bei vergleichbaren früheren Geschäften erhalten hat, und der Umstand, dass es dem Anleger vordringlich um zu erzielende Steuerersparnisse ging, die alternativ nur mit Produkten zu erzielen waren, bei denen vergleichbare Rückvergütungen zu zahlen waren. **166**

BGH ZIP 2012, 1335 = ZBB 2012, 470 (m. Bespr. *Heusel*, S. 461)
= WM 2012, 1337 = NJW 2012, 2427,
dazu EWiR 2012, 549 *(Wolters)*.

Die Darlegungs- und Beweislast für das Vorliegen anrechenbarer außergewöhnlicher Steuervorteile trägt der Schädiger. **167**

BGH ZIP 2015, 1701 = WM 2015, 1679 = NJW 2015, 3040;
BGH ZIP 2014, 469 = WM 2014, 460,
dazu EWiR 2014, 269 *(Vortmann)*;
siehe auch *Stützel*, NJW 2014, 2070, 2071 und
Loritz, in: Festschrift Schütze, S. 355, 364 f.

168 Den Anleger trifft aber eine sekundäre Darlegungslast, weil nur er über die Informationen verfügt, aus denen sich seine Steuerersparnisse errechnen lassen. Wenn der Vortrag des Anlegers danach unsubstantiiert sein sollte, bleibt es bei den von dem Anlageberater vorgetragenen Zahlen.

BGH ZIP 2015, 1701 = WM 2015, 1679 = NJW 2015, 3040.

169 Nicht nur die Bank hat Darlegungs- und Beweislasten, sondern auch der Kunde. Der Anleger muss im Einzelnen konkret darlegen, aus welchen Geschäften er Zahlungsansprüche in welcher Höhe ableitet.

OLG Frankfurt/M. WM 1997, 2164.

170 Macht der Anleger geltend, dass vor dem Abschluss der empfohlenen Geschäfte dem Berater zugängliche Veröffentlichungen vorgelegen haben, aus denen bestimmte Risiken der Anlage erkennbar geworden wären, so ist er dafür darlegungspflichtig.

OLG Frankfurt/M. WM 1993, 1030,
dazu WuB I G 4.-6.93 *(Assmann)*.

171 Einen allgemeinen Auskunftsanspruch zur Gewinnung von Beweismitteln zur Höhe der Innenprovision oder der Rückvergütung gibt es nicht.

LG Krefeld BKR 2010, 395.

172 Dieser Anspruch ist nur ausnahmsweise gegeben, wenn der Anleger beweisen kann, dass hinsichtlich der Zuwendungen eine Interessenkollision vorgelegen habe.

OLG Frankfurt/M. NJW-RR 2012, 1075 = VuR 2012, 308
(m. Anm. *Maier)*,
dazu EWiR 2012, 409 *(Maier)*.

173 Nimmt der Zeichner einer Vermögensanlage den Anlagevermittler auf Schadensersatz wegen unzureichender Risikoaufklärung in Anspruch, so trägt er für die Behauptung, vom Vermittler keinen – Risikohinweise enthaltenden – Anlageprospekt erhalten zu haben, die Beweislast.

BGH ZIP 2006, 1449 = WM 2006, 1288,
dazu EWiR 2006, 493 *(Wolters)*.

174 Wenn die Aufklärungspflicht an besondere Umstände in der Sphäre des Kunden anknüpft, muss er beweisen, dass diese Umstände zum Gegenstand der Beratung gemacht worden sind.

OLG Hamm WM 1996, 1812.

175 Die Anlageentscheidung eines potentiellen Aktienkäufers stellt einen durch viel-fältige rationale und irrationale Faktoren, insbesondere teils spekulative Elemente beeinflussten, sinnlich nicht wahrnehmbaren individuellen Willensentschluss dar. Bei derartigen individuell geprägten Willensentschlüssen gibt es nach der höchstrichterlichen Rechtsprechung grundsätzlich keinen An-

4. Haftungsgrundlagen

scheinsbeweis für sicher bestimmbare Verhaltensweisen von Menschen in bestimmten Lebenslagen.

OLG Frankfurt/M. BKR 2006, 462.

Den Kunden trifft ferner die Beweislast für die Unzulänglichkeit der Aufklärung, wenn er geltend macht, die Bank mit dem Kauf der Kapitalanlage nicht beauftragt zu haben. — 176

OLG Schleswig WM 1993, 503,
dazu EWiR 1993, 447 *(Nassall)*
sowie WuB I G 5.-5.93 *(Vortmann)*.

Verletzt ein Wertpapierdienstleistungsunternehmen seine Pflicht, den Kunden über Rückvergütungen aufzuklären, trägt es die Darlegungs- und Beweislast dafür, dass es nicht vorsätzlich gehandelt hat, auch dann, wenn seine Haftung für fahrlässiges Handeln verjährt ist. Die Vermutung aufklärungsrichtigen Verhaltens gilt auch im Falle unterlassener Aufklärung über Rückvergütungen. — 177

BGH ZIP 2009, 1264 = WM 2009, 1274 = NJW 2009, 2298,
dazu EWiR 2009, 433 *(Koller)*.

Ein Anlageberater, der seinen Kunden unter Verwendung eines fehlerhaften Prospektes über eine bestimmte Fondsanlage berät, ist darlegungs- und beweispflichtig dafür, dass er den Prospektfehler in dem Beratungsgespräch richtig gestellt hat. — 178

BGH BKR 2009, 471;
dazu *Kirchhartz*, GWR 2009, 427

Die Rechtsfolgen im Rahmen der Rückabwicklung bei Pflichtverstößen schränkt der BGH allerdings dahingehend ein, dass die Vermutung aufklärungsrichtigen Verhaltens nur hinsichtlich der Fondsanteile eingreift, bei denen eine Aufklärung des Kunden über die Rückvergütungen unterblieben ist. Sofern der Kunde darüber hinaus geltend macht, er hätte bei gehöriger Aufklärung über die Rückvergütungen den Geschäftskontakt mit der Bank abgebrochen, ist er hierfür darlegungs- und beweispflichtig. — 179

BGH ZBB 2007, 193 (m. Bespr. *Koller*, S. 197) = ZIP 2007, 518
(m. Anm. *Lang/Balzer)* = ZBB 2007, 193 (m. Bespr. *Koller)* =
WM 2007, 487 = BKR 2007, 160,
dazu EWiR 2007, 217 *(Hanten/Hartig)*.

Wer ein Kreditinstitut aufgrund eines Vermögensverwaltungsvertrages auf Schadensersatz in Anspruch nimmt, hat die Darlegungs- und Beweislast für eine objektive Pflichtverletzung als Voraussetzung eines Anspruchs aus positiver Vertragsverletzung. Das Kreditinstitut ist nach den Grundsätzen der sekundären Darlegungslast nicht gehalten, interne Berichte und Entscheidungsabläufe offenzulegen und zu begründen, warum es im Rahmen der vereinbarten Anlagerichtlinien bestimmte Anlageentscheidungen getroffen hat. — 180

BGH ZIP 2008, 168 = BKR 2008, 83.

I. Grundlagen

181 Der Geschäftsführer oder der für die Organisation der GmbH verantwortliche Alleingesellschafter kann einer Haftung nur entgehen, wenn er im Einzelnen darlegt, was er unternommen hat, um sicherzustellen, dass der Kunde ordnungsgemäß aufgeklärt worden ist.

> OLG Düsseldorf ZIP 1994, 866 = WM 1994, 1520,
> dazu EWiR 1994, 655 *(Hartung)*
> sowie WuB I G 4.-8.94 *(Graf)*.

182 Die Darlegungs- und Beweislast für eine Verletzung der Pflicht der Bank, über die speziellen Risiken und Nachteile eines Idealkredits aufzuklären, liegt grundsätzlich beim Kreditnehmer.

> OLG Köln WM 1992, 434,
> dazu EWiR 1992, 135 *(Brink)*
> sowie WuB I E 2b.-3.92 *(Münstermann)*.

183 Einen interessanten Ansatz für die Beweislast und Darlegungslast in Kapitalanlagefällen liefert

> Stackmann, NJW 2009, 3265, 3268.

184 Er differenziert zwischen Fällen, in denen die fehlerhafte Beratung in Bezug auf eine konkret zu treffende Entscheidung geschuldet ist und solchen, in denen eine allgemeine Beratung erst dazu führt, dass die später getroffene Entscheidung ins Auge gefasst wird. In den ersteren Fällen hat der in Anspruch genommene Berater die Tatsachen darzulegen und zu beweisen, aus denen sich der Schluss ziehen lässt, dass die fehlerhafte Beratung keinen Einfluss auf die getroffene Entscheidung hatte. Bei der allgemeinen Beratung will er den Anscheinsbeweis für die Kausalität nur dann gelten lassen, wenn der nachgewiesene Sachverhalt – ausnahmsweise – den Schluss zulässt, das typischerweise zwischen der gepflogenen Beratung und der getroffenen Entscheidung ein Zusammenhang besteht, weil eine bestimmte Entscheidung des zutreffend informierten Beratenen zu erwarten gewesen wäre.

185 Das Bestreiten einer Fehlberatung beinhaltet auch die der Bank obliegende Pflichtverletzung. Da das Fehlen von Vorsatz eine negative Tatsache betrifft, ist die Bank nicht gehalten, näher und detailliert hierzu auszuführen, so lange der Anleger nicht Umstände darlegt, aus denen abgeleitet werden kann, dass die Bank vorsätzlich gehandelt hat.

> OLG München WM 2014, 1916,
> dazu *Podewils*, WuB I 2015, 10.

dd) Verjährung

186 Ansprüche aus c. i. c. und positiver Forderungsverletzung sowie aus Beratungsvertrag verjährten früher in 30 Jahren.

> BGHZ 49, 80;
> BGH WM 1990, 145, 148,

4. Haftungsgrundlagen

dazu EWiR 1990, 871 (W. Müller);
Schäfer, S. 49 ff.

Die Gerichte haben seinerzeit den Überlegungen, die Verjährung auf drei 187
Jahre zu verkürzen, eine Absage erteilt.

> OLG Frankfurt/M. WM 1993, 684 = DZWir 1993, 422
> (m. Anm. Kunz);
> OLG Köln, Urt. v. 3.5.1993 – 16 U 139/92 (unveröff.), hat allerdings offengelassen, ob eine Verkürzung auf 5 Jahre möglich ist;
> a. A. Hopt, AcP 183 (1983), 608, 711;
> Canaris, in: Festschrift Larenz, S. 27, 108 für Ansprüche aus c. i. c.

Der Gesetzgeber hat jedoch die Verjährungsfrist für Wertpapiergeschäftsab- 188
schlüsse ab dem 1.4.1998 durch § 37a WpHG auf drei Jahre verkürzt.

> Vgl. dazu BGH ZIP 2015, 1527 = WM 2015, 1181 = BKR 2015, 431,
> dazu EWiR 2015, 465 (Windthorst/Stimmel).

Ansprüche aus der fehlerhaften Beratung anlässlich von Wertpapiergeschäften 189
vor dieser Zeit unterliegen weiter der Regelverjährung. Bei einem Verstoß
gegen einen Vermögensverwaltungsvertrag findet § 37a WpHG keine Anwendung, sondern es gilt die Regelverjährung nach BGB.

> OLG Düsseldorf WM 2006 1576,
> dazu WuB I G 9.-1.04 (Edelmann).

Für alle Anlagegeschäfte nach dem 1.1.2010 gilt grundsätzlich die Regelver- 190
jährung nach § 199 Abs. 1 Nr. 2 BGB. Mit dem Schuldverschreibungsgesetz
zur Stärkung des Anlegerschutzes,

> BGBl I 2009, 2512 ff.,

wurde § 37a WpHG abgeschafft. Die Regelverjährung beträgt zwar ebenfalls
nur drei Jahre, beginnt aber erst mit dem Schluss des Jahres, in dem der Anspruch entstanden ist und der Kunde von den Anspruch begründenden Umständen und der Person des Schuldners Kenntnis erlangt hat oder ohne grobe
Fahrlässigkeit erlangen musste. Kenntnisunabhängig verjähren die Ansprüche in
zehn Jahren von ihrer Entstehung an.

Diese Regelverjährung gilt auch für Prospekthaftungsansprüche gegen Per- 191
sonen, die unter Inanspruchnahme persönlichen Vertrauens oder aus eigenem wirtschaftlichen Interesse verhandelt haben – z. B. ein einfacher Anlageberater.

> BGH ZIP 1984, 1080 = NJW 1984, 2524.

Durch die Einführung der kurzen Verjährung von drei Jahren als Regelver- 192
jährung gemäß § 195 BGB unterliegen auch alle anderen Schadensersatzansprüche aus Anlagengeschäften dieser kurzen Verjährung.

I. Grundlagen

193 Die Verjährungsfrist beginnt bei mangelnder Aufklärung über die Risiken des Wertpapiergeschäftes nicht erst mit Erkenntnis der Verlustrealisierung, sondern bereits mit Abschluss des Vertrages.

BGH ZIP 2005, 802 = WM 2005, 929,
dazu EWiR 2005, 491 *(Micklitz)*
sowie WuB I G 6.-1.05 *(Nietsch)*;
KG ZIP 2004, 1306 = WM 2004, 1872 = NJW 2004, 2755,
dazu EWiR 2004, 943 *(Tilp)*;
OLG München ZIP 2005, 656 = DB 2005, 884,
dazu EWiR 2005, 553 *(Lenenbach)*;
LG Düsseldorf BKR 2005, 77;
Lang, Informationspflichten bei Wertpapierdienstleistungen, § 20 Rn. 19 f.;
Kritter, BKR 2004, 261 m. w. N.;
Besch/Keine, DB 2004, 1819;
Stackmann, NJW 2012, 2913;
a. A. z. B. LG Hof BKR 2004, 489, wonach der Schadensersatzanspruch erst dann entstanden ist, wenn der Wert der Investition gegenüber dem Erwerbszeitpunkt gesunken ist.

194 Bei mehreren Beratungsfehlern ist die Verjährung für jeden von ihnen gesondert zu berechnen.

BGH ZIP 2015, 1491 = WM 2015, 1413 = NJW 2015, 2956,
dazu *Vortmann*, WuB 2015, 561;
BGH ZIP 2011, 1012 = WM 2011, 874,
dazu EWiR 2011, 659 *(Podewils)*;
BGH NJW-RR 2012, 111;
BGH ZIP 2010, 1760 = WM 2010, 1690,
dazu ablehnend WuB I G 1.-28.10 *(Reinhart)*;
a. A. OLG Frankfurt/M. BKR 2014, 464,
dazu EWiR 2015, 281 *(Theewen)*;
vgl. *Stackmann*, NJW 2012, 2913, NJW 2014, 961, 965
sowie *Grüneberg*, WM 2014, 1109,
ders., BKR 2015, 485, 488 ff.

195 Anders ist dies bei der Vermögensverwaltung. Hier beginnt die Verjährung mit dem ersten Erwerb eines Wertpapiers.

OLG Frankfurt/M. BKR 2006, 501.

196 Mehrere Handlungen, auch wenn sie gleichartig oder Teilakte einer natürlichen Handlungseinheit sind und auf einem einheitlichen Vorsatz des Schädigers beruhen, sind verjährungsrechtlich nicht zwingend als Einheit zu betrachten. Vielmehr stellt jede Handlung, die eigene Schadensfolgen zeitigt und dadurch zu einem Gesamtschaden beiträgt, verjährungsrechtlich eine neue selbständige Schädigung dar und erzeugt einen neuen Ersatzanspruch mit eigenem Lauf der Verjährungsfrist. Nach diesen Grundsätzen bestimmt sich auch der Beginn der Verjährung vertraglicher Schadensersatzansprüche, wenn einem Schuldner mehrere voneinander abgrenzbare Beratungsfehler im Zusammenhang mit einem Anlageberatungsvertrag vorzuwerfen sind, die zum Abschluss der Kapitalanlage geführt haben.

BGH BKR 2010, 118.

4. Haftungsgrundlagen

Beim Vertrieb von Fonds gilt ebenfalls die Verjährung nach § 199 BGB. Hinsichtlich des Beginns der Verjährungsfrist gelten folgende Grundsätze: Rechenschaftsberichte eines Fonds begründen gegenüber einem unerfahrenen Anleger keine Kenntnis i. S. v. § 199 Abs. 1 Nr. 2 BGB, wenn aufgrund allgemein gehaltener, positiver Angaben zur Entwicklung des Immobilienmarktes im Allgemeinen der Zustand des konkreten Fonds verschleiert wird. Kenntnis im genannten Sinn liegt aber bereits vor dem 1.1.2002 vor, wenn ein Anleger, der Fondsanteile im Jahr 1992 erworben und für die Zeit ab etwa 1995/1996 entsprechend den Ankündigungen im Prospekt mit Ausschüttungen des Fonds gerechnet, solche aber zu keiner Zeit erhalten hat. 197

OLG Celle BKR 2008, 429.

Die Frage, wann der Gläubiger die nach § 199 BGB Abs. 1 Nr. 2 BGB erforderliche Kenntnis von den Anspruch begründenden Umständen und der Person des Schuldners besitzt, stellt der BGH 198

BGH ZIP 2008, 1268 = WM 2008, 1260,
dazu EWiR 2008, 707 *(Ditges)*
sowie WuB I G 5.-8.08 *(Schäfer/Fuchs)*;
BGH ZIP 2008, 1714 = WM 2008, 1346,
dazu EWiR 2008, 551 *(Podewils)*
sowie WuB I G 5.-2.09 *(Hönn)*

weitgehend auf seine Rechtsprechung zu § 852 Abs. 1 BGB a. F. ab.

BGH WM 2008, 89, 91 = ZfIR 2008, 334 (m. Anm. *Deblitz*, S. 337).

Danach liegt die erforderliche Kenntnis vom Anspruch und der Person des Ersatzpflichtigen im Allgemeinen vor, wenn dem Geschädigten die Erhebung einer Schadensersatzklage, sei es auch nur in Form einer Feststellungsklage, Erfolg versprechend, wenn auch nicht risikolos möglich ist. 199

Vgl. *Schwintowski*, BKR 2009, 89, 90.

Von einer Kenntnis oder grob fahrlässigen Unkenntnis der Gläubiger ist nur auszugehen, wenn diese die tatsächlichen Umstände gekannt oder infolge grober Fahrlässigkeit nicht gekannt haben, aus denen sich ergab, dass sie im Zusammenhang mit dem Wohnungserwerb arglistig getäuscht worden waren, und darüber hinaus die Umstände, die den Schluss auf einen insoweit bestehenden Wissensvorsprung des Schuldners zuließen. 200

BGH BKR 2009, 372.

Die Kenntnis des Gläubigers, dass die ihm zugesagte Miete von Beginn an nicht erzielt wurde, rechtfertigt nicht den Schluss auf eine Kenntnis von den Anspruch begründenden Umständen und der Person des Schuldners i. S. d. § 199 Abs. 1 Nr. 2 BGB. 201

BGH ZIP 2008, 1714 = WM 2008, 1346,
dazu EWiR 2008, 551 *(Podewils)*
sowie WuB I G 5.-2.09 *(Hönn)*.

I. Grundlagen

202 Die Grundsätze der sog. Sekundärhaftung, wie sie die Rechtsprechung für die Haftung von Angehörigen der rechts- und steuerberatenden Berufe entwickelt hat, sind auf die Haftung der Bank wegen fehlerhafter Anlageberatung nicht anwendbar.

> BGH ZIP 2005, 802;
> KG ZIP 2004, 1306;
> OLG München ZIP 2005, 656 = DB 2005, 884;
> a. A. *Roller/Hackenberg*, ZBB 2004, 227, 230 f.

203 Die Verjährungsvorschrift des § 37a WpHG a. F. gilt auch für deliktische Schadensersatzsprüche, die auf einer fahrlässig begangenen Informationspflicht beruhen. Für Ansprüche aus vorsätzlich falscher Anlageberatung bleibt es bei der deliktischen Regelverjährung. Die Verjährung beginnt dort ab Kenntnis des Schadens.

> BGH ZIP 2005, 802;
> KG ZIP 2004, 1306;
> LG Hamburg NJW 2004, 2757;
> a. A. LG Berlin BKR 2004, 127;
> für die Abschaffung des § 37a WpHG und die bedingungslose Anwendung von §§ 195, 199 BGB plädiert
> *Zimmermann*, ZIP 2007, 410.

204 Wird in Rechenschaftsberichten über eine mögliche Haftung und Inanspruchnahme gem. § 172 Abs. 4 HGB informiert, beginnt damit die kenntnisabhängige Verjährungsfrist zu laufen. Der Zeichner kann sich nicht darauf berufen, die Rechenschaftsberichte nicht gelesen zu haben, denn es liegt im besonderen Interesse eines jeden Anlegers, die jährlichen Rechenschaftsberichte der Fondsgesellschaft eingehend durchzulesen. Tut er dies nicht, handelt er grob fahrlässig.

> Brandenburgisches OLG BKR 2015, 343.

205 Die Verjährung bei der Aufklärungspflichtverletzung im Zusammenhang mit Rückvergütungen beginnt drei Jahre nach Ablauf des Jahres, in dem der Anleger Kenntnis von Schaden, Schädiger und den Umständen erlangt hat, aus denen sich die Offenbarungspflicht und ihre Verletzung ergibt.

> OLG Stuttgart, Urt. v. 15.7.2009 – 9 U 164/07,
> dazu EWiR 2009, 633 *(Theewen)*.

206 Kenntnis von der genauen Höhe der verschwiegenen Rückvergütung wird nicht verlangt.

> BGH ZIP 2013, 615 = WM 2013, 609,
> dazu EWiR 2013, 269 *(Nietsch)*
> sowie WuB I G 1.-11.14 *(Meder/Flick)*.

207 Soweit es für den Verjährungsbeginn eines auf verschwiegenen Rückvergütungen gestützten Schadensersatzanspruchs auf die Kenntnis von den anspruchbegründenden Tatsachen ankommt, reichen vage Vorstellungen oder

4. Haftungsgrundlagen

Vermutungen nicht; der Anleger muss vielmehr positiv wissen, dass die Bank für die Empfehlung eine Provision erhält.

OLG Düsseldorf ZIP 2014, 2023,
dazu EWiR 2014, 373 *(Fuxmann/John)*.

Vermutungen des Anlegers über den Rückfluss des Agios an die Bank verpflichten nicht zu Nachforschungen, sodass die Verjährungsfrist in diesem Fall auch nicht wegen grob fahrlässiger Unkenntnis in Gang gesetzt wird. **208**

OLG Düsseldorf a. a. O.

Zur Hemmung der Verjährung ist die Erhebung einer auf Feststellung einer Schadensersatzpflicht gerichteten Klage schon dann geboten, wenn der Verdacht einer möglichen Schädigung besteht. Auf die Frage, ob dem Kläger am Ende tatsächlich ein Schaden entstanden ist, kommt es nicht an. **209**

OLG Frankfurt/M. BKR 2014, 251 ff.

Die Verjährung kann durch prozessuale Maßnahmen gehemmt werden. Dazu kann ein Güteantrag oder ein Mahnbescheid eingereicht werden. Jedoch sind bestimmte Anforderungen an solche prozessualen Anträge zu stellen. Der Güteantrag muss den Lebenssachverhalt und das Anspruchsbegehren hinreichend beschreiben und den Antrag beziffern. **210**

OLG München BKR 2015, 260;
OLG Bamberg WM 2015, 1847;
OLG Hamm WM 2015, 611,
dazu *Nobbe*, WuB 2015, 262;
LG Bamberg WM 2013, 1862,
dazu WU BI G 1.-1.14 *(Reinhart)*;
vgl. grundlegend *Assies/Faulenbach*, BKR 2015, 89;
Duchstein, NJW 2014, 342
und *Grüneberg*, BKR 2015, 485, 494 ff.

Mustergüteanträge genügen diesen Anforderungen nicht. **211**

BGH ZIP 2015, 1395 = WM 2015, 1319 = NJW 2015, 2407 mit Anm. v. *Gillberg* NJW 2015, 2409,
dazu EWiR 2015, 737 *(Deiß)*.

Ein Anleger kann sich auf die Hemmungswirkung eines Mahnbescheides nicht berufen, wenn dieser durch die unzutreffende Angabe, die Gegenleistung sei erbracht, erschlichen wurde. **212**

BGH ZIP 2015, 1590 = ZfIR 2015, 623 (LS) = WM 2015, 1461,
dazu EWiR 2015, 641 *(Guski)*
sowie *Schatz*, VuR 2015, 411;
BGH ZIP 2014, 1985 = WM 2014, 1763;
OLG München BKR 2015, 260;
OLG Stuttgart WM 2015, 479;
OLG Karlsruhe WM 2015, 474,
dazu EWiR 2015, 317 *(Korff)*;
siehe zu den OLG-Entscheidungen *Thume*, WuB 2015, 290.

I. Grundlagen

213 Da jeder Beratungsfehler, auf den ein Schadensersatzanspruch wegen fehlerhafter Anlageberatung gestützt wird, eigenständig verjährt, ist auch eine Hemmung der Verjährung für jede einzelne Pflichtverletzung herbeizuführen. Zur Individualisierung ist es daher erforderlich, dass für den Antragsgegner erkennbar ist, auf welche Beratungsfehler der Schadensersatzanspruch gestützt wird.

> OLG Bamberg ZIP 2014, 1952 = BKR 2014, 334,
> dazu EWiR 2014, 763 *(Corzelius)*.

ee) Verwirkung

214 Ein Schadensersatzanspruch der Anleger gegen die Bank ist verwirkt, wenn die Anleger über eine längere Zeit keinen solchen geltend machen, sondern ihre Verpflichtungen aus den Darlehensverträgen entsprechend den getroffenen Änderungsvereinbarungen erfüllen.

> OLG Frankfurt/M. WM 1997, 27,
> dazu WuB I G 8.-1.97 *(v. Heymann)*.

b) Gesetzliche Ansprüche

215 Die gesetzliche Haftung für Rat oder Empfehlung bleibt gemäß § 676 BGB ausgeschlossen. Neben den vertraglichen Ansprüchen stehen dem Kunden infolgedessen nur ausnahmsweise gesetzliche Ansprüche zu. Die Bank haftet beispielsweise bei der Anlageberatung, insbesondere bei Vermittlung von Warenterminoptionen, ausnahmsweise nach § 826 BGB wegen vorsätzlich sittenwidriger Schädigung, wenn sie bewusst unvollständig aufklärt, weil sie auf diese Weise einen gegebenen Vorsprung an Wissen und Erfahrung nutzen kann, um den Kunden von Anfang an zu einem tatsächlich aussichtslosen Geschäft zu bewegen.

> BGH ZIP 1982, 819 = WM 1982, 738;
> BGH ZIP 1988, 635 = WM 1988, 291,
> dazu EWiR 1988, 459 *(Ahrens)*;
> BGH ZIP 1999, 486 = BB 1999, 605,
> dazu EWiR 1999, 351 *(Tilp)*;
> BGH ZIP 2001, 2274 = BKR 2002, 37,
> dazu EWiR 2002, 199 *(Schäfer)*;
> BGH ZIP 2001, 2276,
> dazu EWiR 2002, 201 *(v. Buttlar)*;
> BGHZ 184, 365 = ZIP 2010, 786 = WM 2010, 749
> = MDR 2010, 807 = DB 2010, 894,
> dazu EWiR 2010, 529 *(Theewen)*;
> MünchKomm-*Wagner*, BGB, § 826 Rn. 64 ff.;
> bei Warenterminoptionen werden die Telefonverkäufer selbst nach § 826 BGB in Anspruch genommen, vgl. OLG Düsseldorf WM 1994, 1796;
> zur Frage des Schutzgesetzcharakters des § 32 WpHG vgl. Rn. 687 ff.

4. Haftungsgrundlagen

Allerdings bleibt nach der neueren Rechtsprechung des BGH in der IKB- 216
Entscheidung wenig Raum, denn bei der Anwendung von § 826 BGB sind
strenge Maßstäbe anzusetzen.

BGH ZBB 2012, 222 (m. Bespr. *Schmolke*, S. 165) = ZIP 2012,
318= WM 2012, 303 = NJW 2012, 1800 = MDR 2012, 295,
dazu EWiR 2012, 159 *(Seibt);*
dazu die zust. Besprechung von *v. Bernuth/Kremer*, WM 2012, 831.

Eine Bank, die in Kenntnis der Tatsache, dass die den Kommanditisten ga- 217
rantierten erwirschafteten Ausschüttungen prospektwidrig aus „Neuzeich-
nungen", also durch Installation eines „Schneeballsystems" geleistet werden,
neue Kommanditeinlagen vorfinanziert, unterstützt mit ihrer Kreditvergabe
betrügerische Machenschaften. Sie ist den Anlegern gemäß § 826 i. V. m.
§ 830 BGB wegen Beihilfe zu vorsätzlich sittenwidriger Schädigung zum
Schadensersatz verpflichtet, da es dem Anstandsgefühl aller billig und gerecht denkenden Kaufleute widerspricht, Geschäfte zu unterstützen, bei denen
gutgläubige Geldgeber unter Vortäuschung wirtschaftlich nicht erzielbarer
Gewinne geschädigt werden.

BGH, Urt. v. 14.7.1992 – VI ZR 154/90 (unveröff.);
die Vorinstanz OLG München hatte aufgrund der Beweisauf-
nahme und -würdigung hervorgehoben, dass die Bank das „un-
ternehmerische Risiko" der Anleger relativ hoch eingeschätzt
hatte und aus diesem Grunde eine Nennung der Bank im Textteil
des Zeichnungsprospektes abgelehnt hatte.

Die Beweislast für das Vorliegen des Tatbestandes der vorsätzlich sitten- 218
widrigen Schädigung durch die Bank infolge einer fehlenden Aufklärung
trägt der Kunde. Die Verjährungsfrist dieser deliktischen Schadensersatzansprüche wegen unterlassener Aufklärung beginnt erst, wenn der Geschädigte
die Umstände kennt, aus denen sich die Offenbarungspflicht des Schädigers
rechtlich ergibt. Für die Fälle der Vermittlung von Warenterminoptionen
bedeutet dies, dass die Kenntnis erst vorliegt, wenn dem Anleger beispielsweise bekannt wird, dass der vorgenommene Einbehalt von Teilen des Anlagebetrages für Kosten des Vermittlers von den üblichen Gepflogenheiten
weit entfernt ist und die Gewinnchance entscheidend reduziert.

BGH WM 1990, 971, 973,
dazu EWiR 1990, 683 *(Littbarski)*
sowie WuB I G 4.-11.90 *(Graf).*

Der Vorsatz des Geschäftsführers einer optionsvermittelnden GmbH zur 219
sittenwidrigen Schädigung durch mangelnde Risikoaufklärung wird auch
nach anwaltlicher Beratung nicht durch einen Irrtum über die Reichweite der
Aufklärungspflicht ausgeschlossen.

BGH ZIP 2005, 20 = WM 2005, 27 = BB 2005, 128 = DB 2005,
47 = MDR 2005, 224 = NJW-RR 2005, 558,
dazu EWiR 2005, 595 *(Berger/Ueding).*

220 Berater oder Mitarbeiter einer Bank können wegen Beihilfe zu einer vorsätzlich sittenwidrigen Schädigung auf Schadensersatz in Anspruch genommen werden, wenn sie nicht verhindern, dass von der Bank Kapitalgarantien gewährt werden, die nicht mit Eigenkapital unterlegt sind.

> KG ZIP 2003, 2305 = DStR 2004, 149,
> dazu EWiR 2004, 551 *(Allmendinger)*.

221 Jedoch wird in der jüngsten Vergangenheit von Gerichten der Versuch unternommen, auch Bankvorstände in die gesetzliche Haftung einzubeziehen. Das OLG Stuttgart,

> OLG Stuttgart ZIP 2011, 803 = BKR 2011, 250,
> dazu EWiR 2011, 405 *(Meyer zu Schwabedissen)*,

sieht in dem Verschweigen von Provisionen grundsätzlich ein Vorsatz und vor allem die Tatbestände der Untreue oder des Betruges als erfüllt an. Diese Entscheidung ist in der Literatur heftig kritisiert worden, denn die subjektiven Voraussetzungen können nicht pauschal begründet, sondern müssen im Einzelfall nachgewiesen werden. Der Verstoß gegen eine Rechtspflicht beruht nicht immer auf einem vorsätzlichen Verhalten.

> *Schäfer/Lang*, BKR 2011, 239.

222 Die Bestimmungen des WpHG sind grundsätzlich keine Schutzgesetze i. S. d. § 823 Abs. 2 BGB.

> *Schäfer*, WM 2007, 1872;
> *Puszkajler*, in: Habersack/Mülbert/Nobbe/Wittig, Bankrechtstag 2010, S. 51, 63;
> *v. Bernuth/Kremer*, WM 2012, 831, 833
> *Müchler*, WM 2012, 974, 982 f.;
> BGH ZIP 2010, 1433 = WM 2010, 1339 = NJW 2010, 3651,
> dazu EWiR 2010, 585 *(Koller)*;
> OLG Frankfurt/M. ZIP 2009, 1413,
> dazu EWiR 2010, 131 *(Lange)*;
> dazu *Habersack*, in: Habersack/Mülbert/Nobbe/Wittig, Bankrechtstag 2010, S. 3, 10 ff.

223 Allein, dass die finanzierende Bank das Auseinanderfallen von Erwerbs- und Veräußerungspreis kennt, begründet nicht die subjektiven Voraussetzungen für eine Beihilfe zu einer sittenwidrigen vorsätzlichen Schädigung.

> BGH ZIP 2014, 65 = ZfIR 2014, 73 (LS) = WM 2014,
> 71 = NJW 2014, 1095,
> dazu EWiR 2014, 65 *(Herresthal)*.

224 Allerdings ist Vorsicht geboten, denn der BGH hat die Gewährung eines Objektfinanzierungsdarlehens als objektive Unterstützungshandlung i. S. d. § 830 Abs. 1 Satz 1, Abs. 2 BGB qualifiziert. Daher sind Fälle denkbar, in denen der BGH eine Beihilfehandlung bejahen würde; beispielsweise wenn die Bank einen Prospekt überprüft, in dem kein Hinweis auf den durch den An- und Verkauf der Immobilie erzielten Zwischengewinn enthalten ist. Die Beweislast liegt allerdings beim Kunden.

5. Haftungsausschluss

Durch die bis 1993 geltende Nr. 10 Abs. 3 AGB-Bk (= Nr. 7 AGB-Spk) 225
begrenzten die Banken ihre nach § 276 Abs. 1 BGB bestehende Haftung für
Vorsatz und Fahrlässigkeit auf grobes Verschulden. Dieser Haftungsausschluss galt nicht für das Unterlassen von Aufklärungs- und Beratungspflichten, die der Bank aus einer mit dem Kunden bestehenden Geschäftsverbindung entstehen. Die Freizeichnung von vorvertraglichen Sorgfaltspflichten ist generell nicht möglich.

> BGH WM 1976, 79;
> BGH WM 1976, 474;
> BGH WM 1978, 896;
> OLG Düsseldorf WM 1986, 253,
> dazu WuB I G 7.-1.86 (v. Heymann);
> Brandner, ZHR 153 (1989), 147, 152;
> LG Stuttgart WM 1988, 620,
> dazu WuB I G 4.-5.88 (Hein).

Die häufig im Zusammenhang mit der Anlageberatung gewählte Erklärung 226
„ohne unser obligo" macht die mitgeteilten Tatsachen nicht unverbindlich
und schließt insbesondere einen Aufklärungs- und Beratungsvertrag nicht
aus. Diese Klausel kann allenfalls – sofern überhaupt zulässig – eine Haftungsfreizeichnungserklärung darstellen.

> BGH WM 1970, 1021 = NJW 1970, 1737.

Infolgedessen gilt auch insoweit, dass die Freizeichnung für das Unterlassen 227
vorvertraglicher Sorgfaltspflichten nicht möglich ist. Lediglich bei falscher
Aufklärung und Beratung kann die Bank durch Allgemeine Geschäftsbedingungen oder die Erklärung „ohne unser obligo" ihre Haftung auf grobes Verschulden beschränken.

> Zum Vorliegen eines solchen groben Verschuldens vgl.
> BGH WM 1972, 583 = NJW 1972, 1200:
> „Der Ausschluss ist unzulässig, wenn der Bankangestellte die Auskunft wegen
> eines besonderen wirtschaftlichen Interesses der Bank, etwa zur Förderung eines
> bestimmten Geschäfts mit einem ihrer Kunden, vorsätzlich falsch erteilt."

6. Prozessuales

Schadensersatzansprüche gegen einen Anlageberater oder Anlagevermittler 228
wegen Verletzung der Pflichten aus einem Anlageberatungs- oder Auskunftsvertrag können nicht Gegenstand eines Musterfeststellungsverfahrens
sein. Dies gilt auch dann, wenn im Zuge der Beratungs- oder Auskunftstätigkeit dem Anleger ein Prospekt ausgehändigt wurde, und dieser (fehlerhafte)
Prospekt eine wesentliche Grundlage für die Anlageentscheidung darstellte.

> BGH ZIP 2008, 1226 = WM 2008, 1352;
> BGH ZIP 2009, 290 = WM 2009, 110,
> dazu EWiR 2009, 123 (Bergmeister/Würdinger).

229 Der Berater oder Vermittler darf die Risikohinweise im Prospekt in einem Werbeschreiben nicht entwerten.

OLG München WM 2012, 446,
dazu WuB I G 1.-8.12 *(Hanowski)*.

230 Für den dem Berater oder Vermittler dann obliegenden Nachweis der Richtigstellung reicht die Behauptung, keine über den Prospekt hinausgehenden Angaben gemacht zu haben, nicht aus. Auch eine Parteieinvernahme des Beraters oder Vermittlers zu dieser Frage kommt mangels Anfangswahrscheinlichkeit nicht in Betracht.

OLG München, a. a. O.

II. Besondere Aufklärungs-, Beratungs- und sonstige Warnpflichten der Bank

Da die Haftung der Bank aufgrund der Verletzung der genannten Schutzpflichten auf Ausnahmefälle beschränkt bleibt, 231

> BGH WM 1980, 620;
> BGH ZIP 1986, 21 = NJW-RR 1986, 205 f.,
> dazu EWiR 1986, 125 *(Hadding)*,

soll im Folgenden ein Überblick darüber gegeben werden, wann besondere Aufklärungs-, Beratungs- und sonstige Warnpflichten bezüglich verschiedener Geschäftsbereiche einer Bank vorliegen.

1. Kontoverbindung

a) Kontoeröffnung

In Literatur und Rechtsprechung ist umstritten, ob die Bank die Pflicht hat, einen Kunden, der ein Gemeinschaftskonto in der Form eines Oder-Kontos errichten will, auf darin unter Umständen begründete Gefahren hinzuweisen und ihn zu fragen, ob seine Zwecke nicht auch mit einer Bankvollmacht erreicht werden. 232

> Bejahend in der Literatur *Canaris*, Rn. 117;
> *Liesecke*, WM 1975, 286, 296;
> ablehnend *Rieder*, WM 1987, 29, 33 f.;
> OLG Nürnberg NJW 1961, 510, 511;
> OLG Köln ZIP 1980, 979, 980 f.;
> OLG Oldenburg WM 1987, 554, 555,
> dazu EWiR 1987, 799 *(Brink)*
> sowie WuB I E 1.-11.87 *(Locher)*.

Die besonderen Gefahren, die sich aus der Eröffnung eines Oder-Kontos für den Kunden ergeben können, sind die Verringerung des Kontoguthabens durch Verfügungen jedes einzelnen Kontomitinhabers und die andererseits aber auch bestehende gesamtschuldnerische Haftung aller Kontoinhaber. Weitere Gefahren bestehen darin, dass der Gläubiger jedes Kontoinhabers zur Zwangsvollstreckung in die Einlagenforderung des Oder-Kontos befugt ist, ohne dass dem nicht betroffenen Kontoinhaber ein Rechtsbehelf dagegen zusteht. 233

> BGHZ 93, 315, 321 = ZIP 1985, 339 (m. Bespr. *Wagner*, S. 849),
> dazu EWiR 1985, 119 *(Merz)*.

Die Aufklärungspflicht der Bank über diese Risiken wird damit begründet, dass Oder-Konten vor allem von Ehepaaren eröffnet werden und es angesichts der Häufigkeit der Eröffnung von Oder-Konten keine Überspannung darstelle, wenn von der Bank erwartet wird, dass sie ihre für Kontoeröffnungen zuständigen Mitarbeiter durch entsprechende Ausbildung in die Lage versetzt, den 234

II. Besondere Aufklärungs-, Beratungs- und sonstige Warnpflichten der Bank

Kunden über die verschiedenen rechtlichen Gestaltungsmöglichkeiten und ihre Vor- und Nachteile wenigstens in groben Zügen aufzuklären.

Canaris, Rn. 117;
Liesecke, WM 1975, 286, 296;
Bales, WuB I C 3.-6.90;
zustimmend OLG Nürnberg ZIP 1990, 1558 = WM 1990, 1370,
dazu EWiR 1990, 967 *(Vortmann)*
sowie WuB I C 3.-6.90 *(Bales)*.

235 Dieser Ansicht ist jedoch zu Recht entgegengetreten worden.

Rieder, WM 1987, 29, 32 f.;
OLG Nürnberg NJW 1961, 510, 511;
OLG Köln ZIP 1980, 979, 980 f.;
OLG Oldenburg WM 1987, 554, 555,
dazu EWiR 1987, 799 *(Brink)*.

236 Die Eröffnung eines Oder-Kontos begründet nicht nur zwischen der Bank und ihrem Kunden ein besonderes Vertrauensverhältnis, sondern auch zwischen den Kontoinhabern. Dies gilt insbesondere für die Eröffnung von Oder-Konten durch Ehegatten. Der andere Kontoinhaber kann nur dann eine Schädigung erleiden, wenn sich der Partner in abredewidriger Art und Weise verhält. Eine Warnung durch die Bank vor diesen Risiken muss schon deshalb ausgeschlossen sein, weil es nicht Aufgabe der Bank sein kann, vor Gefahren zu warnen, die ihren Ursprung im Missbrauch des Vertrauensverhältnisses der Kontoinhaber haben. Aufklärungspflichtig ist die Bank nur im Hinblick auf Umstände, die sich aus ihrem Vertrauensverhältnis zu den Kunden ergeben. Die Aufklärungspflicht besteht nur für konkrete Umstände, die zur Vereitelung des vom Kunden gewünschten Zwecks führen. Die Begründung einer solchen allgemeinen Hinweispflicht auf mögliche abstrakte Gefahren widerspricht der Rechtsprechung, die eine allgemeine Aufklärungs- und Beratungspflicht ausdrücklich ablehnt (vgl. oben Rn. 18 ff.).

OLG Oldenburg WM 1987, 554, 555 führt dazu richtigerweise aus:

„Irgendwelche Aufklärungspflichten gegenüber der Beklagten hatte die Klägerin nicht. Zwar sollten die Kontoauszüge nur dem Ehemann der Beklagten mitgeteilt werden. Daraus musste die Klägerin aber noch nicht entnehmen, dass die Beklagte keine Kenntnis über den jeweiligen Kontostand hatte. Beide Kontoinhaber waren damals miteinander verheiratet, was der Klägerin ersichtlich bekannt war. Ohne besondere Anhaltspunkte, die hier nicht vorliegen, durfte die Klägerin daher selbstverständlich davon ausgehen, dass auch die Beklagte über den jeweiligen Kontostand und damit auch über die Kontoüberziehungen unterrichtet war wie auch, dass die durch die Überziehung erlangten Kredite auch der Beklagten zugutekamen. Es ist auch nicht ersichtlich, weshalb die Klägerin der Auffassung sein musste, die Einrichtung des Gemeinschaftskontos sei für die Beklagte besonders gefährlich gewesen."

237 Die Bank ist nicht verpflichtet, eine neu gegründete Firma über Altschulden der Rechtsvorgängerin aufzuklären. Eine Aufrechnung der Altverbindlichkeiten mit Zahlungseingängen auf dem neuen Konto ist möglich.

1. Kontoverbindung

BGH ZIP 1991, 1586 = BB 1991, 2179,
dazu EWiR 1992, 757 *(Ebenroth)*.

Beabsichtigt ein Kunde, die Verfügung über sein Konto mittels T-Online 238
durchzuführen, so ist er von der Bank über die genaue Funktionsweise des
T-Online aufzuklären, also darüber, welchen Umfang das Leistungsangebot
der Bank hat und wie das System funktioniert. Dem Kunden ist deutlich zu
machen, welche Folgen sein Fehlverhalten bei der Eingabe falscher TANs
und PINs hat. Weiterhin muss er darauf hingewiesen werden, dass er für
Schäden, die durch den Missbrauch Dritter entstehen, haften muss.

Gößmann, in: *Schimansky/Bunte/Lwowski*, Bankrechts-
Handbuch, Bd. 1, § 55 Rn. 10 f.

b) Kontovollmacht

Die Bank muss sich grundsätzlich Gewissheit darüber verschaffen, ob und in 239
welchem Umfang der Vertreter des Kunden bevollmächtigt ist. Dieser Grundsatz führt dazu, dass der Bank eine Nachforschungs- und Erkundigungs-
pflicht über den Umfang der Kontovollmacht auferlegt wird.

LG Hamburg WM 1996, 999.

Eine generelle Nachprüfungspflicht bei der Vollmachtausübung gibt es dagegen 240
nicht. Eine solche Prüfungspflicht obliegt der Bank nur, wenn ein Missbrauch
aufgrund massiver Verdachtsmomente objektiv evident ist.

BGH ZIP 1994, 859 = NJW 1994, 2082,
dazu EWiR 1994, 963 *(Rehbein)*.

Ein Verdachtsmoment ist gegeben, wenn im Einzelfall das Kontoführungs- 241
verhalten aufgrund langjähriger Kundschaft der Bank bekannt ist und ein Bevollmächtigter Geldgeschäfte tätigt, die völlig aus dem Rahmen herausfallen.

LG Berlin WM 1998, 2143:

„Nach einer lediglich ein halbes Jahr bestehenden Geschäftsverbindung ist es
der Bank regelmäßig noch nicht möglich, entsprechende typische Verhaltensweisen des Kontoinhabers zu bestimmen."

Eine missbräuchliche Nutzung einer Kontrollvollmacht durch den Bevoll- 242
mächtigten muss dem Kreditinstitut jedenfalls dann auffallen, wenn der Bevollmächtigte ein Familienfremder ist und mit bankunüblichen Techniken
Kontoguthaben des Vollmachtgebers zu eigenen Gunsten verwendet.

BGH ZIP 1999, 1303,
dazu EWiR 1999, 927 *(F. Schäfer)*.

Die Erkundigung beim Kunden beinhaltet bei einem Missbrauch der Voll- 243
macht gleichzeitig die Warnung an den Kunden. Infolgedessen ist die Bank
verpflichtet, sich im Falle der Verpfändung eines Depots des Vollmachtgebers durch den Bevollmächtigten als Sicherheit für seine eigenen Ver-

II. Besondere Aufklärungs-, Beratungs- und sonstige Warnpflichten der Bank

bindlichkeiten zu vergewissern, ob eine solche eigennützige Verpfändung der Wertpapiere durch den Vertreter dem Willen des Vertretenen entspricht.

BGH WM 1969, 1009.

c) Kontoführung

244 Eine grundsätzliche Pflicht zur Überwachung der Kontobewegungen obliegt der Bank nicht.

BGH WM 1973, 722, 723;
Canaris, Rn. 125;
Liesecke, WM 1975, 290.

245 Die Bank hat dagegen eine Hinweispflicht als Nebenpflicht aus der girovertraglichen Geschäftsverbindung, wenn sich ihr der Verdacht aufdrängen muss, dass der Geschäftsführer einer GmbH oder ein sonstiger Vertreter einer juristischen Person seine Befugnisse in einer Weise missbraucht, die sich leicht zum Nachteil der Gesellschaft auswirken kann. Bei einem begründeten Verdacht obliegt der Bank sogar eine Nachforschungspflicht zunächst bei dem Geschäftsführer und für den Fall einer unbefriedigenden Antwort durch diesen bei den übrigen Gesellschaftern der GmbH.

BGH WM 1976, 474, 475.

246 Das OLG Koblenz sieht eine gleichgelagerte Pflicht, wenn ein Testamentsvollstrecker von einem Treuhandkonto Geld auf sein Privatkonto abzweigt.

OLG Koblenz ZIP 2008, 1228 = MDR 2008, 1113 = NJW-RR 2008, 965 = WM 2008, 1302;
ablehnend *Theewen*, EWiR 2008, 709, der zu Recht darauf verweist, dass das Gericht entgegen den Anforderungen des BGH zum Missbrauch im Überweisungsverkehr (vgl. dazu Rn. 517 ff.) bereits ein „Kennmüssen" für eine Haftung ausreichen lässt.

247 Die Bank ist nur unter besonderen Umständen des Einzelfalles verpflichtet, einen Schuldner auf die Änderung einer Kontonummer hinzuweisen. Ein solcher Ausnahmefall liegt vor, wenn die Bank in das dem Schuldverhältnis zugrunde liegende Vertragswerk, z. B. durch die Abtretung des Kaufpreisanspruchs des Gläubigers an sie, eingebunden ist.

OLG Köln NJW-RR 1991, 46.

248 Eine Bank ist grundsätzlich nicht verpflichtet, einen Vollkaufmann auf die Möglichkeit der Zinskompensation, also einer bankinternen Verrechnung der Salden zweier Kontokorrentkonten, aufmerksam zu machen.

OLG Düsseldorf WM 1996, 1810 = BB 1996, 2319
= NJW-RR 1997, 426,
dazu WuB I E 1.-3.97 *(Fandrich)*.

249 Eine Verpflichtung der Bank, den Kunden im Zusammenhang mit einer Endabrechnung seines Kontos auf einen möglichen Rechtsverlust hinzuweisen, besteht nicht.

2. Kreditgeschäft

OLG Hamm ZIP 1996, 2067 = WM 1996, 2274, 2277;
zunächst offengelassen in OLG Hamm WM 1996, 669, 672,
dazu EWiR 1996, 499 *(Horn/Balzer)*, EWiR 1997, 27 f.
(Schwark) sowie WuB I G 1.-8.96 *(Jaskulla)*;
siehe auch schon BGH ZIP 1992, 609 = WM 1992, 682, 684.

Aufklärungs- und Beratungspflichten im Kreditgeschäft		
Kreditvertrag	**Zins und Tilgung**	**Finanzierung von Vermögensanlagen**
Zweckmäßigkeit der gewählten Kreditart (–)	Tragbarkeit der monatlichen Belastungen (–)	Bank als Kreditgeberin
Risiken des zu finanzierenden Geschäfts (–)	Rückzahlbarkeit durch den Kreditnehmer (–)	– Grundsatz (–), nur wenn – Interessenkollision (+)
Steuerliche Auswirkungen der Kreditaufnahme (–)	Zinshöhe im Vergleich zu Mitbewerbern (–)	– Zweckvereitelung (+) – Wissensvorsprung (+)
Folgen einer Kreditausweitung (–)	Folgen einer späteren Zinsanpassung (–)	Beteiligung der Bank an der Vermögensanlage (+)
Besondere Kreditformen – Idealkredit (+) – Lebensversicherungskredit (+) – Existenzgründungsdarlehen (–) – Umschuldung mit Verschlechterung der Konditionen (+) – Schuldmitübernahme (–)		

2. Kreditgeschäft

a) Allgemeines

Der Bank obliegt es im Kreditgeschäft nicht, den Kreditnehmer über die 250
Zweckmäßigkeit der Kreditaufnahme oder die Zweckmäßigkeit der gewählten
Kreditart aufzuklären.

Canaris, Rn. 114;
BGH WM 1978, 869, 897;
OLG Hamm WM 2002, 2326,
dazu WuB I G 5.-1.03 *(Freckmann)*;
zu den Aufklärungspflichten der finanzierenden Bank in
Österreich vgl. *Heidinger*, WBl 1995, 314 ff.;
grundlegend *Schnauder*, JZ 2007, 1009.

II. Besondere Aufklärungs-, Beratungs- und sonstige Warnpflichten der Bank

251 Eine solche Pflicht würde zur Begründung einer generellen Aufklärungspflicht führen, der aber das Eigeninteresse der Bank am Vertragsabschluss entgegensteht. Der Kreditnehmer muss grundsätzlich mit einem legitimen eigennützigen Verhalten der Bank rechnen.

> BGH ZIP 1982, 545 = WM 1982, 480, 481.
> Weitergehend *Bultmann*, BuW 1995, 760 und *Köndgen*, S. 49, der von kundengerechter Beratung in Anlehnung an die anlegergerechte Beratung bei der Vermögensanlage spricht und infolgedessen eine umfangreiche Beratungspflicht sieht, mit Ausnahme bezüglich des Verwendungszwecks und dessen Entwicklung. *Köndgen* verkennt, dass die Rechtsprechung die Begründung zu Aufklärungs- und Beratungspflichten von der jeweiligen Geschäftsart und der Einflussmöglichkeit der Bank auf das Zustandekommen des Geschäfts abhängig macht. Aufklärungspflichten im Kreditgeschäft sind nicht allgemein gegeben, sondern dort, wo es besondere Risiken gibt. Ein Kreditgeschäft ohne besondere Risiken ist ein normaler Vorgang.

252 Infolgedessen kann es auch keine Verpflichtung der Bank im Rahmen von Finanzierungsberatungsverträgen geben, über Rückvergütungen und Innenprovisionen analog der Rechtsprechung zur Kapitalanlage (vgl. dazu Rn. 824 ff.) aufzuklären.

> BGH ZIP 2014, 1620 = WM 2014, 1621 = NJW 2014, 3360, dazu EWiR 2014, 639 *(Podewils)*
> sowie *Reinhart*, WuB 2015, 60;
> zustimmend *Feuchter/Bauer*, BKR 2015, 271.

253 Aufklärungspflichten im Kreditgeschäft bestehen nur in Ausnahmefällen (z. B. bei der Finanzierung von Kapitalanlagen). Ein solcher Ausnahmetatbestand ist nicht bei einem auffälligen Missverhältnis zwischen Kaufpreis und Verkehrswert einer Immobilie gegeben. Es muss ein grobes Missverhältnis für die Annahme einer solchen Aufklärungspflicht vorhanden sein.

> BGH ZIP 2014, 118 = ZfIR 2014, 162 (LS) = WM 2014, 124 = NJW-RR 2014 653,
> dazu EWiR 2014, 235 *(Theewen)*.

254 Die von der Rechtsprechung entwickelten Grundsätze zu den Aufklärungs- und Beratungspflichten im Anlagengeschäft sind auf das Kreditgeschäft nicht anwendbar, weil der Vertragszweck dieses Geschäftes sich von dem im Anlagegeschäft erheblich unterscheidet.

> Vgl. *Früh*, WM 1998, 2176;
> a. A. *Fuellmich/Rieger*, ZIP 1999, 465, die sogar eine gesetzliche Regelung für das Kreditgeschäft im Zusammenhang mit Treuhandmodellfinanzierungen auf der Basis der Rechtsprechung zur Anlageberatung verlangen.

255 Auch im Falle einer Kreditausweitung ist die Bank im Allgemeinen nicht verpflichtet, den Darlehensnehmer auf die damit verbundenen Risiken hinzuweisen.

> OLG Hamm WM 1990, 1491, 1495.

2. Kreditgeschäft

Infolgedessen besteht keine Verpflichtung der Bank zur Aufklärung, wenn **256** beispielsweise ein langfristiger billigerer Kredit erkennbar zweckmäßiger für den Kunden wäre als ein Kontokorrent- oder ein Überziehungskredit. Etwas anderes gilt allerdings, wenn das Finanzierungsmodell Bedingungen enthält, deren Veränderung zu einer Verschlechterung der Konditionen gegenüber der Modellrechnung führt. Die Bank ist in diesen Fällen grundsätzlich verpflichtet, über die Möglichkeit der ungünstigen Änderungen aufzuklären; beispielsweise bei einer möglichen Änderung der zu erwartenden Zuteilungszeit von Bausparverträgen. Bei einer solchen Finanzierungsberatung muss darüber hinaus auch eine für den Kunden gegenüber der Bauspar-Zwischenfinanzierung günstigere Hypothekenfinanzierung in Betracht kommen und dem Kunden angeboten werden, sofern der Kunde unter Bonitäts- und Beleihungsgrundsätzen einen vergleichbaren Hypothekarkredit hätte erhalten können.

OLG Celle WM 1993, 2082,
vgl. dazu WuB I E 1.-2.94 *(v. Heymann)*;
zu den Aufklärungspflichten bei einer Bausparsofortfinanzierung
mit Fremdgeldbeschaffung vgl. *Mayen*, WM 1995, 913 ff.

Die Ablehnung der generellen Aufklärungspflicht über die Zweckmäßigkeit **257** des Kredits ergibt sich nicht zuletzt aus praktischen Erwägungen. Das Kreditinstitut kann in der Regel die persönlichen und wirtschaftlichen Verhältnisse des Kreditnehmers nicht überblicken. Insbesondere besteht für die Bank nicht die Möglichkeit, zu erkennen, ob die Aufnahme des Kredits zweckmäßig ist und welche Kreditart den Interessen des Kreditnehmers am ehesten entspricht. Darüber hinaus kennt der Kreditnehmer seine eigenen finanziellen Möglichkeiten besser als die Bank. Ihm wird gerade durch die in den Kreditvertrag eingesetzten Daten nochmals der finanzielle Rahmen vor Augen geführt, so dass er selbst entscheiden kann, ob der Kredit selbst und die Kreditart zweckmäßig sind.

Allerdings muss die Bank den Kreditnehmer über die speziellen Nachteile **258** und Risiken einer besonderen Kreditart, z. B. Idealkredit, im Verhältnis zu einem banküblichen Ratenkredit aufklären.

BGH ZIP 1991, 301, 302 = WM 1991, 179, 181,
dazu EWiR 1991, 225 *(Taupitz)*.

Die Bank ist nicht verpflichtet, zu prüfen, ob die Antragsteller bei Anlegung **259** üblicher Maßstäbe mit den von ihnen angegebenen Beträgen für die monatliche Haushaltsführung auskommen. Dies gilt auch unter der Betrachtung der gesetzlichen Neuregelung des § 491a BGB und die sich daraus ergebenden Erläuterungspflichten.

Vgl. dazu *Rösler/Werner*, BKR 2009, 1.

Die Haushaltsführung, deren Umstände der Bank nicht bekannt sind, fällt **260** allein in den Risikobereich der Kreditnehmer. Eine Beratungspflicht der Bank besteht auch nicht im Hinblick auf mögliche Veränderungen der Höhe des Kinder- und Wohngeldes. Dabei gilt nur dann etwas anderes, wenn die

II. Besondere Aufklärungs-, Beratungs- und sonstige Warnpflichten der Bank

Kreditnehmer ausdrücklich danach fragen oder sie – für die Bank erkennbar – von der Unveränderlichkeit der angenommenen Kinder- und Wohngeldbeträge ausgehen. Die Erwartung der Kreditnehmer hinsichtlich der Steuerersparnis ist aus der Sicht der Bank ebenfalls nicht aufklärungsbedürftig; insbesondere, wenn die eigentliche Finanzierungsberatung durch einen externen Berater vorgenommen wird. Die nachhaltige Erzielbarkeit eines zusätzlichen Einkommens durch die Ehefrau des Kreditnehmers fällt ebenfalls nicht in den Risikobereich der Bank.

LG Münster WM 1988, 658,
dazu EWiR 1988, 753 *(Vortmann)*
sowie WuB I E 1.-11.88 *(Kessler)*;
vgl. auch OLG Stuttgart WM 2000, 1942.

261 Der Kreditnehmer muss deshalb aufgrund der offengelegten Vertragsbedingungen selbst entscheiden, ob er in der Lage ist, die Zins- und Tilgungsleistungen für seinen Kredit zu erbringen.

BGH WM 1988, 1225,
dazu EWiR 1988, 1163 *(Vortmann)*;
BGH NJW-RR 1988, 236;
OLG Hamm BB 1992, 2177;
OLG Stuttgart BB 2001, 1426,
dazu EWiR 2001, 907 *(Metz)*;
OLG Stuttgart WM 2002, 343,
dazu WuB I G 5.-6.03 *(Münscher)*;
Hannes, FLF 1988, 216;
vgl. zu einem Ausnahmefall, bei dem die Aufklärungspflicht besteht, OLG Celle WM 1992, 1145 = DB 1992, 628,
dazu EWiR 1992, 331 *(Pape)*:
Ein Finanzberater muss über die sich aus einer Kreditgewährung resultierenden Gefahren und Konsequenzen aufklären, wenn die Rückzahlung des Kredits im Wesentlichen auf die unveränderten Renteneinkünfte des 74-jährigen Ehemannes der Kreditnehmerin abstellt;
zu weitgehend insoweit in einem ähnliche Fall auch
LG Berlin BKR 2011, 17;
ebenso OLG Celle NJW-RR 1990, 878: „Sind die mit der Finanzierung verbundenen Belastungen für den Kunden untragbar, muss die Bank von der Finanzierung abraten und diese gegebenenfalls auch ablehnen; anderenfalls macht sie sich schadensersatzpflichtig."
Ähnlich OLG Stuttgart WM 1998, 450,
dazu EWiR 1988, 143 *(Koller)*;
LG Lübeck NJW 1987, 959 aufgehoben durch
BGH ZIP 1989, 487,
dazu EWiR 1989, 441 *(Rümker)*.

262 Eine Nachforschungspflicht des Kreditinstitutes hinsichtlich der Vermögensverhältnisse des Kreditnehmers ist somit ausgeschlossen. Die Bank ist nicht verpflichtet, die Kreditwürdigkeit und Leistungsfähigkeit des Kreditnehmers zu prüfen.

2. Kreditgeschäft

OLG Frankfurt/M. WM 1998, 337,
dazu WuB I E 1.-2.98 *(Bader)*.

Deshalb beschränkt sich die Aufklärungspflicht bei den Kreditgeschäften, bei **263** denen die Bank lediglich Kreditgeberin ist, auf die Konditionen des von den Parteien geschlossenen Kreditvertrages.

BGH WM 1987, 1331;
OLG Celle WM 1987, 1329,
dazu WuB I E 2b.-2.88 *(Kessler)*;
ebenso *H. P. Westermann*, ZHR 153 (1989), 123, 145;
a. *A. Müller*, S. 205 ff.;
vgl. OLG Hamburg NJW 1987, 962,
dazu EWiR 1986, 1069 *(Emmerich)*, und
LG Lübeck NJW 1987, 959.

Eine mögliche Änderung der Rechtslage könnte hier durch die EU-Richtlinie **264** über Wohnimmobilienkreditverträge für Verbraucher vom Februar 2014 entstehen. Diese Richtlinie verlangt, dass die Mitgliedsstaaten der EU die Beratung im Vorfeld der Kreditvergabe gesetzlich regeln, insbesondere bezüglich der Beratung über die finanzielle Situation des Kunden sowie seiner Interessen. Bisher liegt in Deutschland lediglich ein Entwurf zur Änderung des BGB vor.

Vgl. dazu *Buck-Heeb*, BKR 2015, 177 ff.

Die Bank ist nach bisheriger Rechtslage allein verpflichtet, richtige Angaben **265** über die Höhe der auf den Kreditnehmer zukommenden monatlichen Belastungen zu machen. Die Angabe niedrigerer Monatsraten im Vertrag als tatsächlich erforderlich führt zu einer Verletzung der Aufklärungspflichten und damit zu einem Schadensersatzanspruch des Kreditnehmers.

OLG Celle NJW-RR 1988, 1261.

Die Kredit gebende Bank ist nicht verpflichtet, ungefragt günstigere Konditionen einer Konkurrenzbank zu erwähnen. **266**

Gerke, S. 199;
Buck-Heeb, BKR 2014, 221, 234.

Ebenso wenig kann sie verpflichtet werden, den Kunden auf ein besser geeignetes Alternativprodukt hinzuweisen. **267**

Vgl. dazu *Buck-Heeb*, a.a.O., Fußn. 276 m. w. N.

Es bedarf seitens der Bank keines allgemeinen Hinweises auf die Gefahr von **268** Zinsschwankungen. Es ist allgemein bekannt, dass Darlehenszinsen am Markt ständigen Schwankungen unterliegen. Dies gilt auch dann, wenn die Bank mit Rücksicht auf die in Fachkreisen allgemein angenommene zukünftige Zinsentwicklung lediglich den Abschluss eines sog. Vorschaltdarlehens für nur ein Jahr angeraten hat.

OLG Hamm NJW-RR 1993, 54;
vgl. dazu *Steiner*, Der langfristige Kredit 1993, 430 ff.

II. Besondere Aufklärungs-, Beratungs- und sonstige Warnpflichten der Bank

269 Die Beratungspflicht der Bank bei einer Baufinanzierung wird nicht verletzt, wenn die Bank in einer Hochzinsphase eine fünfjährige Zinsfestschreibung von 55 % der Darlehenssumme empfiehlt.

>OLG Hamm ZIP 1997, 360,
>dazu EWiR 1997, 441 *(Reifner)*.

270 Grundsätzlich besteht auch keine Verpflichtung des Kreditinstitutes, den Kreditnehmer über Risiken der von ihm beabsichtigten Verwendung des Kredits aufzuklären.

>BGH WM 1987, 1546,
>dazu EWiR 1988, 27 *(Peterhoff)*
>sowie WuB I E 2c.-1.88 *(Assmann)*;
>BGH ZIP 1989, 558 = WM 1989, 665, 666,
>dazu EWiR 1989, 449 *(Reifner)*
>sowie WuB I E 1.-8.89 *(Münstermann)*;
>BGH WM 1996, 196 = NJW 1996, 663,
>dazu WuB I E 1.-3.96 *(Medicus)*;
>BGH ZIP 1997, 580 = WM 1997, 662 = NJW 1997, 1361,
>dazu EWiR 1997, 443 *(Jaskulla)*
>sowie WuB I G 1.-9.97 *(Schwennicke)*;
>OLG Hamm WM 1990, 802,
>dazu WuB I E 1.-21.90 *(Gößmann)*;
>OLG Saarbrücken WM 1995, 54,
>dazu WuB I E 1.-3.95 *(Eckhardt-Letzelter)*;
>OLG Köln WM 1997, 472,
>dazu WuB I E 1.-4.97 *(Livonius)*.

271 Insbesondere braucht nicht über das zu finanzierende Geschäft oder andere noch im Umfeld des Kreditvertrages zu schließende Verträge und die mit diesen verbundenen Risiken aufgeklärt zu werden.

>BGH ZIP 1981, 962 = WM 1981, 869;
>BGH ZIP 1983, 1060 = WM 1983, 1039;
>BGH WM 1986, 1032 = NJW-RR 1987, 59;
>OLG Hamburg WM 1986, 1431,
>dazu EWiR 1986, 1069 *(Emmerich)*
>sowie WuB I E 1.-3.87 *(Kessler);*
>OLG Hamm WM 2002, 2326,
>dazu WuB I G 5.-1.03 *(Freckmann)*.

272 Im Rahmen der Bearbeitung eines Darlehensantrages zur Finanzierung eines Betriebsgrundstücks kann das Kreditinstitut infolgedessen nicht verpflichtet sein, den Kunden über die Werthaltigkeit der geplanten Investitionen zu beraten.

>OLG Frankfurt/M. ZIP 1994, 1014,
>dazu EWiR 1994, 749 *(Steiner)*.

273 In diesen Fällen wird die Aufklärungspflicht schon deshalb ausgeschlossen sein, weil das zu finanzierende Geschäft im Zeitpunkt der Darlehensaufnahme bereits geschlossen ist und diese nur dem Zweck dient, die Erfüllung der vom Kreditnehmer eingegangenen Verbindlichkeit zu ermöglichen.

2. Kreditgeschäft

BGH WM 1988, 1225 = NJW-RR 1988, 1450,
dazu EWiR 1988, 1163 *(Vortmann)*
sowie WuB I E 1.-15.88 *(Emmerich)*;
OLG München WM 1997, 254,
dazu WuB I G 5.-3.97 *(Christoffel)*.

Eine Bank darf ihrem Kreditnehmer aber nicht ohne Hinweis auf die gravierenden Folgen zu einer Verschlechterung seiner Rechtsposition raten (hier: Abänderung des Kaufvertrages dahin, dass der finanzierte Kaufpreis direkt auf das Verkäuferkonto statt auf das Notarkonto zu zahlen ist), wenn die damit verbundene Risikoverlagerung (auch) ihren eigenen Interessen dient. 274

BGH ZIP 1995, 1675 = WM 1995, 1306 = BB 1995,
1502 = NJW 1995, 2218,
dazu EWiR 1995, 857 *(Allmendinger)*
sowie WuB I E 1.-8.95 *(Menk)*.

Auch dann, wenn eine Bank umfassende Kenntnis von dem Verwendungszweck für den ausgereichten Kredit besitzt, ist es zunächst allein Sache des Darlehensnehmers, zu entscheiden, wozu er den Darlehensbetrag verwendet, so dass eine Pflicht der Bank, ihn von riskanten Geschäften mit Dritten abzuhalten, zu verneinen sein dürfte. Eine Beratungspflicht der Bank kann naturgemäß nur die Geschäfte betreffen, die mit ihr selbst abgeschlossen werden, andernfalls würde der Pflichtenkreis der Banken uferlos erweitert. 275

OLG Saarbrücken WM 1995, 54 f.,
dazu WuB I E 1.-3.95 *(Eckhardt-Letzelter)*.

Ebenso wenig ist eine Bank, die im Rahmen einer Gesamtfinanzierung nur einen Teilkredit gewährt und davon Kenntnis hat, zu einer umfassenden Beratung über die Gesamtfinanzierung verpflichtet. 276

BGH WM 1987, 1331;
siehe auch die Vorinstanz OLG Celle WM 1987, 1329,
dazu WuB I E 2b.-2.88 *(Kessler)*.

Ein Kreditinstitut ist nicht verpflichtet, ungefragt auf die Möglichkeit einer vorzeitigen Kreditablösung gegen Vorfälligkeitsentschädigung hinzuweisen. 277

OLG Stuttgart WM 1999, 1007 = ZfIR 1999, 671,
dazu EWiR 1999, 1047 *(Frisch)*
sowie WuB I G 4.-1.99 *(Mülbert)*.

Anders als ein Anlagevermittler, der dem Anlageinteressenten vertraglich Aufklärung über alle für die Anlageentscheidung bedeutsamen Umstände schuldet, ist eine kreditgebende Bank grundsätzlich nicht verpflichtet, den Anleger und Darlehensnehmer ungefragt über eine im finanzierten Kaufpreis einer Eigentumswohnung enthaltende Innenprovision von mehr als 15 % für den Vertrieb zu informieren. 278

BGH ZIP 2004, 1188 = ZfIR 2004, 562 (LS) = WM 2004, 1221
= NJW 2004, 2378,
dazu EWiR 2004, 959 *(Schwintowski)*
sowie WuB I G 5.-9.04 *(Münscher)*;

II. Besondere Aufklärungs-, Beratungs- und sonstige Warnpflichten der Bank

OLG Hamm WM 2002, 2326,
dazu WuB I G 5.-103 *(Freckmann)*;
OLG Dresden WM 2002, 1881,
dazu WuB I G 5.-9.03 *(Balzer)*.

279 Aufklärungs- und Beratungspflichten sind somit ohne besondere Anfrage des Kreditnehmers nur gegeben, wenn im Einzelfall ein besonderes Aufklärungs- und Schutzbedürfnis des Kreditnehmers besteht und nach Treu und Glauben der Hinweis der Bank geboten ist.

BGH WM 1987, 1546,
dazu EWiR 1988, 27 *(Peterhoff)*
sowie WuB I E 2c.-1.88 *(Assmann)*;
BGH ZIP 1991, 90, 91,
dazu EWiR 1991, 131 *(Feuerborn)*;
OLG Frankfurt/M. BB 1980, 124;
OLG München NJW-RR 1990, 438,
dazu EWiR 1990, 349 *(Vortmann)*;
OLG Düsseldorf ZIP 1993, 1378,
dazu EWiR 1993, 867 *(Koller)*;
OLG Köln WM 1997, 472,
dazu WuB I E 1.-4.97 *(Livonius)*.

280 Der Gefährdungstatbestand setzt voraus, dass die Bank ihr eigenes wirtschaftliches Wagnis auf den Kunden verlagert und diesen bewusst mit einem Risiko belastet, das über die üblichen Gefahren des zu finanzierenden Vorhabens hinausgeht.

OLG München WM 2002, 1297,
dazu WuB I G 5.-7.02 *(Münscher)*.

281 Dies kann vorliegen, wenn die Bank selbst einen zu den allgemeinen wirtschaftlichen Risiken des Projekts hinzutretenden Gefährdungstatbestand für den Kunden schafft – z. B. am zu finanzierenden Geschäft beteiligt ist – oder dessen Entstehung begünstigt oder wenn sie in Bezug auf die speziellen Risiken des Vorhabens einen konkreten Wissensvorsprung hat.

BGH WM 1988, 895;
BGH WM 1988, 1225,
dazu EWiR 1988, 1163 *(Vortmann)*
sowie WuB I E 1.-15.88 *(Emmerich)*;
BGH ZIP 1989, 1184 = WM 1989, 1368;
vgl. dazu auch Rn. 366 ff. m. w. N.

282 Eine Bank oder Bausparkasse, die den Beitritt zu einem Mietpool zur Auszahlungsvoraussetzung für ein Immobiliendarlehen macht, schafft einen besonderen Gefährdungstatbestand und muss den Darlehensnehmer über alle Risiken des Mietpools aufklären.

OLG Karlsruhe ZIP 2005, 692 (m. Anm. *Hofmann*, S. 688),
dazu EWiR 2005, 657 *(M. Weber)*;
LG Hannover DB 2007, 1698 = ZGS 2007, 152.

2. Kreditgeschäft

Die Bank begünstigt die Entstehung eines Gefährdungstatbestandes, wenn   283
sie den ansonsten in geschäftlichen Dingen erkennbar unerfahrenen Käufer
eines Hauses in dem Glauben lässt, dass es eine Steuervergünstigung gebe.

BGH ZIP 1985, 203 = WM 1985, 221,
dazu EWiR 1985, 39 *(Löwe)*;
BGH ZIP 1988, 562 = WM 1988, 561,
dazu EWiR 1988, 437 *(Hegmanns)*
sowie WuB I G 7.-8.88 *(Assmann)*.

Ein Wissensvorsprung besteht in den Fällen, in denen der Kreditgeber weiß,   284
dass das zu finanzierende Vorhaben zum Scheitern verurteilt ist.

BGH ZIP 1988, 562 = WM 1988, 561,
dazu EWiR 1988, 437 *(Hegmanns)*
sowie WuB I G 7.-8.88 *(Assmann)*.

Die Bank muss den kreditsuchenden Kunden nicht nur auf eine erkannte   285
Sittenwidrigkeit der Kaufpreisvereinbarung, sondern auch auf eine erkannte
arglistige Täuschung des Verkäufers gemäß § 123 BGB über wesentliche Eigenschaften der Kaufsache und/oder auf eine damit häufig verbundene vorsätzliche c. i. c. unbefragt hinweisen.

BGH ZIP 2007, 18 = ZfIR 2007, 183 (m. Bespr. *Kulke*, S. 171)
= BKR 2007, 110 = DStR 2007, 165,
dazu EWiR 2007, 229 *(Wolters)*;
BGH ZIP 2008, 1421 = BKR 2009, 73, = WM 2008, 1121,
dazu EWiR 2008, 453 *(Maier)*
und WuB I G 5.-5.09 *(Edelmann)*.

Die kreditgewährende Bank ist verpflichtet, den Kreditnehmer auf die beson-   286
deren Gefahren hinzuweisen, die sich daraus ergeben, dass die Ablösung der
über eine andere Bank aufgenommenen Kredite insgesamt noch nicht geklärt
ist.

OLG Naumburg WM 2004, 782,
dazu WuB I E 1.-2.04 *(van Look)*.

Der Verstoß gegen eigene Beleihungsrichtlinien kommt nicht als Gefähr-   287
dungstatbestand in Betracht, denn diese Richtlinien dienen nicht dem Schutz
des Kreditnehmers.

OLG Braunschweig WM 1998, 1223.

Eine Gefährdung besteht grundsätzlich, wenn die Bank das eigene wirt-   288
schaftliche Wagnis auf den Kunden verlagert und diesen bewusst mit einem
Risiko belastet, das über die mit dem zu finanzierenden Vorhaben normalerweise verbundenen Gefahren hinausgeht.

BGH ZIP 1999, 574 = WM 1999, 678 = BB 1999, 1187
= NJW 1999, 2032,
dazu WuB I E 1.-1.99 *(Hammen)*;

II. Besondere Aufklärungs-, Beratungs- und sonstige Warnpflichten der Bank

weitere Beispiele:
1. Bank verleitet unerfahrenen Kunden zur Spekulation in Aktien in Verbindung mit einem variabel verzinslichen Kredit, BGH ZIP 1997, 580 = WM 1997, 662 = NJW 1997, 1361, dazu EWiR 1997, 443 *(Jaskulla)* sowie WuB I G 1.-9.97 *(Schwennicke)*.

2. Bei der Kreditfinanzierung eines Anteils an einem geschlossenen Immobilienfonds lässt sich eine Bank vom Initiator des Fonds eine im Prospekt nicht ausgewiesene Sicherheit in Höhe von 3 % einräumen, OLG Karlsruhe ZIP 1998, 1711 = ZfIR 1998, 600 = WM 1999, 127 = NJW-RR 1999, 124, dazu EWiR 1998, 1003 *(Zeller)* sowie WuB I G 5.-1.99 *(Rümker)*; vgl. auch *Früh*, ZIP 1999, 701.

289 Die Haftung der Bank wegen Aufklärungsverschuldens beschränkt sich somit auf die Fälle, in denen Umstände vorliegen, die nur dem Kreditinstitut bekannt sind oder bekannt sein können. Eine Aufklärung über Umstände, die von Dritten, mit denen die Bank nicht in Geschäftsverbindung steht, gesetzt werden, scheidet aus, da keine Einflussmöglichkeit seitens der Bank insoweit besteht.

Vortmann, WM 1989, 1557, 1558.

290 An dieser Einflussmöglichkeit fehlt es auch dann, wenn diese Dritten mit der aufklärungspflichtigen Bank in Geschäftsverbindung stehen. Aus dieser geschäftlichen Verbindung allein kann noch nicht ohne Weiteres auf eine tatsächlich mögliche Einflussnahme auf den Dritten als Gefahrenquelle geschlossen werden.

BGH WM 1987, 1546,
dazu EWiR 1988, 27 *(Peterhoff)*.

291 Die Umstände, die zu einer Aufklärungspflicht im Rahmen eines Kreditgeschäftes führen, müssen nicht nur für die Bank erkennbar, sondern darüber hinaus aus der Sicht der Bank erkennbar für den Kreditnehmer von ausschlaggebender Bedeutung sein.

Schmelz, Rn. 156.

292 Die Intensität der Aufklärungspflicht steigt mit der geschäftlichen Unerfahrenheit der Aufklärungsbedürftigen. Je größer die Unerfahrenheit ist, desto konkreter muss die Aufklärung im Hinblick darauf sein, dass sie in ihrer Bedeutung auch verstanden wird.

BGH ZIP 1986, 21 = NJW-RR 1986, 205, 206.

293 Die Unerfahrenheit im Zusammenhang mit fragwürdigen Kreditkonstruktionen kann dazu führen, dass die Bank im Einzelfall einen Kreditwunsch ablehnen muss. Dies ist z. B. der Fall, wenn hochverschuldete, geschäftsunerfahrene Kunden auf Vorschlag eines Kreditvermittlers ein Darlehen zur Finanzierung eines Immobilieneinkaufs wünschen, um damit ein Sicherungsmittel für einen neuen Konsumentenkredit zu bekommen.

2. Kreditgeschäft

OLG Düsseldorf ZIP 1993, 1376 = WM 1993, 2207,
dazu EWiR 1993, 867 *(Koller)*
sowie WuB I E 2c.-1.94 *(v. Heymann).*

Eine Immobilienfinanzierung über Bausparverträge und Vorausdarlehen ist **294**
eine intransparente Finanzierungskonstruktion, die den anbietenden Finanzdienstleister zur umfassenden Aufklärung über Finanzierungsverlauf, Risiken und Unwägbarkeiten verpflichtet.

OLG Karlsruhe ZIP 2005, 698 (m. Anm. *Hofmann*, S. 688) =
ZfIR 2005, 665 (LS),
dazu EWiR 2005, 657 *(M. Weber).*

Der Kreditgeber muss konkrete Angaben machen und konkrete Hinweise **295**
geben. Der Verweis auf formularmäßige Hinweise genügt nicht,

BGH ZIP 1988, 961 = NJW 1988, 1661, 1663,
dazu EWiR 1988, 431 *(Emmerich)*;
OLG Stuttgart VuR 1988, 76, 79,

da die Aufklärungs- und Beratungspflicht eine Verpflichtung ist, die sich an der Individualität und der Erfahrung des Aufklärungsbedürftigen orientiert. Infolgedessen sind im Kreditgeschäft in der Regel hohe Beratungs- und Aufklärungspflichten im Hinblick auf Belastungen und Risiken zu verlangen, denn dem geschäftsgewandten Kreditgeber stehen vorwiegend durchschnittliche Kreditnehmer gegenüber, die überwiegend rechtsunkundig und in Finanz- und Kreditgeschäften unerfahren sind. Dies gilt vor allem für die Massenkredite, wie Anschaffungsdarlehen, Ratenkredit, Abzahlungsgeschäft und Lebensversicherungskredit. Dagegen stehen bei anderen Krediten, wie z. B. bei der Finanzierung von Vermögensanlagen, auf der Seite der Kreditnehmer häufig geschäftsgewandte Kunden, denen gegenüber geringere Anforderungen hinsichtlich der Beratungs- und Aufklärungspflicht als bei Kreditnehmern von Massenkrediten bestehen. Die Beurteilung der Frage, in welchem Umfang Beratungs- und Aufklärungspflichten im Kreditgeschäft bestehen, hängt deshalb maßgeblich von der Kreditart ab, da die unterschiedlichen Kreditarten unterschiedliche Belastungen und Risiken in sich bergen.

b) Kreditarten

aa) Baufinanzierung

(1) Aufklärungs-/Beratungspflichten

Der Kreditgeber ist nicht verpflichtet, den Kreditnehmer darauf hinzu- **296**
weisen, dass die von ihm bereits erworbene Wohnung oder das bereits erworbene Haus in unrenoviertem Zustand erheblich weniger wert ist als nach der geplanten Renovierung. Dies gilt insbesondere, wenn sich diese Tatsache dem Kreditnehmer schon nach dem Inhalt des Kaufvertrages hätte aufdrängen müssen.

II. Besondere Aufklärungs-, Beratungs- und sonstige Warnpflichten der Bank

> BGH ZIP 1988, 1247 = WM 1988, 1225,
> dazu EWiR 1988, 1164 *(Vortmann)*
> sowie WuB I E 1.-15.88 *(Emmerich)*.
>
> Der BGH führt in dieser Entscheidung dazu aus:
>
> „Die Annahme einer Aufklärungspflicht der darlehensgewährenden Bank liegt dabei besonders fern, wenn – wie hier – der Kaufvertrag über den Erwerb der Wohnung im Zeitpunkt der Darlehensaufnahme bereits geschlossen ist und diese nur dem Zweck dient, die Erfüllung der vom Erwerber eingegangenen Kaufpreisschuld zu ermöglichen."

297 Gerade in solchen Fällen ist es grundsätzlich Sache des Käufers bzw. des Kreditnehmers, sich über den Zustand des Objekts in seinem eigenen Interesse selbst zu unterrichten.

> BGH ZIP 1987, 1454, 1455 = WM 1987, 1426, 1428,
> dazu EWiR 1987, 1163 *(Köndgen)*
> sowie WuB I G 7.-2.88 *(v. Heymann)*;
> BGH ZIP 1992, 912 = WM 1992, 901 = NJW-RR 1992, 879,
> dazu EWiR 1992, 547 *(v. Stebut)*
> sowie WuB I G 7.-9.92 *(v. Heymann)*.

298 Dem Kreditgeber können somit keine Aufklärungspflichten im Hinblick auf Bedenken gegen die Durchführbarkeit der geplanten Renovierung oder auf finanzielle Schwierigkeiten des Renovierungsunternehmens auferlegt werden. Eine solche Pflicht kann sich auch nicht daraus ergeben, dass die Bank die Gesamtfinanzierung des Objekts als Kreditgeberin übernommen hat.

> OLG Hamm ZIP 1986, 1107= WM 1987, 343,
> dazu EWiR 1986, 977 *(Brink)*;
> OLG Braunschweig WM 1985, 1311,
> dazu EWiR 1986, 33 *(Geimer)*;
> OLG München WM 1995, 289,
> dazu WuB I G 5.-3.95 *(v. Heymann)*.

299 Die Tatsache, dass zwischen dem Darlehensgeber und dem Verkäufer eines Objekts vor der Kreditaufnahme durch den Kreditnehmer geschäftliche Verbindungen bestanden und die Verkäuferseite bei der Anbahnung des Darlehensgeschäftes mitgewirkt hat, führt zu keiner anderen rechtlichen Beurteilung. Etwas anderes gilt nur, wenn für den Darlehensgeber deutlich wird, dass der Kreditnehmer sich über die rechtliche Selbständigkeit von Kauf- und Darlehensvertrag sowie über seine Verpflichtung, das Darlehen persönlich zurückzuzahlen, im Unklaren war.

300 Auf Umstände, die sich bereits eindeutig aus dem Kreditvertrag ergeben, muss nicht gesondert hingewiesen werden. In diesem Zusammenhang scheidet bei der Baufinanzierung eine Aufklärungspflicht darüber aus, dass es sich um eine Zwischenfinanzierung handelt und ein Disagio ebenso anfällt wie Bearbeitungsgebühren.

> LG Münster WM 1988, 658,
> dazu EWiR 1988, 754 *(Vortmann)*
> sowie WuB I E 1.-11.88 *(Kessler)*.

2. Kreditgeschäft

Eine Bank ist ferner nicht verpflichtet, einen Kaufmann bei den Vertrags- 301
verhandlungen über eine Baufinanzierung auf etwaige Bedenken gegen eine
Teilfinanzierung hinzuweisen.
BGH WM 1975, 353, 355.

Da es sich bei diesem Urteil um eine Einzelfallentscheidung handelt, ist nicht 302
grundsätzlich ausgeschlossen, dass einer Bank seitens der Rechtsprechung
eine Hinweispflicht auferlegt wird, wenn sich aus der Person des Kreditnehmers als unerfahren in solchen Angelegenheiten eine Schutzbedürftigkeit ergibt. Der Entscheidung lag folgender Sachverhalt zugrunde: Ein Bauunternehmer wollte ein Mehrfamilienhaus errichten. Bei der Finanzierung wurde
er von einer weiteren Bank und einem Finanzmakler beraten. Damit ergibt
sich bereits aus seiner Eigenschaft als Kaufmann und der Tatsache, dass er
sich externer Beratung bediente, der Ausschluss einer Aufklärungspflicht der
teilfinanzierenden Bank.

Der BGH WM 1975, 353, 355 unter II 3 führt dazu aus:

„Die Revision weist zutreffend darauf hin, dass der Sachverhalt
keine rechtliche Grundlage für die Annahme bietet, die Klägerin
sei im Zuge der Vertragsverhandlungen verpflichtet gewesen, den
Beklagten auf etwaige Bedenken gegen eine Teilfinanzierung
seines Bauvorhabens aufmerksam zu machen. Das Berufungsgericht berücksichtigt nicht, dass der Beklagte nach seinem Vortrag
als Bauunternehmer mit der Finanzierung von Bauten vertraut
war. Die Klägerin wusste ferner unstreitig, dass der Beklagte von
der Volksbank und der Finanzmaklerin Q. beraten wurde. Aus
der Person des Beklagten ergab sich danach kein Grund, der die
Klägerin hätte veranlassen müssen, den Beklagten in solchen
Fragen der Baufinanzierung zu beraten."

Ebenso für den Ausschluss einer Beratungspflicht bei Einschaltung eines externen Beraters aufseiten des Kreditnehmers,
BGH ZIP 1988, 562, 563 = WM 1988, 561, 563,
dazu EWiR 1988, 437 *(Hegmanns)*;
a. A. *Wellkamp*, VuR 1994, 61, 62 f., der den Ausschluss nur bei
einer echten Betreuung durch einen Dritten zulassen will. Dies ist
jedoch problematisch, da die Bank sich in diesem Falle in die Beziehungen des Kreditnehmers und des Dritten einschalten müsste,
um ihren Aufklärungsumfang zu ermitteln.

Über die Gefahr, dass die baurechtlichen Voraussetzungen eines Bauprojekts 303
nicht zu erfüllen sind, braucht die Bank den Kreditnehmer nicht aufzuklären.
BGH ZIP 1986, 359, 341 = WM 1986, 156, 158,
dazu EWiR 1986, 243 *(Rümker)*.

(2) Überwachungspflicht

Im Zusammenhang mit einer Baufinanzierung ist einem Kreditinstitut bisher 304
lediglich eine Überwachungspflicht und damit eine Warnpflicht im Hinblick

auf die Auszahlung einzelner Kaufpreisraten auferlegt worden. Die Bank macht sich danach schadensersatzpflichtig, wenn sie die Bauraten vorzeitig ohne Prüfung des Baufortschritts auszahlt.

BGH NJW 1981, 572.

305 Eine generelle Überwachungspflicht besteht somit nicht. Dies gilt selbst für eine Bank, die als Spezialbank für Baufinanzierungen betrachtet werden muss. Sie ist weder zur Überwachung des Bauvorhabens noch zur Prüfung der wirtschaftlichen Durchführbarkeit des Projekts verpflichtet.

BGH ZIP 1988, 16, 18 = WM 1987, 1416, 1418,
dazu EWiR 1988, 55 *(Parthe)*;
OLG Düsseldorf WM 1984, 1333, 1334;
Canaris, Rn. 111.

306 Überwachungspflichten einer Bank bei der Baufinanzierung sind nur gegeben, wenn die Bank über die allgemeine Kreditgewährung hinaus in die Bauerstellung mit eingebunden ist. Die bloße Einschaltung eines Treuhänders im Rahmen der Bauabwicklung und die Zustimmungspflicht der Bank für Verfügungen des Treuhänders begründen jedoch keine zusätzlichen Überwachungspflichten.

OLG Düsseldorf WM 1987, 341, 342,
dazu WuB I E 1.-5.87 *(Hein)*;
zustimmend BGH WM 1987, 342 als Revisionsinstanz.

307 Durch die Übernahme von Zustimmungspflichten tritt die Bank nicht an die Seite des Treuhänders, sondern sie bleibt ausschließlich finanzierendes Kreditinstitut. Sinn der Zustimmungspflicht ist es allein, die zweckgerichtete Verwendung der Gelder durch den Treuhänder zu überwachen. Diese spezielle Überwachungspflicht umfasst allenfalls noch die Verpflichtung der Bank, zu überwachen, dass die Gelder, gemessen am Baufortschritt, nicht zu früh abgerufen werden. Weitere spezielle Überwachungspflichten ergeben sich aus dieser Zustimmungspflicht nicht.

308 Eine Überwachungspflicht liegt jedoch vor, wenn die Bank Globalkreditgeberin des Bauträgers und des Auftraggebers ist und hierdurch zu einem widersprüchlichen Verhalten gegenüber dem Auftraggeber gezwungen gewesen wäre. Gleiches gilt für das Zusammenwirken der Bank mit dem Bauträger bei Wahrnehmung dessen Aufgaben,

Hein, BGH WuB I E 1.-5.87,

oder das aktive Betreiben des Vertriebs der Immobilien und der Ausarbeitung des Konzepts.

Hopt, in: Festschrift Stimpel, S. 265, 282 ff.

2. Kreditgeschäft

bb) Kredite mit Tilgungsaussetzung

Die Kreditwirtschaft bietet zunehmend Kredite mit Tilgungsaussetzung an. 309
Bei diesen Krediten wird die Tilgung der Kredite über den Abschluss eines Tilgungsersatzmittels wie Sparvertrag, Bausparvertrag, Kapitallebensversicherung, Investmentpapieren, fondsgebundene Lebensversicherung vorgenommen. Diese Kredite unterliegen besonderen Risiken, die besondere Aufklärungspflichten erfordern.

> Vgl. im Einzelnen *Rösler*, BKR 2001, 125 mit Aufklärungsmustern.

(1) Kapitallebensversicherung

Seit einiger Zeit werden von der Kreditwirtschaft Kreditverträge häufig mit 310
Versicherungsverträgen gekoppelt. Die Koppelung erfolgt nicht nur durch Risiko- oder Restkreditversicherungen, sondern auch durch Kapitallebensversicherungen. Im Unterschied zu den Risikolebensversicherungen muss bei den Kapitallebensversicherungen berücksichtigt werden, dass Inhalt dieser Verträge die Erbringung von Sparleistungen ist. Die Erbringung von Leistungen bei der Koppelung von Kreditvertrag und Kapitallebensversicherung führt deshalb aus der Sicht des Kreditnehmers nicht zu einer Kredittilgung, sondern zu einer Ansammlung von Sparkapital, für das aber gleichzeitig aufgrund des Kreditvertrages Zinsen bezahlt werden müssen. Die endgültige Kredittilgung erfolgt erst durch die vollständige Ansammlung des Sparkapitals in einer Summe. Der Kreditnehmer muss zwar keine monatliche Tilgungsleistung auf die Kreditsumme erbringen. Jedoch bringt diese Kreditart, gerade wenn sie an die Stelle des üblichen Ratenkredits tritt, erhebliche Nachteile mit sich, die dem Kreditnehmer deutlich gemacht werden müssen.

> BGH ZIP 1990, 854,
> dazu EWiR 1990, 555 *(Reifner)*
> sowie WuB I E 1.-18.90 *(v. Rottenburg)*;
> BGH ZIP 1989, 558 = WM 1989, 665,
> dazu EWiR 1989, 449 *(Reifner)*;
> OLG Hamburg WM 1986, 1431,
> dazu EWiR 1986, 1069 *(Emmerich)*
> sowie WuB I E 1.-3.87 *(Kessler)*;
> OLG Koblenz ZIP 2000, 1436 = WM 2000, 2006,
> dazu EWiR 2000, 905 *(Kessal-Wulf)*
> sowie WuB I G 1.-1.01 *(Mankowski)*;
> OLG Frankfurt/M. WM 2002, 549 = ZfIR 2001, 982
> (m. Anm. *Kulke*, S. 989),
> dazu EWiR 2001, 939 *(Frisch)*
> sowie WuB I E 1.-3.02 *(v. Rottenburg)*;
> *Vortmann*, WM 1989, 1557, 1558;
> *Kohte*, ZBB 1989, 130;
> *Knops*, ZfIR 2001, 438, 445;
> *Reifner*, ZBB 1999, 349.

II. Besondere Aufklärungs-, Beratungs- und sonstige Warnpflichten der Bank

311 Diese Nachteile sind:

- langfristige Bindung des Kreditnehmers, da Tilgung des Kredits erst am Ende der Laufzeit erfolgt;
- Verzinsung des Darlehens während der gesamten Laufzeit in voller Höhe;
- Verlust eines Teils des bei der Lebensversicherung angesparten Vermögens im Falle der vorzeitigen Kreditkündigung und der daraus resultierenden Liquidierung der Lebensversicherung aufgrund des ungünstigen Rückkaufwertes. Dies kann den Kreditnehmer faktisch daran hindern, bei fallendem Zinsniveau von seinem Kündigungsrecht nach § 609a BGB Gebrauch zu machen.
- Kapitalverlust durch die Zahlung von Kreditzinsen, die in der Regel höher sind als die auf die Lebensversicherung gewährten Spar- und Anlagezinsen.

312 Die Undurchschaubarkeit der Belastung und die Nachteile wiegen für den Kreditnehmer besonders schwer, wenn ihm lediglich an der Kreditgewährung als solcher und nicht auch am Abschluss einer Kapitallebensversicherung gelegen ist. Deshalb hat die Bank in diesen Fällen eine gesteigerte Aufklärungspflicht,

BGH ZIP 1989, 558 = WM 1989, 665,
dazu EWiR 1989, 449 *(Reifner)*;
zustimmend *Kohte*, ZBB 1989, 130 ff.;
OLG München WM 2002, 2197,
dazu WuB I G 5-7.02 *(Münscher)*,

insbesondere, wenn die Bank den Kunden anstelle eines von ihm gewünschten Ratenkredits eine derartige Finanzierung anbietet, obwohl ein Versicherungsbedürfnis nicht besteht und die Vertragskombination für den Kunden wirtschaftlich ungünstiger ist als ein marktüblicher Ratenkredit.

BGH ZIP 2003, 1240 = ZfIR 2003, 987 = WM 2003, 1370,
dazu EWiR 2003, 899 *(F. Wagner)*;
OLG Nürnberg WM 2007, 1787,
dazu WuB I E 1.-2.08 *(Thöne/Mais)*.

313 Dieser ersten Entscheidung des BGH zum Kapitallebensversicherungskredit lag folgender Sachverhalt zugrunde: Die beklagte Bank schloss mit den klagenden Kreditnehmern einen Konsumentenratenkreditvertrag in Höhe von 44.000 DM in Verbindung mit einer Kapitallebensversicherung mit einer Laufzeit von zwölf Jahren ab. Der Kredit wies einen relativ hohen Nominalzins von 14,5 % mit einem Disagio von 4,55 % (effektiver Jahreszins ca. 16 %) aus. Die Gesamtbelastung des Kreditnehmers für Konsumentenkredit und Kapitallebensversicherung belief sich damit effektiv auf über 26 % Zinsen. Nach eigener Kündigung des Kreditvertrages und Auflösung des Versicherungsverhältnisses verlangten die Kreditnehmer im Klagewege die Rückzahlung ihrer die Kreditsumme übersteigenden Leistungen.

2. Kreditgeschäft

Der BGH führt in dieser Entscheidung aus, dass die Bank nicht verpflichtet ist, den Kreditnehmern die für sie günstigste Kreditart anzubieten. Sie musste die Kreditnehmer vielmehr im Rahmen des von ihr unterbreiteten Angebots durch geeignete Hinweise in die Lage versetzen, selbst darüber zu entscheiden, ob der Abschluss eines mit einer Kapitallebensversicherung kombinierten Kreditvertrages ihren wirtschaftlichen Verhältnissen und Vorstellungen entsprach. 314

BGH ZIP 1989, 558, 559 = WM 1989, 665.

Zu diesem Zweck sind deshalb folgende Hinweise, auch wenn aufgrund einer Umschuldung durch den Kredit die monatlichen Belastungen verringert werden, erforderlich: 315

- in welchen Punkten sich der mit einer Kapitallebensversicherung verbundene Kredit vom üblichen Ratenkredit unterscheidet,

- welche spezifischen Vor- und Nachteile sich aus einer derartigen Vertragskombination ergeben können,

- was der Kredit unter Berücksichtigung aller Vor- und Nachteile der Lebensversicherung voraussichtlich kosten wird,

- welche Risiken in einer variablen Zinsvereinbarung zu sehen sind.

Ohne solche Hinweise vermag der durchschnittliche Kunde nicht sachgerecht zu entscheiden, ob die Aufnahme eines mit einer Kapitallebensversicherung gekoppelten Kreditvertrages für ihn wirtschaftlich vertretbar ist. Gerade im Hinblick auf die Kostenermittlung im Einzelfall muss die Bank insbesondere bei Krediten und Darlehen mit Laufzeiten von zwölf Jahren und mehr verschiedene Faktoren berücksichtigen, weil nur Kapitallebensversicherungen mit einer solchen Laufzeit steuerbegünstigt sind. Diese Faktoren (Familienstand, Einkommensverhältnisse, Steuervorteile, Nutzungsart (Eigen-, Fremd- oder gewerbliche Nutzung), Alter, Zinsfestschreibungsdauer und Zinsvorteile) sollten Grundlage jeder Beratung sein. Zwar lässt § 4 Nr. 5 StBerG nur eine beschränkte Hilfeleistung der Banken in Steuersachen zu. Jedoch müssen die oben genannten Faktoren sämtlich in die Beratung bei dieser Kreditart mit einbezogen werden, weil nicht einmal der durchschnittliche Kreditinteressent diese komplizierte Kreditart und ihre Belastungen durchschauen kann. Die erweiterte Aufklärungspflicht ist bereits bei dem durchschnittlichen Kreditkunden gerechtfertigt. 316

Allerdings besteht diese Aufklärungspflicht nicht, wenn dem Kreditnehmer die Deckung seines Kreditbedarfes durch einen marktüblichen Ratenkredit mit Restschuldversicherung aus tatsächlichen Gründen – z. B. die gewünschte Kreditsumme übersteigt die bei Ratenkrediten übliche Höhe – nicht zur Verfügung steht. 317

II. Besondere Aufklärungs-, Beratungs- und sonstige Warnpflichten der Bank

OLG Düsseldorf WM 1990, 1490 im Anschlussurteil
zu BGH ZIP 1989, 558 = WM 1989, 665,
dazu EWiR 1989, 449 *(Reifner)*
sowie WuB I E 1.-8.89 *(Münstermann)*.

318 Es ist über die Gefahr einer Unterdeckung aufzuklären, falls eine Tilgung über eine Lebensversicherung als Finanzierungsmodell gewählt wird.

OLG Bamberg BKR 2008, 262;
a. A. OLG Koblenz ZIP 2007, 1259 = WM 2007, 497,
dazu EWiR 2007, 327 *(Schelske)*
sowie WuB I E 1.-4.07 *(Richrath)*;
LG Freiburg WM 2005, 2090;
LG Göttingen WM 2005, 2092;
LG Mainz WM 2005, 2093,
dazu WuB I E 1.-1.06 *(van Gelder)*;
LG Hannover WM 2006, 89;
LG Oldenburg WM 2006, 1250.

319 Der Schadensersatzanspruch des Kreditnehmers, der bei ordnungsgemäßer Aufklärung vom Abschluss eines mit einer Kapitallebensversicherung verbundenen Kreditvertrages abgesehen und stattdessen einen Ratenkredit aufgenommen hätte, besteht in der Differenz zwischen den vom Kreditnehmer tatsächlich aufgewandten Kosten und denjenigen Kreditkosten, die ihm bei Abschluss eines Ratenkredits mit Restschuldversicherung zu marktüblichen Bedingungen entstanden wären.

BGH ZIP 1990, 854 = WM 1990, 918, 920,
dazu EWiR 1990, 555 *(Reifner)*;
BGH ZIP 1989, 558 = WM 1989, 665,
dazu EWiR 1989, 449 *(Reifner)*.

320 Banken, die einen durch eine neu abgeschlossene Lebensversicherung abgesicherten Kredit an den Kunden ausgeben, müssen Provisionen der Lebensversicherung nicht offengelegen.

BGH ZIP 2014, 1620 = WM 2014, 1621 = NJW 2014, 3360,
dazu EWiR 2014, 639 *(Podewils)*
sowie *Reinhart*, WuB 2015, 60;
zustimmend *Feuchter/Bauer*, BKR 2015, 271.

(2) Sparvertrag

321 Das einfachste Tilgungsersatzmodell ist die Einzahlung der Tilgungsraten auf ein Sparkonto. Die erhaltenen Sparzinsen stehen den Kreditzinsen gegenüber. Für die Rentabilität dieses Modells kommt es darauf an, ob aufgrund der individuellen steuerlichen Situation die Zahlung von steuerlich abzugsfähigen Darlehenszinsen über die Gesamtlaufzeit und bei Nichtausschöpfung der Freibeträge eventuell steuerfreier Vereinnahmung von Kapitalerträgen aus dem Sparvertrag günstiger ist, als die Verzinsung mit einem Annuitätendarlehen.

Rösler, BKR 2001, 125, 128.

2. Kreditgeschäft

(3) Bausparvertrag

Der Vorteil bei diesem Modell besteht für Kreditnehmer darin, dass die Kreditzinsen durch die Zuteilung eines Bausparvertrages entfallen, da das Darlehen abgelöst wird, und der Kunde die in der Regel geringeren Zinsen für das Bauspardarlehen zahlen muss. Verzögert sich jedoch die Zuteilung, so kann dies zu einer Verteuerung führen; insbesondere wenn das Darlehen mit einem variablen Zins vereinbart worden ist. Die niedrigeren Zinsen für das Bauspardarlehen werden dadurch erkauft, dass in der Ansparphase lediglich ein geringer Guthabenzins auf die eingezahlten Beiträge gewährt wird. Die monatliche Tilgungsleistung ist bei einem Bauspardarlehen in der Regel zudem höher als bei einem Annuitätendarlehen. 322

(4) Investmentsparpläne

Bei der Baufinanzierung über Investmentsparpläne, sog. Fondshypotheken, zahlt der Kunde nur die Zinsen für das Darlehen. Der für die Tilgung vorgesehene Beitrag wird in einen Fonds eingezahlt, mit dem das Darlehen am Ende der Laufzeit zurückgezahlt wird. Der Nachteil für den Kunden ist ähnlich wie bei einem Lebensversicherungskredit. Die monatliche Zinsbelastung wird nicht durch eine schrittweise Tilgung reduziert. Vorteilhaft ist für den Darlehensnehmer ein solches Modell in schlechten Börsenzeiten. 323

(5) Fondsgebundene Lebensversicherung

Bei diesem Tilgungsersatzmodell erhält der Kreditnehmer zum einem den Todesfallschutz einer Risikolebensversicherung, zum anderen werden die von ihm erbrachten Leistungen in Investmentfonds investiert. Es gibt hier, anders als bei einer Kapitallebensversicherung, keinerlei Garantie für den Wertzuwachs. Der Kunde hat hier das Risiko des Verlustes des eingesetzten Kapitals. 324

(6) Rentenversicherung

Dem Kreditnehmer wird in diesen Fällen anstelle der Kapitallebensversicherung eine Rentenversicherung als Tilgungsersatz angeboten. Die daraus erhaltene Kapitalabfindung wird zur Tilgung des Darlehens verwandt. Die Risiken sind mit denen bei einem Kapitallebensversicherungsvertrag vergleichbar. Reichen die Überschussbeteiligungen nicht aus, das Darlehen vollständig zu tilgen, muss der Darlehensnehmer den Differenzbetrag selbst aufbringen. 325

Rösler, BKR 2001, 125, 130.

cc) Verbraucherkredit

Das Gemeinschaftsrecht verpflichtet den Kreditgeber nicht, im Falle eines Verbraucherkredits mit bestimmter Laufzeit, der in Gestalt eines mit Kre- 326

II. Besondere Aufklärungs-, Beratungs- und sonstige Warnpflichten der Bank

ditkarte abrufbaren Guthabens gewährt wird, in monatlichen Raten rückzahlbar ist und einem variablen Zinssatz unterliegt, vor jeder Verlängerung des Vertrages zu unveränderten Konditionen den Kreditnehmer schriftlich über den geltenden effektiven Jahreszins und über die Bedingungen, unter denen dieser geändert werden kann, zu informieren.

> EuGH EWS 2004, 178 = EuZW 2004, 287 = RIW 2004, 383, dazu EWiR 2004, 937 *(Pamp)*.

327 Die vorvertraglichen Informationspflichten im Bereich des Verbraucherdarlehens werden seit dem 11.6.2010 in § 491a BGB i. V. m. Art. 247 EGBGB geregelt.

> Vgl. dazu im Einzelnen *Rösler/Werner*, BKR 2009, 1;
> *Frings*, NWB 2010, 1608;
> *Hofmann*, NJW 2010, 1782;
> *Hofmann*, BKR 2010, 232;
> *Metz*, NJW 2012, 1990;
> *Buck-Heeb*, BKR 2014, 221, 224 ff.

328 Die an den Kreditnehmer vor Vertragsschluss zu gebenden Informationen umfassen:

- die vorvertraglichen Informationen nach § 491a Abs. 1 BGB (vgl. insoweit Art. 247 § 3 ff. EGBGB),

- die Hauptmerkmale und die Hauptleistungspflichten des Vertrages, ggf. mit der Hinweispflicht aus Gestaltungsalternativen verbunden,

- die Folgen des Vertrages auf den Kreditnehmer, insbesondere seine finanzielle Belastungen, einschließlich der Folgen des Zahlungsverzuges,

- die von der Rechtsprechung bereits entwickelten Aufklärungs- und Beratungspflichten.

329 Aufgrund dieser umfangreichen Informationspflichten ist in der Literatur bereits in Anlehnung an den Pflichtenkatalog in der Anlageberatung von der kredit- und kreditnehmergerechten Beratung gesprochen worden.

> *Rösler/Werner*, BKR 2009, 1, 3;
> *Hofmann*, BKR 2010, 232, 234.

330 Die Informationspflichten während der Vertragslaufzeit; insbesondere vor Auslaufen der Sollzinsbindung, ist in § 493 BGB geregelt. Der Verbraucher kann während der gesamten Laufzeit des Vertrages gemäß Art. 247 § 14 EGBGB von der Bank einen Tilgungsplan verlangen.

(1) Idealkredit

331 Auch wenn der Kreditvertrag nach dem Ergebnis des Zinsvergleichs und der Gesamtwürdigung nicht sittenwidrig ist, kann der Kreditnehmer von der Bank Schadensersatz wegen Verschuldens bei Vertragsschluss verlangen,

wenn er nicht über die speziellen Nachteile und Risiken des Idealkredits aufgeklärt worden ist.

BGH ZIP 1991, 301 = WM 1991, 179 = BB 1991,
293 = DB 1991, 542 = NJW 1991, 832,
dazu EWiR 1991, 225 *(Terpitz)*
sowie WuB I E 2b.-4.91 *(Kessler)*;
vgl. auch Anm. *Grün*, JZ 1991, 834.

(2) Restschuldversicherung

Einer Bank stehen nach Treu und Glauben dann keine Ansprüche aus einem Ratenkreditvertrag gegen die Erben des Kreditnehmers mehr zu, wenn bei dem Abschluss des Kreditvertrages mit einer Restschuldversicherung der Kreditnehmer unzureichend darüber aufgeklärt wurde, dass die Restschuldversicherung nur die Raten, nicht aber die sonstigen weiteren Kosten des Vertrages betrifft. 332

OLG Nürnberg NJW-RR 1989, 815.

Eine Bank ist bei dem Abschluss eines Ratenkreditvertrages mit einer Restschuldversicherung verpflichtet, den Kreditnehmer auf eine Begrenzung der Versicherungssumme der Restschuldversicherung hinzuweisen. Verletzt die Bank diese Aufklärungspflicht, hat sie den Rechtsnachfolger des Kreditnehmers so zu stellen, wie er bei einer ordnungsgemäßen Belehrung gestanden hätte. 333

LG Köln NJW-RR 1989, 816.

dd) Umschuldung

(1) Aufklärungs- und Beratungspflichten

(a) Gegenüber dem eigenen Kunden

Während bei der Erstkreditgewährung dem Kreditgeber nur eingeschränkt Aufklärungs- und Beratungspflichten gegenüber dem Kreditnehmer auferlegt werden, legt die Rechtsprechung bei Krediterweiterungen strenge Maßstäbe hinsichtlich der Aufklärungspflichten an. Zwar werden die den Umschuldungen in erster Linie zugrunde liegenden Ratenkredite nach Sittenwidrigkeitsgesichtspunkten beurteilt. Jedoch greift die Rechtsprechung zunehmend auf die Verletzung von Aufklärungspflichten zurück, wenn die Grenze der Sittenwidrigkeit nicht überschritten wird. Einzelne Gerichte gehen sogar so weit, in der mangelnden Aufklärung des Kreditgebers über die Verschlechterung der Konditionen beim Neukredit im Zusammenhang mit einer Umschuldung eine Sittenwidrigkeit mit der Folge zu sehen, dass der Kreditnehmer nicht auf die Schadensersatzansprüche aus c. i. c. oder positiver Forderungsverletzung beschränkt ist. 334

OLG Düsseldorf WM 1988, 1690,
dazu EWiR 1989, 251 *(Bülow)*.

II. Besondere Aufklärungs-, Beratungs- und sonstige Warnpflichten der Bank

335 Die Nichtigkeitsfolge soll in diesen Fällen sowohl bei der Ablösung von Vorkrediten bei anderen Kreditgebern als auch bei Kettenkreditverträgen bei demselben Kreditgeber gelten, obwohl der für die Sittenwidrigkeitsprüfung maßgebliche Richtwert von etwa 100 % relativen Zinsunterschieds nicht erreicht wird.

> BGH ZIP 1988, 497,
> dazu EWiR 1988, 223 *(Gottwald)*;
> BGH ZIP 1988, 630,
> dazu EWiR 1988, 543 *(Bülow)*.

336 Aufgrund der für den geschäftsungewandten und rechtsunkundigen Verbraucher schwer zu durchschauenden Belastungen und Nachteile einer Umschuldung, die in der Regel nur der Kreditgeber erkennen kann, ist Letzterer verpflichtet, die wirtschaftlichen Nachteile der Umschuldung zu prüfen,

> OLG Hamm ZIP 1983, 552, 553,

und darüber den Kreditnehmer aufzuklären.

> BGH ZIP 1988, 497 = WM 1988, 181, 183:
> Die Bank „muss deshalb im Rahmen der Vertragsverhandlungen berücksichtigen, zu welchen Konditionen der Vorkredit gewährt worden ist, in welcher Höhe er noch besteht und in welchem Verhältnis die abzulösende Verbindlichkeit zum Umfang des in Aussicht genommenen Gesamtkredits steht. Führt die Abwägung der Vor- und Nachteile, die sich für den Kreditnehmer aus dem Vertragsabschluss ergeben würde, zu dem Ergebnis, dass die Umschuldung wirtschaftlich unvertretbar ist, weil sie die finanzielle Gesamtbelastung des Kreditnehmers unverhältnismäßig steigern würde, so muss die Bank ihr Interesse an der Ablösung in aller Regel zurücktreten lassen. Das kann anders zu beurteilen sein, wenn der Kreditnehmer trotz uneingeschränkter Aufklärung durch die Bank auf der Umschuldung besteht, obwohl er auf den neuen Kredit nicht zwingend angewiesen ist."

> So auch BGH ZIP 1991, 299 = WM 1991, 271 = NJW-RR 1991, 501,
> dazu EWiR 1991, 229 *(Reifner)*;
> a. A. OLG Hamm WM 1985, 286, das eine Warnpflicht vor einer wirtschaftlich nicht sinnvollen externen Umschuldung ablehnt.
> Zur Ablösung von Vorkrediten vgl. auch
> OLG Frankfurt/M. WM 1980, 95, 97;
> *Derleder*, JZ 1983, 81, 87 f.

337 Eine generelle Nachforschungspflicht der Bank hinsichtlich der Gefahren, die sich aus der Ablösung eines durch eine dritte Bank gewährten Kredits ergeben, besteht nicht.

> BGH WM 1990, 584 = NJW-RR 1990, 623.

338 Eine wirtschaftlich unsinnige Umschuldung liegt z. B. bei Vermittlerkosten in Höhe von 1.250 DM sowie einer Nettokreditsumme von 28.750 DM, obwohl nur 15.000 DM zur Ablösung verwandt und 2.600 DM ausgezahlt werden, vor.

> OLG Celle BB 1985, 2196.

2. Kreditgeschäft

Eine Gesamtumschuldung ohne einen nennenswerten Neukredit verstößt in grober Weise gegen die vom Kreditvermittler geschuldete Finanzierungsberatung, wenn durch sie – im Provisionsinteresse des Vermittlers – günstigere Vorkredite abgelöst werden und neue laufzeitunabhängige Kosten sowie Einbußen bei der Ablösung des Altkredits entstehen.

OLG Celle EWiR 1992, 331 *(Pape)*.

Zu den Nachteilen, auf die im Rahmen einer Umschuldung hingewiesen werden muss, gehören Doppelzinszahlungen wegen der Wahrung der Kündigungsfristen, mehrfache Vermittlerprovision, geringerer Rediskont und mehrfache Berechnung der Restschuldversicherungsprämie. Es genügt nicht, auf diese Nachteile mittels formularmäßiger Hinweise aufmerksam zu machen. Gegenüber dem Kreditnehmer müssen konkrete Angaben, z. B. durch DM-Beträge, gemacht werden. 339

OLG Stuttgart VuR 1988, 76, 79.

Bei der Aufstockung von Krediten oder Kreditverträgen zwischen den gleichen Parteien mit Ablösung der jeweiligen Vorkredite obliegt der Bank die Pflicht, den Kreditnehmer auf die mögliche Sittenwidrigkeit des Vorkredits hinzuweisen und ihn darauf aufmerksam zu machen, dass dieser sittenwidrige Vertrag nur nach Bereicherungsgrundsätzen abgewickelt werden kann. 340

OLG Hamm NJW-RR 1986, 1491, 1492;
Meiwes, S. 142.

Die umschuldende Bank muss ferner über Verschlechterungen der Konditionen bei einem Neukredit aufklären. 341

OLG Düsseldorf WM 1988, 1690,
dazu EWiR 1989, 251 *(Bülow)*.

Das sich aus der Unerfahrenheit des Kreditnehmers ergebende Schutzbedürfnis hat darüber hinaus zur Folge, dass der mit Umschuldungsfragen vertraute Kreditgeber verpflichtet ist, den Kreditnehmer darüber aufzuklären, dass er sich hinsichtlich der genauen Höhe des erforderlichen Ablösungsbetrages bei der Bank, die den Vorkredit gewährte, informieren muss. Dies gilt insbesondere, wenn der Kreditgeber einen höheren Betrag als den angebotenen Kreditbetrag dem Kreditnehmer nicht gewähren will und der Erfolg der Neukreditnahme somit entscheidend davon abhängt, ob mit dem Auszahlungsbetrag eine Umschuldung möglich ist. 342

OLG München WM 1990, 396,
dazu EWiR 1990, 349 *(Vortmann)*
sowie WuB I E 2b.-15.90 *(Koller)*.

In der praktischen Konsequenz führt diese Entscheidung zur Verpflichtung des Kreditgebers, gemeinsam mit dem Kreditnehmer auf der Basis der Unterlagen der Bank, die den Vorkredit gewährte, den Kreditbedarf zu ermitteln. Faktisch läuft dies auf eine Nachforschungspflicht hinaus. 343

II. Besondere Aufklärungs-, Beratungs- und sonstige Warnpflichten der Bank

(b) Gegenüber einer umschuldenden Bank

344 Eine Bank ist grundsätzlich nicht verpflichtet, eine andere Bank, die bei ihr einen Kredit ablösen will, über die Vermögensverhältnisse des Kreditnehmers aufzuklären und ihr von sich aus mitzuteilen, dass sie massiv auf die Rückzahlung des Kredits gedrängt hat.

> BGH ZIP 1989, 1250 = WM 1989, 1409 = NJW 1989, 2882,
> dazu EWiR § 276 BGB 3/89, 855 *(Rümker)*
> sowie WuB I B 4.-2.89 *(Peterhoff)*:
>
> „Die in diesem Zusammenhang für das Verhältnis der Bank zu ihrem Kunden entwickelten Grundsätze gelten auch im vorliegenden Fall. Es ist kein Grund ersichtlich, einer Bank weitergehende Aufklärungs- und Warnpflichten aufzuerlegen, wenn einer ihrer Konkurrenten bereit ist, einen bei ihr bestehenden Kredit eines Kunden abzulösen. Beide Kreditinstitute stehen sich in derartigen Fällen als gleichwertige Partner mit erkennbar gegenläufigen Interessen gegenüber."
>
> Bestätigt durch BGH ZIP 1997, 195 = BB 1997, 381 = NJW 1997, 730.

(2) Nachforschungspflichten

345 Die umschuldende Bank hat alle in unmittelbarem Zusammenhang mit der Umschuldung stehenden Umstände zu berücksichtigen, die den Zweck der Umschuldung, nämlich die Ablösung des Vorkredits, vereiteln können. Nur über diese Umstände muss aufgeklärt werden. Eine Aufklärung kann aber nur betrieben werden, wenn diese Umstände der umschuldenden Bank bekannt sind. Im Einzelfall bedeutet dies, dass die Bank nicht nur über die Tatsachen aufklären muss, die ihr durch den Kreditnehmer oder sonstige Dritte bekannt geworden sind, sondern auch eigene Nachforschungen anstellen muss. Diese Nachforschungspflicht kann die Bank ebenso wie die Aufklärungspflicht jedoch nur treffen, soweit sie die in unmittelbarem Zusammenhang mit dem zu finanzierenden Geschäft stehenden Umstände, die zur Erreichung des Geschäftserfolges notwendig sind, zu berücksichtigen hat.

346 Deshalb ist die umschuldende Bank nicht verpflichtet, bei einer von ihr bewerkstelligten Kreditablösung von sich aus Nachforschungen darüber anzustellen, ob ihrem Kunden beim früheren Kreditgeber staatliche Zinsverbilligungsmittel gewährt worden sind, da diese Mittel nicht in unmittelbarem Zusammenhang mit der Ablösung als Zweck des Geschäfts stehen.

> BGH WM 1990, 584,
> dazu WuB I E 1.-14.90 *(Vortmann)*:
>
> „Aus dem vom Berufungsgericht hervorgehobenen Umstand, dass die Beklagte Hausbank des Klägers war ..., lässt sich eine Nachforschungspflicht ebenso wenig herleiten wie aus der Annahme des Berufungsgerichts, der Kläger habe ersichtlich mit der Übertragung seiner Bankverbindung auf die Beklagte nichts zu tun haben und die dabei zu entfaltende Tätigkeit auf die Beklagte überwälzen wollen. Daraus ergeben sich keine weitergehenden Pflichten der Beklagten als die, alles zu tun, was aus ihrer Sicht ... nötig war, die Kredite bei

2. Kreditgeschäft

der Raiffeisenbank abzulösen." Entgegen der Ansicht des Berufungsgerichts ist eine Nachforschungspflicht auch nicht deshalb zu bejahen, weil der Kläger der Beklagten nur unvollständige Unterlagen über seine Geschäftsverbindung zur Raiffeisenbank überlassen hatte und ohne Kenntnis der Darlehensbedingungen der Raiffeisenbank eine sachgerechte Beratung des Klägers nicht möglich gewesen wäre."

Eine Ausdehnung der Nachforschungspflichten auch auf andere Umstände hätte eine Überspannung der Sorgfaltspflichten der umschuldenden Bank zur Folge. Eine Risiko- und Sorgfaltspflichtübertragung, z. B. im Hinblick auf Zinsverbilligungsmittel, kann auf den Neukreditgeber nur mittels ausdrücklicher Vereinbarung erfolgen. Anderenfalls ist für den Neukreditgeber nicht erkennbar, welche Risiken und Verpflichtungen er mit der Umschuldung eingeht.

347

ee) Finanzierung von Vermögensanlagen

Banken sind in ihrem Geschäftsbetrieb in verschiedener Hinsicht an Kapitalanlagen beteiligt. Sie räumen Kunden u. a. Kredite zur Beteiligung an Vermögensanlagen ein oder sie haben sich z. B. durch Übernahme von Funktionen über die Kreditgewährung hinaus an der zu finanzierenden Anlage beteiligt. Aus diesen unterschiedlichen Beteiligungen ergeben sich ebenfalls unterschiedliche Aufklärungs- und Beratungspflichten.

348

> Vgl. zum Bereich der Finanzierungen bei Immobilienanlagen
> allgemein *Lauer*, ZAP Fach 8, S. 145 ff.
> sowie *Keßler*, VuR 1998, 3.

(1) Bank als Kreditgeberin

(a) Grundsatz

Beschränkt sich die Funktion der Bank im Zusammenhang mit der Finanzierung von Kapitalanlagen allein auf ihre Rolle als Kreditgeberin, obliegen ihr grundsätzlich keine allgemeinen Aufklärungs- und Beratungspflichten. Die Rechtsprechung hat die Begründung solcher Pflichten in diesen Fällen nicht zuletzt deshalb abgelehnt, weil die Finanzierung von Vermögensanlagen in erster Linie zu Zwecken der Steuerersparnis durchgeführt wird und es sich daher auf der Seite der Kreditnehmer um am Wirtschaftsleben beteiligte Interessenten handelt, denen eine Schutzbedürftigkeit nicht unterstellt werden kann. Sie sind selbst in der Lage, ihre wirtschaftlichen Verhältnisse zu beurteilen.

349

> BGH ZIP 1981, 48 = WM 1980, 1446 = NJW 1981, 389;
> BGHZ 93, 264 = ZIP 1985, 203 = WM 1985, 221;
> BGH WM 1986, 700;
> BGH BKR 2002, 254;
> zustimmend *Immenga*, ZHR 151 (1987), 148, 153 ff.,
> der diese weitergehende Aufklärungspflicht auch in diesen Fällen darin begründet sieht, dass sie eine leistungssichernde Funktion hat, die sich ihrerseits aus der erkennbar engen Verbindung von Kredit und Anlagezweck ergibt.

II. Besondere Aufklärungs-, Beratungs- und sonstige Warnpflichten der Bank

Daraus folgt *Immenga*, dass nicht nur abstrakte, sondern auch konkrete Risiken unabhängig von der Mitverursachung der Bank mitzuteilen sind. Die Rechtsprechung ist dieser These nicht gefolgt.

Ebenso teilt diese Auffassung *Schwintowski*, NJW 1989, 2087, dass Banken, die den Erwerb von Kapitalbeteiligungen gezielt finanzieren, über den Kapitalweg und über verwendete Werbefloskeln wie „erste Adresse" aufklären müssen, sofern nicht der Anleger selbst über hinreichend eigene Sachkunde verfügt, als zu weitgehend abzulehnen.

350 Ein solches Schutzbedürfnis fehlt somit bei einem Bauherrenmodell,

BGH ZIP 1985, 670 = WM 1985, 910,
dazu WuB I E 1.-23.85 *(v. Heymann)*;
BGH ZIP 1986, 21 = WM 1986, 8,
dazu EWiR 1986, 125 *(Hadding)*;
OLG Hamburg WM 1985, 1260,
dazu EWiR 1985, 969 *(S. Feuerborn)*
sowie WuB I E 1.-30.85 *(v. Heymann)*,

ebenso wie bei der Finanzierung von Schiffsbeteiligungen,

OLG Hamm WM 1989, 598,
dazu WuB I G 4.-4.89 *(v. Heymann)*;
LG Detmold WM 1987, 1192,
dazu WuB I E 1.-13.87 *(Emmerich)*,

oder einer Beteiligung an einer Abschreibungsgesellschaft.

BGH WM 1986, 700,
dazu WuB I G 8.-7.86 *(v. Heymann)*.

351 Ein weiterer Grund für die Zurückhaltung der Rechtsprechung bei der Bejahung von Aufklärungspflichten in diesen Fällen ist darin zu sehen, dass bei der Rolle der Bank als bloße Kreditgeberin das von der Bank angebotene Vertrauen geringer ist als bei der Bank, die an der Kapitalanlage beteiligt ist. Die Letztere wirbt in der Regel mit ihrem hohen Kenntnisstand und suggeriert somit gegenüber den Kunden ein höheres Vertrauen, dem sie nur durch Erfüllung enger Aufklärungs- und Beratungspflichten nachkommen kann. Bei der bloßen Tätigkeit als Kreditgeberin gilt dagegen der „Grundsatz der arbeitsteiligen Wirtschaft".

v. Heymann, WuB I E 1.-30.85.

352 Dieser Grundsatz berücksichtigt insbesondere die unterschiedlichen Risikosphären der Kreditvertragsparteien. Während der Kreditnehmer das wirtschaftliche Risiko der Vermögensanlage trägt, steht der Kreditgeber für die Zahlungsfähigkeit des Kreditnehmers ein. Etwas anderes ist von den Parteien auch nicht gewollt. Dies wiederum bedeutet aber auch, dass allein der Kreditnehmer unter Berücksichtigung seiner wirtschaftlichen Verhältnisse die Entscheidung treffen muss, ob die Risiken der Vermögensanlage übernommen werden können.

OLG München ZIP 2010, 1744 = BKR 2010, 412 ff.

2. Kreditgeschäft

Gerade in Anbetracht dieser klaren Risikoverteilung darf das in Anlagegeschäften steckende und häufig mit Spekulationen verbundene Risiko nicht auf die Bank verlagert werden.

OLG Karlsruhe WM 1988, 441,
dazu WuB I G 4.-4.88 *(Assmann)*.

Die Aufklärungspflicht wird infolgedessen nicht einmal begründet, wenn die 353
Bank bei einem Erwerbermodell nicht nur den Ankauf des Gesamtobjekts finanziert, sondern auch den Erwerbern das Geschäft kreditiert.

BGH ZIP 1988, 562 = WM 1988, 561,
dazu EWiR 1988, 437 *(Hegmanns)*
sowie WuB I G 7.-8.88 *(Assmann)*;
OLG Frankfurt/M. WM 2000, 1315,
dazu WuB I G 5.-1.01 *(Westermann)*;
OLG Karlsruhe WM 2001, 1210,
dazu WuB I G 5.-13.01 *(R. Koch)*.

Eine Bank verlässt weder mit der Bereitschaft zur Globalfinanzierung eines 354
Objekts, das Gegenstand eines Bauherrenmodells ist, noch mit der von ihr in diesem Zusammenhang gesetzten Bedingung einer Zwischenfinanzierung für sämtliche Bauherren ihre Rolle als Kreditgeberin und damit ihren typischen Geschäftsbereich, so dass besondere Aufklärungs- und Beratungspflichten allein durch diese Tatsachen nicht begründet werden.

OLG Köln EWiR 1991, 653,
dazu EWiR 1991, 653 *(Vortmann)*.

Der Versuch der Bank, ein notleidendes Kreditengagement aus einer Grund- 355
stücksankaufsfinanzierung durch mehrere sichere Kredite in Form eines Erwerbermodells zu sanieren, führt für sich allein betrachtet nicht zu einer Überschreitung der Rolle als Kreditgeberin.

v. Heymann, NJW 1990, 1137, 1146.

Ferner obliegt es der Bank nicht, den Kreditnehmer auf die Übernahme einer 356
Einstandspflicht und Sicherheitsleistung eines Dritten (z. B. Treuhänders) für die Darlehensrückzahlung hinzuweisen.

BGH ZIP 1986, 21 = WM 1986, 8,
dazu EWiR 1986, 125 *(Hadding)*
sowie WuB I E 1.-5.86 *(Emmerich)*.

Dies gilt selbst für den Fall, dass 10 % des auf ein Treuhandkonto überwie- 357
senen Darlehensbetrages als Sicherheit für die Einstandspflicht des Treuhänders auf ein mit Sperrvermerk zugunsten der Bank versehenes Sonderkonto umgebucht werden.

BGH ZIP 1985, 670 = WM 1985, 910,
dazu WuB I E 1.-23.85 *(v. Heymann)*;
BGH WM 1985, 1287,
dazu WuB I E 1.-32.85 *(v. Heymann)* lässt sogar einen Einbehalt
von 20 % zu;

II. Besondere Aufklärungs-, Beratungs- und sonstige Warnpflichten der Bank

ähnlich für die Sicherheitsleistung von 3 % eines Fondsinitiators BGH BKR 2005, 73.

358 Dadurch werden die Pflichten des Treuhänders gegenüber dem Anleger nicht verletzt und der Anleger in seiner Entschließungsfreiheit nicht beeinträchtigt. Nur bei einer solchen Beeinträchtigung kann im Einzelfall eine Aufklärungspflicht der Bank gegeben sein.

359 Selbst wenn das Kreditinstitut im eigenen Interesse die Werthaltigkeit der Kapitalanlage überprüft, kann daraus bei Zweifeln an der Werthaltigkeit keine Pflicht zur Offenbarung gegenüber den Kreditnehmern hergeleitet werden. Das Kreditinstitut trifft auch keine Verpflichtung, im Interesse des Kreditnehmers festzustellen, ob im Rahmen des gesamten Erwerbs- und Finanzierungskonzepts etwas auf eine offensichtlich unvertretbar hohe Überbewertung der zu erwerbenden Immobilie hingedeutet hätte. Eine Prüfung des Anlagenmodells gehört grundsätzlich nicht zu den geschuldeten Pflichten der kreditfinanzierenden Bank.

OLG Stuttgart WM 1989, 775,
dazu WuB I G 7.-6.89 (v. Heymann);
LG Saarbrücken WM 1994, 1974, 1978,
dazu EWiR 1994, 645 (Steiner);
OLG Köln ZIP 1999, 1794 = ZfIR 2000, 276 = WM 1999, 1817
= ZfIR 2000, 276,
dazu EWiR 2000, 161 (Mues)
sowie WuB I G 5.-5.00 (Rösler);
OLG Dresden WM 2002, 1881,
dazu WuB I G 5.-9.03 (Balzer).

360 Die Kenntnis davon, dass das gewährte Darlehen der Finanzierung einer nicht öffentlich angebotenen, von Dritten bereitgestellten Kapitalanlage diene, rechtfertigt ebenfalls keine Begründung einer Aufklärungspflicht, die über die allgemeinen Grundsätze hinausgeht.

BGH WM 1987, 1546,
dazu EWiR 1988, 27 (Peterhoff)
sowie WuB I E 2c.-1.88 (Assmann).

361 Anders als ein Anlagevermittler, der dem Anlageinteressenten vertraglich Aufklärung über alle für die Anlageentscheidung bedeutsamen Umstände schuldet, ist eine kreditgebende Bank grundsätzlich nicht verpflichtet, den Anleger und Darlehensnehmer ungefragt über eine im finanzierten Kaufpreis einer Eigentumswohnung enthaltene Innenprovision von mehr als 15 % für den Vertrieb zu informieren.

BGH ZIP 2004, 1188 = ZfIR 2004, 562 (LS) = WM 2004, 1221
= NJW 2004, 2378,
dazu EWiR 2004, 959 (Schwintowski).

362 Die Bank braucht den Kreditnehmer auch nicht darauf hinzuweisen, dass das Steuermodell aufgrund seiner Einkommensverhältnisse ihm nichts nutzt.

2. Kreditgeschäft

OLG Karlsruhe WM 2001, 1210,
dazu auch WuB I G 5.-13.01 *(R. Koch)*;
a. A. OLG Frankfurt/M. WM 2002, 549 = ZfIR 2001, 982
(m. Anm. *Kulke*, S. 989),
dazu EWiR 2001, 939 *(Frisch)*
sowie WuB I E1.-3.02 *(v. Rottenburg)*;
OLG München ZIP 2010, 1744 = BKR 2010, 412, 414.

Allerdings ist eine Bank zum Schadensersatz verpflichtet, wenn sie ihren unerfahrenen Kunden dazu verleitet, in Aktien auf Kredit zu spekulieren. **363**

BGH ZIP 1997, 580 = WM 1997, 662 = BB 1997,
885 = MDR 1997, 467 = NJW 1997, 1361,
dazu EWiR 1997, 443 *(Jaskulla)*
sowie WuB I G 1.-9.97 *(Schwennicke)*.

(b) Aufklärungspflichten in Sonderfällen

Generelle Regeln für die Frage, wann im Einzelfall, in dem sich die Bank bei **364** der Finanzierung von Vermögensanlagen auf ihre Rolle als Kreditgeberin beschränkt, Aufklärungs- und Beratungspflichten vorliegen, lassen sich nicht aufstellen. Anhand der bisher vorliegenden Rechtsprechung hat die Literatur allerdings drei Fallgruppen entwickelt, bei denen Aufklärungs- und Beratungspflichten bejaht werden müssen.

Rümker, in: RWS-Forum 1, S. 71, 87 f.;
v. Heymann, NJW 1990, 1137, 1146;
Rümker, ZHR 151 (1987), 162, 167 ff.

Aufklärungspflichten bestehen danach, wenn **365**

- sich die Bank in einem Interessenkonflikt befindet (Aufklärungspflicht bei Interessenkollision);

- die Bank einen zu den allgemeinen Risiken des Projekts hinzutretenden speziellen Gefährdungstatbestand für den Anleger schafft oder dessen Entstehung begünstigt (Aufklärungspflicht wegen erkennbarer Vertragszweckvereitelung);

- die Bank für sie selbst erkennbar einen konkreten Wissensvorsprung über die speziellen Risiken des Projekts hat (Aufklärungspflicht wegen erkennbaren Informationsbedarfs)

    OLG Schleswig WM 2000, 1381;
    OLG Stuttgart WM 2003, 343,
    dazu WuB I G 5.-6.03 *(Münscher)*;
    OLG Frankfurt/M. WM 2002, 1281,
    dazu WuB I G 5.-6.02 *(Münscher)*;
    OLG Koblenz WM 2010, 1496,
    dazu WuB I G 1.-5.11 *(Vortmann)*;
    BGH BKR 2008, 254;

- oder über ihre Rolle als Kreditgeberin hinausgeht.

II. Besondere Aufklärungs-, Beratungs- und sonstige Warnpflichten der Bank

(aa) Zweckvereitelung

366 Zu den Aufklärungs- und Beratungspflichten aufgrund erkennbarer Vertragszweckvereitelung gehört ein Hinweis auf entstehende Risiken, wenn die Bank in dem von ihr vorbereiteten Darlehensvertragsformular die Auszahlungsadresse unausgefüllt lässt und dadurch der Beteiligungsgesellschaft Gelegenheit verschafft, die Zahlungsadresse zu ihren Gunsten zu ändern.

BGH WM 1986, 98,
dazu WuB IG 8.-3.86 *(Emmerich)*.

367 Gleiches gilt für den Fall der Veränderung der Auszahlungsadresse durch einen Dritten, ohne dass dies kenntlich gemacht wird. Die Haftung der Bank aus Aufklärungsverschulden wird jedoch nur bei Kenntnis dieser Abweichung und der daraus resultierenden Risiken begründet.

BGH ZIP 1985, 667 = WM 1985, 993,
dazu EWiR 1985, 375 *(Löwe)*.

368 Die Bank ist ferner zur Aufklärung verpflichtet, wenn sie aufgrund der Zahlungsabwicklung erkennt oder erkennen muss, dass der prospektierte Gesamtaufwand durch entsprechende Zeichnung und Zahlungen weit überschritten wird.

BGH WM 1986, 995 = NJW-RR 1986, 1433,
dazu EWiR 1986, 879 *(Köndgen)*
sowie WuB I G 8.-8.88 *(v. Heymann)*.

369 Eine solche Überzeichnung hat entweder die Verringerung der prospektierten Verlustzuweisungen oder die Erhöhung der Ausgaben zur Folge, damit das finanzierte Projekt überhaupt noch rentabel bleibt. Diese Veränderungen sind für die Anleger von so wesentlicher Bedeutung, dass es gerechtfertigt ist, diese Aufklärungspflicht nicht nur dem Anbieter der Vermögensanlage, sondern auch der finanzierenden Bank, die von der Überzeichnung Kenntnis hat, aufzuerlegen.

370 Eine finanzierende Bank schafft mit der Überlassung der Formulare für „Selbstauskunft" an einen Finanzierungsvermittler keinen besonderen Gefährdungstatbestand, der eine Aufklärungspflicht auslöst. Daraus kann nämlich nicht geschlossen werden, dass die Bank die Wirtschaftlichkeit des Vorhabens für einen Erwerber im Interesse von Kaufinteressenten geprüft und für gut befunden hat.

OLG München WM 1999, 1416.

371 Der Verstoß gegen eigene Beleihungsrichtlinien kommt nicht als Gefährdungstatbestand in Betracht, denn diese Richtlinien dienen nicht dem Schutz des Kreditnehmers.

OLG Braunschweig WM 1998, 1223.

2. Kreditgeschäft

Eine Gefährdung besteht grundsätzlich, wenn die Bank das eigene wirtschaftliche Wagnis auf den Kunden verlagert und diesen bewusst mit einem Risiko belastet, das über die mit dem zu finanzierenden Vorhaben normalerweise verbundenen Gefahren hinausgeht.

BGH ZIP 1999, 574 = WM 1999, 678 = BB 1999, 1187 = NJW 1999, 2032, dazu WuB I E 1.-1.99 *(Hammen);* OLG Stuttgart WM 2002, 1297, dazu WuB I G 5.-7.02 *(Münscher);*
weitere Beispiele:
1. Bank verleitet unerfahrenen Kunden zur Spekulation in Aktien in Verbindung mit einem variabel verzinslichen Kredit BGH ZIP 1997, 580 = WM 1997, 662 = NJW 1997, 1361, dazu EWiR 1997, 443 *(Jaskulla)* sowie WuB I G 1.-9.97 *(Schwennicke).*
2. Bei der Kreditfinanzierung eines Anteils an einem geschlossenen Immobilienfonds lässt sich eine Bank vom Initiator des Fonds eine im Prospekt nicht ausgewiesene Sicherheit in Höhe von 3 % einräumen OLG Karlsruhe ZIP 1998, 1711 = ZfIR 1998, 600 = WM 1999, 127 = NJW-RR 1999, 124, dazu EWiR 1998, 1003 *(Zeller)* sowie WuB I G 5.-1.99 *(Rösler);* vgl. auch *Früh,* ZIP 1999, 701.

372

In besonderen Einzelfällen soll es sogar gerechtfertigt sein, der Bank über die normale Aufklärungspflicht hinausgehende Nachforschungspflichten aufzuerlegen. Erteilt der Kunde z. B. seiner Bank den Auftrag, einen namhaften, durch Kredit bei der Bank beschafften Betrag auf das Privatkonto eines Bankangestellten zu überweisen, um damit Effektengeschäfte „im Hause" zu tätigen, so muss sie Nachforschungen anstellen, um den Kunden vor etwaigen unseriösen, mit Gefahren verbundenen Geschäften warnen zu können.

373

BGH WM 1988, 895 = NJW-RR 1988, 1071; dazu WuB I E 1.-14.88 *(Hein):*

„Der Umstand, dass ein Kunde einen solchen großen Geldbetrag, den er zum Kauf von Effekten verwenden will, die über die darlehensgewährende Bank angeschafft werden sollen, zu diesem Zweck auf das Privatkonto eines Bankangestellten überweist, anstatt unmittelbar mit der Effektenabteilung zusammenzuarbeiten, ist äußerst ungewöhnlich. Er fällt so sehr aus dem Rahmen dessen, was beim finanzierten Effektengeschäft üblich ist, dass sich jedem ordentlichen Bankkaufmann der Verdacht aufdrängen musste, hier betreibe ein Bankangestellter zumindest unseriöse Geschäfte auf eigene Rechnung, die auch den Kunden in Gefahr bringen können."

Dieser Entscheidung kann jedoch nicht zugestimmt werden, weil die Berücksichtigung des konkreten Sachverhalts eine Ausdehnung der Aufklärungspflicht auf diesen Fall und ähnliche Fälle nicht rechtfertigt. Der tatsächlich ungetreue Bankangestellte tätigte die Veruntreuung über einen „Investmentclub D. junior", der selbst in keinerlei geschäftlicher Beziehung zu der Bank stand. Es fragt sich, wie die Bank durch hausinterne Maßnahmen die drohende Veruntreuung erkennen sollte und die Geschäfte des Mitarbeiters, der hier

374

II. Besondere Aufklärungs-, Beratungs- und sonstige Warnpflichten der Bank

ganz offensichtlich nicht als Angestellter der Bank, sondern als Privatperson gehandelt hat, prüfen konnte. Der BGH hat sich in dieser Entscheidung auf die Aufklärungspflichten zurückgezogen, weil eine Anspruchsgrundlage für das Setzen einer Gefahrenquelle nicht vorhanden war, da nicht die Bank, sondern der Angestellte als Privatperson die Gefahrenquelle gesetzt hatte.

> Ähnlich *H. P. Westermann*, ZHR 153 (1989), 123, 133; *Wandt*, WM 1988, 1512, in einer Anm. zu der genannten Entscheidung.

375 Bei steuersparenden Bauherren- und Erwerbermodellen treffen die finanzierende Bank, die den Beitritt des Darlehensnehmers zu einem für das Erwerbsobjekt bestehenden Mietpool zur Voraussetzung der Darlehensauszahlung gemacht hat, nicht ohne Weiteres über die damit verbundenen Risiken Aufklärungspflichten wegen eines durch sie bewusst geschaffenen oder begünstigten besonderen Gefährdungstatbestands.

> BGH ZIP 2007, 954 = ZfIR 2007, 446 (m. Anm. *Blank*, S. 453)
> = WM 2007, 876 = BKR 2007, 214 = DStR 2007, 1138,
> dazu EWiR 2007, 389 *(Wolf)*
> sowie WuB I G 5.-8.07 *(Bülow)*;
> *Sauer/Wittemann*, BKR 2008, 1, 6;
> OLG Karlsruhe ZIP 2005, 698 (m. Anm. *Hofmann*, S. 688) =
> ZfIR 2005, 665 (LS),
> dazu EWiR 2005, 657 *(Weber)*.

376 Aufklärungspflichten wegen eines durch sie bewusst geschaffenen oder begünstigten besonderen Gefährdungstatbestands können sich nur bei Hinzutreten spezifischer Risiken des konkreten Mietpools ergeben. Aufklärungspflichten können etwa in Betracht kommen, wenn sie den Beitritt in Kenntnis einer bereits bestehenden Überschuldung des konkreten Mietpools verlangt oder in Kenntnis des Umstands, dass dem konkreten Mietpool Darlehen gewährt wurden, für die die Anleger als Poolmietglieder haften müssen, oder in Kenntnis des Umstands, dass an die Poolmitglieder konstant überhöhte Ausschüttungen ausbezahlt werden, die ihnen einen falschen Eindruck von der Rentabilität und Finanzierbarkeit der Anlage vermitteln.

> BGH ZIP 2007, 954 = WM 2007, 876 = ZfIR 2007, 446
> (m. Anm. *Blank*, S. 453),
> dazu EWiR 2007, 389 *(Wolf)*
> sowie WuB I G 5.-8.07 *(Bülow)*;
> BGH ZIP 2008, 1011 = ZfIR 2008, 587 (LS) = WM 2008,
> 971 = BKR 2008, 243,
> dazu WuB I G 5.-7.08 *(Arnold)*;
> OLG Brandenburg WM 2008, 14 = BKR 2008, 66,
> dazu WuB I G 5.-5.08 *(Buck-Heeb)*;
> OLG Karlsruhe WM 2009, 691.

377 Rechtsfolge einer etwaigen Verletzung einer Aufklärungspflicht über die allgemeinen Folgen eines Mietpoolbeitritts kann lediglich ein Anspruch auf Ersatz der Mehrkosten oder Mindereinnahmen sein, die sich durch die Miet-

2. Kreditgeschäft

poolbeteiligung ergeben, nicht hingegen ein Anspruch auf Rückabwicklung sämtlicher Verträge.

OLG Celle ZfBR 2007, 626 (m. Anm. *Lang*, S. 609);
BGH ZIP 2008, 1368 = WM 2008, 1394 = BKR 2008, 464
= NJW 2008, 2576,
dazu EWiR 2008, 579 *(Wolf)*
sowie WuB I G 5.-9.08 *(Bülow)*.

(bb) Wissensvorsprung

Ein Informationsbedarf des Anlegers und Kreditnehmers ist gegeben, wenn die Bank im Hinblick auf das zu finanzierende Projekt einen Wissensvorsprung hat; z. B. Kenntnis im Zeitpunkt der Darlehensvalutierung vom bevorstehenden Scheitern des Projekts, 378

BGH ZIP 1985, 667 = WM 1985, 993,
dazu EWiR 1985, 375 *(Löwe)*;
BGH WM 1986, 6,
dazu EWiR 1986, 39 *(Rümker)*
sowie WuB I G 8.-2.86 *(v. Heymann)*;
BGH WM 1990, 920 = NJW-RR 1990, 876,
dazu EWiR 1990, 755 *(Reithmann)*
sowie WuB I G 7.-7.90 *(Assmann)*;
BGH ZIP 1992, 163 = WM 1992, 216,
dazu EWiR 1992, 239 *(Vortmann)*
sowie WuB I G 7.-3.92 *(v. Heymann)*;
OLG Frankfurt/M. WM 1997, 27.
dazu WuB I G 8.-1.97 *(v. Heymann)*;
OLG Schleswig WM 2010, 258 = ZfIR 2009, 755 (LS),
dazu WuB I G 5-4.10 *(Münscher)*

oder Kenntnis von im Prospekt enthaltenen Musterrechnungen, die falsch sind,

LG Berlin, Urt. v. 27.11.1991 – 23 O 40/91 (unveröff.),

oder Kenntnis der Zahlungsunfähigkeit des Anbieters der Vermögensanlage oder eines seiner Gesellschafter oder Kenntnis von der Kreditgewährung an den Zeichner nur zum Zwecke der Abdeckung älterer Verbindlichkeiten anderer Gesellschaften,

BGH WM 1978, 896 = NJW 1978, 2547,

oder das Projekt allein von ihr abhängt, weil der Initiator seine Kaufpreisansprüche an sie abgetreten und dadurch seine wirtschaftliche Bewegungsfreiheit verloren hat.

BGH ZIP 1992, 990 = WM 1992, 1310 = BB 1992, 1453
= NJW 1992, 2146,
dazu EWiR 1992, 751 *(Steiner)*.

Diese Aufklärungspflicht erstreckt sich nur auf solche Risiken, die der Darlehensnehmer auch bei gehöriger Nachprüfung nicht erkennen kann. 379

II. Besondere Aufklärungs-, Beratungs- und sonstige Warnpflichten der Bank

OLG München WM 2000, 291,
dazu WuB I G 5.-6.00 *(Ganter)*.

380 Aus diesem Grunde darf einem Arbeitnehmer, der sich an seiner Arbeitgeberfirma mittels eines Darlehens beteiligen will, nicht verschwiegen werden, dass weder die finanzierende Bank noch andere Kreditinstitute zur Finanzierung gegenüber dem Arbeitgeber bereit waren, und somit die finanzierte Arbeitnehmereinlage die letzte Möglichkeit zur Beschaffung von Kapital war.

BGHZ 72, 92 = NJW 1978, 2145, 2147.

381 In diesem konkreten Fall war die Bank verpflichtet, den Arbeitnehmer darauf hinzuweisen, dass er und nicht das Unternehmen für die Kreditrückführung haftet. Ferner war die Aufklärung über die besonderen Risiken dieses Geschäftes notwendig. Diese besonderen Risiken bestanden hier darin, dass die Arbeitnehmer trotz ihres niedrigen monatlichen Nettoeinkommens die persönliche Kreditrückführungsverpflichtung für einen Zeitraum von zehn Jahren übernahmen.

382 Grundsätzlich ist eine kreditgebende Bank nicht verpflichtet, sich einen Wissensvorsprung erst zu verschaffen. Ausnahmsweise steht die bloße Erkennbarkeit der positiven Kenntnis dann gleich, wenn sich die sittenwidrige Übertreuerung einem zuständigen Bankmitarbeiter nach den Umständen des Einzelfalls aufdrängen musste; er ist dann nach Treu und Glauben nicht berechtigt, seine Augen davor zu verschließen.

BGH ZIP 2008, 1421,
dazu EWiR 2008, 453 *(Maier)*;
OLG Frankfurt/M. ZIP 2006, 2125 (LS) = ZfIR 2006, 778 (LS)
= DB 2006, 1371;
OLG Brandenburg WM 2008, 14 = BKR 2008, 66,
dazu WuB I G 5.-5.08 *(Buck-Heeb)*.

383 Die Bank muss ferner aufklären, wenn ihr bekannt ist, dass die in Werbeunterlagen gemachten Angaben über die Mieteinnahmen und die Rentabilität des Projekts falsch sind.

BGH ZIP 1989, 1180 = WM 1989, 1641,
dazu WuB I G 7.-8.89 *(v. Heymann)*;
ähnlich OLG Karlsruhe BKR 2002, 370.

384 In diesem Fall ist die Bank zum Hinweis auf die Erbringung der Zins- und Tilgungsleistungen, auch wenn die Mieten dafür nicht ausreichen und die mit der Finanzierung verfolgte Rentabilität des Objekts sowie die steuerlichen Auswirkungen ausbleiben, verpflichtet. An diesem Beispiel wird insbesondere deutlich, dass die Aufklärungspflicht bei einem Sachverhalt sowohl wegen der möglichen Vertragszweckvereitelung als auch aufgrund erkennbaren Informationsbedarfes bestehen kann. Die einzelnen Sachverhalte sind im Hinblick auf die Einordnung in die drei genannten Fallgruppen nicht immer nur einer Fallgruppe zuzuordnen.

2. Kreditgeschäft

Die Bank ist darüber hinaus verpflichtet, über ihr bekannte aus einem dem 385
Kreditnehmer nicht vorliegenden Gutachten hervorgehende versteckte Mängel
zu informieren.

BGH ZIP 1988, 562 = WM 1988, 561 = NJW 1988, 1583,
dazu EWiR 1988, 437 *(Hegmanns)*
sowie WuB I G 7.-8.88 *(Assmann)*;
LG Frankfurt/M. WM 2001, 257,
dazu WuB I G 5.-9.01 *(van Look)*.

Die Aufklärungspflicht aufgrund eines erkennbaren Informationsbedarfes 386
auf der Seite des Kreditnehmers ist nur bei positiver Kenntnis der Bank von
den aufklärungsbedürftigen Umständen gegeben. Eine weitergehende Prüfungspflicht, die letztlich zu einer Aufklärungspflicht beim Kennenkönnen
führen würde, besteht dagegen nicht, soweit die Bank sich allein auf ihre Rolle
als Kreditgeberin beschränkt.

Rümker, EWiR 1986, 39, 40;
BGH ZIP 1988, 562 = WM 1988, 561,
dazu EWiR 1988, 437 *(Hegmanns)*
sowie WuB I G 7.-8.88 *(Assmann)*;
OLG Hamm WM 1998, 1230;
OLG Braunschweig WM 1998, 1223;
OLG Stuttgart BB 2001, 1426,
dazu EWiR 2001, 907 *(Metz)*.

Ein Wissensvorsprung über die Unrentabilität oder den übersetzten Kauf- 387
preis oder die Unzweckmäßigkeit der Anlage eines Objekts begründet keine
Aufklärungspflicht.

BGH ZIP 1999, 574 = WM 1999, 678 = BB 1999, 1184
= NJW 1998, 1023,
dazu EWiR 1999, 683 *(Schwintowski)*
sowie WuB I E 1.-1.99 *(Hammen)*;
a. A. OLG München ZIP 1999, 1751;
OLG Jena ZIP 1999, 1554 = ZfIR 2000, 111,
dazu EWiR 2000, 11 *(Frisch)*;
OLG München ZIP 2010, 1744 = BKR 2010, 412, 413.

Die einen Fondserwerb finanzierende Bank ist unter dem rechtlichen Ge- 388
sichtspunkt eines Wissensvorsprungs von sich aus zur Aufklärung über eine
nicht im Prospekt ausgewiesene Provision grundsätzlich nur dann verpflichtet,
wenn eine versteckte Provision mit ursächlich dafür ist, dass der Erwerbspreis knapp doppelt so hoch ist wie der Wert des Fondsanteils, so dass die
Bank von einer sittenwidrigen Übervorteilung des Käufers durch den Verkäufer ausgehen muss.

BGHZ 168, 1, 21 Rn. 47 = ZIP 2006, 1187 =
ZfIR 2006, 623 (m. Bespr. *Häublein*, S. 601) =
ZBB 2006, 365 (m. Bespr. *Derleder*, S. 375),
dazu EWiR 2006, 463 *(P. Rösler)*.

Eine Aufklärungspflicht besteht unabhängig davon aber dann, wenn die Bank 389
positive Kenntnis davon hat, dass der Anleger von den Prospektverantwort-

II. Besondere Aufklärungs-, Beratungs- und sonstige Warnpflichten der Bank

lichen über die Werthaltigkeit des Fondsanteils arglistig getäuscht wird, indem aus seiner Einlage über die im Prospekt ausgewiesenen Vertriebskosten hinaus weitere Provisionen gezahlt werden.

> BGH ZIP 2007, 1852 = WM 2007, 1831 = BKR 2007,
> 456 = NJW 2007, 3272 = ZfBR 2007, 712 (m. Anm. *Deubner*),
> dazu EWiR 2007, 21 *(Rösler)*;
> *Schirp/Mosgo*, BKR 2002, 354;
> LG Nürnberg-Fürth WM 2000, 2153,
> dazu WuB I G 5.-2.01 *(Singer)*;
> a. A. OLG Köln ZIP 2001, 1808,
> dazu EWiR 2001, 903 *(Kulke)*;
> OLG München WM 2001, 1215,
> dazu WuB I G 5.-11.01 *(v. Rottenburg)*;
> OLG Karlsruhe WM 2001, 1210,
> dazu WuB I G 5.-13.01 *(R. Koch)*.

390 Eine Bank, die den Erwerb von Anteilen an einem geschlossenen Immobilienfonds finanziert, muss die Darlehensnehmer über die besonderen Risiken einer vollständigen Finanzierung des Anteilserwerbspreises durch ein Darlehen mit Disagiovereinbarung und Ersetzung der regelmäßigen Tilgung durch Abschluss von Lebensversicherungsverträgen und auch darüber informieren, dass die laufenden Renditen von Immobilienfonds unter den von den Darlehensnehmern aufzubringenden Zinsen liegen.

> OLG Karlsruhe ZIP 2001, 1914,
> dazu EWiR 2002, 511 *(Knops)*.

391 Die erkennbare gesellschaftliche Unerfahrenheit ist verschiedentlich als Wissensvorsprung betrachtet worden, so dass die Bank den Kreditnehmer auf seine eigene Unerfahrenheit hinweisen muss und darüber hinaus eine Aufklärungspflicht auch über allgemeine Risiken hat. Die mangelnde Geschäftserfahrung – so die Ansicht verschiedener Autoren – führe zu einem strukturellen Ungleichgewicht.

> *Fuellmich/Rieger*, ZIP 1999, 465;
> *Spickhoff/Petershagen*, BB 1999, 165.

392 Die Darlehensverträge sind nicht infolge strukturellen Ungleichgewichts zustande gekommen. Der Darlehensnehmer hat regelmäßig ein eigenes wirtschaftliches Interesse an der Kreditaufnahme; außerdem ist die Gegenleistung in Form der Zinszahlung nicht unangemessen. Auch aufgrund der Vertriebsmethode, dem Strukturvertrieb, kann nicht pauschal die Unerfahrenheit des Anlegers vermutet werden.

> *Früh*, ZIP 1999, 701;
> *Edelmann/Hertel*, DStR 2000, 331;
> OLG Stuttgart WM 2000, 292;
> OLG München WM 2001, 252,
> dazu WuB I G 5.-8.01 *(Loritz)*;
> LG Frankfurt/M. WM 2001, 257,
> dazu WuB I G 5.-9.01 *(van Look)*.

2. Kreditgeschäft

In Fällen eines institutionalisierten Zusammenwirkens der kreditgebenden Bank mit dem Verkäufer oder Vertreiber eines finanzierten Objekts können sich Anleger unter erleichterten Voraussetzungen mit Erfolg auf einen die Aufklärungspflicht auslösenden konkreten Wissensvorsprung der finanzierenden Bank im Zusammenhang mit einer arglistigen Täuschung des Anlegers durch unrichtige Angaben der Vermittler, Verkäufer oder Fondsinitiatoren bzw. des Fondsprospekts über das Anlageobjekt berufen. 393

BGH ZIP 2011, 2001 = WM 2011, 2088,
dazu EWiR 2012, 5 *(Pitsch/Schubert, J.)*
und WuB I G 5.-1.12 *(Buck-Heeb)*.

Die eine eigene Aufklärungspflicht auslösende Kenntnis der Bank von einer solchen arglistigen Täuschung wird widerleglich vermutet, wenn Verkäufer oder Fondsinitiatoren, die von ihnen beauftragten Vermittler und die finanzierende Bank in institutionalisierter Art und Weise zusammenwirken, auch die Finanzierung der Kapitalanlage vom Verkäufer oder Vermittler angeboten wurde und die Unrichtigkeit der Angaben des Verkäufers, Fondsinitiators oder der für sie tätigen Vermittler bzw. des Verkaufs- oder Fondsprospekts nach den Umständen des Falles evident ist, so dass sich aufdrängt, die Bank habe sich der Kenntnis der arglistigen Täuschung geradezu verschlossen. 394

BGH ZIP 2006, 1187 = ZBB 2006, 365 (m. Bespr. *Derleder*,
S. 375) = WM 2006, 1194 = BKR 2006, 337 = DB 2006, 1424
= ZfIR 2006, 623 (m. Bespr. *Häublein*, S. 601),
dazu EWiR 2006, 463 *(Rösler)*
sowie WuB I G 5.-6.06 *(Bülow)*;
vgl. auch den Besprechungsaufsatz von *Hofmann*, WM 2006, 1847;
BGH BKR 2006 452;
BGH BKR 2007, 152;
BGH ZIP 2007, 1255 = ZfIR 2007, 676 (m. Anm. *Häublein*,
S. 680) = WM 2007, 1257,
dazu EWiR 2007, 733 *(Lang)*
und WuB I G 5.-9.07 *(Bülow)*;
BGH ZIP 2006, 2258 = ZfIR 2007, 282 (m. Anm. *Großerichter*,
S. 286) = DB 2007, 162,
dazu EWiR 2007, 645 *(Fuchs)*;
BGH ZIP 2008, 1268 = WM 2008, 1260;
BGH ZIP 2010, 2140 = WM 2010, 2069;
vgl. dazu EWiR 2010, 729 *(Theewen)*
sowie WuB I G 5.-2.11 *(Koch)*;
OLG Karlsruhe WM 2007, 305,
dazu WuB I G 5,-3.07 *(Siol)*;
OLG Saarbrücken WM 2007, 1924,
dazu WuB I G 5.-3.08 *(Münscher)*;
vgl. auch *Jungmann*, WM 2006, 2193;
Hofmann, WM 2006, 1847, 1853 f.;
Sauer/Wittemann, BKR 2008, 1, 7.

Ein die Aufklärungspflicht der finanzierenden Bank bei institutionalisiertem Zusammenwirken mit dem Verkäufer oder Vertreiber des finanzierten Objekts auslösender konkreter Wissensvorsprung im Zusammenhang mit einer 395

II. Besondere Aufklärungs-, Beratungs- und sonstige Warnpflichten der Bank

arglistigen Täuschung setzt konkrete, dem Beweis zugängliche unrichtige Angaben des Vermittlers oder Verkäufers über das Anlageobjekt voraus.

BGH ZIP 2006, 2262 = ZfIR 2007, 287 (m. Bespr. *Derleder*, S. 257) = WM 2006, 2342 = BKR 2007, 2007, 21 = BB 2006, 2657 = DB 2007, 336 = NJW 2007, 357, dazu EWiR 2007, 295 *(Häublein)*.

396 Die aufgestellten Grundsätze über einen Schadensersatzanspruch des Erwerbers einer kreditfinanzierten Immobilienkapitalanlage aus einem eigenen Aufklärungsverschulden der finanzierenden Bank wegen eines Wissensvorsprungs gelten auch bei einem verbundenen Geschäft, wenn die außerhalb des verbundenen Geschäfts stehenden Fondsinitiatoren oder Gründungsgesellschafter die arglistige Täuschung begangen haben und die Klägerin mit ihnen in institutionalisierter Weise zusammengewirkt hat.

BGH ZIP 2007, 264 = ZfIR 2007, 132 (m. Anm. *Wolters*, S. 135) = WM 2007, 200 = BKR 2007, 107 = NJW 2007, 1127, dazu EWiR 2007, 321 *(Kulke)* sowie WuB I G 5.-2.07 *(Bülow)*.

(cc) Interessenkollision

397 Aufklärungs- und Beratungspflichten ergeben sich bei einer Interessenkollision aufseiten der finanzierenden Bank durch eine Doppelstellung der Bank als Kreditgeberin sowohl des Initiators des Projekts als auch des Anlegers. Diese Doppelstellung allein begründet noch keine Aufklärungspflicht. Die Aufklärungspflicht entsteht erst, wenn sich aufgrund der Doppelstellung ein schwerwiegender Interessenkonflikt aufseiten der Bank zulasten des Anlegers ergibt.

BGH WM 1979, 1054 = NJW 1980, 41; BGH ZIP 1988, 562 = WM 1988, 561, dazu EWiR 1988, 437 *(Hegmanns)* sowie WuB I G 7.-8.88 *(Assmann)*; BGH WM 1990, 920, 923 = NJW-RR 1990, 876, dazu EWiR 1990, 755 *(Reithmann)* sowie WuB I G 7.-7.90 *(Assmann)*.

398 Anknüpfungspunkt der Aufklärungspflicht ist die Abwälzung ihres eigenen notleidenden Kreditengagements im Rahmen der Finanzierung auf den Erwerber.

BGH ZIP 2011, 901 = ZfIR 2011, 521 (m. Anm. *Weber/Weber*, 525) = WM 2011, 876 = NJW-RR 2011, 1064, dazu EWiR 2011, 451 *(Lang, Volker/Schulz, Stephan)* sowie WuB I G 1.-18.11 *(Bülow)*.

399 Die Zugehörigkeit der kreditgebenden Bank und der Verkäuferin einer Immobilie zur gleichen Unternehmensgruppe begründet für sich genommen noch keinen schwerwiegenden Interessenkonflikt, der eine besondere Gefährdungslage des Anlegers begründen könnte. Anders kann es sich dann

2. Kreditgeschäft

verhalten, wenn der Vertrieb und die Finanzierung von Immobilien durch verschiedene Unternehmen zur Erreichung eines einheitlichen Unternehmenszieles bewusst im Sinne eines arbeitsteiligen Konzepts erfolgen.

OLG Hamm BKR 2002, 958.

Ein schwerwiegender Interessenkonflikt liegt beispielsweise vor, sofern das 400
gesamte Bauvorhaben mit den Geldern der Anleger finanziert werden soll und andererseits den Anlegern aber nicht das gesamte Grundstück, auf dem das Objekt steht, übertragen werden soll. Auf diese Diskrepanz muss die Bank hinweisen.

BGH WM 1990, 920, 923 = NJW-RR 1990, 876,
dazu EWiR 1990, 755 *(Reithmann)*
sowie WuB I G 7.-7.90 *(Assmann)*.

Die Aufklärungspflicht besteht darüber hinaus, wenn der Anleger entgegen 401
dem Inhalt des von ihm angenommenen Gesamtangebots sein Geld in ein Bauvorhaben investiert, dessen erster Abschnitt durchgeführt wurde, obwohl nicht einmal alle Wohnungen dieses Abschnitts verkauft waren und die Finanzierung der weiteren Bauabschnitte ungesichert war. Über diese einzelnen Punkte muss aufgeklärt werden.

BGH WM 1990, 920, 923 = NJW-RR 1990, 876,
dazu EWiR 1990, 755 *(Reithmann)*
sowie WuB I G 7.-7.90 *(Assmann)*.

Ein solcher Interessenkonflikt ist darüber hinaus bei Kenntnis der Bank über 402
eine hohe Altverschuldung des Bauträgers aufgrund eines früheren gescheiterten Bauherrenmodells gegeben, wenn infolgedessen der Kauf des Grundstücks für das neue Projekt und die Vorlaufkosten voll finanziert werden müssen und als Sicherheit ausschließlich das zu erwerbende Grundstück dient. Bei dieser Konstellation besteht ein erhöhtes Risiko hinsichtlich eines möglichen Scheiterns des neuen Projekts.

BGH ZIP 1992, 163 = WM 1992, 216 = BB 1992, 309,
dazu EWiR 1992, 239 *(Vortmann)*.

Weiterhin ist die Manipulation des Kaufpreises, die die Werteinschätzung der 403
Käufer bei gleichzeitiger Verringerung des Kreditengagements der Bank beeinflusst, ebenso wie der aus dem Kaufvertrag nicht erkennbare Verkauf nur eines Teils des Grundstücks an den Bauträger ein aufklärungsbedürftiger Umstand.

Der von der Bank, die mit einer notleidenden Abschreibungs-KG in Kredit- 404
beziehung steht, zur Unterstützung der Gesellschaft durch von der Bank zu finanzierende eigene Darlehen aufgeforderte Kommanditist ist über die übliche Rücksicht hinaus auf das der Bank drohende und erkennbare Risiko, insbesondere den drohenden Zusammenbruch, hinzuweisen.

BGH WM 1978, 896 = NJW 1978, 2547.

II. Besondere Aufklärungs-, Beratungs- und sonstige Warnpflichten der Bank

405 Gleiches gilt für die Finanzierung einer Vermögensanlage in Kenntnis der Zahlungsunfähigkeit des Bauträgers.

> BGH ZIP 1991, 90, 91 = WM 1991, 85,
> dazu EWiR 1991, 131 *(Feuerborn)*
> sowie WuB I B 3.-1.91 *(Obermüller)*;
> BGH ZIP 2011, 901 = ZfIR 2011, 521 (m. Anm. *Weber/Weber,*
> S. 525) = WM 2011, 876 = NJW-RR 2011, 1064,
> dazu EWiR 2011, 451 *(Lang)*
> sowie WuB I G 1.-18.11 *(Bülow)*.

406 Dabei kann Inhalt der Pflicht nicht die Aufklärung über Mängel oder Risiken des zu finanzierenden Objekts oder Unternehmens sein, sondern nur die Aufklärung über die den Interessenkonflikt begründenden Umstände.

> BGH WM 1986, 995,
> dazu EWiR 1986, 879 *(Köndgen)*
> sowie WuB I G 8.-8.88 *(v. Heymann)*;
> BGH ZIP 1988, 562 = WM 1988, 561,
> dazu EWiR 1988, 437 *(Hegmanns)*
> sowie WuB I G 7.-8.88 *(Assmann)*.

407 Erhebliche wirtschaftliche Schwierigkeiten sind ausreichend, um eine Aufklärungspflicht zu begründen. Eine Insolvenz muss nicht unmittelbar bevorstehen.

> BGH ZIP 2011, 901 = ZfIR 2011, 521 (m. Anm. *Weber/Weber,*
> S. 525) = WM 2011, 876 = NJW-RR 2011, 1064,
> dazu EWiR 2011, 451 *(Lang)*
> sowie WuB I G 1.-18.11 *(Bülow)*.

(2) Beteiligung an der Vermögensanlage

408 Über die bisher im Zusammenhang mit der Finanzierung von Vermögensanlagen erörterten Aufklärungs- und Beratungspflichten hinausgehende Hinweispflichten bestehen, wenn die Bank Funktionen übernimmt, die eigentlich den Projektbeteiligten obliegen, und einen konkreten Wissensvorsprung über die speziellen Risiken eines Vorhabens hat, die Anleger selbst auch bei sorgfältiger Lektüre der Projektunterlagen nicht erkennen können.

> BGH ZIP 1992, 912 = WM 1992, 901 = NJW-RR 1992,
> 879 = BB 1992, 1520 = DB 1992, 1287,
> dazu EWiR 1992, 547 *(v. Stebut)*.

409 Nimmt die kreditgewährende Bank auf die Konzeption und bauliche Gestaltung eines Objekts Einfluss und setzt sie dabei eigene Vertragsvorstellungen durch, so wird sie damit noch nicht zur beherrschenden Figur des Anlagemodells. Das Bestreben nach Risikobegrenzung und Absicherung von Kreditengagement ist banküblich und reicht zur Haftungsbegründung nicht aus.

410 Eine Bank überschreitet ihre Rolle als Kreditgeberin bei einem kreditfinanzierten Erwerb einer Immobilie, deren Kaufgelegenheit sie zuvor von sich aus dem Käufer nachgewiesen hat und deren Verwertung im laufenden Zwangsversteigerungsverfahren im Wege des freihändigen Verkaufs von ihrer Zustimmung als Kreditgeberin des Verkäufers abhängt.

2. Kreditgeschäft

In diesem Fall haftet die Bank auch unter dem Gesichtspunkt eines schwer- **411**
wiegenden Interessenkonflikts bei „Doppelfinanzierung" dem neuen Kreditnehmer wegen Verschuldens bei Vertragsabschluss, wenn sie über ein ihr
vorliegendes Verkehrsgutachten nicht aufklärt, obwohl der vom Gutachter
ermittelte Wert der Immobilie nicht nur den von ihr selbst ermittelten und
dem Käufer mitgeteilten Wert um rund 50 % unterschreitet, sondern auch
erheblich unter dem von ihr festgesetzten Mindestverkaufspreis liegt.

OLG München ZIP 2008, 15 = WM 2007, 2322 = BKR 2008, 125,
dazu EWiR 2008, 261 *(Häublein)*
sowie WuB I G 5.-4.08 *(Hertel)*.

Die Aufklärungspflicht aufgrund übernommener Funktionen wird durch die **412**
aktive Einschaltung der Bank, z. B. in die Planung und/oder Durchführung
des Projekts im Hinblick auf Werbung und Vertrieb, begründet. Diese Haf-
tungserweiterung erfolgt zu Recht deshalb, weil die Bank durch ihre aktive
Mitarbeit in den Haftungsverband der anderen am Projekt Beteiligten eintritt. Durch ihre Mitarbeit suggeriert sie gegenüber den Kreditnehmern einen
besonderen Kenntnisstand in Bezug auf das Projekt. Auf diese Weise wird
beim Anleger ein Vertrauenstatbestand geschaffen, der ohne Weiteres eine
Haftungsverschärfung rechtfertigt, weil dieses Vertrauen über das vom Kreditnehmer in die Bank gesetzte Vertrauen hinausgeht, wenn die Bank nur als
Kreditgeberin tätig wird.

Nach *Hopt*, **413**

Hopt, in: Festschrift Stimpel, S. 265, 282;
zustimmend *Rümker*, in: RWS-Forum 1, S. 71,

reicht jedoch nicht jede Mitarbeit zur Begründung der Haftungsverschärfung
aus. Es kommt auf eine gewisse Intensität der Einschaltung der Bank auf der
Seite der Initiatoren und Vertriebspartner an – z. B. als Mitinitiator.

So auch BGH ZIP 1981, 48, 50 = WM 1980, 1446, 1448
= NJW 1981, 389;
BGH WM 1983, 652, 653.

Erforderlich ist eine Einbindung der Bank in die Planung, Durchführung und **414**
in den Vertrieb des Projekts. In diesen Fällen überschreitet sie ihre Rolle als
Kreditgeberin.

OLG Schleswig WM 2000, 1381.

Dies setzt aber voraus, dass die Übernahme derartiger zusätzlicher Funk- **415**
tionen für den Kreditnehmer erkennbar ist.

OLG Stuttgart WM 2000, 2146,
dazu WuB I G 5.-18.00 *(Balzer)*.

ff) Kreditvermittlung

Eine Bank, die sich zum Verkauf ihrer Kredite eines Kreditvermittlers be- **416**
dient, ist nicht verpflichtet, den Kreditnehmer davor zu warnen, den Kredit

II. Besondere Aufklärungs-, Beratungs- und sonstige Warnpflichten der Bank

über den Kreditvermittler auszahlen zu lassen, da in diesem Fall nicht typischerweise Risiken und die Möglichkeit von Irrtümern über die Rechtssituation bestehen.

OLG Frankfurt/M. WM 1989, 1461,
dazu EWiR 1989, 1079 *(Vortmann)*
sowie WuB I E 1.-16.89 *(Kessler)*.

417 Etwas anderes kann nur dann gelten, wenn das finanzierende Kreditinstitut Anhaltspunkte dafür hat, dass die Seriosität und die Bonität des Kreditvermittlers fraglich sind. Bei einer solchen Kenntnis muss ein Wissensvorsprung gesehen werden, der nach den allgemeinen Grundsätzen zur Aufklärungs- und Beratungspflicht der Bank führt.

418 Die entsprechende Beratung durch einen Kreditvermittler über die Konditionen des von der Bank und dem Kreditnehmer geschlossenen Kreditvertrages schließt eine weitere Beratungsverpflichtung der Bank aus, sofern die Konditionen im Kreditformular aufgeführt werden.

LG Münster WM 1988, 658,
dazu EWiR 1988, 753 *(Vortmann)*
sowie WuB I E 1.-11.88 *(Kessler)*.

419 Umstritten ist allerdings, ob das Kreditinstitut über ein im Kreditvertrag nicht ausgewiesenes von der Bank an den Kreditvermittler zu zahlendes Entgelt (sog. Packing) aufklären muss. Zum einen ergibt sich aus der Vereinbarung über das Packing als zusätzliches Honorar neben der vom Kreditnehmer ohnehin an den Kreditvermittler zu zahlenden Provision die enge wirtschaftliche Verbindung zwischen Kreditgeber und Kreditvermittler. Die Aufdeckung des Packings würde dem Kreditnehmer die wahre Interessenlage des Kreditvermittlers, der grundsätzlich zur Aufklärung über seine wahre rechtliche Stellung verpflichtet ist, deutlich machen. Das Packing stellt somit ein Indiz für die Verflechtung zwischen Kreditgeber und Kreditvermittler dar.

Schmelz, Rn. 161.

420 Die fehlende Kenntnis des Kreditnehmers bezüglich des Packings und damit hinsichtlich der Verflechtung ruft bei dem Kreditnehmer die oft irrige Vorstellung hervor, der Kreditvermittler werde für ihn einen besonders vorteilhaften Vertrag erreichen. Zum anderen führt das Packing in der Regel zu einer Verteuerung des Kredits, da die Banken häufig das von ihnen dem Kreditvermittler zu zahlende Packing auf den Kreditnehmer abwälzen. Nach § 16 VerbrKrG sind alle Vergütungen des Kreditvermittlers bei einem Verbraucherkredit offenzulegen.

421 In Literatur und Rechtsprechung wird deshalb in der Nichtoffenlegung des Packings eine Verletzung einer Aufklärungspflicht gesehen, weil dem Kreditnehmer die wahren Kosten nicht offengelegt würden.

Bülow, Rn. 445;
Meiwes, S. 143 ff.;
OLG Stuttgart NJW 1985, 2597.

2. Kreditgeschäft

Diese Ansicht ist jedoch unter Hinweis darauf, dass der Aufschlag auf die Belastungen des Kreditnehmers in Form des Packings nicht offen ausgewiesen wird, sondern Bestandteil der dem Kreditnehmer offenbarten Belastungen ist, zurückgewiesen worden. 422

Schmelz, Rn. 160;
ähnlich *Löwe*, NJW 1980, 2078 f.;
OLG Hamm WM 1989, 632, 634.

Mit der Einbeziehung des Packings in die Gesamtbelastung, so diese Ansicht, könne keine Aufklärungspflicht verletzt werden, da hier bei richtiger Darstellung der Kunde über seine Belastungen nicht im Unklaren gelassen werde. Eine Fehlvorstellung des Kunden, die nach den Grundsätzen der Aufklärungspflicht ausgeräumt werden müsste, über die Zusammensetzung der Belastung sei insoweit unerheblich. Die Aufklärungspflicht dürfe aber nicht derartig ausgedehnt werden, dass die Bank auf die Verwendung und Aufteilung des von ihr berechneten Entgeltes hinweisen muss. Dazu bestehe keine Rechtspflicht. Eine solche Aufklärungspflicht über die Höhe des Packings müsse darüber hinaus schon deshalb abgelehnt werden, weil die Bejahung einer solchen Pflicht einer Aufklärung über den Vertragsgegenstand gleichkäme. Eine Aufklärungspflicht gäbe es jedoch nur hinsichtlich solcher Umstände, die den Vertragszweck erheblich gefährden oder sogar vereiteln. Dieser Auffassung ist zu folgen, da sie die allgemeinen Grundsätze über die Aufklärungspflichten zutreffend berücksichtigt. 423

gg) Abzahlungskauf

Die Verletzung einer Aufklärungspflicht im Zusammenhang mit einem finanzierten Abzahlungskauf führt zu einem Einwendungsdurchgriff. Der Abzahlungskäufer kann seine Einwendungen aus dem Kaufvertrag gegen den Verkäufer auch der Bank als Kreditgeberin entgegensetzen. 424

BGH WM 1980, 620;
ebenso *Horn*, FLF 1985, 90, 94.

Der Käufer einer Sache oder Dienstleistung muss das wirtschaftliche Risiko eines wirksam zustande gekommenen und ordnungsgemäß abgewickelten finanzierten Kaufs selbst tragen. Eine Verpflichtung der Bank als Kreditgeberin für die Finanzierung des Kaufs zur Aufklärung darüber, dass die Erwartungen des Käufers hinsichtlich des zu erzielenden Gewinns zweifelhaft sind, besteht nicht. 425

BGH NJW 1980, 1514;
BGH ZIP 1982, 667 = WM 1982, 658.

Dieser Grundsatz wird nur in den Fällen durchbrochen, in denen die Bank oder ihr Vertreter die zweifelhafte Ertragsfähigkeit des Kaufgegenstandes und die existentielle Bedeutung der Ertragsfähigkeit für den Käufer positiv kennt. 426

BGH ZIP 1981, 962 = WM 1981, 869, 870.

II. Besondere Aufklärungs-, Beratungs- und sonstige Warnpflichten der Bank

427 Die Offenbarungspflicht des Kreditgebers wird hier in zutreffender Weise angenommen, weil die Ertragsfähigkeit als solche zu den für die Entschließung des Käufers bedeutsamen Umständen gehört.

428 Darüber hinaus bestehen für die Bank im Rahmen eines finanzierten Abzahlungskaufes weitere Aufklärungs- und Beratungspflichten. Die Bank ist verpflichtet, den Kreditnehmer eindeutig, klar und unübersehbar auf das besondere Vertragsrisiko hinzuweisen, das sich aus der Aufspaltung des Geschäftes in Kauf und Darlehen ergibt. Der Kreditnehmer muss darüber aufgeklärt werden, dass der Kredit unabhängig vom Kauf und dessen Risiken zurückzuzahlen ist.

BGHZ 47, 210 ff. = NJW 1967, 1022;
Horn, FLF 1985, 90.

429 Aus diesen Gründen hat die Bank den Käufer auch davor zu warnen, eine Empfangsbescheinigung vor Erhalt der Ware (sog. Vorausquittung) zu erteilen.

BGHZ 33, 293, 295 ff. = NJW 1961, 166.

430 Der Aufklärung wird durch den Hinweis genügt, dass Einwendungen und Einreden jeglicher Art aus dem Kaufvertrag gegenüber dem Darlehen in rechtlicher Hinsicht ausgeschlossen sind. Allerdings muss dabei dem Kreditnehmer die Rechtsfolge des Fortbestandes seiner Rückzahlungsverpflichtung aus dem Darlehen deutlich gemacht werden.

BGHZ 47, 207, 210 = NJW 1967, 1022.

431 Die Aufklärungspflichten bestehen sowohl gegenüber geschäftsunerfahrenen als auch gegenüber geschäftserfahrenen Käufern gleichermaßen.

BGHZ 47, 217, 222 = NJW 1967, 1025.

432 Diese Differenzierung ist jedoch nicht einzusehen, da die Aufklärungs- und Beratungsverpflichtungen nur in den Fällen begründet werden können, in denen eine Schutzbedürftigkeit des Kreditnehmers vorhanden ist. Dies muss aber gerade für geschäftserfahrene Kreditnehmer abgelehnt werden.

433 Nach der Rechtsprechung sind die hier genannten Grundsätze nicht nur auf die typischen finanzierten Abzahlungsgeschäfte beschränkt, sondern auch auf Fallgestaltungen, die nach der Interessenlage, insbesondere nach dem Aufklärungs- und Schutzbedürfnis des Kreditnehmers dem finanzierten Abzahlungskauf entsprechen (z. B. Personalkredit, Anschaffungsdarlehen), auszudehnen.

BGH WM 1979, 1035, 1038:

„Eine Pflicht zur Aufklärung des Darlehensnehmers über das mit der Aufnahme des Darlehens verbundene rechtliche Risiko ist jedenfalls bei solchen Fallgestaltungen möglich, die nach der Interessenlage, insbesondere dem Aufklärungs- und Schutzbedürfnis des Darlehensnehmers, dem finanzierten Abzahlungskauf entsprechen, wenn also der Gefahr eines Irrtums über die Rechtslage, insbesondere über die Risikoverteilung, droht. Will die kreditgebende

2. Kreditgeschäft

Bank dem Darlehensnehmer ein Klein- oder Anschaffungsdarlehen als ‚Personalkredit' oder ‚Barkredit' gewähren, so hat sie bei entsprechenden Fallgestaltungen die Pflicht, Darlehensbewerber, bei denen die Gefahr eines Irrtums besteht, eindeutig und unübersehbar darauf hinzuweisen, dass das Darlehen und seine Rückzahlung von dem finanzierten Rechtsgeschäft und seinen Risiken völlig unabhängig sind."

hh) Existenzgründungsdarlehen

Eine allgemeine Aufklärungspflicht besteht auch bei der Vergabe von Existenzgründungsdarlehen nicht, weil die Bank durchaus das Recht hat, für sich einen wirtschaftlichen Vorteil zu nutzen (vgl. Rn. 250 ff.). Es bleibt aber die Frage, ob die Bank nicht bei Existenzgründungsdarlehen aufgrund dieser besonderen Kreditform eine besondere Aufklärungspflicht hat. Die Darlehensform ist jedoch für den Kunden nicht mit besonderen Risiken behaftet. Es handelt sich bei einem Existenzgründungsdarlehen um ein normales Darlehen, das zu einem bestimmten Verwendungszweck gewährt wird. Eine Hinweispflicht der Bank auf im Vergleich zum Bankdarlehen günstige öffentliche Fördermittel ist zu verneinen, weil dies die Bank in ihrer wirtschaftlichen Entfaltungsmöglichkeit als Folge der Marktwirtschaft beschneiden würde. Es wird von einem Autohändler auch nicht erwartet, seine Kunden auf einen anderen Anbieter hinzuweisen, der das vom Kunden gewünschte Modell günstiger anbietet. 434

a. A. *Bultmann*, BuW 1995, 760 ff.

c) Schuldmitübernahme

Die Bank, die für die Endfinanzierung der Beteiligung an einem Bauherrenmodell die Schuldmitübernahme durch die Lebensgefährtin des Kreditnehmers verlangt, ist im Regelfall nicht verpflichtet, diese auf die allgemeinen Risiken hinzuweisen, die sich aus Veränderungen in der eigenen Sphäre der Schuldner ergeben können (z. B. Trennung, Tod eines Partners, Krankheit, Einkommensverluste, Wertverlust des Grundstücks). Der Kreditgeber kann davon ausgehen, dass der Mithaftende die rechtliche Tragweite der von ihm abgegebenen Erklärungen und insbesondere das von ihm wirtschaftlich übernommene Risiko kennt. 435

BGH ZIP 1990, 443 = WM 1990, 59 = BB 1990, 96,
dazu EWiR 1990, 129 *(Honsell)*;
a. A. OLG Stuttgart NJW 1988, 833,
dazu EWiR 1988, 143 *(Koller)*;
Brandner, ZHR 153 (1989), 147, 159 f., der eine diesbezügliche
Aufklärungspflicht bejaht, weil die Mehrheit der Kreditnehmer
glaube, dass mit dem Ende der Ehe oder der Lebensgemeinschaft
die Haftung ebenfalls ende.

Ebenso wenig besteht eine Verpflichtung, einen Mitverpflichteten darüber zu belehren, wie er seine für die gemeinsam mit dem anderen Kreditnehmer aufgenommene Hausfinanzierung geleisteten Beträge sichert. Dies ist allein 436

II. Besondere Aufklärungs-, Beratungs- und sonstige Warnpflichten der Bank

eine Angelegenheit im Innenverhältnis der Verpflichteten. Der Inhalt der Absprache ist für die Bank selbst dann ohne Bedeutung, wenn die Mitverpflichtung auf ihr Verlangen hin erfolgt.

> OLG Bremen WM 1993, 1709,
> dazu WuB I E 1.-1.94 *(Vortmann)*.

437 Es können jedoch Ausnahmetatbestände gegeben sein, die zu einem Schadensersatz der Bank führen. Ein solcher Ausnahmetatbestand liegt vor, wenn die Bank erkennt, dass sich der Mithaftende über die Tragweite seiner Entscheidung nicht im Klaren ist oder sie davon ausgehen muss, dass dieser nicht hinreichend informiert ist und die Verhältnisse nicht durchschaut.

> BGH ZIP 1996, 499 = WM 1996, 475 = BB 1996, 605
> = NJW 1996, 1206,
> dazu EWiR 1996, 639 *(Allmendinger)*
> sowie WuB I F 1c.-2.96 *(Batereau)*.

438 Ausnahmsweise dürfte die Bank auch verpflichtet sein, den Mitverpflichteten über die Sicherstellung aufzuklären, wenn dieser konkret danach fragt. Der Mitverpflichtete macht in diesem Fall deutlich, dass die Sicherstellung für seine Entscheidung, ob er die Mitverpflichtung eingehen will, von erheblicher Bedeutung ist. Die Beratungspflicht hat jedoch auch in dieser Situation Grenzen. Die Bank muss nur die Möglichkeiten der Sicherstellung aufzeigen, zumal eine weitergehende Beratung eine Interessenkollision zu dem Hauptverpflichteten, der möglicherweise keine Sicherstellung will, entstehen lassen könnte. Die Bank ist zur Interessenwahrung beider Partner verpflichtet.

d) Kundenkredite für Geschäfte mit Dritten

439 Grundsätzlich ist es nicht Sache der finanzierenden Bank, einen Kunden, der Kredit aufnimmt, um mit einem anderen Kunden der Bank ein Geschäft abzuschließen, aufgrund der zwischen ihnen bestehenden vertraglichen Beziehungen auf Risiken des vorgesehenen Geschäftsabschlusses hinzuweisen.

> BGH WM 1961, 510;
> BGH ZIP 1983, 1060 = WM 1983, 1039;
> BGH ZIP 1985, 670 = WM 1985, 910;
> BGH WM 1985, 1287;
> BGH WM 1987, 1546,
> dazu EWiR 1988, 27 *(Peterhoff)*;
> OLG Hamm WM 1990, 802.

440 Deshalb entfällt auch die Verpflichtung, darauf hinzuweisen, dass die Bank selbst dem Geschäftspartner ihres Kunden keine Kredite mehr einräumt.

> BGH WM 1963, 475;
> BGH WM 1969, 561.

441 Die konkrete Information über die Vermögenslage des anderen Kunden begegnet ohnehin datenschutzrechtlichen Bedenken.

2. Kreditgeschäft

Hellner, ZHR 145 (1981), 109, 123 ff.;
a. A. OLG Celle WM 1988, 1815,
dazu WuB I E 1.-3.89 *(Schröter)*.

Im Einzelfall kann allerdings ein solcher Hinweis nach dem Grundsatz von 442
Treu und Glauben geboten sein.

BGH WM 1960, 1322.

Ein solcher Einzelfall liegt vor, wenn der Bank bekannt ist, dass der Partner 443
des Kreditnehmers wirtschaftlich zusammengebrochen ist oder vor dem Zusammenbruch steht.

Canaris, Rn. 110;
BGH WM 1986, 700;
ähnlich BGH WM 1961, 510, 511.

Gleiches gilt, wenn ein Kunde den beabsichtigten Kredit bei der Bank re- 444
finanziert oder durch Verkauf von Wertpapieren abdeckt und die Bank mit der
Überweisung der Valuta an ein konkursreifes Unternehmen beauftragt. Bei der
Kenntnis der Konkursreife oder Zahlungseinstellung ist die Bank zur Aufklärung über die Schieflage bei dem Geschäftspartner ihres Kunden verpflichtet.

Weitere Ausnahmefälle, die eine Aufklärungsverpflichtung rechtfertigen, liegen 445
vor, wenn die Bank sich selbst um die Kredite des Kunden für den wirtschaftlich schwachen Dritten bemüht,

BGH WM 1978, 896, 897,

oder sie die Krise des Dritten durch Entsendung ihres Vertrauensmannes in
das Unternehmen verschleiert,

BGH ZIP 1984, 1070 = WM 1984, 1017,

oder sie Konkursverschleppung, beispielsweise durch eine unzureichende
Kapitalerhöhung,

BGH ZIP 1986, 14 = WM 1986, 2,
dazu EWiR 1986, 59 *(Köndgen)*,

oder durch sonstige Handlungen,

OLG Zweibrücken WM 1985, 86,
dazu EWiR 1985, 89 *(Brandner)*,

betreibt.

e) Sonstige Bankgeschäfte mit Kreditfunktion

aa) Diskontgeschäft

Der Diskontnehmer braucht von der Bank nicht über die Vermögensverhält- 446
nisse anderer Wechselbeteiligter aufgeklärt zu werden.

BGH WM 1987, 677, 678 = NJW-RR 1987, 878,
dazu EWiR 1987, 719 *(Niehoff)*
sowie WuB I D 4.-4.87 *(Ott)*.

II. Besondere Aufklärungs-, Beratungs- und sonstige Warnpflichten der Bank

447 Eine solche allgemeine Aufklärungspflicht verbietet sich schon wegen der widerstreitenden Interessen der am Diskontgeschäft Beteiligten.

BGH WM 1977, 638.

448 Allerdings muss auch hier von diesem Grundsatz eine Ausnahme gemacht und im Einzelfall eine besondere Aufklärungspflicht festgelegt werden, wenn der diskontierenden Bank, die durch günstige Gestaltung der Diskontbedingungen bei den Diskontnehmern den Anschein der Kreditwürdigkeit des Wechselschuldners hervorgerufen hat, die Zahlungsunfähigkeit bei der Hereinnahme des Wechsels bekannt war. Die Bank ist nach den Grundsätzen von Treu und Glauben verpflichtet, die Diskontnehmer auf die Zahlungsunfähigkeit der Akzeptantin hinzuweisen, sofern sie die Diskontierung nicht ablehnen will.

BGH WM 1977, 638, 639;
Baumbach/Hefermehl/Casper, Anh. Art. 11 WG Rn. 36.

449 Die diskontierende Bank kann mit ihrem Verhalten insbesondere den Anschein der Kreditwürdigkeit der Akzeptantin erwecken, wenn sie aufgrund der Vereinbarung mit der Akzeptantin dem Diskontnehmer den vollen Wechselbetrag gutschreibt und Wechselspesen sowie Wechselzinsen der Akzeptantin belastet.

BGH WM 1977, 638, 639.

450 Damit begründet neben einer entsprechenden Nachfrage des Diskontnehmers auch das Wissen um besondere Gefahren für den Kunden aus der geplanten Wechselfinanzierung eine Aufklärungspflicht. Die besonderen Gefahren sind z. B. darin zu sehen, dass die Bank den Kunden voraussichtlich nicht nur mit dem Wechselbetrag zurückbelasten wird, sondern er bei der Durchsetzung seiner Ansprüche gegen die Akzeptantin (etwa wegen fehlender Sicherheiten) endgültig ausfallen wird.

Staudinger/Hopt/Mülbert, BGB, vor § 607 Rn. 668.

bb) Factoring

451 Sowohl beim echten als auch beim unechten Factoring besteht keine Verpflichtung der Bank als Factor zur Aufklärung über die Vermögensverhältnisse der Drittschuldner.

Staudinger/Hopt/Mülbert, BGB, vor § 607 Rn. 747.

452 Zwar führt der Factor in der Regel vor Fortsetzung eines Erwerbslimits bzw. vor der Entscheidung über den Ankauf einer Forderung Nachforschungen über die Bonität und die Leistungsfähigkeit der Drittschuldner durch. Daraus ergibt sich jedoch keine Aufklärungs- und Beratungspflicht, weil diese Nachforschungen im eigenen Interesse vorgenommen werden, um den Ankauf zweifelhafter Forderungen zu vermeiden, denn im Konkurs des Factoringkunden ist ein Regress fast ausgeschlossen.

3. Kreditsicherheiten

Bei unechtem Factoring, d. h. der Factoringkunde trägt das Risiko der Zahlungsunfähigkeit des Drittschuldners und der Factor kann infolgedessen eine Rückbelastung beim Factoringkunden im Falle der Zahlungsunfähigkeit vornehmen, treffen den Factor ähnlich den Grundsätzen zum Diskontgeschäft Aufklärungspflichten immer dann, wenn von der fehlenden Bonität des Dritten bereits in Anhaltspunkten Kenntnis gegeben war und der Factoringkunde nach einer Rückbelastung die Forderung gegen den Dritten mit hoher Wahrscheinlichkeit nicht mehr durchsetzen kann. 453

3. Kreditsicherheiten

a) Sicherheitenbestellung

Ein Gläubiger ist grundsätzlich nicht verpflichtet, den Sicherungsgeber, der zur Sicherung von Ansprüchen gegen einen Dritten eine Sicherheit bestellt, abtritt oder deren Abtretung veranlasst, ungefragt über den Umfang des Risikos oder die Vermögensverhältnisse des Dritten zu unterrichten. Etwas anderes gilt, wenn der Gläubiger durch sein Verhalten erkennbar einen Irrtum des Sicherungsgebers über dessen erhöhtes Risiko veranlasst hatte. 454

BGH NJW-RR 1990, 170.

Für die Bank bestehen Nachforschungspflichten im Interesse des Sicherungsgebers in Bezug auf für den Sicherungsgeber sich ergebende Nachteile nicht. Sie ist grundsätzlich nicht verpflichtet, ihr angebotene Sicherheiten und die Folgen einer Sicherheitenbestellung im Kundeninteresse zu prüfen. 455

BGH ZIP 1992, 757 = WM 1992, 977,
dazu EWiR 1992 *(Kohte)*
sowie WuB I E 1.-9.92 *(v. Heymann)*.

Beabsichtigt die Bank, von Ihrem Recht zur Kündigung aus wichtigem Grund ohne Einhaltung einer Kündigungsfrist nach Nr. 19 Abs. 2 Satz 3 AGB-Bk Gebrauch zu machen, falls der Kunde seiner Verpflichtung zur Bestellung oder Verstärkung von Sicherheiten nicht fristgerecht nachkommt, wird sie ihn gemäß Nr. 13 Abs. 3 Satz 2 AGB-Bk zuvor hierauf hinweisen. 456

aa) Bürgschaft

Im Zusammenhang mit einer Bürgschaftsbestellung sind Aufklärungs- und Beratungspflichten einer Bank in zweierlei Hinsicht denkbar. Zum einen nimmt die Bank Bürgschaften als Bürgschaftsnehmerin zur Absicherung der von ihr ausgegebenen Kredite herein. Bei dieser Fallkonstellation stellt sich die Frage, über welche Umstände der Bürgschaftsbestellung und der Kreditgewährung die Bank den Bürgschaftsgeber informieren muss. Zum anderen ist aber auch banküblich, dass die Banken im Rahmen ihres Geschäftsverkehrs selbst Bürgschaften, die aus der Sicht eines Dritten dessen Geschäfte mit einem der Kunden der Bank absichern sollen, geben. Dabei ist fraglich, 457

II. Besondere Aufklärungs-, Beratungs- und sonstige Warnpflichten der Bank

ob die Bank als Bürgin Aufklärungspflichten gegenüber dem Dritten als Gläubiger der Bürgschaftsforderung hat.

(1) Bank als Bürgschaftsnehmerin

(a) Grundsatz

458 Grundsätzlich trifft den Gläubiger gegenüber dem Bürgen keine Aufklärungspflicht über den Umfang des von ihm eingegangenen Risikos.

BGH WM 1983, 1850;
BGH WM 1986, 11,
dazu EWiR 1986, 141 *(Teske)*
sowie WuB I F 1a.-3.86 *(Wolff)*;
BGH ZIP 1987, 764 = WM 1987, 853,
dazu EWiR 1987, 757 *(Gaberdiel)*
sowie WuB I F 3.-16.87 *(Blaurock)*;
BGH ZIP 1987, 1519 = WM 1987, 1481,
dazu EWiR 1988, 53 *(Bülow)*
sowie WuB I F 1a.-4.88 *(Schröter)*;
OLG Celle WM 1988, 1815;
OLG München WM 1989, 601,
dazu WuB I F 1a.-15.89 *(Gößmann)*;
nach LG Duisburg gilt dieser Grundsatz auch dann und erst recht, wenn zwischen dem Bürgen und dem Schuldner enge, insbesondere verwandtschaftliche Beziehungen bestehen (WM 1992, 448;
vgl. WuB I F 1a.-9.92 *[v. Rottenburg]*);
ebenso OLG Hamm WM 1991, 847,
dazu WuB I F 1a.-12.91 *(Bales)*
zur Lebensgefährtin als Bürgin des Hauptschuldners. Im Schrifttum werden dagegen in jüngster Zeit Zweifel laut, ob sich Aufklärungspflichten, im Zusammenhang mit der Bürgschaft, soweit sie die Erfüllung vereinbarter Pflichten eines Vertragspartners unterlaufen, dogmatisch noch länger kontrollieren lassen
(vgl. *Westermann*, in:
Festschrift Lange, S. 995, 1009;
Grunwald, AcP 190, 609, 616 ff.;
Kreft, WM 1992, 1425, 1430).

459 Das Risiko, aus einer Bürgschaft in Anspruch genommen zu werden und eine Leistung ohne Gegenleistung erbringen zu müssen, ist allgemein bekannt. Hierüber muss nicht aufgeklärt werden.

OLG Hamm WM 1992, 2135, 2138.

460 Dieser Grundsatz gilt sowohl im Hinblick auf die rechtliche Tragweite einer Bürgschaftserklärung als auch für deren wirtschaftliche Auswirkungen.

BGH ZIP 1987, 764 = WM 1987, 853,
dazu EWiR 1887, 757 *(Gaberdiel)*
sowie WuB I F 3.-16.87 *(Blaurock)*;
BGH ZIP 1987, 1519 = WM 1987, 1481,
dazu EWiR 1988, 53 *(Bülow)*
sowie WuB I F 1a.-4.88 *(Schröter)*:

3. Kreditsicherheiten

„Die einseitige, wenn auch erkennbare Erwartung des Bürgen, er werde nicht in Anspruch genommen, weil er mit der Erfüllung der verbürgten Verbindlichkeit durch den Hauptschuldner rechnet, ist weder Geschäftsgrundlage des Bürgschaftsvertrages noch ein rechtserheblicher Irrtum. Der Gläubiger muss seine Einschätzung des Bürgschaftsrisikos dem allein vom Hauptschuldner unterrichteten Bürgen nicht erläutern, auch wenn er dessen günstigere Beurteilung des Risikos erkannt hat."

Infolgedessen ist auch die Überschreitung des von der Bank gesetzten Kreditrahmens kein aufklärungsbedürftiger Umstand. **461**

OLG Köln WM 1990, 1616 = NJW-RR 1990, 755,
dazu EWiR 1990, 869 *(Vortmann)*.

Eine Bank ist nicht verpflichtet, ungefragt den Bürgen dahingehend zu unterrichten, dass der Hauptschuldner vor zwei Jahren die eidesstattliche Offenbarungsversicherung abgegeben hat, wenn zwischenzeitlich die Geschäftsbeziehung beanstandungsfrei verlaufen ist. **462**

OLG Koblenz WM 1997, 719,
dazu WuB I F 1a.-11.97 *(Frings)*.

Eine weitergehende Aufklärungspflicht wird ebenfalls nicht dadurch begründet, dass die Bürgschaftsgläubigerin die Hausbank des Bürgen ist. Der Gläubiger kann davon ausgehen, dass der Bürge sich über die für seine Entschließung maßgeblichen Umstände, insbesondere auch über die Möglichkeiten einer Inanspruchnahme aus der Bürgschaft, ausreichend informiert hat. **463**

BGH WM 1986, 11 = NJW-RR 1986, 210,
dazu EWiR 1986, 141 *(Teske)*;
BGH ZIP 1989, 629 = NJW 1989, 1605 f.,
dazu EWiR 1989, 567 *(Tiedtke)*

Die mangelnde Information durch den Bürgen beim Hauptschuldner fällt in die eigene Risikosphäre des Bürgen. Dies gilt auch für die Zeit nach der Begründung des Bürgschaftsverhältnisses. **464**

OLG Bamberg WM 2000, 1582,
dazu WuB I F 1a.-21.00 *(Rösler)*.

Diese strenge Risikoverteilung zulasten des Bürgen hat ihren Grund in der rechtlichen Ausgestaltung der Bürgschaft als einem streng einseitigen Vertrag. Deshalb liegen die Rechte aus der Bürgschaft beim Gläubiger, während der Bürge die Pflichten zu tragen hat. Der Gläubiger geht nicht einmal Nebenpflichten ein. **465**

Lwowski, Rn. 376;
OLG Köln WM 1990, 1616 = NJW-RR 1990, 755, 756,
dazu EWiR 1990, 869 *(Vortmann)*;
Merz, WM 1988, 241.

Die Pflicht des Bürgen besteht darin, für die Verbindlichkeiten des Hauptschuldners einzustehen und damit das Risiko dessen Leistungsfähigkeit zu tragen. Der Bürgschaftsvertrag verfolgt mithin nur den Zweck der Sicherung **466**

II. Besondere Aufklärungs-, Beratungs- und sonstige Warnpflichten der Bank

der Ansprüche des Gläubigers gegen den Hauptschuldner. Daran wird deutlich, dass die Bürgschaft nach ihrem Sinn und Zweck nur einen unvollkommenen Schutz des Bürgen gewähren will.

> MünchKomm-*Pecher*, BGB, 2. Aufl., § 767 Rn. 8;
> MünchKomm-*Habersack*, BGB, 4. Aufl., § 765 Rn. 77 ff.

467 Die Ausdehnung der Aufklärungspflichten über diesen allgemeinen Grundsatz hinaus und der damit verbundene Ausbau des Bürgschaftsschutzes würde letztlich zu einer Entwertung der Bürgschaft als Kreditsicherheit führen,

> Jauernig/*Stadler*, BGB, § 765 Rn. 21;
> *Teske*, EWiR 1986, 141, 142,

weil das vom Gesetz gewollte Ziel der Bürgschaft als einseitig verpflichtende Kreditsicherheit verfehlt würde.

> *Gößmann*, WuB I F 1a.-2.89.

(b) Ausnahmefälle

468 Die Rechtsprechung lässt eine Ausnahme von diesem Grundsatz nur zu, wenn die Bank als Bürgschaftsgläubigerin durch ihr Verhalten für sie erkennbar einen Irrtum des Bürgen über dessen erhöhtes Risiko veranlasst hat.

> BGH WM 1986, 11,
> dazu EWiR 1986, 141 *(Teske)*
> sowie WuB I F 1a.-3.86 *(Wolff)*;
> BGH ZIP 1987, 764 = WM 1987, 853 = NJW-RR 1987, 1291,
> dazu WuB I F 3.-16.87 *(Blaurock)*.

469 Dieser Grundsatz gilt auch für den Fall, dass die Bürgschaft aufgehoben und durch eine Grundschuldhaftung des ausscheidenden Bürgen für die Verbindlichkeiten des Hauptschuldners ersetzt werden soll.

> BGH ZIP 1987, 764 = WM 1987, 853 = NJW-RR 1987, 1291,
> dazu WuB I F 3.-16.87 *(Blaurock)*.

470 Die Veranlassung eines Irrtums erfolgt nicht nur durch ein positives Handeln – z. B. falsche Angaben –, sondern auch durch bloßes Schweigen kann aufseiten des Bürgen ein Irrtum erregt werden.

> BGH ZIP 1987, 1519 = WM 1987, 1481 = NJW 1988, 3205,
> dazu EWiR 1988, 53 *(Bülow)*
> sowie WuB I F 1a.-4.88 *(Schröter)*.

471 Dazu wird aber vorausgesetzt, dass der Bürgschaftsgläubiger eine Pflicht zum Handeln, d. h. zur Aufklärung, hat. Eine solche Situation ist bei Sanierungsverhandlungen gegeben, wenn die Bank als Bürgschaftsgläubigerin den Bürgen in dem Glauben lässt, seine Bürgschaft werde für die Bereitstellung neuer für das Überleben des Hauptschuldners notwendiger Kredite verwandt, obwohl nur eine weitergehende Absicherung schon bestehender Kredite vorgenommen wird.

3. Kreditsicherheiten

BGH ZIP 1987, 1519 = WM 1987, 1481,
dazu EWiR 1988, 53 *(Bülow)*
sowie WuB I F 1a.-4.88 *(Schröter)*;
LG Hamburg ZIP 1988, 1538, 1539,
dazu EWiR 1988, 1079 *(Frankenheim)*;
OLG Oldenburg WM 1997, 2075,
dazu WuB I F 1a.-1.98 *(Batereau)*.

Das Bundesverfassungsgericht hat im Zusammenhang mit der Bürgschaft **472** vermögensloser Personen zu Recht festgestellt, dass die Bank einen Bürgen sehr wohl über ein besonderes Risiko, z. B. Bürgschaft für einen Schuldner, der keine Finanzplanung hat und infolgedessen öffentliche Mittel nicht erhält, aufklären muss. Eine Aufklärungspflicht gegenüber dem Bürgen kann insbesondere bei einer erheblichen Überlegenheit des Kreditgebers bzw. bei einer erheblichen Unerfahrenheit des Bürgen gegeben sein.

BVerfG ZIP 1993, 1775 = ZBB 1994, 155 (m. Bespr. *Kohte*,
S. 172) = WM 1993, 2199= NJW 1994, 26 = KTS 1994, 2016,
dazu EWiR 1994, 23 *(Köndgen)*;
BVerfG ZIP 1994, 1516 = WM 1994, 1837,
dazu EWiR 1994, 1197 *(Tiedtke)*
sowie *Pape*, ZIP 1994, 515, 517.

Die Unerfahrenheit kann bei einem ausländischen Bürgen, der der deutschen **473** Sprache nicht mächtig ist, gegeben sein, wenn er über sein Vertragsrisiko nicht hinreichend unterrichtet ist und er die Verhältnisse nicht durchschaut.

BGH ZIP 1997, 1058 = WM 1997, 1045 = BB 1997, 1273
= DB 1997, 1463,
dazu EWiR 1997, 877 *(Medicus)*.

Ein Irrtum, der durch entsprechende Aufklärung seitens der Bank ausge- **474** räumt werden muss, liegt vor, wenn der Bank bekannt ist, dass der Hauptschuldner kurz vor der Zahlungseinstellung oder dem wirtschaftlichen Zusammenbruch steht oder sich betrügerisch verhält.

OLG Hamm ZIP 1982, 1061 = BB 1982, 1512;
OLG Köln WM 1990, 1616 = NJW-RR 1990, 755,
dazu EWiR 1990, 869 *(Vortmann)*.

Eine Hinweispflicht ist zwar in den Fällen geboten, in denen der Bürg- **475** schaftsgläubiger davon Kenntnis hat, dass der zu sichernde Debetsaldo zum großen Teil aus Scheckbetrügereien des Hauptschuldners herrührt,

OLG Hamm ZIP 1982, 1061 = BB 1982, 1512,

jedoch kann eine solche Pflicht nicht angenommen werden, wenn lediglich zwei Schecks des Hauptschuldners einige Monate vor der Bürgschaftsvereinbarung zu Protest gegangen sind, weil dies sich bereits daraus ergibt, dass der Bürge Kenntnis von der schwierigen finanziellen Lage hat.

OLG Köln WM 1990, 1616 = NJW-RR 1990, 755,
dazu EWiR 1990, 869 *(Vortmann)*.

II. Besondere Aufklärungs-, Beratungs- und sonstige Warnpflichten der Bank

476 Allein der Umstand der Abgabe einer unzutreffenden Prognose über die wirtschaftliche Entwicklung des Unternehmens des Hauptschuldners schafft dagegen keinen besonderen Vertrauenstatbestand, der einen Schadensersatz wegen Beratungsverschuldens rechtfertigt.

BGH ZIP 1989, 629 = NJW 1989, 1605, 1606;
OLG Köln WM 1990, 1616 = NJW-RR 1990, 755, 756,
dazu EWiR 1990, 869 *(Vortmann)*.

477 Eine Schadensersatzpflicht aus falscher Beratung oder falscher Aufklärung besteht, sofern die Bank das Bürgschaftsrisiko durch eine ausdrückliche Erklärung,

BGH ZIP 1989, 629 = WM 1989, 667,
dazu EWiR 1989, 567 *(Tiedtke)*,

oder durch die Verwendung eines falschen, das Risiko geringer erscheinen lassenden Vordrucks,

BGH WM 1968, 398,

bagatellisiert. In diesen Fällen muss die Bank den Bürgen über die Täuschung aufklären und ihm richtige und vollständige Entscheidungsgrundlagen zur Verfügung stellen.

478 Die Bank kann ihrer Aufklärungs- und Beratungspflicht als Bürgschaftsgläubigerin nicht durch die Berufung auf ihre Verpflichtung gegenüber dem Hauptschuldner zur Wahrung des Bankgeheimnisses entgehen. Sie hat vielmehr eine konkrete Interessenabwägung vorzunehmen, wobei das Interesse eines Geheimnisträgers zurückzutreten hat, wenn dieser im Zeitpunkt der Bürgschaftsübernahme vor dem wirtschaftlichen Zusammenbruch steht und ein Schaden durch die vorzeitige Aufdeckung aus diesem Grunde allenfalls geringfügig vergrößert werden kann.

LG Hamburg ZIP 1988, 1538,
dazu EWiR 1988, 1079 *(Frankenheim)*.

479 Die Aufklärungspflicht in diesen Fällen führt sogar zur Verpflichtung der Bank, sich erforderlichenfalls beim Hauptschuldner um eine Befreiung vom Bankgeheimnis zu bemühen.

OLG Hamm ZIP 1982, 1061 = BB 1982, 1512;
LG Hamburg ZIP 1988, 1538,
dazu EWiR 1988, 1079 *(Frankenheim)*.

480 Der Schadensersatzanspruch bei Verletzung einer Aufklärungs- oder Beratungspflicht beinhaltet, den Bürgen so zu stellen, als sei er die Bürgschaftsverpflichtung nicht eingegangen. Die praktische Konsequenz ist die ersatzlose Entlassung aus der Bürgschaft.

BGH WM 1968, 398;
OLG Hamm ZIP 1982, 1061 = BB 1982, 1512.

3. Kreditsicherheiten

Erkennt die Bank, dass der Bürge mit dem Rechtsinstitut einer Bürgschaft auf erstes Anfordern nicht hinreichend vertraut ist, hat sie ihn umfassend über deren Rechtsfolgen aufzuklären. Bei Verletzung der Hinweispflicht haftet der Bürge nur aus einer gewöhnlichen Bürgschaft. **481**

BGH ZIP 1998, 905 = BB 1998, 1124 = NJW 1998, 2280,
dazu EWiR 1998, 543 *(Nielsen)*.

Übernimmt jemand eine Bürgschaft, nachdem er es abgelehnt hat, zur Absicherung der Forderung eine Grundschuld an seinem Grundstück als seinem einzigen nennenswerten Vermögensgegenstand zu bestellen, so ist der Gläubiger, wenn für ihn erkennbar der Bürge nicht weiß, dass die Bürgschaft im wirtschaftlichen Ergebnis den Zugriff auf das Grundstück ebenso ermöglicht wie eine dingliche Belastung, verpflichtet, ihn hierauf hinzuweisen. **482**

BGH ZIP 1999, 1345 = NJW 1999, 2814 = MDR 1999,
1338 = WM 1999, 1614,
dazu EWiR 2000, 321 *(Clemente)*.

(2) Bank als Bürgin

(a) Aufklärungspflichten

Eine Hinweispflicht eines Bürgen gegenüber dem Gläubiger wird abgelehnt. Der Verzicht auf Begründung allgemeiner Warnpflichten des Bürgschaftsgläubigers gilt in gleichem Maße für den Bürgen, der ein hohes Risiko übernimmt und streng für eine fremde Schuld haftet. **483**

BGH ZIP 1987, 564 = WM 1987, 618 = NJW 1987, 1631,
dazu EWiR 1987, 675 *(Rümker)*:

„Der Bürge hat aber weder eine Nebenpflicht noch eine Obliegenheit, bei Übernahme der Bürgschaft nur unter einer aufschiebenden Bedingung, deren Herbeiführung allein im Belieben des Gläubigers und dessen Risikobereich liegt, den Gläubiger darauf hinzuweisen, dass die Bedingung noch nicht erfüllt und seine Haftung deshalb noch nicht eingetreten sei."

Die Haftung des Bürgen wegen der Verletzung von Aufklärungspflichten bleibt schon deshalb ausgeschlossen, weil der Bürge nicht nur haftet, sondern auch schuldet und aufgrund dieser einseitigen Bevorzugung des Gläubigers kein sachlicher Grund für besondere Pflichten seitens des Bürgen besteht. **484**

Bales, Sparkasse 1989, 482, 483.

(b) Benachrichtigungspflichten

Aus den Grundsätzen von Treu und Glauben ergibt sich die Verpflichtung der bürgenden Bank, dem Hauptschuldner die Inanspruchnahme aus der Bürgschaft anzuzeigen und ihm bei nicht auszuschließenden Zweifeln an dem Vorhandensein von Einwendungen Gelegenheit zu geben, liquide Einwendungstatsachen vorzubringen. **485**

BGHZ 95, 375 = ZIP 1985, 1380 = WM 1985, 1387,
dazu EWiR 1985, 973 *(Horn)*;
Horn, NJW 1980, 2153, 2157.

II. Besondere Aufklärungs-, Beratungs- und sonstige Warnpflichten der Bank

486 Die Berechtigung der Bank zur Zahlung ohne Benachrichtigung des Hauptschuldners und ohne Berücksichtigung offensichtlich werdender Einwendungen hätte zur Folge, dass der Gläubiger der Bürgschaftsforderung auch dann in den Besitz der Bürgschaftssumme käme, wenn der Hauptschuldner durch die Vorlage entsprechender Beweismittel das Nichtbestehen der sich aus der Beziehung zwischen ihm und dem Gläubiger ergebenden Hauptschuld nachweisen kann. In einem solchen Fall wäre der Hauptschuldner auf die Rückforderungsansprüche gegen den Gläubiger angewiesen. Das Risiko der Insolvenz des Gläubigers ginge zulasten des Hauptschuldners. Dieses Risiko kann aber ohne große Kosten und Mühen durch die Benachrichtigung und anschließende Anhörung des Hauptschuldners ausgeschlossen werden. Diese Grundsätze gelten ebenfalls für die beabsichtigte Zahlung der Bank aus einer Garantie.

Pleyer, WM-Sonderbeilage 2/1973, S. 13, 18.

487 Diese Prüfungs- und die daraus folgende Benachrichtigungspflicht gegenüber dem Kunden besteht selbst bei einer Garantie oder Bürgschaft auf erstes Anfordern.

Horn, Rn. 496 ff.

488 Zwar hat die Bank im Außenverhältnis zu dem Bürgschaftsgläubiger oder Garantienehmer eine Verpflichtung zur Zahlung auf erstes Anfordern. Im Innenverhältnis ist sie jedoch zur Prüfung dahingehend verpflichtet, ob die materielle Berechtigung der von dem Begünstigten geltend gemachten Ansprüche offensichtlich fehlte, dessen Zahlungsaufforderung also eine unzulässige Rechtsausübung darstellte.

BGH ZIP 1989, 437 = WM 1989, 433 = BB 1989, 581
= NJW 1989, 1480,
dazu EWiR 1989, 467 *(Fischer)*.

bb) Grundschuld

489 Die Bank als Sicherungsnehmerin einer Grundschuld ist nicht zur Überprüfung und sich daraus ergebender Aufklärung hinsichtlich der Werthaltigkeit der Grundschuld verpflichtet.

BGH ZIP 1982, 545 = WM 1982, 480.

490 Sie prüft die vom Kreditnehmer angebotenen Sicherheiten ausschließlich im eigenen Interesse. Darüber hinaus besteht keine Verpflichtung, dem Kreditnehmer die Gründe der Kreditbewilligung zu offenbaren, so dass der Kreditnehmer im Umkehrschluss aus der Kreditbewilligung nicht schließen darf, die von ihm angebotenen eigenen Sicherheiten oder die Dritter seien werthaltig.

491 Die Bank als Gläubigerin ist nicht einmal verpflichtet, den Sicherungsgeber, der zur Sicherung von Ansprüchen gegen einen Dritten eine Grundschuld bestellt, abtritt oder deren Abtretung veranlasst, ungefragt über den Umfang des Risikos oder die Vermögensverhältnisse des Dritten zu unterrichten. Etwas anderes gilt, wenn die Gläubigerin durch ihr Verhalten erkennbar einen Irrtum des Sicherungsgebers über dessen erhöhtes Risiko veranlasst hat.

BGH ZIP 1990, 1545 = WM 1990, 1956,
dazu EWiR 1990, 1181 *(Selb)*.

cc) **Abtretung von Lebensversicherungen**

Im gewerblichen Kreditgeschäft ist die Abtretung von Lebensversicherungen zur Tilgung oder Sicherstellung von Krediten nach dem Steueränderungsgesetz vom 13.4.1992 dann steuerschädlich, wenn es sich um Finanzierung von Umlaufvermögen handelt. Auf diese Auswirkungen ist der Kunde hinzuweisen. 492

Eine Gesetzesänderung, die sich steuerschädigend auf eingeräumte Sicherheiten (hier Lebensversicherung) auswirken kann, löst grundsätzlich keine Aufklärungspflicht der kreditgebenden Bank aus. 493

BGH ZIP 1997, 2195 = WM 1997, 2301 = BB 1997, 2250.

b) **Sicherheitenverwertung**

Aus Nr. 17 AGB-Bk, die die Benachrichtigung über eine Sicherheitenverwertung vorsieht, wenn sie tunlich ist, und aufgrund der aus § 242 BGB abgeleiteten Treuepflicht zwischen dem Kunden und der Bank ergibt sich die Verpflichtung, den Kunden über die beabsichtigte Verwertung (Zeit und Ort) zu benachrichtigen. 494

KG ZBB 1990, 133 (m. Bespr. *Mülbert*, S. 144) = WM 1989, 669,
dazu WuB I G 5.-10.89 *(Bayer)*;
LG Frankfurt/M. ZIP 1988, 767 = WM 1988, 700 = NJW-RR 1988, 889,
dazu EWiR 1988, 673 *(Vortmann)*.

Der Sinn einer solchen Mitteilung ist darin zu sehen, dass dem Hauptschuldner Gelegenheit gegeben werden soll, sich seinerseits um Kaufinteressenten zu bemühen. Die Auferlegung einer solchen Benachrichtigungspflicht stellt keine Überspannung der Warnpflichten einer Bank dar, weil der Sicherungsnehmer die Verwertung so vorzunehmen hat, dass sie Treu und Glauben gerecht wird. 495

BGH ZIP 1985, 921 = WM 1985, 866,
dazu EWiR 1986, 37 *(Schwerdtner)*;
Serick, BB 1970, 541;
Schreiber, JR 1984, 485.

Infolgedessen muss der Sicherungsnehmer in jedem Fall die Belange des Sicherungsgebers und Hauptschuldners angemessen wahren, denn es darf durch 496

II. Besondere Aufklärungs-, Beratungs- und sonstige Warnpflichten der Bank

die Verwertung kein unangemessener Nachteil – z. B. durch Verschleuderung des Sicherungsgutes – entstehen. Dieses Ziel kann jedoch nur erreicht werden, wenn dem Sicherungsgeber die Möglichkeit gegeben wird, von den ihm zustehenden Mitwirkungsrechten Gebrauch zu machen. Eine Ausübung dieser Rechte ist nur möglich, sofern er von der verwertenden Sicherungsnehmerin, die in der Regel anders als der Schuldner über die Art, den Ort und die Zeit der Verwertung unterrichtet ist, innerhalb einer angemessenen Frist informiert wird.

497 Im Hinblick auf diese Grundsätze hat die verwertende Bank sogar die Verpflichtung, den Hauptschuldner und/oder Sicherungsgeber schon bei der Besichtigung des zu schätzenden Sicherungsgegenstandes durch den Schätzer, der das Verkehrswertgutachten erstellt, hinzuzuziehen und vorab über diesen Termin zu informieren.

LG Frankfurt/M. ZIP 1988, 767 = WM 1988, 700
= NJW-RR 1988, 889,
dazu EWiR 1988, 673 *(Vortmann)*.

498 Die betreffende Benachrichtigung kann unterbleiben, wenn dadurch eine sachgemäße Verwertung nicht gefährdet wird oder die Mitteilung praktisch sinnlos wäre, weil bereits sicher feststeht, dass der Sicherungsgeber nicht bereit oder nicht in der Lage ist, seine Mitwirkungsrechte auszuüben (z. B. Insolvenz des Sicherungsgebers).

Kümpel, WM 1978, 970, 974.

499 Der Sicherungsnehmer ist aufgrund seiner Pflicht zur bestmöglichen Verwertung des Sicherungsguts allerdings nicht gehalten, mit jedem vom Sicherungsgeber benannten Interessenten über den Eintritt eines Interessenten von sich aus Kontakt aufzunehmen. Es ist vielmehr grundsätzlich Sache des Sicherungsgebers, einen Kaufvertrag abschlussreif vorzubereiten.

500 Weitergehende Pflichten treffen den Sicherungsnehmer, wenn er den Sicherungsgeber über den Eintritt eines Interessenten in die Sicherungsabrede und das Schuldverhältnis, aus dem die gesicherte Forderung resultiert, verhandeln lässt, und er das Verhandlungsergebnis billigt oder in Aussicht stellt.

BGH ZIP 2000, 69 = WM 2000, 68,
dazu EWiR 2000, 845 *(Vortmann)*.

501 Der Verstoß gegen die Benachrichtigungspflicht führt nicht zur Unzulässigkeit der Verwertung als solcher, sondern begründet ein aufseiten des Sicherungsnehmers anzurechnendes Mitverschulden bei der Verwertung zu einem angeblich nur geringfügig erzielbaren Veräußerungserlös.

4. Einlagengeschäft

502 Eine Bank, deren Kunde den Geschäftszweck erkennbar in einer Steuerersparnis sieht und der deshalb einen steuerbegünstigten Sparvertrag abgeschlossen

4. Einlagengeschäft

hat, muss den Kunden darüber aufklären, dass er bei Übertragung des Sparkontos auf eine andere Bank Steuervorteile verliert.

> BGHZ 28, 368, 373 f.;
> BGH WM 1964, 609;
> OLG Celle NJW 1958, 1810.

Die Aufklärungspflicht ist hier insbesondere berechtigt, weil der Zweck des **503** Vertrages mit der Bank das Sparen von Steuern war. Bei vorliegender Kenntnis der Bank von diesem Zweck obliegt es ihr, für die Zweckerreichung Sorge zu tragen. In diesem konkreten Fall bedeutet dies, dass die Bank im Hinblick auf ihre Aufklärungspflicht verpflichtet ist, steuerrechtliche Änderungen zu beobachten und gegebenenfalls den Kunden über Steuererhöhungen zu informieren, da der Sparer auf die größere Sachkunde der Bank vertrauen darf. Die Beratung über solche Steuer- und Rechtsfragen führt zu verschärften Pflichten, die aber nicht zuletzt dadurch gerechtfertigt erscheinen, weil die Bank im Einlagengeschäft nicht in die bei anderen Geschäften häufig gegebene Konfliktlage gerät, durch die Warnung ihres Kunden der anderen Partei Schaden zuzufügen (z. B. Bürgschaft, Überweisung).

Banken sind nach § 23a Abs. 1 Satz 2 KWG verpflichtet, einen Kunden **504** schriftlich in leicht verständlicher Form über die Sicherungseinrichtung zu informieren. Dieser Verpflichtung kommen sie nach, wenn die Informationen in ihren AGB enthalten sind und sie den Kunden hierauf vor Aufnahme der Geschäftsbeziehung gesondert hinweisen.

> BGH ZIP 2009, 1654 = WM 2009, 1647 = NJW 2009, 3429
> = BB 2009, 1996 = DB 2009, 2093 = MDR 2009, 1287,
> dazu EWiR 2009, 623 *(Michel)*
> sowie WuB I G 1.-1.10 *(Faßbender)*;
> BGH ZIP 2011, 2226 (m. Anm. *Klöhn)* = ZIP 2011, 2237 = WM 2011, 2261 = MDR 2011, 1489 = NJW-RR 2012, 43,
> dazu EWiR 2011, 763 *(Lang)*.

Eine Bank darf bei Zustandekommen eines Beratungsvertrages einem Kunden, **505** der ein besonderes Interesse an der Nominalsicherheit einer Geldanlage offenbart hat, keine Einlage bei ihr selbst empfehlen, wenn bei ihr nur eine die gesetzliche Mindestdeckung nach dem Einlagensicherungs- und Anlegerentschädigungsgesetz besteht.

> BGH, a. a. O.

Fehlt die Einlagensicherung vollständig, muss der Kunde auf das Fehlen hin- **506** gewiesen werden.

> LG Oldenburg BKR 2010, 392;
> LG Hamburg WM 2009, 1511,
> dazu WuB I G 1.-12.09 *(Assies)*.

Die Aufklärung über die Mindestdeckung oder das Fehlen einer Einlagensi- **507** cherung ist nur dann entbehrlich, wenn die Bank den Anleger auf das theoretische Emittentenrisiko hingewiesen hat.

II. Besondere Aufklärungs-, Beratungs- und sonstige Warnpflichten der Bank

> OLG Hamburg ZIP 2010, 973 = WM 2010, 1029 = BB 2010,
> 1945 = BKR 2010, 250 (m. Anm. *Bausch*, BKR 2010, 257 und
> Anm. *Harnos/Rudzio*, BKR 2010, 259),
> dazu ebenso EWiR 2010, 381 *(Simon)*;
> OLG Bamberg ZIP 2010, 1225 = WM 2010, 1354 = BKR 2010,
> 1354,
> dazu EWiR 2010, 599 *(Pitsch)*
> sowie WuB I G 1.-26.10 *(Edelmann)*;
> LG Stuttgart WM 2009, 1697,
> dazu WuB I G 1.-11.10 *(Nobbe)*.

5. Zahlungsverkehr

a) Grundsatz

aa) Inland

508 In § 675d BGB i. V. m. Art. 248 §§ 1–17 EGBGB werden seit dem 11.6.2010 Unterrichtungspflichten für Zahlungsdienstleister normiert.

> Vgl. dazu *Rösler/Werner*, BKR 2009, 1, 7.

509 Im Allgemeinen bargeldlosen Zahlungsverkehr werden die Banken allerdings nur zum Zwecke eines technisch einwandfreien, einfachen und schnellen Zahlungsverkehrs tätig und können sich schon wegen dieses begrenzten Geschäftszweckes und der Massenhaftigkeit der Geschäftsvorfälle grundsätzlich nicht um die Interessen der beteiligten Kunden kümmern.

> BGH WM 1978, 588 = NJW 1978, 1852;
> BGH ZIP 1983, 420 = WM 1983, 410 = NJW 1983, 1179;
> vgl. zum Thema allgemein *Hölscheidt*, ÖBA 1993, 202 ff.

510 Deshalb scheidet in der Regel eine Aufklärungspflicht über die Vermögensverhältnisse der am Zahlungsverkehr Beteiligten aus.

> BGH WM 1987, 677,
> dazu EWiR 1987, 719 *(Niehoff)*
> sowie WuB I D 4.-4.87 *(Ott)*
> zum Wechselverkehr.

511 Ebenso wenig besteht die Verpflichtung der Bank, über die Zweckmäßigkeit von Zahlungsaufträgen aufzuklären, weil die Bank keinen ausreichenden Einblick in die Verhältnisse und Absichten des Kunden hat und die Auferlegung einer solchen Pflicht aufgrund der Massenhaftigkeit der Geschäftsvorfälle in diesem Bereich, der ohnehin auf eine schnelle Erledigung ausgerichtet ist, mit den Zielen und Zwecken des Zahlungsverkehrs unvereinbar wäre.

> RGZ 54, 329, 331 f.;
> BGH WM 1960, 1321, 1322;
> BGH WM 1978, 588 f. = NJW 1978, 1852;
> BGH ZIP 1986, 1537 = WM 1986, 1409 = NJW 1987, 317,
> dazu EWiR 1986, 1191 *(Fischer)*
> sowie WuB I D 1.-2.87 *(Hadding)*;

5. Zahlungsverkehr

Fischer, Sparkasse 1978, 288.
Zur gesetzlichen Informationspflicht über Konditionen bei
Überweisungen vgl. § 675a Abs. 1 BGB i. V. m.§ 1 Verordnung
über Kundeninformationspflicht v. 30.7.1999 (BGBl I, 1730).

Die Bank ist verpflichtet, sich streng innerhalb der Grenze des ihr erteilten **512**
Auftrags zu halten.

BGH WM 1976, 904, 905 = BB 1976, 1246;
dazu *Hadding*, JZ 1977, 281;
BGH ZIP 1986, 1042 (m. Bespr. *Canaris*, S. 1021) = WM 1986,
875,
dazu EWiR 1986, 761 *(Koller)*
und WuB I D 1.-5.86 *(Schröter)*.

bb) Ausland

Zwar gelten diese Grundsätze auch für den Zahlungsverkehr mit dem Aus- **513**
land. Jedoch obliegt es der Bank bei solchen Zahlungsaufträgen, den Kunden,
bei dem sie Kenntnis über devisenrechtliche Vorschriften nicht voraussetzen
kann, über solche Normen, die er durch seinen Auftrag verletzt, aufmerksam
zu machen.

BGHZ 23, 222, 227 = WM 1957, 288:
„Der Kontokorrentvertrag verpflichtet die Bank grundsätzlich, den Kunden
auf solche rechtlichen Bedenken aufmerksam zu machen, die sie gegenüber
einem ihr erteilten Auftrag des Kunden hat oder bei Anwendung der ihr obliegenden Sorgfalt des ordentlichen Kaufmanns haben muss (§§ 347, 355 HGB,
§ 276 BGB). In diesem Rahmen hat sie auch die Vorschriften des Devisenrechts zu beachten."

Der Kunde ist bei einer Verurteilung wegen dieses von ihm begangenen De- **514**
visenvergehens zu einer Geldstrafe berechtigt, die Bank in den durch § 254
BGB gesetzten Grenzen in Regress zu nehmen.

Canaris, Rn. 116.

Die EG-Kommission hat in einer Empfehlung vom 14.2.1990, **515**

EG-Abl Nr. 267/39 (90/109 EWG), abgedruckt in: WM 1990, 905,

der europäischen Kreditwirtschaft auferlegt, dem Bankkunden die bei grenzüberschreitenden Finanztransaktionen anfallenden Kosten mitzuteilen, um
die Kosten transparent zu machen und ihm dadurch die Nutzungen der verschiedenen Dienstleistungen im europäischen Zahlungsverkehr zu erleichtern.
Die europäische Kreditwirtschaft kommt dieser Informationspflicht mittels
einer Kundeninformationsbroschüre nach. Die EG-Kommission hat bereits
deutlich gemacht, dass die Bereithaltung der freiwilligen Information nicht
ausreichend ist. Nach ihrer Auffassung besteht eine umfassende Aufklärungsverpflichtung. Die Nichtaushändigung der Kundeninformationsbroschüre wird – bleibt die EG-Kommission bei ihrer Auffassung – zu einer
Schadensersatzanspruch auslösenden Verpflichtung einer Aufklärungspflicht.

II. Besondere Aufklärungs-, Beratungs- und sonstige Warnpflichten der Bank

So bereits *Vortmann*, WM 1993, 581;
a. A. *Wand*, WM 1994, 8.

516 Die Rechtsprechung hat bereits zuvor entschieden, dass im ausländischen Zahlungsverkehr der Kunde darüber aufgeklärt werden muss, welcher Unterschied zwischen einer drahtlichen und einer brieflichen Auslandsüberweisung besteht. Eventuelle Nachteile der einen Übersetzungsart sind dem Kunden mitzuteilen. Dem Kunden ist die Überweisungsart zu empfehlen, die seinen Bedürfnissen gerecht wird; insbesondere, wenn er nach der schnellsten und sichersten Überweisungsmöglichkeit fragt.

OLG Hamm, Urt. v. 22.10.1987 – 10 U 45/87 (unveröff.).

b) Einzelfälle

aa) Überweisungen

517 Grundsätzlich obliegen den am Überweisungsverkehr beteiligten Banken keine Warn- und Schutzpflichten gegenüber dem Überweisenden und dem Zahlungsempfänger.

BGH WM 1978, 588 = NJW 1978, 1852;
BGH ZIP 1986, 1537 = WM 1986, 1409 = NJW 1987, 317,
dazu EWiR 1986, 1191 *(Fischer)*
sowie WuB I D 1.-2.87 *(Hadding)*;
vgl. auch Anm. *Rehbein*, JR 1987, 155.

518 Auch das Bankenabkommen zum Überweisungsverkehr (Nr. 3 Abs. 1), wonach von der Empfängerbank erwartet wird, in bestimmten Fällen außergewöhnlicher Überweisungen bei der erstbeauftragten Bank nachzufragen, begründet für die beteiligten Kreditinstitute keine Rechtspflicht.

BGH ZIP 2000, 1206 = WM 2000, 1379,
dazu EWiR 2000, 463 *(Schaaf)*
sowie WuB I D 1.-3.02 *(Gößmann)*.

519 Die Bank darf sich grundsätzlich auf die formale Prüfung beschränken, ob der Überweisungsauftrag seinem äußeren Erscheinungsbild nach den Eindruck der Echtheit erweckt. Allein die Verwendung des Überweisungsformulars einer anderen Bank ist noch kein verdachtserregender Umstand, der Anlass zu einer telefonischen Vergewisserung beim Bankkunden geben müsste.

OLG Köln WM 1999, 1211.

520 Eine Warnpflicht einer Bank im Überweisungsverkehr kommt nur in Betracht, wenn sie von Fehlbuchungen Kenntnis erhält und in zumutbarer Weise in der Lage ist, wirtschaftlichen Schaden von Kunden fernzuhalten.

LG Aschaffenburg WM 1997, 1849,
dazu WuB I D 1.-8.97 *(Batereau)*.

521 Allerdings hat die Bank nach der Verordnung über Informationspflichten nach bürgerlichen Recht (BGB-InfoV) die Pflichten, den Kunden über die

5. Zahlungsverkehr

Konditionen für Überweisungen in Textform und in leicht verständlicher Form zu unterrichten (§§ 10 ff. BGB-InfoV).

Siehe dazu BGBl I 2002, 345 ff.

(1) Überweisungsbank

(a) Aufklärungspflichten

(aa) Drohende Insolvenz

Bei einer Hausüberweisung, bei der der Überweisende und der Überweisungsempfänger Banken sind, ist die Überweisungsbank abweichend von dem genannten Grundsatz verpflichtet, die überweisende Bank vor Gutschrifterteilung auf dem Konto des Empfängers darauf hinzuweisen, dass die Bankenaufsicht die Schließung der Empfängerbank für den Verkehr mit der Kundschaft angeordnet hat. 522

BGH ZIP 1986, 1537 = WM 1986, 1409,
dazu EWiR 1986, 1191 *(Fischer)*
sowie WuB I D 1.-2.87 *(Hadding)*:

„Auch beim vorliegenden Fall handelt es sich um eine besonders gelagerte Ausnahme von dem Grundsatz, dass sich die Banken im Überweisungsverkehr nicht um die Interessen der Beteiligten zu kümmern haben. Die vom BAKred angeordneten Maßnahmen durften gemäß §§ 46, 46a KWG nur erlassen werden, wenn Konkursgefahr und Gefahr für die Erfüllung der Verpflichtungen eines Kreditinstituts gegenüber seinen Gläubigern, insbesondere für die Sicherheit der ihm anvertrauten Vermögenswerte, bestand. Bei dieser Sachlage war mit hoher Wahrscheinlichkeit mit dem wirtschaftlichen Zusammenbruch der Klägerin zu rechnen und infolgedessen auch damit, dass der Zweck der Überweisung nicht erreicht und der Überweisende geschädigt würde ...";

ebenso LG Frankfurt/M. WM 1985, 224,
dazu WuB I D 1.-1.85 *(Hadding)*;
Canaris, Rn. 105;
Bundschuh, in: RWS-Forum 1, S. 5, 10.

Unklar ist allerdings, ob bei Kenntnis der mit der Überweisung beauftragten Bank von der bevorstehenden Insolvenz des Zahlungsempfängers diese zum Hinweis auf die Zahlungsschwierigkeiten verpflichtet ist oder aber die für den mit Schwierigkeiten belasteten Empfänger vorgesehene Zahlung noch dessen Konto gutschreiben darf. Die Diskussion über diese Frage bewegt sich in einem Spannungsfeld, in dem sich die Banken bei Überweisung an mit der Insolvenz bedrohten Kunden grundsätzlich befinden und das durch die gegenläufigen Interessen der Beteiligten in den verschiedenen Rechtsverhältnissen gekennzeichnet wird. Aufgrund des Giroverhältnisses ist die Bank gegenüber ihrem Kunden gehalten, eingehende Zahlungen seinem Konto gutzuschreiben. Diesem Interesse des Kunden steht das Interesse des Überweisenden gegenüber, seine Geldleistung, wenn sie in einer Vorauszahlung oder Anzahlung besteht, zurückzuhalten, weil in diesen Fällen ungewiss ist, ob der Zahlungsempfänger seine Gegenleistung überhaupt noch erbringen kann. 523

II. Besondere Aufklärungs-, Beratungs- und sonstige Warnpflichten der Bank

524 Andererseits hat der Überweisende möglicherweise ein Interesse an der sofortigen Ausführung der Überweisung trotz drohender Insolvenz des Empfängers. Dieses Interesse wird immer dann gegeben sein, wenn der Zahlungsempfänger die Gegenleistung bereits erbracht hat und der Überweisende mit seinem Überweisungsauftrag eine Schadensersatzpflicht wegen Schuldnerverzugs vermeiden will. Die Bank kennt die unterschiedlichen Interessenlagen der am Überweisungsverkehr Beteiligten nicht. Gerade in Anbetracht des Massenverkehrs ist es ihr unmöglich, die Interessen, die sich aus dem sog. Valutaverhältnis zwischen dem Überweisenden und dem Zahlungsempfänger ergeben, immer zu wahren.

525 Deshalb kann ihr allenfalls in Ausnahmefällen eine Aufklärungspflicht auferlegt werden, die ohnehin nur bei einer innerbetrieblichen Überweisung, d. h. Überweisender und Zahlungsempfänger sind Kunden der Bank, in Betracht kommt. Die Ausdehnung der Pflicht auf außerbetriebliche Überweisungen, d. h. die Einschaltung mehrerer Banken, und die sich daraus ergebende Aufklärungspflicht der Empfangsbank bedeutet eine nicht gerechtfertigte Überspannung des Pflichtenkatalogs, weil die Empfangsbank mit dem Überweisenden in keinerlei vertraglichen Beziehungen steht und somit eine Rechtsgrundlage für einen Schadensersatzanspruch fehlt.

> B. *Kübler*, BB 1976, 801, 802;
> unklar insoweit *Canaris*, Rn. 105, der keine Differenzierung vornimmt.

526 Entgegen der früher vorherrschenden Rechtsprechung, die die Berechtigung der Bank zur Gutschrift des überwiesenen Betrags auf dem Konto des Zahlungsempfängers trotz Kenntnis der drohenden Insolvenz annahm,

> RGZ 54, 329, 331;
> OLG Hamburg BB 1961, 1075;
> vgl. auch *Meyer-Cording*, S. 19 ff.,

hat der BGH in seiner neueren Rechtsprechung,

> BGH WM 1978, 588, 589 = NJW 1978, 1852,

ausdrücklich betont, dass die beauftragte Bank bei Kenntnis vom unmittelbar bevorstehenden Zusammenbruch des Zahlungsempfängers unter Umständen nach Treu und Glauben aus dem Geschäftsbesorgungsvertrag verpflichtet ist, „den Auftrag nicht ohne vorherige Rückfrage beim Auftraggeber auszuführen, um diesen vor einem ersichtlich drohenden Schaden zu bewahren".

527 Der BGH nimmt eine Warnpflicht an, wenn der Überweisungsbank der ersichtlich unmittelbar bevorstehende Zusammenbruch des Überweisungsempfängers oder der Empfängerbank bekannt ist.

> BGH WM 1960, 1321, 1322;
> BGH WM 1961, 510, 511.

5. Zahlungsverkehr

Auch die Entscheidung
BGH ZIP 1986, 1537 = WM 1986, 1409,
dazu EWiR 1986, 1191 *(Fischer)*
sowie WuB I D 1.-2.87 *(Hadding)*
macht zu dieser Frage keine genaueren Angaben. Sie verweist lediglich darauf, dass eine Aufklärungspflicht an ihre Grenzen stoße, wenn Sanierungsversuche im Hinblick auf den Zahlungsempfänger vorgenommen werden und die Bekanntgabe der Zahlungsschwierigkeiten zum Scheitern dieser Versuche führen würde.

528

Der BGH greift damit ein Argument gegen die Aufklärungspflicht auf, das in der Literatur immer wieder vorgetragen wird.

529

Hellner, ZHR 145 (1981), 109, 123 f.;
Fischer, in: RWS-Forum 1, S. 95, 110;
Obermüller, ZIP 1981, 1045.

Die Literatur weist insbesondere zu Recht darauf hin, dass gerade ein wirtschaftlich angeschlagenes Unternehmen auf pünktliche Zahlungen seiner Schuldner angewiesen ist. Ein entsprechender Hinweis des Kreditinstitutes auf Zahlungsschwierigkeiten führt in der Regel zu großer Publizität, weil sich diese Tatsache herumspricht. Deshalb ist das Argument der Gefährdung des Fortbestandes eines Unternehmens bei einer entsprechenden Aufklärung durchaus gerechtfertigt.

530

Bei der Auferlegung von Aufklärungspflichten in diesen Fällen ist ferner zu berücksichtigen, dass die Verschwiegenheitspflicht aufgrund des Bankgeheimnisses gegenüber dem in Zahlungsschwierigkeiten befindlichen Kunden die Annahme einer Warnpflicht gegenüber dem Überweisenden ausschließt.

531

Hadding, WuB I D 1.-2.87;
a. A. OLG Celle WM 1988, 1815,
dazu WuB I E 1.-3.89 *(Schröter)*;
Hellner, ZHR 145 (1981), 109, 124.

Die Verschwiegenheitspflicht kann im Einzelfall mit der Treuepflicht gegenüber dem Überweisenden kollidieren. Deshalb muss hier eine Interessenabwägung zwischen den Interessen des Überweisenden und denen des Zahlungsempfängers vorgenommen werden. Eine Hinweis- und Aufklärungspflicht setzt daher einen rechtfertigenden Grund voraus, der von der Verschwiegenheitspflicht gegenüber dem Zahlungsempfänger ausnahmsweise entbindet. Die Treuepflicht der Bank gegenüber dem Überweisungsempfänger kann somit nur dann zurücktreten, wenn die Bank durch die Verletzung des Bankgeheimnisses einen rechtswidrigen Angriff des Empfängers im Wege der Nothilfe abzuwenden hat.

532

Da diese Fälle eher theoretisch sein dürften, sind Aufklärungs- bzw. Warnpflichten bei Überweisungen lediglich ausnahmsweise bei Scheitern der Sanierungsverhandlungen und sich dem daraus ergebenden Zusammenbruch

533

II. Besondere Aufklärungs-, Beratungs- und sonstige Warnpflichten der Bank

des Unternehmens oder dem bereits feststehenden Zusammenbruch gegeben. Ein bloßer Verdacht genügt nicht. Es müssen insoweit konkrete Anhaltspunkte vorliegen. Zusätzlich muss die Gutschrift auf dem Konto des Empfängers unausweichlich zu einer Schädigung des Überweisenden führen, die durch kein gerechtfertigtes Interesse des Empfängers gedeckt wird.

Hellner, ZHR 145 (1981), 109, 124.

(bb) Sonstige Tatbestände

534 Eine Hinweispflicht wird ferner angenommen, wenn die Bank Kenntnis von einer Veruntreuungsabsicht des Überweisungsempfängers oder des zur Verfügung über das Konto Bevollmächtigten hat. Der bloße Verdacht der Untreue reicht auch hier nicht aus; die Bank muss Kenntnis von der Veruntreuungsabsicht haben.

Canaris, Rn. 105.

535 Eine Aufklärungspflicht gegenüber dem Zahlenden besteht ebenfalls bei Kenntnis vom Tod eines Renten- oder Gehaltsempfängers und der Feststellung, dass weitere Zahlungen dennoch eingehen, nicht.

BGH ZIP 1983, 420 = WM 1983, 410;
LG Hamburg WM 1981, 754;
LG Frankfurt/M. ZIP 1982, 1317 = WM 1982, 1343;
a. A. *Canaris*, Rn. 105.

(b) Nachforschungspflichten

536 Die Bank ist in Anbetracht des Fehlens einer Aufklärungspflicht über die Zweckmäßigkeit des Überweisungsauftrages (vgl. Rn. 498 ff.) grundsätzlich auch nicht verpflichtet, die Hintergründe des Überweisungsauftrages zu erforschen. Im Hinblick auf die Tatsache der Geschäftsabwicklung im Massenverkehr der Überweisungen darf der die Überweisung annehmende Bankangestellte darauf vertrauen, dass der Kunde seine Gründe hat. Etwas anderes gilt nur, wenn die Überweisung aus dem Rahmen der banküblichen Geschäfte fällt. Der Maßstab zu dieser Beurteilung ist jedoch sehr streng zu handhaben. Deshalb ist allein die Überweisung eines zuvor von der Bank ausgegebenen Kreditbetrags von 100.000 DM auf das Privatkonto eines Bankangestellten nicht so ungewöhnlich, dass der die Überweisung annehmende Bankangestellte Verdacht hegen muss.

Wandt, WM 1988, 1512, 1513.

537 Der bloße Verdacht reicht hier ebenfalls nicht aus. Der Bankangestellte muss vielmehr Anhaltspunkte für eine Veruntreuungsabsicht haben. Der Überweisungsbank obliegt aber eine Nachforschungspflicht, wenn auf einem Sammelüberweisungsauftrag die ursprünglich angegebenen Seriennummern der Einzelbelege gestrichen und durch neue Nummern ersetzt worden sind. Die

5. Zahlungsverkehr

Bank muss hier nachfragen, ob diese Änderungen vor oder nach der Unterzeichnung des Sammelüberweisungsauftrages erfolgten.

> OLG Düsseldorf WM 1990, 1818,
> dazu EWiR 1991, 775 *(Alisch)*
> sowie WuB I D 1.-1.91 *(Peterhoff)*.

Eine Nachforschungspflicht besteht auch dann, wenn der erteilte Auftrag 538
unklar und mehrdeutig ist. Ein solcher Auftrag ist individuell zu bearbeiten und in diesem Rahmen entweder zurückzugeben oder durch Rückfragen beim Kunden Klarheit über den Auftrag herbeizuführen. Anderenfalls haftet sie vorbehaltlich eines Mitverschuldens des Kunden für den zu viel überwiesenen Betrag.

> OLG München ZIP 1995, 730 = WM 1995, 1017
> = NJW-RR 1995, 813,
> dazu EWiR 1995, 867 *(Hemmen)*;
> OLG Jena ZIP 2001, 955 = WM 2001, 2005,
> dazu EWiR 2001, 753 *(Klanten)*.

(c) **Benachrichtigungspflichten**

Die mit der Überweisung beauftragte Bank ist bereits unter dem Gesichts- 539
punkt der Sorgfalt eines ordentlichen Kaufmanns verpflichtet, den Überweisenden von der Undurchführbarkeit des Auftrags – z. B. wegen widersprüchlicher oder falscher Angaben bezüglich des Überweisungsempfängers – unverzüglich zu benachrichtigen.

> BGH WM 1978, 637;
> *Canaris*, Rn. 326.

Der Überweisende, der der Bank eine echte Weisung im Rahmen des beste- 540
henden Giroverhältnisses erteilt, hat ein berechtigtes Interesse, vom Fehlschlag seines Überweisungsauftrages Kenntnis zu erhalten. Die Benachrichtigungspflicht ergibt sich somit als Nebenpflicht aus dem Girovertrag.

Die Benachrichtigungspflicht besteht gleichermaßen, wenn die Überweisungs- 541
bank den Überweisungsauftrag mangels Deckung nicht ausführt.

> OLG Hamm WM 1984, 1222;
> dieser Grundsatz gilt auch für Direktbanken
> LG Bonn WM 1999, 2214 = MDR 1999, 1453.

Die Benachrichtigungspflicht besteht, wenn unklar ist, ob die erteilte Weisung 542
fortbesteht

> BGH ZIP 1991, 92,
> dazu EWiR 1991, 201 *(Junker)*

oder wenn sich der Verdacht des Missbrauchs der Vertretungsmacht aufdrängen muss.

> BGH WM 1976, 474.

II. Besondere Aufklärungs-, Beratungs- und sonstige Warnpflichten der Bank

543 Voraussetzung ist allerdings eine massive Verdachtsmomente voraussetzende Evidenz des Missbrauchs.

> BGH ZIP 1994, 1843,
> dazu EWiR 1995, 521 *(Schebesta)*;
> BGHZIP 1994, 859,
> dazu EWiR 1994, 963 *(Rehbein)*;
> BGH ZIP 2004, 1742,
> dazu EWiR 2005, 9 *(Haertlein/Marx)*.

544 Die Unterlassung der Benachrichtigung und die Nichtausführung des Überweisungsauftrages verpflichten die Bank zum Schadensersatz, der jedoch durch ein überwiegendes Mitverschulden des Überweisenden gemäß § 254 BGB verringert wird. Das Mitverschulden ist darin zu sehen, dass der Überweisende als Kontoinhaber nicht für die entsprechende Deckung oder Richtigkeit der Überweisung gesorgt hat.

> OLG Hamm WM 1984, 1222;
> *Canaris*, Rn. 326.

545 Die Benachrichtigung muss gegenüber dem Kontoinhaber erfolgen. Bei einem Und-Konto sind alle Kontoinhaber und bei einem Oder-Konto einer der Kontoinhaber zu informieren. Die Mitteilung braucht nur den Überweisungsbetrag und den Überweisungsempfänger zu enthalten, damit ein Kunde, der viele Überweisungen tätigt, die entsprechende Überweisung identifizieren und die geeigneten Gegenmaßnahmen einleiten kann. Die Benachrichtigung muss an dem Tage der Zurückweisung des Auftrags durch mündliche bzw. fernmündliche Information oder durch einen Brief, der am Tage der Zurückweisung abzusenden ist, erfolgen.

(2) Empfängerbank

546 Im mehrgliedrigen Überweisungsverkehr scheidet eine Aufklärungspflicht der Empfängerbank gegenüber dem Überweisenden aus, weil zwischen diesen am Überweisungsvorgang Beteiligten keine vertraglichen Beziehungen, aus denen sich die Nebenpflicht zur Aufklärung ergeben könnten, bestehen.

> BGH WM 1958, 1078, 1080;
> *B. Kübler*, BB 1976, 801, 802.

(3) Abrechnungsverkehr der Zentralbanken

547 Aufklärungspflichten sind auch im Abrechnungsverkehr mit den Zentralbanken abzulehnen. Hier gelten die gleichen Grundsätze wie im Allgemeinen Überweisungsverkehr. Die Banken werden nur zum Zwecke eines technisch einwandfreien, einfachen und schnellen Zahlungsverkehrs tätig, und schon wegen dieses begrenzten Geschäftszwecks und der Massenhaftigkeit der Geschäftsvorfälle müssen sich die Banken nicht um die Interessen ihrer Kunden kümmern. Im Abrechnungsverkehr mit den Zentralbanken sind darüber hinaus nur Banken als Abrechnungsteilnehmer beteiligt, die ohnehin keines fremden Schutzes bedürfen.

5. Zahlungsverkehr

BGH WM 1978, 588, 589 = NJW 1978, 1852;
Canaris, WM 1976, 994, 1015;
a. A. *Sandberger*, BB 1976, 487, 489.

Die Warnung eines Abrechnungsteilnehmers würde zwangsläufig zur Schädigung eines anderen Abrechnungsteilnehmers oder dessen Kunden führen, ohne dass für die beliebige Zurücksetzung eines von vielen Teilnehmern an ein und demselben Geschäftsvorgang irgendein rechtfertigender Grund erkennbar wäre. Es braucht somit nicht über die drohende Insolvenz eines Abrechnungsteilnehmers oder den drohenden Entzug der Erlaubnis zum Betreiben von Bankgeschäften durch das Bundesaufsichtsamt für das Kreditwesen aufgeklärt zu werden. 548

Canaris, Rn. 108.

bb) Lastschriftverfahren

Für die Aufklärungs- und Beratungspflichten im Lastschriftverfahren gelten ebenfalls die zu den Pflichten bei der Überweisung entwickelten Grundsätze (vgl. Rn. 503 ff.). 549

(1) Aufklärungspflichten

Die Bank des Lastschriftschuldners hat als Zahlstelle eine Pflicht zur Aufklärung ihres Kunden, wenn ihr bekannt ist, dass der wirtschaftliche Zusammenbruch des Lastschriftgläubigers bereits vorliegt oder die Sanierungsverhandlungen gescheitert sind und infolgedessen der Zusammenbruch kurz bevorsteht. Ein bloßer Verdacht bezüglich des wirtschaftlichen Zusammenbruchs genügt nicht. Es müssen konkrete Anhaltspunkte gegeben sein. 550

Vgl. zum Gesamtkomplex *Canaris*, Rn. 540;
Polke, S. 10.

Die Verletzung einer solchen Aufklärungspflicht begründet einen Schadensersatzanspruch des Lastschriftschuldners, der darin besteht, dass die unberechtigt vorgenommene Belastung seines Kontos rückgängig gemacht wird; vorausgesetzt, er kann einen Schaden nachweisen. 551

(2) Benachrichtigungspflichten

(a) Zahlstelle

(aa) Gegenüber dem Gläubiger

Der BGH hat dem Gläubiger im Lastschriftverfahren einen Schadensersatzanspruch aus einer Schutzpflichtverletzung gegen die Zahlstelle zuerkannt, wenn diese es unterlässt, die Gläubigerbank als erste Inkassostelle von der Nichteinlösung zu benachrichtigen. 552

BGHZ 69, 82 = WM 1977, 1042.

II. Besondere Aufklärungs-, Beratungs- und sonstige Warnpflichten der Bank

553 Der Schadensersatzanspruch wird damit begründet, dass das zwischen den beteiligten Banken zur Durchführung des Lastschriftverfahrens entstehende Rechtsverhältnis ein Vertrag mit Schutzwirkung für Dritte sei, der die Zahlstelle zur alsbaldigen Rückgabe der unbezahlten Lastschrift oder zur gesonderten Benachrichtigung der Gläubigerbank verpflichte. Diese Entscheidung ist in der Literatur zu Recht auf Kritik gestoßen.

> Vgl. statt vieler *Hadding*, WM 1978, 1366, 1373 ff. mit jeweils weiteren Nachweisen;
> ebenso *Bundschuh*, in: RWS-Forum 1, S. 5, 13 f.

554 Es wird insbesondere die fehlende Auseinandersetzung des BGH mit den in der Literatur herausgearbeiteten Tatbestandselementen des Vertrages mit Schutzwirkung zugunsten Dritter bemängelt. Diese Vertragskonstruktion will nur Dritte schützen, die durch den Gläubiger in nicht rechtswidriger Weise mit der Leistung des Schuldners in Berührung kommen. Daran fehlt es aber beim Lastschriftverfahren, da eine Leistungsberührung durch den Dritten nicht erfolgt. Der Zahlungspflichtige kommt mit der Leistung der ersten Inkassostelle im Giroverhältnis zwischen beiden Banken nicht in Berührung. Gleiches gilt für den Zahlungsempfänger im Hinblick auf die Leistung der Zahlstelle. Weiteres Tatbestandselement des Vertrages mit Schutzwirkung zugunsten Dritter ist, dass der Gläubiger mit der Einbeziehung Dritter in die ihm obliegenden Schutzpflichten rechnen konnte. Dies wird im Lastschriftverfahren aber gerade ausgeschlossen, denn in Nr. IV 1 des Lastschriftabkommens wird ausdrücklich festgestellt, dass hier Rechte nur zwischen den beteiligten Banken bestehen.

(bb) Gegenüber dem Schuldner

555 Die Bank muss den Lastschriftschuldner unverzüglich davon in Kenntnis setzen, dass die Lastschrift mangels Deckung zurückgegeben werden soll, damit der Kunde Gelegenheit hat, die Deckung anzuschaffen und die Folgen der Nichteinlösung – z. B. Kündigung von Verträgen durch den Gläubiger – abzuwenden.

> BGH ZIP 1989, 563 = WM 1989, 625,
> dazu EWiR 1989, 565 *(Koller)*
> sowie WuB I D 2.-4.89 *(Reiser)*;
> *Canaris*, Rn. 539;
> *Terpitz*, NJW 1989, 2740 f.;
> *ders.*, Sparkasse 1989, 480;
> *Hadding*, in: Festschrift Bärmann, S. 375, 390;
> *Häuser*, WM 1989, 841 f.;
> *Heymann/Horn*, HGB, Anh. III § 372 Rn. 51.
> Dieser Grundsatz gilt bei einer Einbeziehung über ein Sparkonto, siehe LG Nürnberg-Fürth WM 2001, 1900, WuB I C 1.-3.01 *(Freitag)*.

556 Diese Benachrichtigungspflicht ergibt sich als Nebenpflicht aus dem Girovertrag des Lastschriftschuldners mit der Bank. Der Lastschriftschuldner muss noch am Tage der Rückgabe der Lastschrift unterrichtet werden. Es genügt

5. Zahlungsverkehr

also nicht, den Kunden über die Kontoauszüge zu informieren, da er diese in der Regel nicht am Tag der Lastschriftrückgabe erhält, so dass die Mitteilung über die Rückgabe in einem gesonderten Telefonat oder Anschreiben erfolgen muss. Die Absendung des Briefes am Tage der Rückgabe reicht aus.

Der BGH hat in der oben zitierten Entscheidung allerdings offengelassen, ob der Kontoinhaber noch vor der Rücksendung der Lastschrift zu benachrichtigen ist. Darauf kommt es hier auch nicht an, weil aus dem Girovertrag der Bank nur die Verpflichtung entstehen kann, die Benachrichtigung vorzunehmen. Die sich aus der Benachrichtigung ergebenden Schritte sind Angelegenheit des Kunden, der die Folgen der Nichteinlösung durch Zahlung des offenen Betrages direkt beim Gläubiger vornehmen kann. Eine weitergehende Verpflichtung der Bank, die Lastschrift bis zum Erhalt weiterer Weisungen durch den Kunden zurückzuhalten, besteht nicht, da die Bank in diesen Fällen der ihr obliegenden Verpflichtung aus dem Lastschriftabkommen, nämlich die Rückgabe uneingelöster Lastschriften spätestens an dem auf den Tag des Einganges folgenden Geschäftstag (Nr. II 1 des Lastschriftabkommens) vorzunehmen, nicht nachkommen könnte. 557

a. A. *Hadding*, in: Festschrift Bärmann, S. 375, 390, der die Benachrichtigung vor der Rückgabe bejaht.

Adressat der Benachrichtigung ist grundsätzlich der Kontoinhaber. Während bei Und-Konten jeder Kontoinhaber zu unterrichten ist, muss bei Oder-Konten nur ein Kontoinhaber benachrichtigt werden. Bei einer entsprechenden Kontovollmacht reicht die Benachrichtigung des Bevollmächtigten aus. 558

Terpitz, NJW 1989, 2740.

An den Inhalt der Mitteilung für den Kontoinhaber sind keine strengen Anforderungen zu stellen. Der Kontoinhaber ist lediglich über den Lastschriftbetrag und den Zahlungsempfänger zu informieren, damit er die geeigneten Gegenmaßnahmen – z. B. durch Bareinzahlung des Lastschriftbetrages oder Überweisung von einem anderen Konto – ergreifen kann. 559

Die Darlegungs- und Beweislast für die Schadensursächlichkeit der unterbliebenen Mitteilung, insbesondere dafür, dass er bei einer rechtzeitigen Mitteilung geeignete Maßnahmen ergriffen hätte, um den eingetretenen Schaden abzuwenden, trägt der Kontoinhaber. 560

OLG Saarbrücken WM 1989, 1533 = NJW 1989, 2758,
dazu EWiR 1989, 1177 *(Koller)*
sowie WuB I D 2.-5.89 *(Terpitz)*;
Häuser, WM 1989, 841.

Eine Beweislastumkehr, wie bei den Aufklärungspflichten allgemein anerkannt (vgl. Rn. 155 f.), ist hier nicht gerechtfertigt, da es an einem groben Verschulden der Bank fehlt. 561

OLG Saarbrücken WM 1989, 1533 = NJW 1989, 2758,
dazu WuB I D 2.-5.89 *(Terpitz)*;
a. A. *Koller*, EWiR 1989, 1177, 1178.

II. Besondere Aufklärungs-, Beratungs- und sonstige Warnpflichten der Bank

562 Der sich aus diesen Grundsätzen ergebende Schadensersatzanspruch verringert sich jedoch um den Betrag, den der Lastschriftschuldner sich aufgrund seines überwiegenden Mitverschuldens, das in der fehlenden Vorsorge für Deckung seines Kontos liegt, gemäß § 254 BGB anrechnen lassen muss.

OLG Saarbrücken WM 1989, 1533;,
dazu EWiR 1989, 1177 *(Koller)*;
BGH ZIP 1989, 563 = EWiR 1989, 565, 566 *(Koller)*.

(b) Inkassostelle

563 In der Literatur wird vereinzelt aus der Tatsache, dass nach der Rechtsprechung der Zahlstelle gegenüber dem Gläubiger eine Warnpflicht obliegt, der Schluss auf eine Aufklärungspflicht auch im Verhältnis der ersten Inkassostelle zum Lastschriftschuldner gezogen.

Canaris, Rn. 615.

564 Diese Rechtsauffassung ist schon deshalb abzulehnen, weil vertragliche Beziehungen dieser beiden am Lastschriftverfahren Teilnehmenden nicht bestehen und nur auf die bereits in der Entscheidung des BGH,

BGHZ 69, 82, 88 f. = WM 1977, 1042,

gewählte Hilfskonstruktion des Vertrages mit Schutzwirkung zugunsten Dritter zurückgegriffen werden kann, die aber mit zutreffenden Argumenten vom Schrifttum als unzutreffend abgelehnt wurde. Zur Vermeidung von Wiederholungen wird insoweit auf Rn. 522 verwiesen, da die dort genannten Argumente hier gleichermaßen gelten.

cc) Wechsel

(1) Aufklärungspflichten

565 Die Bank muss ihren Kunden über die rechtlichen Gefahren des Wechselverkehrs insbesondere aufklären, wenn im Hinblick auf die Vorbildung des Kunden und dessen Beruf sowie auf etwaige Besonderheiten der fraglichen Maßnahme nicht zu erwarten ist, dass er die Risiken von sich aus erkennt.

BGH WM 1966, 619, 620;
BGH WM 1967, 1077, 1079.

566 Es obliegt der Bank somit die Verpflichtung, den in Wechselangelegenheiten Unerfahrenen – nicht den erfahrenen Geschäftsmann – über die Gefahren, die sich aus den im Umlauf befindlichen Wechseln ergeben, aufzuklären; insbesondere darüber zu belehren, dass es gefährlich sein kann, eine Schuld, für die ein Wechsel gegeben ist, zu bezahlen, ohne diesen zurückzuerhalten. Die Bank schuldet insoweit nur eine Aufklärung und nicht auch die Verpflichtung, dem Kunden vom Wechselgeschäft dringend abzuraten. Die richtigen Konsequenzen aus der Aufklärung zu ziehen, ist Sache des Kunden.

5. Zahlungsverkehr

Im Rahmen des Wechselscheckverfahrens ist die diskontierende Bank gegenüber dem Wechselaussteller grundsätzlich nicht zur Aufklärung über eine kritische wirtschaftliche Entwicklung bei ihrem Kunden verpflichtet, solange es sich ihr nicht aufdrängen muss, dass dieser (der Wechselakzeptant) mit ziemlicher Sicherheit bei Verfall nicht zahlen können wird. 567

> OLG Hamm NJW-RR 1995, 617;
> OLG Hamm EWiR 1999, 150 *(Zeller)*.

(2) Nachforschungspflichten

Ein Kreditinstitut, das von einer Spielbank von dieser über beträchtliche Summen ausgestellte Wechsel erwirbt, handelt grob fahrlässig, wenn es dem sich aufdrängenden Verdacht nicht nachgeht, den Wechselforderungen könnten zu Spielzwecken gewährte – und damit nichtige – Darlehen zugrunde liegen. Der Bank obliegt insoweit eine Nachforschungspflicht. 568

> BGH ZIP 1991, 1477 = WM 1991, 1946 = DB 1991, 2478
> = NJW 1992, 316,
> dazu EWiR 1991, 1239 *(Klaas)*.

dd) Scheck

(1) Aufklärungspflichten

Eine Bank ist nicht verpflichtet, den Kunden, der einen Scheck widerruft, darüber aufzuklären, dass der Widerruf gemäß Art. 31 Abs. 1 ScheckG erst nach Ablauf der Vorlegungsfrist wirksam ist und dass sie gemäß Nr. 10 Satz 1 der Scheckbedingungen nicht verpflichtet ist, diesen Widerruf vor Ablauf der Vorlegungsfrist zu beachten, denn es besteht seitens der Bank keine Verpflichtung, den Kunden auf die Möglichkeit im Massengeschäft zu erwartender Fehler und Versehen hinzuweisen. Darüber hinaus braucht die Bank – abgesehen von Ausnahmen (z. B. Devisenvorschriften im Zahlungsverkehr; vgl. Rn. 408 ff.) – keine rechtlichen Hinweise zu geben. 569

> OLG Düsseldorf WM 1977, 428, 432.

Der Bank obliegt ebenfalls keine Aufklärungspflicht bei der Annahme von Schecks zum Einzug gegenüber dem Scheckaussteller auf die drohende oder schon eingetretene Insolvenz des Einreichers, da durch die Scheckeinreichung zwischen dem Scheckaussteller und der einziehenden Bank kein Vertragsverhältnis entsteht, aus dem Aufklärungspflichten als Nebenpflichten abgeleitet werden könnten. 570

> *Obermüller*, ZIP 1981, 1045, 1049;
> *Canaris*, Rn. 107.

Die Aufklärungspflicht wird selbst dann verneint, wenn der Scheckaussteller Kunde der Bank ist. Zwar besteht in diesen Fällen eine vertragliche Beziehung zwischen der Bank und dem Aussteller. Diese Aufklärung nutzt dem Kunden jedoch nichts, da er anders als bei der Überweisung, die er bis zur 571

II. Besondere Aufklärungs-, Beratungs- und sonstige Warnpflichten der Bank

Gutschrift auf dem Konto des Begünstigten widerrufen kann, eine Befreiung von der Scheckverpflichtung durch Widerruf, sofern der Scheck innerhalb der Vorlegungsfrist eingereicht wird, nicht erlangen kann.

572 Eine Ausnahme von diesem Grundsatz soll allerdings gegeben sein, wenn der bezogenen Bank bekannt ist, dass in der Vorlage des Schecks eine strafbare Handlung oder ein Sittenverstoß gegenüber dem Scheckaussteller vorliegt.

Canaris, Rn. 107.

573 Die Bank hat ferner – ähnlich den Grundsätzen im Überweisungsverkehr und Lastschriftverfahren – grundsätzlich eine Aufklärungspflicht über die Nichteinlösung des Schecks mangels Deckung.

Canaris, Rn. 107.

574 Schließlich obliegt der Bank der Hinweis, dass eine Scheckkartenversicherung in niedrigerer Höhe als dem Gegenwert der ausgegebenen Schecks oder gar keine Versicherung besteht. Diese Aufklärungspflicht wird mit der banküblichen Handhabung eines Versicherungsabschlusses begründet. Der Kunde kann deshalb immer von einer ausreichenden Versicherung ausgehen.

LG München WM 1989, 1559,
dazu WuB I D 3.-1.88 *(Reiser)*.

575 Die Bank ist gegenüber dem Scheckeinreicher schon vor der Hereinnahme des Schecks verpflichtet, ihn auf das mit dem BSE-Verfahren verbundene Risiko eines Verlustes der Regressansprüche hinzuweisen. Das Risiko liegt hier darin, dass in diesem Verfahren der Scheck nicht mehr vorgelegt wird und infolge der dadurch fehlenden Dokumentation der Verweigerung der bezogenen Bank, den Scheck einzulösen, die vereinfachte Geltendmachung der scheckrechtlichen Regressmöglichkeiten im Wege des Scheckprozesses nach § 670a ZPO verloren geht.

Canaris, Rn. 743a;
Schlie, WM 1990, 617, 619;
AG Lünen WM 1990, 398,
dazu WuB I D 3.-9.90 *(Reiser)*.

576 Sinn und Zweck dieser Aufklärungspflicht soll es sein, dem Scheckeinreicher die Entscheidung freizuhalten, ob er den Scheck gegebenenfalls im beleggebundenen Scheckeinzugsverkehr bearbeiten will. Das Kreditinstitut macht sich jedenfalls unabhängig von dieser vor Inanspruchnahme des Scheckverfahrens konstruierten Aufklärungspflicht schadensersatzpflichtig, weil die Bank aufgrund des zwischen dem Scheckeinreicher und der ersten Inkassostelle geschlossenen Inkassoauftrages (§§ 675, 611 BGB) verpflichtet ist, die zum Inkasso eingereichten Schecks den bezogenen Instituten dem Scheckgesetz entsprechend, d. h. körperlich und fristgerecht, vorzulegen. Der Kunde wird auf diese besondere von den Banken anerkannte Schadensersatzpflicht durch einen Hinweis auf der Rückseite der Scheckkopie hingewiesen.

5. Zahlungsverkehr

Der Hinweis hat folgenden Wortlaut:

„Der von Ihnen eingereichte Scheck wurde dem Kreditinstitut des Scheckausstellers auf elektronischem Wege übermittelt. Das Kreditinstitut hat die Zahlung des Scheckgegenwertes abgelehnt. Wir haben die Nichtzahlung auf der beigefügten Scheckkopie/auf dem beigefügten Scheck vermerkt. Sie können Ihre Rechte aus dem mit dem Scheckaussteller geschlossenen Vertrag geltend machen. Dabei können Sie die Scheckkopie/diesen Scheck zum Nachweis der Nichtbezahlung verwenden. Die Führung eines Urkundenprozesses ist jedoch als Folge des elektronischen Einzugsverfahrens nicht möglich. Sollte sich herausstellen, dass Ihnen hierdurch ein Schaden entsteht, so werden wir diesen ersetzen und schlagen vor, dass Sie sich möglichst bald zur Regulierung Ihres Schadens mit uns in Verbindung setzen."

(2) Beratungspflichten

Das OLG Karlsruhe hält es für möglich, dass aus einem Scheckverhältnis sogar ein Beratungsvertrag mit entsprechenden Pflichten zustande kommen kann. Zumindest bejaht es einen Auskunftsvertrag, wenn ein Kunde einer Bank eine Scheckbestätigung zur Prüfung vorlegt und aus der Schlechterfüllung Schadensersatzsprüche entstehen. 577

OLG Karlsruhe WM 2009, 168.

(3) Nachforschungspflichten

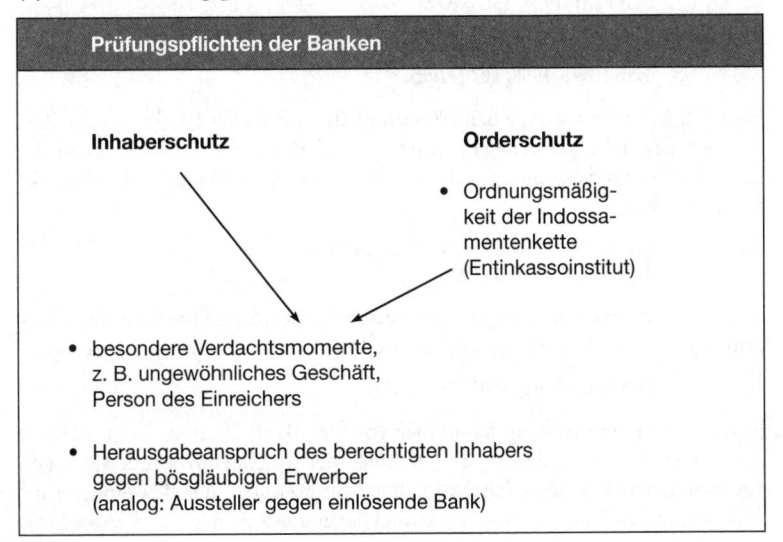

Prüfungspflichten der Banken

Inhaberschutz	Orderschutz
	• Ordnungsmäßigkeit der Indossamentenkette (Entinkassoinstitut)
• besondere Verdachtsmomente, z. B. ungewöhnliches Geschäft, Person des Einreichers	
• Herausgabeanspruch des berechtigten Inhabers gegen bösgläubigen Erwerber (analog: Aussteller gegen einlösende Bank)	

(a) Einzugsbank

(aa) Grundsatz

Die den Scheck einlösende Bank genügt grundsätzlich den ihr obliegenden Sorgfaltspflichten, wenn sie sich vor der Einlösung des Schecks davon über- 578

II. Besondere Aufklärungs-, Beratungs- und sonstige Warnpflichten der Bank

zeugt, dass dieser dem äußeren Gesamtbild nach den Eindruck der Echtheit macht und die Unterschrift ordnungsgemäß ist.

BGH WM 1969, 240, 241;
OLG Karlsruhe WM 1975, 460, 461;
Baumbach/Hefermehl/Casper, Art. 3 ScheckG Rn. 27 ff.

579 Dieser Grundsatz berücksichtigt die Vielzahl von Geschäftsvorfällen im Massenverkehr, der weitergehende Prüfungspflichten bereits aus organisatorischen Gründen ausschließt. Den Banken kann bei solchen Massengeschäften in der Regel nicht zugemutet werden, Nachforschungen, insbesondere durch Rückfragen beim Aussteller, darüber anzustellen, ob der Scheck vom Aussteller so gewollt ist. Eine solche Nachforschungspflicht führt nicht nur zu Verzögerungen in der Abwicklung des Scheckverkehrs, weil die Scheckaussteller oft nicht erreichbar sind, sondern auch zu Zweifeln des Scheckeinreichers an der Bonität des Scheckausstellers, weil bei diesem der Eindruck entstehen kann, die Bank warte mit der Einlösung, da es an einer entsprechenden Deckung des Schecks fehle.

Kindermann, WuB I D 3.-4.85.

580 Nachforschungspflichten bestehen nur insoweit, wie dies mit den Anforderungen des Scheckverkehrs im Massenverkehr vereinbar ist.

BGH ZIP 1986, 156 = WM 1986, 123, 124,
dazu EWiR 1986, 191 *(Vietor)*;
LG Köln WM 1988, 191, 194,
dazu EWiR 1988, 187 *(Huff)*.

581 Eine Pflicht zur Rückfrage beim Kontoinhaber oder zum Festhalten der Personalien des Scheckeinreichers kann sich beispielsweise ergeben, wenn die Bank die Umstände kannte, aus denen sich ein außergewöhnlich hoher Scheckbetrag ergab.

BGH ZIP 1986, 156 = WM 1986, 123, 124,
dazu EWiR 1986, 191 *(Vietor)*.

582 Nur in einem solchen Fall ist es gerechtfertigt, der Bank eine über die Überprüfung der Unterschrift hinausgehende Informationspflicht aufzuerlegen.

OLG Hamburg WM 1994, 1107.

583 In diesem Zusammenhang kann aber von der Bank nicht verlangt werden, dass sie bei Einlösung des aus dem Rahmen der sonstigen Kontobewegungen des Einreichers fallenden Schecks eine genaue Kenntnis der Bewegungen auf dem Konto des Einreichers in der zurückliegenden Zeit hat.

OLG Hamm WM 1985, 1032, 1034,
dazu EWiR 1985, 707 *(Empelmann)*;
OLG Nürnberg WM 1994, 422;
OLG Hamburg WM 1994, 1107;
LG Köln WM 1988, 191, 194,
dazu EWiR 1988, 187 *(Huff)*;

5. Zahlungsverkehr

a. A. OLG Köln WM 1987, 404, 405,
dazu EWiR 1987, 615 *(Rehbein)*.

Das Kreditinstitut hat nur bei Vorliegen von Verdachtsmomenten, ohne dass 584
es einer Nachforschungspflicht bedarf, die Pflicht zur Rückfrage. Eine Prüfungspflicht ist erst gegeben, wenn ganz besondere Umstände in der Person des Einreichers oder der Ungewöhnlichkeit des Geschäftes nach der allgemeinen Lebenserfahrung liegen.

BGH ZIP 1987, 360 = WM 1987, 337 m. w. N.,
dazu EWiR 1987, 391 *(Bülow)*
sowie WuB I D 3.-5.87 *(Hadding)*.

Infolgedessen braucht die bezogene Bank bei Orderschecks vor der Einlö- 585
sung weder die Echtheit der Unterschriften der Indossenten noch die Vertretungsmacht der Unterzeichner zu prüfen.

OLG Hamburg WM 1995, 2135.

Letztlich ist die Beurteilung, ob Verdachtsmomente gegeben sind, eine Frage 586
des Einzelfalles.

BGH ZIP 1994, 859 = WM 1994, 1204 = NJW 1994, 2082,
dazu EWiR 1994, 963 *(Rehbein)*.

Infolgedessen besteht eine Nachforschungs- bzw. Rückfragepflicht der ein- 587
lösenden Bank beim Inhaber des Schecks nur in den Fällen, in denen sich besondere Verdachtsmomente dahingehend ergeben, dass der Scheckeinreicher nicht der Berechtigte ist. Es handelt sich dabei immer um eine Einzelfallentscheidung, da die Pflicht nur besteht, wenn sich aus den besonderen Umständen des Einzelfalls nach der allgemeinen Lebenserfahrung ein Anlass zu einem Verdacht ergibt.

BGH WM 1959, 593;
BGHZ 26, 286 = WM 1958, 247;
BGH WM 1963, 891;
BGH ZIP 1988, 1170 = WM 1988, 1296 = NJW 1988, 2798,
dazu EWiR 1988, 1023 *(Roeseler)*
sowie WuB I D 3.-14.88 *(Hadding)*;
OLG Hamm WM 1985, 1032, 1034,
dazu EWiR 1985, 707 *(Empelmann)*;
Reiser, WM 1984, 1557;
Baumbach/Hefermehl/Casper, Art. 21 ScheckG Rn. 21;
Hadding, JZ 1977, 281, 283.

(bb) Verdachtsmomente

Bei einem ungewöhnlich großen Adressenaufkleber auf einem Scheck müssen 588
der Inkassobank Zweifel an der Berechtigung des Einreichers kommen, die zu einer Nachforschungspflicht führen.

BGHZ 102, 316, 317 = ZIP 1988, 156 = WM 1988,
147 = NJW 1988, 911,
dazu EWiR 1988, 709 *(Richardi)*

II. Besondere Aufklärungs-, Beratungs- und sonstige Warnpflichten der Bank

sowie WuB I D 3.-2.88 *(Hadding/Häuser)*;
LG Mainz WM 1986, 394,
dazu WuB I D 3.-7.86 *(Kindermann)*.

589 Weitere Verdachtsmomente sind:

- Einziehung von Geschäftsschecks auf ein Sparbuch, da es sich insoweit um einen ungewöhnlichen Vorgang handelt, denn Sparkonten dienen nicht in erster Linie zur Ansammlung und Anlage von Vermögen zu geschäftlichen Zwecken.

   BGH ZIP 1987, 360 = WM 1987, 337 = NJW 1987, 1256,
   dazu EWiR 1987, 391 *(Bülow)*
   sowie WuB I D 3.-5.87 *(Hadding)*.

- Einziehung eines Geschäftsschecks auf ein neu eingerichtetes Privatkonto.

   LG Verden WM 1989, 47 = NJW-RR 1988, 1317;
   LG Münster WM 1992, 303,
   dazu WuB I D 3.-3.92 *(Bülow)*.

   Dagegen ist die Einziehung eines Schecks über ein aufgrund der Kontonummer identifizierbares Privatkonto nicht schädlich.

   BGH ZIP 1989, 908, 298 = WM 1989, 944, 945;
   dazu EWiR 1990, 183 *(Hadding)*
   sowie WuB I D 3.-7.89 *(Reiser)*;
   a. A. Vorinstanz OLG Düsseldorf ZIP 1988, 1108 = WM 1988, 1188,
   dazu EWiR 1988, 1117 *(Rehbein)*
   sowie WuB I D 3.-13.88 *(Stützle)*.

- Einziehung von Behördenschecks über ein Privatkonto,

   BGH ZIP 1980, 645 = WM 1980, 891 = NJW 1980, 2353;
   vgl. auch *Höser*, MDR 1984, 628.

- Bestehen eines Angestelltenverhältnisses zwischen Scheckeinreicher und Schecknehmer,

   LG Münster WM 1992, 303,
   dazu WuB I D 3.-3.92 *(Bülow)*.

- Kontoeröffnung gleichzeitig mit der Einziehung und

- ungewöhnlich hohe Zahl von Schecks.

590 Es ist ganz ungewöhnlich, dass ein großes Industrieunternehmen, zu dessen Gunsten Orderschecks erkennbar ausgestellt sind, diese an einen privaten Dritten weitergibt. Die Inkassobank muss in einem solchen Fall wenigstens hausintern das Einreicherkonto überprüfen. Hätte sich dabei ergeben, dass es sich um ein Privatgirokonto handelt und dass Zugänge in der Größenordnung der Scheckbeträge bisher nicht vorkamen, hätte sich die Inkassobank zur Vermeidung grober Fahrlässigkeit über die Verfügungsberechtigung des Einreichers Klarheit verschaffen müssen.

5. Zahlungsverkehr

OLG Celle WM 1990, 2069,
dazu WuB I D 3.-3.91 *(Sonnenhol)*;
OLG Dresden WM 1999, 1660,
dazu WuB I D 3.-7.99 *(Pankewitz)*.

Kein Verdachtsmoment ist das Auseinanderfallen von Einreicher und Scheck- 591
begünstigtem sowie die Änderung der Konto-Nummer in der Codierzeile
eines Scheckformulars.

BGH ZIP 1994, 859,
dazu EWiR 1994, 963 *(Rehbein)*;
a. A. OLG Bamberg, Urt. v. 3.4.2007 – 17 U 292/05 (unveröff.)

(b) Bezogene Bank

Für die bezogene Bank gelten dieselben Grundsätze hinsichtlich der Nach- 592
forschungspflicht wie für die Einzugsbank. Auch sie ist zur Prüfung und
Nachforschung bei Vorhandensein von Verdachtsmomenten verpflichtet.

Ein abgekürzter statt ausgeschriebener Vorname des Scheckausstellers be- 593
gründet keinen Verdacht, weil diese geringfügige Abweichung von der sonstigen Unterschrift im Massenverkehr kaum erkennbar ist und Unterschriften
auch diesbezüglich nicht immer identisch sind.

A. A. LG Karlsruhe WM 1986, 1347,
dazu WuB I D 3.-10.86 *(Reiser)*.

Die ungewöhnliche Höhe des Scheckbetrages allein ergibt kein hinreichendes 594
Verdachtsmoment für eine Fälschung.

BGH ZIP 1986, 156 = WM 1986, 123,
dazu EWiR 1986, 191 *(Vietor)*
sowie WuB I D 3.-3.86 *(Hadding)*;
OLG Düsseldorf WM 1985, 1030,
dazu EWiR 1985, 577 *(Bülow)*
sowie WuB I D 3.-4.85 *(Kindermann)*;
ebenso OLG Celle WM 1987, 404,
dazu WuB I D 3.-7.87 *(Häuser)*,
das auf das Mehrfache der bisherigen Schecksummen abstellt;
vgl. auch *Bundschuh*, in: RWS-Forum 1, S. 5, 17.

Allerdings kann sich dieses Verdachtsmoment nur in dem Sonderfall ergeben, 595
dass der Bankangestellte einen guten und präsenten Überblick über die Entwicklung des Kontos des Scheckausstellers hat. Aus der genannten Entscheidung des BGH kann keinesfalls auf ein generelles Verdachtsmoment geschlossen werden, dass auch bei fehlender Kenntnis des Bankangestellten
von der Kontoentwicklung, beispielsweise wegen fehlender Präsenz, eine
Nachforschungspflicht begründet wird. Eine Kenntnis über die Kontobewegung kann nicht generell erwartet werden.

OLG Hamm WM 1985, 1032,
dazu EWiR 1985, 707 *(Empelmann)*
sowie WuB I D 3.-5.85 *(Kindermann)*.
Mit dieser Problematik setzt sich insbesondere

II. Besondere Aufklärungs-, Beratungs- und sonstige Warnpflichten der Bank

OLG Köln WM 1987, 404,
dazu EWiR 1987, 615 *(Rehbein)*
sowie WuB I D 3.-7.87 *(Häuser)* nicht auseinander, sondern
übernimmt die Rechtsprechung des BGH.

(c) Benachrichtigungspflicht

596 Nach Abschnitt II Nr. 2 Abs. 1 des Scheckabkommens vom 1.10.1982,

abgedruckt bei: *Canaris*, Rn. 760,

besteht für die bezogene Bank die Verpflichtung, die einlösende Bank spätestens an dem auf den Eingangstag folgenden Geschäftstag unmittelbar mittels Telefon, Telex, Telefax oder Telegramm von der Nichteinlösung zu benachrichtigen. Dies gilt selbst dann, wenn die Einzugsbank den Scheck nicht im Auftrag eines Kunden, sondern auf eigene Rechnung einzieht.

BGH ZIP 1990, 28, 29 = WM 1990, 26;
dazu EWiR 1990, 185 *(Joost)*.

597 Die mit der Einholung einer Scheckbestätigung beauftragte Bank hat dem Auftraggeber alle für ihn erkennbar relevanten Zusatzinformationen mitzuteilen, die sie bei Einholung der Bestätigung erlangt hat.

BGH ZIP 1994, 1168 = WM 1994, 1466 = BB 1994, 1664
= NJW 1994, 2541,
dazu EWiR 1994, 929 *(Bülow)*
sowie WuB I D 3.-7.94 *(Menk)*.

ee) Geldausgabeautomat

598 Beim Zahlungsverkehr mittels Geldausgabeautomaten trifft die Bank, anders als in anderen Bereichen des Zahlungsverkehrs, aufgrund der besonderen Risiken, die mit der Geldausgabeautomatenbenutzung verbunden sind, eine besondere Aufklärungspflicht. Der Kunde muss auf die Funktionsweise des Geldautomaten hingewiesen werden.

599 Schließlich ist auch der Hinweis auf die sich aus einem Fehlverhalten ergebenden Folgen notwendig.

Köhler, AcP 182 (1982), 126;
Gößmann, Rn. 322.

600 Der Aufklärungspflicht genügen die Banken in der Praxis durch Hinweise in den ec-Bedingungen und dem PIN-Brief, durch den die Kunden vor einem leichtfertigen Umgang mit der Geheimnummer gewarnt werden. Häufig wird die Aufklärung durch ein gesondertes Merkblatt vorgenommen.

601 Allerdings besteht keine Schutzpflicht dahingehend, den Geldausgabeautomaten so zu programmieren, dass eine Kontoüberziehung gar nicht oder nur bis zu einer bestimmten Höhe möglich ist, weil die Bank grundsätzlich nicht gehalten ist, die Kontobewegungen zu überwachen und ihre Kunden von leichtfertigen Überziehungen abzuhalten.

6. Depotgeschäft

Canaris, Rn. 125;
Liesecke, WM 1975, 290;
BGH WM 1973, 722 f.

6. Depotgeschäft

a) Überwachungspflicht

Im Rahmen des Depotgeschäftes obliegen der Bank Überwachungspflichten 602
hinsichtlich der im Depot befindlichen Wertpapiere – z. B. Verlosungen,
Kündigungen oder Umwandlung einer Aktiengesellschaft in eine Kommanditgesellschaft – nach Nr. 37 Abs. 2 AGB-Bk (alt) nur, wenn sie diese Papiere verwahrt. Ohne einen solchen Verwahrungsvertrag werden diese Pflichten nicht begründet. Deshalb ergibt sich eine Überwachungspflicht nicht aus Mietverträgen über ein Schrankfach, weil ein solcher Vertrag keine Verwahrung in dem Sinne ist, dass eine Verwaltungstätigkeit der Bank hinsichtlich der untergebrachten Gegenstände in Betracht kommt.

OLG Köln WM 1985, 1414,
dazu EWiR 1986, 57 *(Niehoff)*
sowie WuB I G 2a.-1.86 *(Sonnenhol)*.

Eine Überwachungspflicht bezüglich Verlosungen und Kündigungen trifft 603
die Bank nur, wenn hierüber eine Bekanntmachung in den „Wertpapier-Mitteilungen" erscheint und sich die Papiere im Depot der Bank befinden.

AG München WM 1978, 829;
OLG Karlsruhe WM 1991, 276,
dazu WuB I A Nr. 39 AGB-Banken 1.91 *(van Look)*.

b) Beratungspflicht

Zum Gegenstand eines Depotvertrages gehört damit keine umfassende fort- 604
dauernde Beratungspflicht gegenüber dem Kunden über tatsächliche Gegebenheiten auf dem Kapitalmarkt, die zu einer Änderung der Anlageentscheidung führen könnten. Auch bei der Verwahrung von Wertpapieren im Depot des Kreditinstitutes bleibt der Kunde für seine Anlageentscheidung selbst verantwortlich. Er hat grundsätzlich das Risiko einer Fehleinschätzung zu tragen.

BGH ZIP 2005, 435 = WM 2005, 270,
dazu EWiR 2005, 245 *(Balzer)*;
OLG Karlsruhe WM 1992, 577 = NJW-RR 1992, 1074,
dazu EWiR 1992, 123 *(Grunsky)*
sowie WuB I G 1.-3.92 *(van Look)*;
vgl. zu dieser Entscheidung auch das erstinstanzliche
Urteil LG Freiburg WM 1991, 279,
dazu WuB I G 1.-1.91 *(Peterhoff)*;
OLG Frankfurt/M. WM 1996, 665,
dazu EWiR 1996, 589 *(Horn/Balzer)*
sowie WuB I G 1.-8.96 *(Jaskulla)*;
OLG Schleswig WM 1996, 1487 = NJW-RR 1996, 556,
dazu EWiR 1996, 1117 *(v. Randow)*;
OLG München WM 1997, 1801, 1806;

II. Besondere Aufklärungs-, Beratungs- und sonstige Warnpflichten der Bank

OLG Celle WM 1997, 1801,
dazu WuB I G 2.-2.97 *(Jaskulla)*.

605 Etwas anderes lässt sich auch nicht daraus herleiten, dass eine Depotbank eines Investmentfonds Kontrollrechte hat. Mit diesem Kontrollrecht ist keine Zweckmäßigkeitsprüfungspflicht bezüglich des Handelns der Kapitalanlagegesellschaft gegeben. Die Depotbank eines Investmentfonds nimmt allein durch diese Rechtsstellung noch kein „besonderes Vertrauen" in Anspruch, das eine Haftung für wirtschaftlich fehlerhafte Anlageentscheidungen begründen könnte.

OLG Frankfurt/M. ZIP 1997, 319 = WM 1997, 364,
dazu EWiR 1997, 311 *(v. Stebut)*
sowie WuB I G 8.-3.97 *(Zeller)*.

606 Die Banken brauchen den Kunden bei Abschluss eines Depotvertrages nicht darauf hinzuweisen, dass Wertpapiere von der Bundesschuldenverwaltung kostenlos verwahrt werden. Es ist insoweit der allgemeine Interessenwiderstreit der Vertragsparteien zu berücksichtigen. Die Bank darf allerdings nicht durch falsche Beratung versuchen, den Kunden von der Einschaltung der Bundesschuldenverwaltung abzubringen.

607 Hat eine depotführende Bank mit dem Vermögensverwalter eines Kunden eine Vereinbarung über die Beteiligung des Verwalters an ihren Provisionen und Depotgebühren geschlossen, so ist sie vor Vertragsschluss verpflichtet, dies dem Kunden offenzulegen.

BGHZ 146, 235 = ZIP 2001, 230 (m. Anm. *Balzer*, S. 232)
= WM 2001, 297,
dazu EWiR 2001, 255 *(Tilp)*
sowie WuB I G 9.-1.01 *(Meder)*;
LG Stuttgart BKR 2003, 842,
dazu EWiR 2004, 169 *(Balzer)*;
LG Düsseldorf ZIP 2004, 2089,
dazu EWiR 2004, 1073 *(Balzer)*;
ebenso OLG Düsseldorf, Urt. v. 2.12.2004 – I-6 U 46/04
(unveröff.).

c) Benachrichtigungspflichten

608 Eine depotführende Bank kommt ihrer Verpflichtung aus Nr. 15 Abs. 2 der Sonderbedingungen für Wertpapiergeschäfte, den Kunden über den Verfall von Rechten aus Optionsscheinen zu benachrichtigen, nur dann in ausreichendem Maße nach, wenn der Mitteilung unmissverständlich zu entnehmen ist, dass das Optionsrecht mit Ablauf der hierfür vorgesehenen Frist möglicherweise ersatzlos erlischt und ohne einen rechtzeitigen Verkauf oder die fristgerechte Ausübung des Optionsrechts ein etwaiger Wert verloren geht.

BGH ZIP 2002, 1238 = WM 2002, 1442 = NJW 2002, 2703
= BB 2002, 1504 = DB 2002, 1495,
dazu EWiR 2002, 833 *(F. Schäfer)*
sowie WuB I G 2.-4.02 *(Leisch)*.

8. Kapitalanlagen

Es handelt sich insoweit um eine Schickschuld der depotführenden Bank. Sie genügt ihrer Pflicht, wenn sie ihren Kunden durch einfachen Informationsbrief ein Angebot zum Aktientausch beschreibt und auf eine Umtauschfrist hinweist. Die Bank ist nicht verpflichtet, weitergehende Maßnahmen (z. B. Versand mittels Einschreiben oder telefonische Nachfragen) zu ergreifen. 609

> LG München BKR 2002, 963;
> LG Mönchengladbach WM 2002, 386,
> dazu WuB I G 1.-5.02 *(Wach/Lange)*.

Eine Verpflichtung zur Kontrolle eines Wertpapierdepots im Hinblick auf die Annahme eines Umtauschangebots kann sich für die Depotbank allenfalls aus einem Vermögensverwaltungsvertrag, nicht aber bei einer einfachen Depotverwaltung ergeben. 610

> LG München BKR 2002, 963.

7. Testamentsvollstreckung

Die Testamentsvollstreckung ist für Banken deshalb interessant, weil sie auf diese Weise einen Abfluss des Kapitals aus ihren Häusern verhindern. Der Kunde hat den Vorteil, dass eine Institution Testamentsvollstrecker ist, die, anders als eine natürliche Person, an der Ausübung des Amtes nicht gehindert ist. 611

> Vgl. dazu *Vortmann*, ZBB 1994, 259;
> *ders.*, WM 1995, 1745;
> *Bork*, WM 1995, 225.

Aufgrund der Tatsache, dass die Testamentsvollstreckung eine Vermögensverwaltung über den Tod hinaus ist, 612

> vgl. dazu *Vortmann*, ZBB 1994, 259;
> *Bork*, WM 1995, 225,

hat der Testamentsvollstrecker gegenüber den Erben Informationspflichten.

Diese Pflicht beinhaltet insbesondere die rechtzeitige Benachrichtigung über eingetretene Verluste, um den Erben die Möglichkeit zu geben, bei negativen Entwicklungen sofort einzugreifen und gegen den Testamentsvollstrecker gegebenenfalls einen Entlassungsantrag beim zuständigen Nachlassgericht zu stellen. Ein solcher Antrag hat aufgrund der engen Voraussetzungen des § 2227 BGB nur dann Aussicht auf Erfolg, wenn die Wertentwicklung des Nachlasses erheblich zurückgeht, um etwa 20–30 %. 613

8. Kapitalanlagen

Das Sparverhalten hat sich in den vergangenen Jahren sehr verändert. Nicht mehr das Sparbuch steht im Vordergrund, sondern der Wunsch des Anlegers 614

II. Besondere Aufklärungs-, Beratungs- und sonstige Warnpflichten der Bank

nach einer höheren Rendite. Da es jedoch eine Vielzahl von verschiedenen Anlagemodellen gibt, ist der Anleger zunehmend auf die Beratung durch Bankmitarbeiter oder freie Kapitalvermittler angewiesen.

a) Treuhandschaft

aa) Allgemeines

615 Banken übernehmen im Zusammenhang mit Immobilienanlagen oder -fonds häufig Treuhandaufgaben.

> Zum Begriff Treuhandschaft vgl. Palandt/*Bassenge*, BGB, vor § 164 Rn. 7.

616 Im Rahmen eines bestehenden Treuhandauftrages ist der Treuhänder grundsätzlich verpflichtet, alles zu tun, um einen Schaden vom Treugeber abzuwenden,

> BGH WM 1986, 904,
> dazu EWiR 1986, 1075 *(Rössner/Schmitt)*
> sowie WuB I G 9.-4.86 *(v. Heymann)*;
> BGH ZIP 2009, 1430 = WM 2008, 2355,
> dazu WuB I G 1.-2.09 *(Hanowski)*.

und alles zu unterlassen, was den Interessen des Treugebers entgegenstehen könnte.

> BGHZ 73, 294 = WM 1979, 642 = NJW 1979, 1503.

617 Diese Pflicht besteht sogar dann, wenn der Treuhandkommanditist nicht mit dem Anleger in einen persönlichen Kontakt tritt.

> BGH ZIP 2009, 1430 = WM 2008, 2355,
> dazu WuB I G 1.-2.09 *(Hanowski)*.

618 Eine Verletzung von Treuhandpflichten im Zusammenhang mit dieser Tätigkeit – gleichgültig, ob Verwaltungstreuhand (uneigennützige Treuhand) oder Sicherungstreuhand (eigennützige Treuhand) –, kann zu Ansprüchen des Anlegers gegen die Bank aus der Treuhandschaft führen.

> *v. Heymann*, NJW 1990, 1137, 1141 m. w. N.;
> vgl. auch *Köble*, in: Festschrift Korbion, S. 215 ff., 218.

619 Treuhandpflichten ergeben sich aus den §§ 675, 664–667 BGB, den Vertragsbeziehungen und der besonderen Art der Treuhandschaft (Gesellschafts-, Zahlungs- oder Vertragstreuhänder) sowie den allgemeinen Grundsätzen ordnungsgemäßer Treuhandschaft, zu denen u. a. gehören:

- Aufklärungs- und Mitwirkungspflichten,

- berufsrechtliche Standesrichtlinien von Rechtsanwälten, Steuerberatern und Wirtschaftsprüfern,

8. Kapitalanlagen

- Grundsatz der Unabhängigkeit und

- Grundsatz der Interessenwahrung bei der Konzeption, Platzierung, Durchführung, Abrechnung und Kontrolle.

BGH ZIP 1986, 1124 = WM 1986, 1320,
dazu EWiR 1987, 233 *(Koeble)*
sowie WuB I G 7.-1.87 *(Wolfsteiner)*;
v. Heymann/Merz, S. 80 f.;
Pause, Rn. 576 ff.

Die Verpflichtung eines Treuhandgesellschafters zur Aufklärung künftiger **620**
Anleger eines Fonds über alle wesentlichen Umstände der Anlage umfasst
auch Angaben hinsichtlich des Umfangs einer zugesagten Mietgarantie.

BGH ZIP 2003, 1536 = DStR 2003, 1584 = BKR 2003, 715
= WM 2003, 1718,
dazu EWiR 2003, 583 *(Frisch)*.

Es gehört zur Pflicht der Treuhandkommanditistin eines Filmfonds, den An- **621**
leger bei Annahme seines Vertragsangebots zum Abschluss eines Treuhandvertrages über ihr bekannte regelwidrige Auffälligkeiten zu informieren, die sich so nicht aus der Lektüre des Emissionsprospekts erschließen.

BGH WM 2009, 593,
dazu WUB I G 8.-3.09 *(Schwennicke)*;
beispielsweise die Pflicht zur Information die einer Bank bekannten wesentlichen Einbindung eines großen Vertriebsunternehmens, dessen Hauptgesellschafter zugleich Mehrheitsgesellschafter der Komplementärin der Beteiligungsgesellschaft ist;
vgl. BGH ZIP 2010, 1132 = DStR 2010, 1434 = WM 2010, 1017,
dazu WuB I G 1.-13.11 *(Hauptmann/Lang)*.

Das der Treuhandkommanditistin bekannte aufsichtsrechtliche Tätigwerden **622**
der Bundesanstalt für Finanzdienstleistungen (BaFin) gegen die Kommanditgesellschaft stellt eine regelwidrige Auffälligkeit dar, über die die Treuhandkommanditistin vor Vertragsschluss mit beitrittswilligen Treugebern aufzuklären hat.

Trägt der gesetzliche Vertreter der Treuhandkommanditistin nicht dafür Sorge, **623**
dass die Treugeber rechtzeitig unterrichtet werden, obgleich ihm die Bedeutsamkeit der Information für die Anlegerentscheidung bewusst ist, so haftet er persönlich wegen vorsätzlich sittenwidriger Schädigung auf Schadensersatz.

OLG München WM 2009, 651.

bb) Pflichtenkatalog

(1) Aufklärungs- und Beratungspflichten

Die Bank als Treuhänderin ist gegenüber dem Treugeber und Kapitalanleger **624**
zur Aufklärung über alle wesentlichen Punkte verpflichtet, die für die Kapitalanlage von Bedeutung oder geeignet sind, den Vertragszweck zu vereiteln.

II. Besondere Aufklärungs-, Beratungs- und sonstige Warnpflichten der Bank

Zu diesen wesentlichen Punkten gehören die wirtschaftlichen und rechtlichen Grundlagen der Kapitalanlage. Stehen der Bank derartige Informationen nicht zur Verfügung und kann sie diese nicht erhalten, hat sie die Verpflichtung, entweder die Treuhandschaft abzulehnen oder den Anleger über diese Tatsache aufzuklären.

BGHZ 84, = ZIP 1982, 833 = WM 1982, 758
= NJW 1982, 2493;
OLG Stuttgart WM 1987, 1260,
dazu WuB I G 7.-13.87 (v. Heymann).

625 Der Treuhänder ist verpflichtet, die Anleger auf die Risiken hinzuweisen, die aus einem vor Erfüllung der vertraglich festgelegten Voraussetzungen veranlassten Baubeginn entstehen können.

BGH, Urt. v. 2.3.1994 – VIII ZR 14/93 (unveröff.).

626 Die Verpflichtung umfasst ferner die Aufklärung über die Verlustzuweisung.

BGH ZIP 1984, 73 = WM 1983, 1387 = NJW 1984, 863.

627 Zudem muss der Treuhänder im Prospekt darauf hinweisen, dass die ausgewiesenen Baukosten erhöht wurden, um eine Mietausfallgarantie anbieten zu können.

BGH ZIP 1994, 1851 = WM 1994, 2192 = BB 1994, 2376
= NJW 1995, 130,
dazu EWiR 1995, 27 (Thode).

628 Dagegen ist die Aufklärung der Bank als Zahlungstreuhänderin hinsichtlich der steuerlichen Risiken nicht zwingend notwendig.

BGH ZIP 1987, 109 = WM 1987, 212 = NJW-RR 1987, 273,
dazu EWiR 1987, 143 (Schlewing)
sowie WuB I G 7.-4.87 (Assmann).

629 Gleiches gilt für die möglichen rechtlichen Änderungen der Finanzverwaltung, z. B. im Hinblick auf die Gewerbesteuerfreiheit.

OLG Frankfurt/M. ZIP 1988, 632,
dazu WuB I G 7.-11.88 (v. Heymann).

630 Die Mitherausgeberschaft bezüglich eines Prospektes verpflichtet die mit Treuhandaufgaben betraute Bank, die gleichzeitig Treuhandkommanditistin ist, zur Haftung wegen Aufklärungsverschuldens, wenn sie in Kenntnis oder schuldhafter Unkenntnis der wahren Verhältnisse einen in wesentlichen Punkten unrichtigen, unvollständigen oder irreführenden Emissionsprospekt herausgegeben hat.

BGH WM 1985, 533,
dazu EWiR 1985, 187 (Rümker)
sowie WuB IV A. § 195 BGB 2.85 (Erlinghagen).

631 Nach dieser Entscheidung sind zu hoch kalkulierte und nicht realisierbare Mieten sowie stark überhöhte Baupreise wegen des in ihnen enthaltenen

8. Kapitalanlagen

Aufschlages für Ausschüttungsgarantien und Provisionen für die Bank fehlerhaft.

(2) Nachforschungspflichten

Aus der Verpflichtung, über die rechtlichen und wirtschaftlichen Grundlagen der Kapitalanlage aufzuklären, ergibt sich bereits eine vorgeschaltete Nachforschungspflicht des Treuhänders, da er nur über Grundlagen informieren kann, die ihm bekannt sind. Der Treuhänder darf sich aufgrund seiner in dieser Hinsicht bestehenden umfassenden Aufklärungspflicht nicht auf die Angaben der Initiatoren der Kapitalanlage verlassen, sondern muss eigene Nachforschungen anstellen. Sind ihm diese nicht möglich, ist der Treugeber darüber aufzuklären. **632**

Der Treuhänder, der dagegen lediglich mit der Anweisung der eingehenden Gelder im Interesse des Anlegers für dessen Rechnung beauftragt ist (sog. Zahlungstreuhänder), hat keine Verpflichtung, eigene Feststellungen, beispielsweise über eine gesicherte Realisierbarkeit des Wohnungserwerbs zu den erwarteten Konditionen, zu treffen. **633**

> BGH WM 1987, 179 = NJW-RR 1987, 274,
> dazu EWiR 1987, 141 *(Reithmann)*
> sowie WuB I G 7.-3.87 *(Assmann)*.

(3) Benachrichtigungspflichten

Die Bank als Treuhänderin ist gegenüber den Bauherren zur regelmäßigen Beratung und Benachrichtigung verpflichtet, insbesondere über die rechtzeitige Geltendmachung von Forderungen bei drohender Insolvenz des Schuldners. **634**

> BGH NJW-RR 1988, 915.

(4) Überwachungspflichten

Im technischen Bereich der Bauüberwachung treffen den Treuhänder grundsätzlich keine Pflichten. Die Bauüberwachung hat der eingeschaltete Architekt durchzuführen. Wenn der Treuhänder durch vertragliche Vereinbarungen ausnahmsweise Überwachungspflichten in diesem Bereich übernimmt, haftet er wie ein Baubetreuer. **635**

> *Köble*, in: Festschrift Korbion, S. 215, 220.

b) Anlagevermittlung

Der Vertrieb von Kapitalanlagen erfolgt im Wesentlichen durch Vertriebsgesellschaften, die sich dazu mündlicher Empfehlungen und der Ausgabe von Prospekten und sonstigen Verkaufsunterlagen bedienen. In diesem Zusammenhang nahmen bisher die Aufklärungspflichten beim Verkauf von Warenterminoptionen an der Londoner Terminbörse in der Rechtsprechung einen breiten Raum ein. Zunehmend, insbesondere im Hinblick auf das angestrebte **636**

II. Besondere Aufklärungs-, Beratungs- und sonstige Warnpflichten der Bank

Allfinanzkonzept der Banken und der Einführung der Deutschen Terminbörse, werden die Banken in den Vertrieb von Kapitalanlagen dieser Art eingeschaltet.

aa) Abgrenzung zur Anlageberatung

637 Die Aufklärungs-, Beratungs- und sonstigen Warnpflichten eines Anlagevermittlers unterscheiden sich von den Pflichten eines Anlageberaters, der im Einzelfall erhöhte Pflichten hat, so dass zunächst die Anlagevermittlung von der Anlageberatung abzugrenzen ist.

Zur Abgrenzung vgl. die umfassende Darstellungen *von Hoegen*, in: Festschrift Stimpel, S. 248 ff. und *Nassall*, NJW 2011, 2323, 2324.

638 Für die Abgrenzung ist nicht der Wortlaut des Vermittlungsvertrages maßgeblich, sondern es ist auf die tatsächlichen Umstände und die entfaltete Tätigkeit abzustellen.

OLG Hamm, Urt. v. 5.10.1992 – 2 U 61/92 (unveröff.).

639 Es kommt auf das äußere Erscheinungsbild an.

LG Berlin BKR 2011, 344.

(1) Anlagevermittler

640 Vom Anlagevermittler werden lediglich Auskünfte erbeten, wobei zu erwarten ist, dass der werbende und anpreisende Charakter im Vordergrund steht.

OLG Oldenburg WM 1987, 169,
dazu WuB IV A. § 276 BGB 2.87 *(Assmann)*.

641 Beispielsweise ist das Anpreisen einer Wohnung durch den Vermittler dahingehend, dass die Wohnung in fünf Jahren mit einem „satten Gewinn" weiter zu veräußern ist, nur eine werbehafte Übertreibung, jedoch kein Beratungsfehler.

BGH BKR 2013, 280.

642 Der den Anlagevermittler einschaltende Anlageinteressent hat an den Anlagevermittler geringere Erwartungen als an den Anlageberater. Infolgedessen ist der Anlagevermittler aufgrund des zwischen ihm und dem Interessenten – meist stillschweigend – geschlossenen Vertrages auf Auskunftserteilung,

Müssig, NJW 1989, 1697, 1700 m. w. N.;
Wagner, DStR 2004, 1836, 1837 f.,

zu richtiger und vollständiger Information über diejenigen tatsächlichen Umstände verpflichtet, die für den Anlageentschluss des Interessenten von besonderer Bedeutung sind. Die Bewertung dieser Umstände, die nur im Zusammenhang mit einer individuellen Beratung erbracht werden kann, wird vom Interessenten gar nicht erwartet und obliegt dem Anlagevermittler nicht.

8. Kapitalanlagen

BGH ZIP 1982, 169 = WM 1982, 90 = NJW 1982, 1095;
BGHZ 74, 103 = WM 1979, 530 = NJW 1979, 1449;
BGH ZIP 1988, 1464 = WM 1988, 1685 = NJW-RR 1989, 1685,
dazu EWiR 1988, 1191 *(Medicus)*
sowie WuB I G 7.-1.89 *(v. Heymann)*;
BGH ZIP 1990, 43 = NJW 1990, 506,
dazu EWiR 1989, 1171 *(Ott)*;
BGH ZIP 1993, 997 = WM 1993, 1238 = BB 1993, 1317,
dazu EWiR 1993, 765 *(Brink)*
sowie WuB I G 4.-7.93 *(v. Heymann)*.

Allerdings ist auch der Anlagevermittler zu einer Plausibilitätsprüfung hinsichtlich des Emissionsprospektes verpflichtet. **643**

BGH WM 2009, 739 = BB 2009, 1098 = MDR 2009, 569,
dazu WuB I G 1.-5.09 *(Wulff)*.

Der Anlagevermittler, aber auch der Berater, darf auch in einem Werbeschreiben mit ihren Erklärungen nicht ein Bild der Kapitalanlage zeichnen, das die Risikohinweise im Prospekt entwertet. **644**

OLG München WM 2012, 446,
dazu WuB I G 1.-8.12 *(Hanowski)*.

Für das Zustandekommen eines Auskunftsvertrages kann es genügen, wenn der Anleger den Anlagevermittler um einen Beratungstermin bittet und der Anlagevermittler dann Angaben zu der fraglichen Anlage macht. **645**

BGH ZIP 2005, 1082 = WM 2005, 1219,
dazu EWiR 2005, 665 *(Koller)*.

Im Rahmen einer Anlagevermittlung kommt zwischen dem Anlageinteressenten und dem Vermittler ein Auskunftsvertrag mit Haftungsfolgen zumindest stillschweigend zustande, wenn der Interessent deutlich macht, dass er, auf eine bestimmte Anlageentscheidung bezogen, die die besonderen Kenntnisse und Verbindungen des Vermittlers in Anspruch nehmen will, und der Anlagevermittler die gewünschte Tätigkeit beginnt. **646**

BGH ZIP 2006, 2221 = ZfIR 2007, 37 (LS),
dazu EWiR 2007, 73 *(Fritsch)*.

Der Feststellung weiterer besonderer Umstände bedarf es nicht. Das gilt auch dann, wenn der Vermittler bei den Vertragsverhandlungen zugleich als selbständiger „Repräsentant" einer Bank auftritt. **647**

BGH ZIP 2007, 1069 = ZfIR 2007, 294 (LS) = WM 2007, 585
= BKR 2007, 296 = DB 2007, 628 = NJW 2007, 1362,
dazu EWiR 2007, 429 *(Klanten)*.

Der Auskunftsvertrag kommt mit der vermittelnden Person und nicht mit der hinter ihm stehenden Vertriebsorganisation zustande, wenn der Anlagevermittler nicht deutlich macht, dass er für eine Vertriebsorganisation auftreten will. **648**

BGH, a. a. O.

II. Besondere Aufklärungs-, Beratungs- und sonstige Warnpflichten der Bank

(2) Anlageberater

649 Der wesentliche Unterschied zur Anlageberatung liegt darin, dass der Interessent den Anlageberater zum Zwecke der individuellen Beratung hinzuzieht, weil er selbst über keine allgemeinen wirtschaftlichen Kenntnisse verfügt und keinen Überblick über die wirtschaftlichen Zusammenhänge hat.

Der Anlageinteressent erwartet von dem Anlageberater nicht nur Informationen über Tatsachen, sondern auch eine fachkundige Beratung in Form der Bewertung und Beurteilung der Kapitalanlage, gegebenenfalls unter besonderer Berücksichtigung seiner persönlichen Verhältnisse.

BGHZ 74, 103 = WM 1979, 530 = NJW 1979, 1449;
BGH ZIP 1982, 169 = WM 1982, 90 = NJW 1982, 1095
(m. Anm. *Assmann*, S. 1083);
OLG Oldenburg WM 1987, 169,
dazu WuB IV A. § 276 BGB 2.87 *(Assmann)*;
Hoegen, in: Festschrift Stimpel, S. 250 ff.

650 Die Grenzziehung zwischen Anlageberatung und -vermittlung ist allerdings in den Fällen, in denen der Vermittler als Vertreter oder Sachwalter des Emittenten persönliches Vertrauen in Anspruch nimmt, fließend; mit der Folge, dass der Vermittler hier wie ein Anlageberater zur vollständigen und richtigen Beratung verpflichtet ist.

BGH WM 1978, 611;
BGHZ 74, 103, 109 = WM 1979, 530 = NJW 1979, 1449;
BGH ZIP 1984, 1080 = WM 1984, 1075 = NJW 1984, 2524.

651 Während die Haftung des Beraters in diesen Fällen auf einem stillschweigend geschlossenen Beratungsvertrag beruht, der regelmäßig gesteigerte Pflichten zur Folge hat, ist die Grundlage der Haftung eines Anlagevermittlers, der sich auf die bloße Anpreisung und Werbung eines Produktes beschränkt, ein Vermittlungsvertrag, der verminderten Anforderungen an die dem Vermittler obliegenden Pflichten stellt.

Assmann, WuB IV A. § 276 BGB 2.87.

652 Der Hinweis des Vermittlers, er habe den Initiator der Kapitalanlage persönlich kennen gelernt und selbst eine Beteiligung gezeichnet, hat lediglich werbenden und anpreisenden Charakter. Persönliches Vertrauen wird dadurch nicht in Anspruch genommen.

OLG Oldenburg WM 1987, 169,
dazu WuB IV A. § 276 BGB 2.87 *(Assmann)*.

653 Der Vermittler nimmt dagegen persönliches Vertrauen in Anspruch, wenn gegenüber dem Anlageinteressenten erklärt wird, er habe das infrage stehende Objekt erst in den Vertrieb aufgenommen, nachdem – wie bei ihm üblich – es eingehend überprüft worden sei.

BGH WM 1979, 530, 532.

8. Kapitalanlagen

Persönliches Vertrauen wird auch in Anspruch genommen, wenn eine eigene **654**
bestimmte Sachkompetenz behauptet wird.

> BGH WM 1978, 611, 612:
> „Die Beklagte hat durch ihr Auftreten als auf die internationale Anlageberatung und Vermögensplanung gerichtete Anlagegesellschaft den Eindruck besonderer Sachkunde erweckt und ... einen zusätzlichen, auf ihre Person gegründeten Vertrauenstatbestand geschaffen."
>
> BGH WM 2002, 1456 = NJW 2002, 2641,
> dazu EWiR 2002, 943 *(Steiner)*
> sowie WuB I G 1.-8.02 *(Jaskulla)*.

Gleiches gilt für den Vermittler, der dem Anlageinteressenten darlegt, er ver- **655**
füge über eingehende Informationen, wie sie ein Anlageberater üblicherweise
nicht habe und sich seine Vermittlungstätigkeit mit einer „Beratungsgebühr"
entlohnen lässt. Der Anleger kann in diesem Fall eine besonders fundierte
und differenzierte Beratung erwarten.

> BGH ZIP 1990, 928 = WM 1990, 1276 = NJW 1990, 2461,
> dazu EWiR 1990, 757 *(Assmann)*
> sowie WuB I G 9.-1.90 *(v. Heymann)*.

Eine Bank, die eine bestimmte Anlage befürwortet und dadurch beim Kunden **656**
den Eindruck erweckt, das Anlageprogramm mit positivem Ergebnis geprüft
zu haben, hat den Interessenten über alle bei ordnungsgemäßer banküblicher
Überprüfung erkennbaren Programmrisiken und Bedenken gegen die Bonität oder Seriosität des Programminitiators aufzuklären.

> BGH ZIP 1992, 1220 = WM 1992, 1355,
> dazu EWiR 1992, 763 *(Teske)*
> sowie WuB I E 1.-13.92 *(Eckert)*.

Besonderes Vertrauen nimmt die Bank als Anlageberater ebenfalls in An- **657**
spruch, wenn sie es zulässt, dass sie in einem Prospekt als Referenz genannt
wird. Ihr erwächst daraus gegenüber den Anlegern, die mit ihr über eine Finanzierung verhandeln, die Verpflichtung, die Richtigkeit der Prospektangaben
und die Bonität der Initiatoren in banküblicher Weise zu überprüfen und die
Kreditinteressenten über bestehende Bedenken aufzuklären. Eine solche Referenzbenennung vermittelt dem Anleger einen Anstrich von Seriosität, die
weitere Nachfragen seinerseits überflüssig erscheinen lässt.

> BGH ZIP 1992, 987 = WM 1992, 1269 = BB 1992, 1454,
> dazu EWiR 1992, 753 *(Braun)*
> sowie WuB I G 4.-8.92 *(Assmann)*.

bb) Pflichtenkatalog

(1) Aufklärungspflichten

(a) Grundsatz

Der Vermittlungsvertrag begründet nicht die individuelle Beratung des An- **658**
lageinteressenten, sondern lediglich die Verpflichtung des Anlagevermittlers

II. Besondere Aufklärungs-, Beratungs- und sonstige Warnpflichten der Bank

zur vollständigen und richtigen Information. Das wirtschaftliche Risiko der Anlage wird dem Anleger damit nicht abgenommen. Der Anlagevermittler soll ihm lediglich die Möglichkeit eröffnen, das wirtschaftliche und rechtliche Risiko seiner Kapitalinvestition selbst zu erkennen.

> BGHZ 80, 80 = ZIP 1981, 376 = WM 1981, 374 = NJW 1981, 1266;
> BGH ZIP 1985, 272 = WM 1985, 81 = NJW 1986, 123,
> dazu EWiR 1985, 51 *(Bundschuh)*
> sowie WuB I G 4.-1.85 *(Kümpel)*;
> BGH WM 1987, 531 = NJW-RR 1987, 936,
> dazu WuB I G 4.-6.87 *(Assmann)*.

659 Diese Verpflichtung besteht auch in Ermangelung eines geschlossenen Vermittlungsvertrages aufgrund eines ansonsten drohenden Schadensersatzanspruchs wegen Verschuldens bei Vertragsschluss.

> BGHZ 74, 103 = WM 1979, 530 = NJW 1979, 1449;
> BGHZ 79, 337 = ZIP 1981, 518 = WM 1981, 483.

660 Ausnahmsweise entfällt die Verpflichtung zur vollständigen und richtigen Information bei fehlender Schutzbedürftigkeit des Anlegers.

> BGH WM 1980, 284;
> BGH WM 1988, 41 = NJW-RR 1988, 365,
> dazu WuB I E 1.-6.88 *(Kessler)*.

661 Erteilt ein Anlagevermittler Auskunft zu der Sicherheit einer Kapitalanlage, indem er ohne Einschränkungen auf die Angaben des Kapitalsuchenden verweist, macht er sich dessen Aussagen bei der Auskunft zu eigen. Hat er in einem solchen Fall die Sicherheit der Kapitalanlage nicht geprüft, so muss er dies dem Kunden gegenüber ungefragt deutlich machen.

> BGH ZIP 2003, 1928 = WM 2003, 2064 = BB 2003, 2311
> = BKR 2003, 874,
> dazu EWiR 2004, 175 *(Klanten)*.

(aa) Richtigkeit und Vollständigkeit der Information

662 Die Verpflichtung zur Richtigkeit und Vollständigkeit verletzt der Anlagevermittler nicht nur durch falsche Angaben, sondern auch durch die Nichtweitergabe notwendiger Informationen.

> BGH ZIP 1988, 316 = WM 1988, 48 = NJW-RR 1988, 348,
> dazu WuB IV A. § 463 BGB 1.88 *(Emmerich)*.

663 Die Vorenthaltung wesentlicher Tatsachen, die den Anleger erst in die Lage versetzt hätten, sein eigenes Investitionsrisiko zu erkennen, hat zur Folge, dass der Anlagevermittler einen eigenen Wissens- und Erfahrungsvorsprung auf Kosten des Anlegers, der selbst nicht über ausreichende Kenntnisse verfügt und deshalb auf die Informationen angewiesen ist, gewerbsmäßig ausnutzt. Die Ausnutzung einer geschäftlichen Überlegenheit begründet eine Haftung nach § 826 BGB wegen vorsätzlich sittenwidriger Schädigung.

8. Kapitalanlagen

Die Überlassung von schriftlichen Unterlagen durch den Anlagevermittler, **664** aus denen der Anleger die erforderlichen Informationen entnehmen kann, kann im Sinne einer vollständigen und richtigen Information genügen. Dies setzt aber die rechtzeitige Übergabe eines vollständigen und inhaltlich richtigen Prospekts voraus. Die Übergabe bloß einen Tag vor Zeichnung ist nicht als rechtzeitig zu qualifizieren.

LG Nürnberg-Fürth BKR 2014, 467.

Weniger als eine Woche kann dagegen selbst bei erstmaliger Zeichnung eines **665** geschlossenen Fonds ausreichen, sich hinreichend mit dem Prospekt zu befassen.

OLG Brandenburg BKR 2014, 345.

Der Vermittler ist allerdings zur Erläuterung der Unterlagen verpflichtet. **666** Daraus wiederum folgt die Pflicht des Anlagevermittlers, die im Prospekt enthaltenen Widersprüche aufzudecken und zu erklären, mithin richtigzustellen. Voraussetzung dafür ist eine Plausibilitätsprüfung des Vermittlers.

BGH ZIP 1983, 433 = WM 1983, 263 = NJW 1983, 1730;
OLG Karlsruhe BKR 2003, 382.

Den Anlageinteressenten kann ein Mitverschulden bei der Entstehung seines **667** Schadens treffen, wenn er die ihm angebotene Kapitalanlage anhand der ihm vorgelegten Prospekte nicht auf Klarheit und Schlüssigkeit hin überprüft.

OLG Karlsruhe, a. a. O.

Ein Anlagevermittler muss jedenfalls dann auf eine verdeckte Innenprovision **668** hinweisen, wenn diese 15 % der Beteiligungssumme überschreitet. Dabei muss nicht darüber aufgeklärt werden, an wen die Innenprovision fließt, sondern allein, dass sie anfällt.

LG Nürnberg-Fürth BKR 2014, 467.

Der Vermittler von amerikanischen Billigaktien (sog. Penny Stocks) begeht **669** eine schuldhafte Verletzung der Aufklärungspflichten dadurch, dass er durch allgemeine Hinweise in einer Informationsbroschüre auf die Risiken der Kapitalanlage in normalen Aktien die besonderen Gefahren der Spekulation in Penny Stocks verschleiert.

BGH ZIP 1991, 297, 298 = WM 1991, 315, 316 f.,
dazu EWiR 1991, 437 *(Schwark)*.

(bb) Aufklärungsbedürftige Umstände

Inhaltlich umfasst die Verpflichtung zur vollständigen und richtigen Infor- **670** mation die Aufklärung über diejenigen Umstände, die für den Anlageentschluss des Interessenten von Bedeutung sind und diesem als Grundlage für seine Kapitalanlageinvestition dienen.

BGH ZIP 1982, 169 = WM 1982, 90 = NJW 1982, 1095
(m. Anm. *Assmann*, S. 1083).

II. Besondere Aufklärungs-, Beratungs- und sonstige Warnpflichten der Bank

671 Dazu gehören nicht offenkundige und selbstverständliche Risiken wie der Dollarkurs oder der Bedarf an Gegenständen, die mit der Kapitalanlage finanziert werden.

> OLG Hamm WM 1989, 598,
> dazu WuB I G 4.-4.89 *(v. Heymann)*.

672 Dies gilt auch für eine telefonische Order durch den Anleger.

> OLG Saarbrücken ZIP 2007, 763.

673 Für den nicht bankmäßig gebundenen, freien Anlagevermittler besteht – soweit nicht § 31d WpHG eingreift – keine Verpflichtung gegenüber seinem Kunden, ungefragt über eine von ihm bei der empfohlenen Anlage erwartete Provision aufzuklären, wenn der Kunde selbst keine Provision zahlt oder offen ein Agio oder Kosten für die Eigenkapitalbeschaffung ausgewiesen werden, aus denen ihrerseits die Vertriebsprovisionen aufgebracht werden.

> BGH ZIP 2013, 2001 = ZBB 2014, 243 = WM 2013, 1983,
> dazu EWiR 2014, 1 *(Balzer)*
> sowie WuB I G 1.-3.14 *(Buck-Heeb)*;
> BGH ZIP 2010, 919 = ZBB 2010, 301 (m. Bespr. *Carsten Herresthal*, S. 305) = WM 2010, 885 = DB 2010, 1056 = DStR 2010, 1297 = BKR 2010, 247 (m. Anm. *Tyzak/Stieglitz*, S. 249 ff.),
> dazu EWiR 2010, 445 *(Nietsch)*
> sowie WuB I G 1.-19.10 *(Edelmann)*;
> bestätigt durch BGH ZIP 2011, 607 = WM 2011, 640 = BKR 2011, 248 = DB 2011, 761,
> dazu EWiR 2011, 303 *(Tiedemann)*
> sowie WuB I G 1.-15.11 *(Buck-Heeb)*;
> OLG Stuttgart ZIP 2010, 824 = ZfIR 2010, 478 (LS) = WM 2010, 1170 = BKR 2010, 288,
> dazu EWiR 2010, 315 *(Brocker)* und EWiR 2010, 315 *(Tilp)*
> sowie WuB I G 1.-20.10 *(Bulach)*;
> OLG München ZIP 2011, 610 (LS) = BKR 2011, 116 = WM 2011, 784,
> dazu WuB I G 1.-17.11 *(Hanowski)*;
> grundlegend zur Haftung des freien Anlageberaters vgl. *Nassall*, NJW 2011, 2323 sowie *Kropf*, WM 2014, 640;
> a. A. OLG Düsseldorf ZIP 2010, 1583,
> dazu EWiR 2010, 697 *(Bendermacher)*.

674 Einem Anleger, der für die Leistung eines allgemeinen Anlagevermittlers oder Anlageberaters nichts zu bezahlen braucht, muss klar sein, dass dieser nicht unentgeltlich tätig ist und für die „Vermittlung" einer Anlage eine Vergütung von den jeweiligen Emittenten erhält.

> OLG Celle ZIP 2009, 2149 = ZfIR 2009, 611 (LS) = BKR 2009, 385.

8. Kapitalanlagen

(b) Einzelne Anlagebeteiligungen

(aa) Immobilien

Der Anlagevermittler muss auf dingliche Belastungen sowohl bei inländischen, 675

BGH WM 1979, 1595,

als auch bei ausländischen Immobilien hinweisen.

BGH WM 1978, 611;
OLG Köln BB 1988, 92.

Hinsichtlich der inländischen Immobilien umfasst diese Verpflichtung auch 676
die Aufklärung über Belastungen, die sich aus der Nutzungsart, z. B. sozialer
Wohnungsbau, ergeben. Der Hinweis auf einen sozialen Wohnungsbau ist
aufgrund seiner Bedeutung für die Ertragswertermittlung geeignet, für den
Kapitalanleger von großer Bedeutung zu sein.

BGH ZIP 1984, 70 = WM 1984, 34 = NJW 1984, 355.

Diese besonderen Einzelpflichten haben ihren Ursprung in der grundsätz- 677
lichen Pflicht, über die wirtschaftlichen Tatsachen der Kapitalanlagen, insbesondere die Wirtschaftlichkeit der Anlage, die durch Belastungen jeder Art
beeinträchtigt sein kann, aufzuklären. Informationen über die bestehenden
Belastungen dürfen dem Anlageinteressenten nicht vorenthalten werden.

BGH WM 1978, 611, 612:

„Eine solche Offenbarungspflicht ist hier jedoch deshalb anzuerkennen, weil
die Belastung der Fonds-Grundstücke mit etwa 75 % ein Umstand war, der
für den Geschäftswillen eines Kaufinteressenten von entscheidender Bedeutung
sein konnte und ihm deshalb redlicherweise nicht vorenthalten werden durfte.
Eine so hohe Belastung beeinträchtigt sowohl die Sicherheit als auch die Rentabilität der Geldanlage und bedeutet für den Anleger allgemein ein hohes Risiko."

Zu den Haftungsverhältnissen bei geschlossenen Immobilienfonds vgl. *Sagemeister*, Sparkasse 1996, 533.

Hat eine Bank als Immobilienvermittlerin in dem ersten Angebotsschreiben 678
an einen möglichen Immobilienkäufer auf die Provisionspflicht hingewiesen,
so ist die Forderung, im laufenden Schriftverkehr mit diesem Interessenten,
solange es sich um dasselbe Verkaufsangebot handelt, immer wieder erneut
auf die Provisionspflicht hinzuweisen, überzogen.

AG Wittmund WM 1989, 1299,
dazu WuB IV A. § 276 BGB 4.89 *(v. Heymann)*.

Betreibt eine Bank einen kostenlosen Immobilienservice, indem sie durch 679
Zeitungsanzeigen Grundstücke anbietet, um auf diese Weise neue Bankkunden
zu gewinnen, so treffen sie gegenüber Interessenten Aufklärungs- und Beratungspflichten aus einem vertragsähnlichen Vertrauensverhältnis. Sind die
mit der Finanzierung des beabsichtigten Erwerbs verbundenen Belastungen
für den Interessenten untragbar, muss sie ihm dringend von dem Erwerb abraten, um nicht schadensersatzpflichtig zu werden.

II. Besondere Aufklärungs-, Beratungs- und sonstige Warnpflichten der Bank

OLG Düsseldorf WM 1986, 253, bezieht seine Entscheidung zwar auf eine Bausparkasse. Diese Grundsätze sind jedoch auf eine Bank mit einem Immobilienservice übertragbar.

680 Bei einem auf Steuerersparnis angelegten Immobilienverkauf kann die Erstellung eines „persönlichen Berechnungsbeispiels" über die beim Käufer auftretenden steuerlichen Auswirkungen Gegenstand eines besonderen Beratungsvertrages sein.

BGH ZIP 1999, 192 = WM 1999, 137,
dazu EWiR 1999, 107 *(Himmelmann)*
sowie WuB I G 5.-2.99 *(v. Heymann)*.

681 Wird in einem Anlagekonzept durch einen Generalanmieter eine Garantiemiete versprochen, ist der Anlagevermittler verpflichtet, darauf hinzuweisen, dass die „garantierte" Miete allein auf der Zusage und den Angaben des Verkäufers oder Generalanmieters beruht, wirtschaftlich von dessen Bestand und Bonität abhängt und gemessen am Markt überhöht sei. Ein Hinweis im Prospekt auf das Risiko des Mietausfalls nach Ablauf des Mietgarantievertrages entbindet den Anlagevermittler nicht von diesen Pflichten. Der Hinweis hätte vielmehr Anlass dazu sein müssen, klarzulegen, dass eine fachkundige Überprüfung der Marktsituation nach seiner Kenntnis nicht erfolgt sei.

OLG Karlsruhe BKR 2007, 468.

(bb) Abschreibungsgesellschaften

682 Zu den aufklärungsbedürftigen Umständen gehören im Zusammenhang mit der Beteiligung an Abschreibungsgesellschaften die kapitalmäßigen und personellen Verflechtungen zwischen den Vermittlern, der Anlagegesellschaft und den Treuhändern, weil solche Verflechtungen die Gefahr einer Interessenkollision in sich bergen.

BGHZ 79, 337 = ZIP 1981, 518 = WM 1981, 483 =
NJW 1981, 1449;
BGHZ 100, 117 = ZIP 1987, 500 = WM 1987, 495 = NJW 1987,
1815,
dazu EWiR 1987, 575 *(Niehoff)*
sowie WuB I G 4.-5.87 *(Assmann)*.

683 Der Anlageinteressent ist ferner über die wesentlichen im Zeitpunkt des Beitritts bestehenden wirtschaftlichen Daten derjenigen Gesellschaften, die bei der gebotenen wirtschaftlichen Betrachtungsweise dem Anlageobjekt zuzurechnen sind, aufzuklären.

BGH ZIP 1982, 169 = WM 1982, 90 = NJW 1982, 1095
(m. Anm. *Assmann*, S. 1083);
BGH ZIP 1983, 433 = WM 1983, 263, 264 zur Aufklärung über
den Umfang der sog. Abnahmezusagen;
v. Heymann/Merz, S. 72 f.

8. Kapitalanlagen

(cc) Warenterminoptionen

Bei der Frage, welche Aufklärungspflichten der Vermittler von Warenter- 684
minoptionen hat, muss berücksichtigt werden, dass diese Anlageform insbesondere aufgrund ihres Charakters als hochspekulative Anlage ein risikoreiches Geschäft darstellt.

Zu Wesen und Technik der Warenterminoptionsgeschäfte
vgl. *Bundschuh*, WM 1985, 249 ff.;
Wach, Der Terminhandel in Recht und Praxis, 1986;
Walter, Die Terminspekulation mit Optionen, 1986;
Horn, ZIP 1990, 2, 16 f.;
zur Rechtsprechungsübersicht bis 1985
vgl. *Häuser*, WuB I G 5.-1.86.
Es ist gleichgültig, ob es sich um Warenterminoptionsgeschäfte
an der Londoner Rohstoffbörse oder um die in den USA und
anderswo gehandelten „modernen" Warenoptionen handelt
(OLG Düsseldorf WM 1992, 776,
dazu EWiR 1992, 549 *(Wach)*
sowie WuB I G 4.-5.92 *[Rössner]*).

Daraus resultieren für den Vermittler unabhängig vom Inhalt des Vermitt- 685
lungsvertrages besonders strenge Aufklärungs- und Beratungspflichten. Aus
der Verletzung einer solchen Pflicht folgende Schadensersatzansprüche können
nicht mit dem Termineinwand,

BGHZ 80, 80 = ZIP 1981, 376 = WM 1981, 374 = NJW 1981,
1266,

oder dem Differenzeinwand beseitigt werden.

BGH ZIP 1981, 845, 846 = WM 1981, 552, 553.

Die Schutzbedürftigkeit des Anlegers bleibt bei der Feststellung des Pflich- 686
tenumfangs und der Pflichtenbegründung ohne Berücksichtigung, weil wegen der hohen Risiken dieser Anlageform die Pflicht zur vollständigen und
richtigen Information auch gegenüber eingetragenen Kaufleuten selbst dann
besteht, wenn diese sich die notwendigen Informationen über die Anlageform im Allgemeinen und Speziellen allein besorgen könnten. Es bleibt dabei
auch unberücksichtigt, ob der Vermittler das Geschäft als Eigenhändler oder
Kommissionär abwickelt.

BGH ZIP 1981, 845 = WM 1981, 552 = NJW 1981, 1440;
BGH WM 1981, 961;
BGH WM 1984, 960;
BGH WM 1987, 103 = NJW 1987, 641,
dazu EWiR 1987, 127 *(Brink)*
sowie WuB I G 4.-2.87 *(Schwark)*.

Bei Optionsgeschäften gibt es zwar keine allgemeine Pflicht des Vermittlers, 687
den Anleger darüber aufzuklären, dass er in Optionsgeschäften „per saldo"
stets verliere,

OLG Frankfurt/M. WM 1987, 899,
dazu WuB I G 4.-7.87 *(Hammen)* für Aktienoptionsgeschäfte,

II. Besondere Aufklärungs-, Beratungs- und sonstige Warnpflichten der Bank

dennoch muss bei Warenterminoptionsgeschäften eine relativ allgemeine Aufklärung über die wirtschaftlichen Zusammenhänge des Warentermingeschäfts (Risiko des Totalverlustes, Spekulation an der Börse, Börsentechnik, Optionsprämie u. a.) erfolgen.

BGH ZIP 1982, 819 = WM 1982, 738 = NJW 1982, 2815;
OLG Düsseldorf WM 1990, 176 = NJW-RR 1990, 609, 610,
dazu EWiR 1990, 893 *(Wach)*;
LG Wuppertal WM 1993, 103, 105 f.

688 Dies gilt verstärkt dann, wenn der Vermittler mit umfassenden Beratungsleistungen geworben hat.

BGHZ 80, 80, 83 = ZIP 1981, 376 = WM 1981, 374 = NJW 1981, 1266;
BGH ZIP 1985, 272 = WM 1985, 81,
dazu EWiR 1985, 51 *(Bundschuh)*
sowie WuB I G 4.-1.85 *(Kümpel)*.

689 Darüber hinaus ist über die Höhe des Optionspreises und dessen wirtschaftliche Bedeutung aufzuklären, weil der Optionspreis maßgebender Anhaltspunkt dafür ist, welche Gewinnchance der Berufshandel der Option nach seiner Einschätzung der Kursentwicklung einräumt, die den Optionspreis risikomäßig noch vertretbar erscheinen lässt.

BGH ZIP 1985, 272 = WM 1985, 81,
dazu EWiR 1985, 51 *(Bundschuh)*
sowie WuB I G 4.-1.85 *(Kümpel)*;
BGH WM 1987, 7 = NJW 1987, 641,
dazu WuB I G 4.-1.87 *(Hammen)*.

690 Der Anleger muss unmissverständlich schriftlich und in auffälliger Form darauf hingewiesen werden, dass Aufschläge auf die Börsenoptionsprämie das Chancen-Risiko-Verhältnis aus dem Gleichgewicht bringen und dazu führen werden, dass die verbliebene, bei höheren Aufschlägen geringe Chance, insgesamt einen Gewinn zu erzielen, mit jedem Optionsgeschäft abnimmt.

BGH ZIP 1994, 116 = WM 1994, 149 = BB 1994, 305
= DB 1994, 1079 = NJW 1994, 512,
dazu EWiR 1994, 251 *(Koller)*
sowie WuB I G 4.-3.94 *(Wach)*
und DZWir 1994, 287 (m. Anm. *Arendts)*;
vgl. auch *Grün*, NJW 1994, 1330;
BGH ZIP 2005, 158 = WM 2005, 28 = BB 2005, 126
= DB 2005, 48,
dazu EWiR 2005, 247 *(Keil)*.

691 Bei einem Aufschlag von 81, 82 % ist vom Vermittler darauf hinzuweisen, dass der Anleger kaum Gewinne erwarten darf, und zwar umso weniger, je mehr Optionsgeschäfte abgeschlossen werden. Dieser Grundsatz gilt bei jedem Aufschlag, der nicht mehr als geringfügig bezeichnet werden kann.

8. Kapitalanlagen

Der BGH, 692

ZIP 1991, 87 = WM 1991, 127,
dazu EWiR 1991, 259 *(Schwintowski)*,

hat offengelassen, ob die Aufklärungspflicht bei geringfügigen Prämienaufschlägen entfällt. Ein Aufschlag von mehr als 11 % ist jedenfalls nach dieser Entscheidung nicht geringfügig.

OLG Frankfurt/M. ZIP 1993, 1860 = WM 1994, 2195
sieht einen Aufschlag von 10,81 % nicht als geringfügig an.

Der erste Schritt zur Aufklärung über die wirtschaftlichen Zusammenhänge 693
ist die Aufschlüsselung der Gesamtprämie, um auf diese Weise dem Anleger
die Möglichkeit zu geben, den Umfang der zusätzlichen Kosten nachzuvollziehen.

BGH ZIP 1985, 272 = WM 1985, 81,
dazu EWiR 1985, 51 *(Bundschuh)*
sowie WuB I G 4.-1.85 *(Kümpel)*.

Der Vermittler genügt dieser Verpflichtung nur, wenn er deutlich macht, in 694
welchem Verhältnis der Londoner Optionspreis zur Gesamtprämie einschließlich des Aufschlages steht.

Bundschuh, WM 1985, 249, 250.

Die Aufklärungspflicht in dieser Hinsicht besteht immer, wenn ein Inklusiv- 695
preis verlangt wird, der höher ist als die Londoner Prämie zuzüglich der Broker-Provision,

BGH WM 1987, 7 = NJW 1987, 641,
dazu WuB I G 4.-1.87 *(Hammen)*,

und unabhängig davon, ob es sich um den Verkauf von Eigenoptionen handelt.

BGH WM 1986, 1383,
dazu WuB I G 4.-4.87 *(Rössner/Worms)*.

Die Aufklärungspflicht umfasst zusammenfassend dargestellt folgende Hin- 696
weise:

- das Verlustrisiko,
- die Höhe der Vermittlungsprämie,
- die durch die Vermittlungsprämie eintretende Verringerung der Gewinnchance,
- die wirtschaftlichen Zusammenhänge des Warentermingeschäfts,
- den Vorgang des Anlagegeschäftes (Börsentechnik),
- die Höhe der Londoner Optionsprämie,

II. Besondere Aufklärungs-, Beratungs- und sonstige Warnpflichten der Bank

- die Bedeutung der Londoner Optionsprämie als Indiz der Gewinnchance, die der Berufshandel der Option nach seiner Prognose des Kursverlaufs einräumt,
- die Relation der Optionsprämie zur Kursentwicklung der Option,
- eventuell anfallende Aufschläge und
- dass ein Aufschlag die Gewinnchance des Kunden schmälert.

Krimphove, S. 23 ff.;
OLG Düsseldorf WM 1995, 1488,
dazu EWiR 1995, 933 *(Hartung)*.

697 Die durch Aufklärungsmängel vor Abschluss des ersten Optionsgeschäfts begründete Vermutung, dass der Kunde von diesem Geschäft bei gehöriger Aufklärung abgesehen hätte, äußert die Wirkung auch in Bezug auf Folgegeschäfte, die nach gehöriger Aufklärung geschlossen worden sind. Die Feststellung, nach dem ersten – mit Gewinn oder Verlust beendeten – Optionsgeschäft stehe der Kunde warnenden Hinweisen nicht mehr unvoreingenommen gegenüber, widerspricht nicht der Lebenserfahrung.

BGH ZIP 1993, 1152 = WM 1993, 1457 = NJW 1993, 2434,
dazu EWiR 1993, 751 *(Koller)*
sowie WuB I G 4.-10.93 *(Rössner)*.

698 Die Aufklärungspflichten können grundsätzlich nur schriftlich und nicht ausschließlich mündlich erfüllt werden, weil der Zweck der Aufklärungspflicht anders nicht erreichbar ist.

BGHZ 105, 108, 110 = ZIP 1988, 1098 WM 1988, 1255
= NJW 1988, 2882,
dazu EWiR 1988, 1197 *(Schwark)*
sowie WuB I G 4.-6.88 *(Wandt)*:

„Da der von den Warenterminvermittlungsfirmen erstmals angesprochene Personenkreis typischerweise im Warenterminhandel unerfahren ist, kann nur durch eine schriftliche Belehrung erreicht werden, dass die Kaufinteressenten in die Lage versetzt werden, die schwierigen wirtschaftlichen Zusammenhänge zu begreifen. Dadurch wird auch vermieden, dass zwar die Aufklärung mündlich erteilt, sie aber so beschönigt wird, dass ihre Wirkung im Ergebnis vereitelt wird. Aus diesen Gründen gebieten es Treu und Glauben, dass Kaufinteressenten für Londoner Warenterminoptionen grundsätzlich schriftlich aufgeklärt werden müssen. Dem (Fern-)Gespräch mit dem Telefonverkäufer verbleibt, was die Aufklärung betrifft, insbesondere die Aufgabe, die für die Bewertung des konkreten Geschäfts maßgeblichen Zahlen bekannt zu geben und durch die schriftliche Aufklärung hervorgerufene Zweifel des Kaufinteressenten zu besprechen und aufzuklären."

699 Bestätigt der Anlageinteressent durch seine Unterschrift, dass er die schriftlich vorgelegten Hinweise gelesen und verstanden hat, kann er sich später nicht darauf berufen, dass das Aufklärungsdokument in englischer Sprache gefasst war. Ob der jeweilige Kunde die Information dagegen tatsächlich zur Kenntnis nimmt oder nicht, ist seine Sache.

LG Wuppertal WM 1993, 103, 106.

8. Kapitalanlagen

Die erforderliche schriftliche Aufklärung ist grundsätzlich nur dann rechtzeitig, wenn sie dem Kunden bereits in dem Zeitpunkt vorliegt, in dem er den Auftrag für das erste Optionsgeschäft erteilt. **700**

BGH ZIP 1993, 1152 = WM 1993, 1457,
dazu EWiR 1993, 751 *(Koller)*
sowie WuB I G 4.-10.93 *(Rössner)*.

Der Inhalt der Informationsbroschüre muss für den Anleger nachvollziehbar sein. Sie muss so gestaltet sein, dass auch dem „flüchtigen" Leser in unmissverständlicher und auffälliger Form die Risiken deutlich werden. **701**

BGH ZIP 1994, 1102 = WM 1994, 1746,
dazu EWiR 1994, 765 *(Koller)*
sowie WuB I G 4.-9.94 *(Wach)*;
BGH ZIP 1994, 447 = WM 1994, 453 = NJW 1994, 997,
dazu EWiR 1994, 639 *(Schäfer)*
sowie WuB I G 4.-5.94 *(Koller)*;
BGH WM 1994, 492,
dazu EWiR 1994, 335 *(Wittkowski)*
sowie WuB I G 4.-5.94 *(Koller)*.

Hierbei kommt es nicht auf eine formale Betrachtung an. Maßgebend ist vielmehr, wie die erteilten Informationen insgesamt auf den unbefangenen, mit den besonderen Risiken von Waren- und Börsentermingeschäften nicht vertrauten Leser wirken, wenn er vor der Frage steht, ob er die Anlagen tätigen will oder nicht. **702**

OLG Düsseldorf WM 1995, 1710,
dazu WuB I G 1.-12.95 *(Rössner)*.

Aufgrund dieser restriktiven Haltung der Rechtsprechung ist zweifelhaft, ob eine Broschüre, in der Terminoptionsgeschäfte nur plakativ mit Wette, Roulette oder Lotto verglichen werden, den Spekulationscharakter hinreichend verdeutlicht. **703**

So aber OLG Hamm ZIP 1992, 1149 = NJW-RR 1993, 115,
dazu EWiR 1992, 1077 *(Hartung)* in einer früheren Entscheidung.

Die Broschüre ist immer nach dem Gesamteindruck zu bewerten. Risikohinweise in Kleindruck und im hinteren Teil der Broschüre genügen diesen Anforderungen nicht. **704**

BGHZ 105, 108, 114 = ZIP 1988, 1098,
dazu EWiR 1988, 1197 *(Schwark)*.

Die auszugsweise Wiedergabe der Entscheidungsgründe eines Urteils des BGH zur Frage der Aufklärungspflicht in einem Prospekt unter der Überschrift „Risikohinweise" reicht ebenfalls nicht aus. **705**

OLG München WM 1990, 1331,
dazu EWiR 1990. 1055 *(Wach)*
sowie WuB I G 4.-10.90 *(Nassall)*.

II. Besondere Aufklärungs-, Beratungs- und sonstige Warnpflichten der Bank

706 Der Vermittler kommt seiner Aufklärungspflicht grundsätzlich nicht hinreichend durch Aushändigung der in englischer Sprache abgefassten Vertragsunterlagen nach, selbst wenn darin Risiken beschrieben sind, wenn andererseits der Vermittler besonderes Vertrauen für sich in Anspruch genommen hat.

> OLG Köln VersR 1993, 479;
> a. A. LG Wuppertal WM 1993, 103, 107.

707 Die Aufklärung muss zutreffend, vollständig, gedanklich geordnet und auch von der Gestaltung her geeignet sein, einem unbefangenen, mit Warentermingeschäften nicht vertrauten Leser einen realistischen Eindruck von den Eigenarten und den Risiken solcher Geschäfte zu vermitteln.

> BGH ZIP 1992, 612 = WM 1992, 770 = BB 1992, 1447
> = NJW 1992, 1879,
> dazu EWiR 1992, 467 *(Schwintowski)*
> sowie WuB I G 5.-3.93 *(Wolter)*;
> OLG Düsseldorf WM 1995, 1488, 1494.

708 Der Vermittler genügt seiner bestehenden Aufklärungspflicht nicht, wenn in dem überreichten Kundenprospekt Risikohinweise regelmäßig in den nachfolgenden Rechenbeispielen und Erläuterungen wieder relativiert und verharmlost werden.

> OLG Düsseldorf, Urt. v. 12.7.1991 – 22 U 25/91 (unveröff.).

709 Bei der Aufklärung ist die Wechselwirkung von korrekter Aufklärung in einer Informationsbroschüre und dem entgegengesetzten tatsächlichen Verkaufsverhalten zu berücksichtigen. Die ordnungsgemäße schriftliche Aufklärung durch eine Informationsbroschüre kann durch anders lautendes Verhalten des Vermittlers im Gespräch mit seinem Kunden wertlos gemacht werden. Verharmlosende Äußerungen im Verkaufsgespräch (z. B. die schriftlichen Risikohinweise dienten lediglich der Erfüllung einer Rechtspflicht oder die Risikohinweise seien bereits aufgrund des technischen Fortschritts überholt) begründen eine Schadensersatzpflicht wegen der Verletzung von Aufklärungs- und Beratungspflichten.

710 Der gewerbliche Vermittler von Warenterminoptionsgeschäften kommt darüber hinaus seiner Aufklärungspflicht trotz einer an sich zutreffenden Darstellung der mit Rücksicht auf die geforderten Prämienaufschläge erhöhten Risiken der Geschäfte dann nicht nach, wenn er durch Gestaltung, Aufmachung und Inhalt des Werbeprospektes den Eindruck vermittelt, bei einer Betreuung und Beratung durch diesen Vermittler könne der Kunde die aufgezeigten Risiken weitgehend vermeiden und werde im Endergebnis Erfolg haben.

> BGH ZIP 1991, 1207 = WM 1991, 1410 = DB 1991, 2234,
> dazu EWiR 1991, 873 *(Schäfer)*
> sowie WuB I G 4.-5.91 *(Rössner)*.

8. Kapitalanlagen

Die schriftliche Aufklärung hat jedoch ihre Grenzen. Der BGH stellt zwar 711 ausdrücklich auf die Schriftlichkeit ab. Um dem Anleger ein umfassendes Bild der Risiken und Chancen dieses Geschäfts zu vermitteln, ist ein mündliches Gespräch nicht schlechter geeignet als eine Informationsbroschüre. Der Anleger hat in einem mündlichen Gespräch eher die Chance, Rückfragen zu stellen, um Widersprüche aufzudecken und zusätzliche Information zu erhalten.

Zustimmend *Drygala*, WM 1992, 1213, 1219.

Es muss deshalb zusätzlich zur Schriftlichkeit ein mündliches Gespräch 712 stattfinden. Die Grundsätze der Schriftlichkeit sind vom BGH speziell für die Warenterminoptionsgeschäfte und deren verwandte Geschäfte aufgrund deren Besonderheiten des Handels im Telefonverkehr entwickelt worden, so dass eine Ausdehnung dieser Grundsätze auf andere Formen spekulativer Geldanlagen nicht gerechtfertigt wäre.

Ebenso *Drygala*, WM 1992, 1213, 1219 ff.

Notwendig ist die zusammenhängende und umfassende Aufklärung, deren 713 Wirkung nicht durch Hinzufügung irreführender Angaben vereitelt wird. Die Aufklärungspflicht trifft den Vermittler, d. h. die Bank als Vertragspartner des Anlegers. Die Eigenhaftung eines Verhandlungsgehilfen des Vermittlers kommt nur in Betracht, wenn diese Person ein besonderes Verhandlungsvertrauen des Anlageinteressenten persönlich in Anspruch genommen hat.

BGH WM 1984, 960, 961;
BGHZ 28, 67 = WM 1983, 950 = NJW 1983, 2696.

Aus der Tatsache, dass der Geschäftsführer einer Vermittlungs-GmbH per- 714 sönlich für ein Aufklärungsverschulden in Anspruch genommen werden kann,

BGH WM 1986, 734,
dazu WuB IV A. § 826 BGB 7.86 *(Kindermann)*;
BGH ZIP 1988, 635 = WM 1988, 291,
dazu EWiR 1988, 459 *(Ahrens)*
sowie WuB I G 4.-2.88 *(Assmann)*;
OLG Hamm ZIP 1992, 1149 = WM 1992, 1145,
dazu EWiR 1992, 331 *(G. Pape)*
sowie WuB I G 4.-7.92 *(Wagner)*,

folgt nicht die Inanspruchnahmemöglichkeit auch der Bankleiter, weil der ausschließlich mit der Vermittlung von Warenterminoptionen befasste Geschäftsführer strengeren Anforderungen im Hinblick auf die Aufklärung unterliegt als auch mit anderen Geschäften befasste Bankleiter, die nicht, wie der Geschäftsführer, ein erhebliches persönliches Vertrauen als Experte auf seinem Gebiet in Anspruch nehmen.

II. Besondere Aufklärungs-, Beratungs- und sonstige Warnpflichten der Bank

(dd) Termindirektgeschäfte

715 Die für die Vermittlung von Warenterminoptionsgeschäften entwickelten Aufklärungspflichten bestehen, den Gegebenheiten der Termindirektgeschäfte angepasst, ebenfalls für diese Form der Termingeschäfte.

> BGH ZIP 1992, 612 = WM 1992, 770 = BB 1992, 1446 = NJW 1992, 1879,
> dazu EWiR 1992, 467 *(Schwintowski)*,
> und OLG Köln NJW-RR 1992, 1457,
> dazu EWiR 1992, 853 *(Thode)* zu Warentermindirektgeschäften;
> LG Frankfurt/M. WM 1992, 867 = DB 1992, 203 (m. Anm. *Tilp*),
> dazu WuB I G 5.-7.92 *(Häuser)* zu Devisentermindirektgeschäften.

716 Der Anleger ist bei dieser Art der Geschäfte also über die wesentlichen Grundlagen des Geschäfts, die wirtschaftlichen Zusammenhänge, die damit verbundenen Risiken und die Bedeutung der Kosten aufzuklären. Dies umfasst insbesondere den Hinweis auf das Risiko, über den Einschuss (Margin) hinaus weitere Verluste zu erzielen. Darüber hinaus muss auf die Bedeutung des Terminkurses und die Berechnung des Margin hingewiesen werden.

717 Vermittler von Termindirektgeschäften haben infolgedessen in solchen Geschäften unerfahrene Kunden unmissverständlich, schriftlich und in auffälliger Form darauf hinzuweisen, dass bei einem intensiven Kontrakthandel Provisionen in solchem Umfang anfallen, dass die geleisteten Einsätze dadurch rasch zu einem erheblichen Teil aufgezehrt werden und die Chance, insgesamt einen Gewinn zu erzielen, mit jedem weiteren Geschäft abnimmt.

> BGH ZIP 1996, 1161 = WM 1996, 1214 = BB 1996, 1574
> = NJW-RR 1996, 947,
> dazu EWiR 1996, 791 *(Schwintowski)*
> sowie WuB I G 1.-11.96 *(Koller)*.

718 Informationsmaterial, das in allgemeiner Form auf „wesentliche Kosten für Verwaltungs- und Beratungsgebühren" und das Erfordernis eines hohen Handelsgewinns hinweist, um den Verbrauch des angelegten Kundenvermögens zu vermeiden, führt bei vermittelten Termindirektgeschäften nicht zur erforderlichen Aufklärung des Kunden.

> OLG Düsseldorf ZIP 1994, 1765,
> dazu EWiR 1994, 49 *(Schwark)*.

(ee) Finanztermingeschäfte

719 Für die Vermittlung von Finanztermingeschäften,

> dazu gehören u. a. Basket-Optionsscheine, vgl. BGH ZIP 1998,
> 1102 = WM 1998, 1281,
> dazu EWiR 1998, 693 *(Allmendinger)*,

die seit Eröffnung der Deutschen Terminbörse im Jahre 1989 einen Aufschwung erlebt haben, sind hinsichtlich der Aufklärungspflichten über die Risiken die gleichen allgemeinen Grundsätze wie bei Warentermingeschäften

8. Kapitalanlagen

anwendbar. Es besteht auch hier die Verpflichtung zur wahrheitsgemäßen vollständigen und richtigen Aufklärung.

> OLG Düsseldorf WM 1997, 562 = BB 1997, 1550 = NJW-RR 1997, 1477,
> dazu EWiR 1997, 357 *(Kälberer)*.

Die Aufklärung muss insbesondere über die Eigenarten und Risiken des Finanztermingeschäfts erfolgen, damit der Anleger bewusst und in Kenntnis der Sachlage entscheiden kann, ob er ein risikobehaftetes Termingeschäft eingehen will. 720

> *Rollinger*, S. 56 ff.;
> *Schwennicke*, WM 1997, 1265.

Die Beratungsintensität hängt vom Einzelfall ab. Sie richtet sich nach dem Informationsstand des Anlegers und nach der Komplexität des Beratungsgegenstandes. 721

Derivatevermittler haben optionsunerfahrene Kunden unmissverständlich, schriftlich und in auffälliger Form darauf hinzuweisen, dass Aufschläge auf die Börsenprämie das Chancen-Risiko-Verhältnis aus dem Gleichgewicht bringen und dazu führen, dass die verbliebene, bei höheren Aufschlägen geringe Chance, insgesamt einen Gewinn zu erzielen, mit jedem Optionsgeschäft abnimmt. 722

> BGH ZIP 2002, 1289 = WM 2002, 1445,
> dazu EWiR 2002, 907 *(Jaskulla)*
> sowie WuB I G 1.-7.02 *(Einsele)*;
> BGH ZIP 2003, 1782 = DB 2003, 1786,
> dazu EWiR 2003, 915 *(M. Lange)*;
> BGH ZIP 2003, 940 = WM 2003, 975,
> dazu EWiR 2003, 1023 *(Jaskulla)*
> sowie WuB I G 1.-3.03 *(Kröll)*.

Grundsätzlich kann bei Finanztermingeschäften die Aufklärungspflicht nicht mittels Broschüren erfüllt werden, wenn sich der Anleger die für ihn wesentlichen Informationen erst heraussuchen muss. 723

> BGH ZIP 2004, 2178 = WM 2004, 2205 = BB 2004, 2488,
> dazu EWiR 2004, 1211 *(Koller)*.

Im Zusammenhang mit der Einführung der Deutschen Terminbörse und der damit verbundenen Änderung des Börsengesetzes ist den Vermittlern von Finanztermingeschäften jedoch neben der Verpflichtung zur mündlichen Beratung im Rahmen eines zweistufigen Aufbaus in § 37d WpHG (zunächst in § 53 BörsenG) die Verpflichtung auferlegt worden, den Vertragspartner über die Risiken schriftlich aufzuklären. Diese schriftliche Aufklärung ist vom Kunden durch Unterschrift zu bestätigen. Die Spitzenverbände der Kreditwirtschaft haben daraufhin ein Informationsblatt formuliert und den Kunden zugestellt. 724

II. Besondere Aufklärungs-, Beratungs- und sonstige Warnpflichten der Bank

725 Die Unterschrift muss vor der Unterzeichnung der ersten Order erfolgen. Die Beweislast trägt insoweit die Bank.

> OLG Hamm ZIP 1997, 1880,
> dazu EWiR 1997, 979 *(Randow)*.

726 Das Informationsblatt enthält die erforderliche Grundaufklärung über Funktionsweisen und Risiken der verschiedenen Arten von Finanztermingeschäften.

> BGH ZIP 1994, 693 = WM 1994, 834,
> dazu EWiR 1994, 563 *(Tilp)*;
> BGH ZIP 1995, 553 = WM 1995, 658 = BB 1995, 843 = NJW 1995, 1554,
> dazu EWiR 1995, 567 *(Schwark)*;
> a. A. LG Düsseldorf ZIP 1994, 1993 = WM 1995, 333,
> dazu EWiR 1995, 47 *(Tilp)*.

727 Mit diesem Informationsblatt ist jedoch nur die in § 37d WpHG vorgegebene Aufklärungspflicht berücksichtigt. Die von der Rechtsprechung entwickelten Grundsätze haben weiterhin Bestand. Das Informationsblatt und die Aufklärungspflichten nach der Rechtsprechung ergänzen sich und stellen deshalb ein zweistufiges Schutzsystem dar.

> BGH ZIP 1997, 782 = WM 1997, 811 = BB 1997, 1011 = NJW 1997, 2171,
> dazu EWiR 1997, 839 *(Tilp)*
> sowie WuB I G 7.-7.97 *(Schwennicke)*;
> LG Berlin NJW-RR 1992, 554,
> dazu EWiR 1992, 263 *(Drygala)*:
>
> „Die schriftliche Information ... befreit die Bank grundsätzlich nicht von der gebotenen Beratung bzw. Warnung des Kunden vor etwaigen zusätzlichen Verlustrisiken. Aufgrund der besonderen Situation im Einzelfall können die Banken deshalb gehalten sein, zusätzliche Beratungs- und Warnpflichten zu erfüllen".
>
> Vgl. dazu und zur Kritik an der Regelung des § 53 BörsG
> *Rollinger*, S. 83 ff.;
> *Schwark*, in: Festschrift Steindorff, S. 473, 482 ff.

728 Unerheblich ist dabei, ob die Initiative zu dem Finanztermingeschäft von dem Kunden selbst oder von dem Kreditinstitut ausgeht.

> LG Berlin NJW-RR 1992, 554.

729 Das Informationsblatt soll zielgruppengerecht ausgestaltet sein. Es ist im Zweifel dem Anleger so zuzuleiten, dass er es in Ruhe vor dem Vertragsabschluss studieren kann.

> *Koller*, BB 1990, 2202 ff.

730 Eine postalische Zustellung ist zulässig.

> OLG Hamm ZIP 1997, 1864 = WM 1997, 566,
> dazu WuB I G 7.-6.97 *(Hauptmann)*.

8. Kapitalanlagen

Die Unterzeichnung der Unterrichtungsschrift nach § 53 Abs. 2 BörsG führt zur relativen Termingeschäftsfähigkeit des Kunden im Verhältnis zum informierenden Kreditinstitut. 731

BGH ZIP 1998, 1102 = WM 1998, 1281 = BB 1998, 1383,
dazu EWiR 1998, 693 *(Allmendinger)*.

Zwar ist es grundsätzlich möglich, sich beim Abschluss von Finanztermingeschäften von einem anderen vertreten zu lassen. Jedoch stellt sich die Frage, ob ein Finanztermingeschäft auch dann verbindlich ist, wenn nur der Bevollmächtigte, nicht aber der Vertretene durch die schriftliche Aufklärung anhand des Informationsblattes die Termingeschäftsfähigkeit erlangt. 732

Der BGH, 733

ZIP 1995, 553 = WM 1995, 658 = BB 1995, 843
= NJW 1995, 1554,
dazu EWiR 1995, 567 *(Schwark)*,

hat diese Frage offengelassen. Er hat lediglich entschieden, dass es zur Herbeiführung der Termingeschäftsfähigkeit kraft Information nicht stets eines unmittelbaren Kontaktes des einer gesetzlichen Bank- und Börsenaufsicht unterstehenden Kaufmanns mit dem Anleger persönlich bedarf. Die Einschaltung eines mit Depotvollmacht ausgestatteten Empfangsboten führt danach nicht zu einer börsenrechtlichen unzureichenden Information des Anlegers.

Diese noch zur Börsentermingeschäftsfähigkeit getroffene Entscheidung ist auf die Finanztermingeschäftsfähigkeit nicht anwendbar. Danach rückt der Vertreter an die Stelle des Verbrauchers, so dass sowohl der rechtsgeschäftliche als auch der gesetzliche Vertreter die Unterzeichnung vornehmen müssen. 734

Bei der Aufklärung und der vorgeschriebenen Unterschriftsleistung auf dem Informationsblatt kann sich der Kontoinhaber nicht vertreten lassen, weil die Folge der Aufklärung, die Erlangung der Termingeschäftsfähigkeit, ebenso wie die Kaufmannseigenschaft zu den persönlichen Verhältnissen eines Anlegers zählt. 735

Schäfer, ZIP 1989, 1103, 1105;
a. A. *Kümpel*, WM 1989, 1485, der die Vertretung für zulässig hält.

Es genügt insoweit Termingeschäftsfähigkeit des Vertreters. Beim Abschluss von Termingeschäften muss der Vertreter nicht termingeschäftsfähig sein. 736

BGHZ 133, 82 = ZIP 1986, 1206 = WM 1996, 1260,
dazu EWiR 1996, 699 *(Allmendinger)*
sowie WuB I G 7.-10.96 *(Assmann)*.

Die strengen Anforderungen an die Aufklärung über die Risiken von Börsentermingeschäften waren schon im Jahre 1991 bekannt. Wer damals diese Aufklärungspflicht verletzt hat, ist daher wegen Verschuldens bei Vertragsschluss zum Schadensersatz verpflichtet. 737

II. Besondere Aufklärungs-, Beratungs- und sonstige Warnpflichten der Bank

OLG Düsseldorf ZIP 1994, 288 = WM 1994, 376,
dazu EWiR 1994, 255 *(Steiner)*
sowie WuB I G 5.-4.94 *(Rauscher)*.

738 Die Unterzeichnung der Risikoaufklärungsschrift nach § 37d WpHG nach Abschluss eines ersten Finanztermingeschäfts führt jedenfalls dann zur Finanztermingeschäftsfähigkeit des Kunden, wenn das Erstgeschäft noch offen ist.

OLG Hamm WM 1996, 17,
dazu WuB I G 7.-2.96 *(Ortmann)*.

739 Finanztermingeschäfte, die ein Nichtkaufmann nach Unterzeichnung einer den Anforderungen des § 37d WpHG genügenden Informationsschrift abschließt, sind auch dann verbindlich, wenn er bereits andere Finanztermingeschäfte vorher abgeschlossen hat.

BGH ZIP 1996, 2064,
dazu EWiR 1997, 71 *(Schwintowski)*;
BGH ZIP 1996, 1206 = WM 1996, 1260 = BB 1996, 1520
= MDR 1996, 922 = NJW 1996, 2511,
dazu EWiR 1996, 699 *(Allmendinger)*;
ebenso OLG Stuttgart ZIP 1995, 641 = WM 1995, 1270,
dazu EWiR 1996, 337 *(Allmendinger)*
sowie WuB I G 1.-11.95 *(Jütten/Baur)*;
OLG Hamm ZIP 1996, 1864 = ZBB 1997, 169 (m. Bespr. *Jaskulla*,
S. 171) = WM 1997, 566,
dazu WuB I G 7.-6.97 *(Hauptmann)*;
vgl. auch *Schödermeier*, Die Bank 1996, 166;
a. A. OLG Zweibrücken ZIP 1995, 1251 (m. Anm. *Drygala*) =
WM 1995, 1272,
dazu EWiR 1995, 771 *(Tilp)*.

740 Die Bestimmung des § 37d WpHG will durch einen formalisierten Risikokatalog eine rechtssichere Entscheidung darüber ermöglichen, ob Termingeschäftsfähigkeit vorliegt oder nicht. Ist ein Termingeschäft nach § 37d WpHG unverbindlich, dann ist der nicht termingeschäftsfähige Anleger nur in besonderen Ausnahmefällen nach Treu und Glauben gehindert, sich darauf zu berufen. Ein Ausnahmefall kann vorliegen, wenn der Anleger beruflich gerade mit der Problematik von Finanztermingeschäften und der hierzu ergangenen neuesten Rechtsprechung innerhalb eines Bankenverbandes befasst ist, der die Bank, mit der der Anleger das Termingeschäft getätigt hat, über die Rechtsentwicklung informiert.

OLG Köln ZIP 1996, 1740 = WM 1996, 2110,
dazu EWiR 1996, 1129 *(Tilp)*
sowie WuB I G 7.-3.97 *(Schäfer)*;
vgl. dazu insbesondere *Lang*, ZBB 1999, 218;
ähnlich für den Anlageberater einer Bank
OLG Frankfurt/M. NJW-RR 1997, 810,
dazu EWiR 1997, 403 *(Nassall)*;
für den erfahrenen alleinigen Geschäftsführer und Gesellschafter
einer Import-Export GmbH OLG Köln WM 1997, 160,
dazu WuB I G 7.-4.97 *(Jaskulla)*;

8. Kapitalanlagen

für den persönlich haftenden Gesellschafter einer KG
OLG Frankfurt/M. WM 1997, 2164;
ebenso *Köndgen*, NJW 2004, 1288, 1301;
a. A. *Siller*, in: Hellner/Steuer, Bankrecht und Bankpraxis, 2004, Fach 7/236, der diese Rechtsprechung zur Börsentermingeschäftsfähigkeit auf die Neuregelung in § 37a WpHG nicht übertragen will.

Zur Belehrung über die Transaktionskosten von Finanztermingeschäften gehört nicht die Aufklärung über Kreditzinsen. Ein erfahrener Geschäftsmann muss nicht darüber belehrt werden, dass Kreditkosten bei Spekulationsgeschäften wieder zurückverdient werden müssen. 741

BGH ZIP 1996, 872 = WM 1996, 906,
dazu EWiR 1996, 641 *(Zeller)*
sowie WuB I G 1.-9.96 *(Schäfer)*;
OLG Frankfurt/M. WM 1997, 2164.

Die Termingeschäftsfähigkeit des Anlegers zählt wie die Kaufmannseigenschaft zu seinen persönlichen Verhältnissen mit der Folge, dass die einmal wirksam herbeigeführte Termingeschäftsfähigkeit durch einen Kreditinstitutswechsel nicht berührt wird. 742

OLG Köln NJW-RR 1997, 241.

Eine Verpflichtung zur Aufklärung über die Gewinnmarge aus mit dem Kunden abzuschließenden Derivategeschäft besteht nicht. 743

OLG Frankfurt/M. ZIP 2009, 1708 = WM 2009, 1563.

(ff) Devisentermingeschäfte

Bei der Prolongation von Devisentermingeschäften auf alter Kursbasis ist dem Kunden deutlich zu machen, dass die Bank an Prolongationen auf alter Kursbasis nur mitwirken wird und aufsichtsrechtlich auch nur mitwirken darf, wenn den Devisentermingeschäften insgesamt ausschließlich Handelsgeschäfte zugrunde liegen, wenn also das Devisenterminengagement des Kunden allein der (gegebenenfalls auch pauschalen) Kurssicherung dient. 744

Hadding/Hennrichs, in: Festschrift Claussen, S. 447.

Allerdings ist zur Klarstellung darauf hinzuweisen, dass eine solche Aufklärung nur vor der ersten Prolongation notwendig ist. Bei der zweiten oder jeder weiteren Prolongation ist der Kunde – zumal es sich in diesen Fällen immer um Geschäftsleute handelt – nicht mehr aufklärungsbedürftig. Es ist den Banken deshalb zu empfehlen, sich diese Aufklärung schriftlich bestätigen zu lassen. Aufgabe der Bank ist es nicht, das Devisenmanagement des Kunden durchzuführen. Nicht gefolgt werden kann den oben genannten Autoren bei der Forderung nach einer Aufklärungspflicht dahingehend, wo aus Sicht des Kreditinstitutes das „Hedging" endet und die Spekulation beginnt, so dass es Prolongation auf alter Kursbasis nicht mehr zustimmen wird. Diese Beurteilung kann der Kunde selbst am besten vornehmen, da er den Hintergrund 745

II. Besondere Aufklärungs-, Beratungs- und sonstige Warnpflichten der Bank

der Geschäfte besser als die Bank kennt. Zwar ist es richtig, dass die Grenze zwischen wirtschaftlich berechtigter pauschaler Kurssicherung und Spekulation fließend ist. Diese Beurteilung kann die Bank dem Kunden nicht abnehmen, weil sie sonst zu sehr in das Devisenmanagement des Kunden eingreift und Einfluss nimmt. Der Kunde könnte in diesen Fällen die Bank für Geschäfte, die im Nachhinein als Kurssicherung zu sehen waren, von der Bank aber als Spekulation abgelehnt worden sind, regresspflichtig machen. Es genügt deshalb,

entgegen *Hadding/Hennrichs*, in: Festschrift Claussen, S. 447, 463,

die schriftliche Bestätigung des Kunden, dass den Geschäften Handelsgeschäfte zugrunde liegen. Diese Auffassung wird auch durch das geltende Bankaufsichtsrecht gedeckt, denn danach wird von der Bank lediglich verlangt, dass sie sich Bestätigungen geben lässt.

746 Ein Kreditinstitut verletzt seine Pflicht zur anlage- und anlegergerechten Beratung, wenn es vor Vereinbarung eines Währungs-Swap mit einem in der Rechtsform einer GmbH betriebenen Unternehmen, dessen Anteile zu 100 % von einer Kommune gehalten werden, nicht auf mögliche öffentlich-rechtliche Beschränkungen der Kommune hinweist und nicht mit Nachdruck auf eine Prüfung der Zulässigkeit des Geschäfts dringt.

747 Werden im Zuge der Anlageberatung erstmals Währungs-Swaps empfohlen, ohne dass Fremdwährungskredite bestehen, so genügt die bloße Erwähnung, dass diese in der Regel zur Absicherung von Währungsrisiken eingesetzt werden, grundsätzlich nicht. Dies ist vielmehr in den Mittelpunkt der Erörterungen zu stellen.

OLG Naumburg ZIP 2005, 1546 = ZBB 2005, 360
(m. Bespr. *Heinze*, S. 367) = WM 2005, 1313,
dazu EWiR 2005, 661 *(Schwintek)*.

(gg) Aktienoptionen

748 Die Grundsätze, die der BGH zur Aufklärungspflicht des Vermittlers von Warenterminoptionen entwickelt hat, finden auch auf Aktien- und Aktienindexoptionen Anwendung, weil in beiden Bereichen eine vom Vermittler in Rechnung gestellte, zu den börsenmäßigen Optionsprämien hinzutretende Vergütung in gleicher Weise geeignet ist, die Gewinnerwartung entscheidend zu verschlechtern, denn sie führt dazu, dass bei dem Basiswert der Option ein höherer Kursausschlag als der vom Börsenhandel als realistisch angesehene notwendig ist, um in die Gewinnzone zu kommen.

BGH ZIP 1991, 87, 88 = WM 1991, 127 = BB 1991, 644 = DB 1991, 380 = NJW 1991, 1106,
dazu EWiR 1991, 259 *(Schwintowski)*
sowie WuB I G 4.-3.91 *(Nassall)*.

8. Kapitalanlagen

Es bedarf sogar insoweit einer schriftlichen Aufklärung. 749

BGH ZIP 2006, 171 = WM 2006, 84 = BKR 2006, 71,
dazu EWiR 2006, 331 *(Siller)*
sowie WuB I G 1.-2.06 *(Meisener)*.

Die zu den selbständigen Optionsscheinen entwickelten Aufklärungspflichten 750
sind auf sog. klassische Aktienoptionsscheine zu übertragen, auch wenn diese
Kassageschäfte sind.

OLG Düsseldorf WM 1997, 562 = BB 1997, 1550
= NJW 1997, 1477,
dazu EWiR 1997, 357 *(Kälberer)*.

In diesem Zusammenhang ist die Frage, ob die Aufklärungspflicht bei gering- 751
fügigen Prämienaufschlägen entfällt, noch offen. Der BGH hält einen Aufschlag von mehr als 11 % jedoch für nicht geringfügig.

BGH, a. a. O.;
vgl. dazu auch OLG Frankfurt/M. ZIP 1993, 1860 = WM 1994,
2195, das einen Aufschlag von 10,81 % für nicht geringfügig hält.

Belaufen sich die Gebühren auf mehr als 12 % der Optionsprämie, so ist der 752
Kunde auf die Bedeutung des darin liegenden Aufschlags auf die Optionsprämie und dessen Auswirkungen auf das Geschäft schriftlich hinzuweisen.
Der Hinweis in der seit 1989 von den Banken verwendeten Unterrichtungsschrift zwecks Herbeiführung der Termingeschäftsfähigkeit reicht dazu nicht
aus.

LG Berlin WM 1992, 93,
dazu EWiR 1992, 263 *(Drygala)*
sowie WuB I G 4.-2.92 *(Koller)*;
vgl. zu der Frage der Berechtigung des Schriftformerfordernisses
und den daraus entstehenden Problemen in diesen Fällen
Drygala, WM 1992, 1213 ff.

Ein Kreditinstitut ist dagegen bei der Veräußerung unverbriefter Aktienop- 753
tionen nicht verpflichtet, ungefragt den Erwerber von Kaufoptionen auf die
Absicht der Aktiengesellschaft zur Ausgabe von Gratisaktien hinzuweisen.

BGHZ 117, 135 = ZIP 1992, 314 = WM 1992, 479,
dazu EWiR 1992, 465 *(Nassall)*
sowie WuB I G 5.-6.92 *(Häuser)*.

(hh) Sonstige Optionsscheine

Bei Geschäften mit einfachen selbständigen Optionsscheinen (z. B. japani- 754
scher Optionsschein, sog. „Covered Warrants" oder Dollaroptionsschein)
bedarf es, anders als bei Börsentermingeschäften, nicht der Schriftform. Voraussetzung dafür ist lediglich, dass keine Risiken durch Aufschläge und Provisionen bestehen.

BGH ZIP 1994, 1924 = WM 1994, 2231 = BB 1995, 64,
dazu EWiR 1995, 141 *(Schwark)*.

II. Besondere Aufklärungs-, Beratungs- und sonstige Warnpflichten der Bank

> sowie WuB I G 7.-1.95 *(Gesang)*;
> OLG Frankfurt/M. ZIP 1993, 1860, 1861;
> OLG Köln WM 1995, 697,
> dazu EWiR 1994, 1065 *(Hartung)*;
> LG Berlin WM 1992, 93, 95,
> dazu EWiR 1992, 263 *(Drygala)*;
> zu Covered Warrants vgl. auch LG München I WM 1996, 1907.

(ii) **Stillhalteroptionsgeschäfte**

755 Die Grundsätze, die der BGH zur Aufklärungspflicht des Vermittlers von Warenterminoptionen entwickelt hat, finden auch auf Stillhalteroptionsgeschäfte Anwendung, denn Stillhaltergeschäfte sind das Gegenstück zum Erwerb von Terminoptionen.

> BGH ZIP 1992, 1614 = WM 1992, 1935 = NJW 1993, 257,
> dazu WuB I G 4.-1.94 *(Pohle)*.

756 Der Anleger muss über die Einzelheiten der Funktionsweise der Terminmärkte und der auf ihnen möglichen Optionsgeschäfte aufgeklärt werden. Ihm sind dabei speziell die Positionen des Stillhalters sowie die mit ihr verbundenen besonders hohen Risiken zu erläutern.

(jj) **Nicht börsennotierte Aktien**

757 Der Vermittler von Penny Stocks (Billigaktien) hat über die besonderen Risiken dieser Form der Geldanlage aufzuklären, weil diese Aktien nicht an der Börse, sondern an von Brokern organisierten OTC-Märkten (= Over-The-Counter-market) gehandelt werden. Es sind insoweit strenge Anforderungen zu stellen.

> BGH ZIP 1991, 297 = WM 1991, 315 = NJW 1991, 1108,
> dazu EWiR 1991, 437 *(Schwark)*;
> sowie WuB I G 4.-4.91 *(Graf)*;
> BGH WM 1991, 667;
> OLG Frankfurt/M. RIW 1991, 865;
> OLG Frankfurt/M. WM 1995, 253;
> vgl. dazu auch *Rössner/Lachmair*, BB 1986, 336;
> OLG Düsseldorf BB 1996, 1904:
>
> „Der Käufer von am OTC-Markt gehandelten Aktien muss darauf hingewiesen werden, dass die Kursentwicklung am OTC-Markt nicht wie an der Börse allein nach den Gesetzen von Angebot und Nachfrage bestimmt wird. Ein Vermittler muss einen potentiellen Käufer ausdrücklich und schriftlich auf die wesentlichen Zusatzrisiken des OTC-Marktes hinweisen.
>
> a) Es muss auf den Umstand hingewiesen werden, dass dort die Aktien, insbesondere Penny-Stocks, häufig nur über ein einzelnes Broker-Haus vertrieben werden, wobei ungewiss ist, ob und zu welchem Kurs dieses Broker-Haus den Handel mit einem bestimmten Papier aufrechterhält.
>
> b) Der Käufer muss darüber aufgeklärt werden, dass die für die meisten OTC-Titel typische Marktenge Kursmanipulationen der Broker und Inhaber größerer Aktienpakete begünstigt.

8. Kapitalanlagen

c) Die Informationen dürfen nicht darüber hinwegtäuschen, dass Kursveröffentlichungen über auf dem OTC-Markt gehandelte Aktien auf den Kursangaben der als "Market Maker" fungierenden Broker beruhen, ohne dass den genannten Kursen tatsächliche Abschlüsse zugrunde liegen müssen."

Bei der Vermittlung nicht börsennotierter Aktien hat der Anlageberater den Käufer insbesondere über die erschwerte Handelbarkeit solcher Papiere zu belehren. Im Einzelfall kann sich die Verpflichtung ergeben, vom Kauf abzuraten. 758

> OLG Oldenburg ZIP 2002, 2252,
> dazu EWiR 2003, 697 *(Vortmann)*.

Diese Aktien sind Billigaktien mit geringem Stückpreis oder niedrigem Nennwert, die häufig von jungen, auch innovativen Unternehmen ausgegeben werden, um das für die Anlaufphase benötigte Risikokapital zu erhalten. Dem Anleger ist infolgedessen mitzuteilen, dass diese Papiere nicht an der Börse gehandelt werden, in welchen Verhältnissen die Emittenten stehen und dass es sich um hoch spekulative Papiere handelt. 759

> OLG Frankfurt/M. WM 1995, 253, 254;
> nach OLG Frankfurt/M. WM 1996, 253 kann die Aufklärung nur schriftlich erfolgen.

(2) Nachforschungspflichten

Der Umfang der sich aus der Verpflichtung zur richtigen und vollständigen Information ergebenden Nachforschungen über die Verlässlichkeit der vorliegenden Informationen und der Erhalt der Informationen hängen vom Einzelfall ab. Maßgebliches Kriterium ist dabei, wie weit im konkreten Fall das schutzwürdige Vertrauen des Informationsempfängers auf die Richtigkeit der ihm gemachten Angaben reicht. 760

> BGHZ 74, 103 = NJW 1979, 1449;
> BGH WM 1979, 530, 532;
> BGH ZIP 1988, 1464 = WM 1988, 1685 = NJW-RR 1989, 150,
> dazu EWiR 1988, 1191 *(Medicus)*
> sowie WuB I G 7.-1.89 *(v. Heymann)*;
> zu weitgehend OLG Nürnberg ZIP 1986, 562 = WM 1986, 124,
> das Banken weitergehende Pflichten als anderen Vermittlern auferlegt;
> vgl. auch EWiR 1986, 473 *(Niehoff)*.

Erteilt eine Bank ohne jedwede Grundlage gleichsam „ins Blaue hinein" eine Verkaufsempfehlung für Aktien, ist sie dem Anleger gegenüber zum Schadensersatz verpflichtet, insbesondere, wenn keine Recherche stattgefunden hat. 761

> LG Berlin BKR 2002, 235,
> dazu EWiR 2002, 191 *(Steiner)*.

Die Nachforschungspflichten bestehen insbesondere, wenn der Vermittler den Eindruck erweckt, das von ihm angebotene Objekt sei von ihm überprüft worden. 762

> BGHZ 70, 356, 362 = WM 1978, 306;
> BGH WM 1978, 611.

II. Besondere Aufklärungs-, Beratungs- und sonstige Warnpflichten der Bank

763 Die wirtschaftliche Bedeutung und das Verlustrisiko eines Entschlusses zum Beitritt zu einer bestimmten Kapitalanlage und die geringe Überprüfungsmöglichkeit des Anlageinteressenten rechtfertigen dieses Ausmaß der Nachforschungspflicht.

BGH ZIP 1982, 169 = WM 1982, 90.

764 Die Nachforschungspflicht führt deshalb auch zur Beschaffung der Unterlagen und Angaben über die Kapitalanlage, sofern der Anlagevermittler nicht bereits darüber verfügt. Notfalls muss er seine eigene Vertriebstätigkeit von dieser Beschaffung abhängig machen.

BGHZ 74, 103 = WM 1979, 530 = NJW 1979, 1449.

765 Beschafft eine Bank ihrem Depotkunden Informationen über Wertpapiere – hier: Emissionsbedingungen – erklärtermaßen aus dritter Hand, dann ist sie von der Haftung für die Folgen fehlerhaften Gehalts der beschafften Information frei, soweit sie sich einer seriösen, anerkannten Quelle bedient hat.

OLG Frankfurt/M. WM 2002, 956,
dazu EWiR 2002, 607 *(Schweiger)*
sowie WuB I G 1.-2.02 *(Schwernicke)*.

766 Die Nachforschungspflicht umfasst ebenfalls die Verpflichtung, eigene Ermittlungen über die Angaben Dritter hinsichtlich der Richtigkeit der Informationen anzustellen. Eine ungeprüfte Übernahme und Weitergabe dieser Angaben begründet ein Aufklärungsverschulden.

BGHZ 74, 103 = WM 1979, 530 = NJW 1979, 1449.

767 Beim Erwerb von Inhaberpapieren treffen die Bank keine allzu ausgedehnten Pflichten. Analog zu den Fällen der Einlieferung abhanden gekommener Inhaberverrechnungsschecks besteht eine Pflicht der Bank, die materielle Berechtigung erst zu prüfen, wenn ganz besondere Umstände in der Person des Einreichers oder der Ungewöhnlichkeit des Geschäfts nach der allgemeinen Lebenserfahrung liegen. Es muss insoweit eine grob fahrlässige Unkenntnis gegeben sein; z. B. ein Bankangestellter nimmt Inhaberpapiere von nicht unbedeutendem Wert von einem bis dahin unbekannten berufslosen 19-jährigen Mann entgegen, der im unmittelbaren Zusammenhang mit dem Verkaufsantrag erstmals ein Konto bei der beauftragten Bank eröffnet.

KG ZIP 1994, 123 = WM 1994, 18,
dazu EWiR 1993, 1215 *(Hoeren)*
sowie WuB I G 1.-2.94 *(Peterhoff)*.

768 Weitergehende Nachforschungspflichten können dem Verkehr schlechthin nicht zugemutet werden. Erkundigungen zu möglicherweise anstehenden Gesetzesänderungen und deren Auswirkungen auf die Kapitalanlage können nicht verlangt werden.

BGH ZIP 2012, 135 = BKR 2012, 169 = WM 2012, 24
= NJW 2012, 380 = MDR 2012, 147.

8. Kapitalanlagen

Dies gilt insbesondere für die Nachforschung ohne Vorliegen von augenfälligen, sich aufdrängenden Verdachtsmomenten bei jedem Wertpapiergeschäft. Eine Überprüfung anhand der Oppositionslisten, ob die Wertpapiere abhandengekommen sind, ist ausreichend. 769

OLG Frankfurt/M. WM 1995, 50,
dazu WuB I G 2.-1.95 *(Vortmann)*.

Wenn ein Kunde ohne Differenzierung Aktien einer Gesellschaft verlangt, von der es sowohl Stamm- als auch Vorzugsaktien gibt, so trifft die Bank eine Nachfragepflicht. 770

AG Lüneburg DB 2000, 2054.

Der Anlagevermittler ist verpflichtet, die einschlägige Fachpresse zu lesen, 771

OLG München BKR 2003, 875;
OLG Köln WM 2010, 2035,
dazu WuB I G 1.-7.11 *(Vortmann)*;
LG Hannover DB 2002, 1707;
differenzierend *Edelmann*, BKR 2003, 438;
der BGH erklärt das „Handelsblatt" zur Pflichtlektüre,
vgl. ZIP 2010, 526 = WM 2009, 2360 = NJW-RR 2010, 349
= DB 2009, 2711 = BB 2009, 725,
dazu WuB I G 1.-7.10 *(Edelmann)*
sowie *Zoller*, Die Haftung bei Kapitalanlagen, § 2 Rn. 44 ff.;
Schlick, WM 2011, 154, 155 f.,

und er muss auf eine negative Berichterstattung in der Fachpresse über das von ihm vertriebene Anlageprodukt hinweisen.

LG Stuttgart BKR 2003, 386;
OLG Celle BKR 2002, 841.

Der Pflichtenumfang kann aber nicht nur an konkreten Presseerzeugnissen festgemacht oder gar eine Berichtspflicht über konkrete Artikel konstituiert werden. Eine Pflicht zur Quellenangabe besteht nicht. 772

LG Tübingen WM 2004, 641.

Eine Bank muss nicht jede negative Berichterstattung in einem Branchendienst kennen. Hat eine Bank Kenntnis von einem negativen Bericht in einem Brancheninformationsdienst, muss sie ihn bei der Prüfung der Kapitalanlage berücksichtigen. Anlageinteressenten müssen aber nicht ohne Weiteres auf eine vereinzelt gebliebene negative Publikation, deren Meinung sich in der Fachöffentlichkeit (noch) nicht durchgesetzt hat, hingewiesen werden. 773

BGHZ 178, 149 = ZIP 2008, 2208 = ZfIR 2009, 239 (m. Anm.
Deuber, S. 242) = NJW 2008, 3700 = BB 2008, 2645 = DB 2008,
2590 = WM 2008, 2166 = ZfIR 2009, 239 (m. Anm. *Deubner)*,
dazu EWiR 2009, 467 *(Balzer)*
sowie WuB I G 4.-1.09 *(Zeller/Breilmann)*;
BGH ZIP 2009, 1332 = MDR 2009, 564 = WM 2009, 688
= DB 2009, 731,
dazu EWiR 2009, 362 *(Frisch)*;
zu beiden Entscheidungen siehe WuB I G 1.-14.09 *(Reiner/Pech)*.

II. Besondere Aufklärungs-, Beratungs- und sonstige Warnpflichten der Bank

774 Die Nachforschungspflicht kann sich auch in Ausnahmefällen auf die Verpflichtung zur Nachfrage beim Kunden erstrecken. Eine solche Nachfragepflicht ist gegeben, wenn einer Bank, der auf der Grundlage eines entsprechenden Guthabens auf einem Depotverrechnungskonto ein Auftrag zum Kauf von Aktien für den Fall erteilt wird, dass der Kurs auf einen bestimmten Preis fällt. Der Kunde ist zu fragen, ob dieser Auftrag aufrechterhalten bleiben soll, wenn das Guthaben auf dem Depotverrechnungskonto durch einen anderweitigen von der Bank vermittelten Wertpapiererwerb verbraucht worden ist. Allerdings ist ein gleichwertiges Mitverschulden des Kunden zu sehen, wenn er nicht seinerseits gegenüber der Bank nicht für eine Klärung gesorgt hat, ob der ursprüngliche Auftrag fortbesteht.

OLG Nürnberg BKR 2009, 518 = WM 2010, 405.

cc) Mitverschulden des Anlegers

775 Die Frage, ob den Anleger ein Mitverschulden trifft, wenn er es unterlässt, eigene Nachforschungen anzustellen, ist bisher noch nicht abschließend geklärt.

Zu zwei Einzelfällen vgl. BGH WM 1977, 334, 337 f.
und BGH ZIP 1982, 169 = WM 1982, 90;
grundsätzlich ablehnend *Assmann*, NJW 1982, 1083, 1084;
bejahend *Hoegen*, in: Festschrift Stimpel, S. 265, 266 ff.;
unentschieden *Rümker*, in: RWS-Forum 1, S. 71, 85;
vgl. im Übrigen Rn. 64 f.

c) Anlageberatung

Pflichten der Banken beim Vertrieb von Anlageprodukten

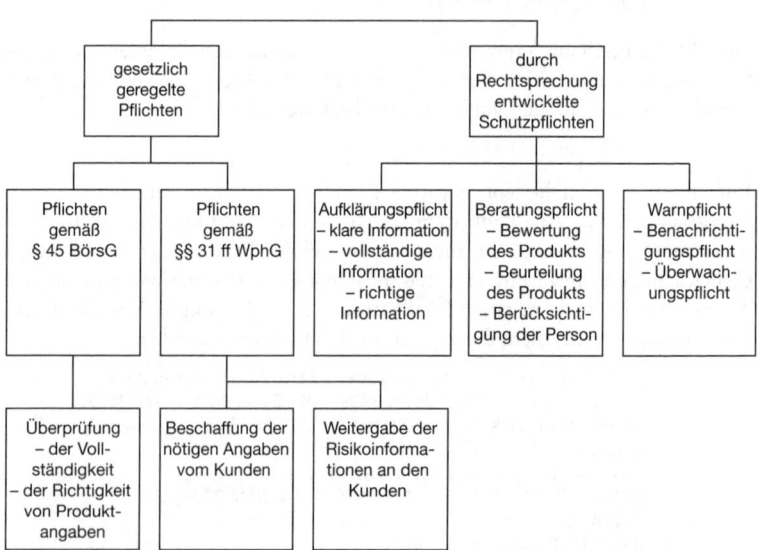

gesetzlich geregelte Pflichten			durch Rechtsprechung entwickelte Schutzpflichten		
Pflichten gemäß § 45 BörsG	Pflichten gemäß §§ 31 ff WpHG	Aufklärungspflicht – klare Information – vollständige Information – richtige Information	Beratungspflicht – Bewertung des Produkts – Beurteilung des Produkts – Berücksichtigung der Person	Warnpflicht – Benachrichtigungspflicht – Überwachungspflicht	

Überprüfung – der Vollständigkeit – der Richtigkeit von Produktangaben	Beschaffung der nötigen Angaben vom Kunden	Weitergabe der Risikoinformationen an den Kunden

8. Kapitalanlagen

Der Anlageberater ist ebenso wie der Anlagevermittler zu einer umfassenden 776
Information des Anlageinteressenten verpflichtet; d. h., es muss eine vollständige und richtige Aufklärung über die Umstände erfolgen, die für die jeweilige Anlageentscheidung wesentliche Bedeutung haben oder haben können. Deshalb haftet der Anlageberater bei einer Verletzung dieser Pflichten nach den Grundsätzen wie der Anlagevermittler (vgl. Rn. 652 f.).

> BGH WM 1987, 531 = NJW-RR 1987, 936,
> vgl. WuB I G 4.-6.87 *(Assmann)*;
> *Lang*, WM 1988, Beilage 9, S. 18;
> vgl. auch die allgemeinen Hinweise zur Bankenhaftung
> für Börsenverluste bei *Machunsky*, KaRS 1990, 754;
> zur Situation in Österreich vgl. *Bydlinski*, RIW 1996, 290.

Der Anlageberater ist von den Informationspflichten selbst dann nicht be- 777
freit, wenn er von der Anlage abgeraten hat, weil der Anleger seine Entscheidung nur auf objektiver Grundlage treffen kann.

> OLG Hamm, Urt. v. 5.10.1992 – 2 U 61/92 (unveröff.).

aa) Schutzbedürftigkeit

Die Aufklärungsbedürftigkeit ist nach der Rechtsprechung ein allgemeines 778
Kriterium zur Bestimmung von Existenz und Reichweite der Beratungs- und Aufklärungspflichten. Dabei kommt es in erster Linie auf die Person des Anlageinteressenten und dessen Geschäftserfahrung an. Für die Schutzbedürftigkeit bedeutet dies, dass ein im Anlagegeschäft unerfahrener Vollkaufmann aufgeklärt werden muss,

> BGH ZIP 1981, 845 = WM 1981, 552 = NJW 1981, 1440,

während ein Anleger, der aufseiten des Prospektherausgebers mitgewirkt hat,

> OLG Düsseldorf ZIP 1990, 1396 = WM 1990, 1959,
> dazu WuB I G 7.-1.91 *(v. Heymann)*;
> ähnlich OLG Koblenz WM 2010, 1496 für einen Darlehensnehmer, der mit der eigenen Immobilien- und Kapitalanlagefirma bei der Gestaltung eines Konzepts zur Sanierung notleidender Immobilien verantwortlich mitgewirkt hat,
> dazu WuB I G 1.-5.11 *(Vortmann)*,

und ein in Anlagegeschäften erfahrener Maschinenbaustudent nicht aufklärungs- und damit auch nicht schutzbedürftig sind.

> LG Darmstadt WM 1984, 332, 333;
> zur Abgrenzung im Einzelnen vgl.
> *F. Kübler*, ZHR 145 (1981), 204, 214 ff.;
> *Heinsius*, ZHR 145 (1981), S. 177, 186 ff.;
> *Niehoff*, Sparkasse 1987, 61, 62.

Die Fähigkeit, die Risiken bestimmter Anlagegeschäfte auch ohne weitere Auf- 779
klärung und Beratung erfassen zu können, wird weder durch eine juristische Ausbildung noch durch eine Tätigkeit als Rechtsanwalt oder Richter indiziert.

II. Besondere Aufklärungs-, Beratungs- und sonstige Warnpflichten der Bank

BGH ZIP 2004, 2178 = WM 2004, 2205 = BB 2004, 2488,
dazu EWiR 2004, 1211 *(Koller)*;
AG Düsseldorf EWiR 1996, 297 *(Hartung)*.

780 Gleiches gilt für Wirtschaftsprüfer

BGH ZIP 2003, 2242,
dazu EWiR 2004, 25 *(Zeller)*.

und Diplom-Volkswirte

BGHZ 189, 13 = ZIP 2011, 756 (m. Anm. *Klöhn*, S. 762) = NJW 2011, 1949 = MDR 2011, 614 = VersR 2011, 1183 = WM 2011, 682 = BB 2011, 1674 = DB 2011, 988,
dazu EWiR 2011, 407 *(Baumann)*
sowie WuB I G 1.-21.11 *(Reiner)*;
Anm. von *Klöhn*, ZIP 2011, 762;
Spindler, NJW 2011, 1920 und
Lange BB 2011, 1674.

781 Allein aus der Art des abzuschließenden Anlagegeschäfts kann nicht auf das Nichtvorliegen oder das Vorliegen einer Schutzbedürftigkeit des Anlegers geschlossen werden; es sei denn, die Anleger handeln aus steuerlichen Erwägungen, um Steuervorteile zu erstreben.

BGH WM 1992, 1335,
dazu WuB I E 1.-13.92 *(Eckert)*:

„Die Schutzbedürftigkeit von Personen, die zur Beteiligung an Optionsgeschäften Darlehen aufnehmen, kann ... nicht generell verneint werden. Anders als bei Anlegern, die Steuervorteile erstreben, kann bei solchen Personen nicht davon ausgegangen werden, dass sie über ein höheres Einkommen verfügen und in der Regel wirtschaftlich und rechtsgeschäftlich nicht unerfahren sind. Zur Beteiligung an risikoreichen Optionsgeschäften werden von gewerblichen Anlagevermittlern auch wirtschaftlich wenig erfahrene Durchschnittsverdiener ... veranlasst ..."

782 Ein Anleger mit grundlegenden Kenntnissen, der eine „chancenorientierte" Anlagestrategie verfolgt, darf im Rahmen einer Anlageberatung erwarten, dass er über die Risiken einer ihm bislang nicht bekannten Anlageform unterrichtet wird.

BGH ZIP 2008, 838 = WM 2008, 725,
dazu EWiR 2008, 361 *(Vokuhl)*.

783 Ist einem Anleger aufgrund der schon früher von ihm getätigten Geschäftsabschlüsse bekannt, dass Gewinn und Verlust der Geschäfte über den Kauf von Optionsscheinen von der Kursentwicklung der Werte abhängen, auf die sich die Optionsscheine beziehen, bedarf es keiner Aufklärung darüber, dass eine seinen Erwartungen nicht entsprechende Kursentwicklung zu erheblichen Nachteilen führen kann.

BGH ZIP 1996, 2064,
dazu EWiR 1997, 71 *(Schwintowski)*;
OLG Frankfurt/M. WM 1990, 1452,
dazu EWiR 1990, 1085 *(Vortmann)*
sowie WuB I G 5.-7.90 *(Pohle)*;

8. Kapitalanlagen

AG Karlsruhe WM 1996, 1715;
vgl. auch LG Frankfurt/M. DB 1992, 203 (m. Anm. *Tilp*) zur Ablehnung der Schutzbedürftigkeit eines Anlegers, der bereits über mehrere Jahre hinweg Devisentermingeschäfte bzw. Direktgeschäfte getätigt hat.
LG Wuppertal WM 1993, 103, 107:
„Es verstößt gegen Treu und Glauben, wenn der Kläger nach Durchführung zahlreicher Börsentermingeschäfte sich dem Beklagten gegenüber nunmehr als "in Börsendingen völlig Unerfahrenen" bezeichnet, nachdem er sich dem Beklagten vor Durchführung dieser Börsentermingeschäfte zweijähriger Erfahrung hierin berühmte."
Ebenso OLG Frankfurt/M. ZIP 1994, 367 = WM 1994, 542,
dazu EWiR 1994, 231 *(Hartung)*
sowie WuB I G 4.-6.94 *(Rössner)*;
OLG Köln WM 1995, 381,
dazu EWiR 1994, 849 *(Nassall)*;
LG Marburg WM 1993, 640,
dazu EWiR 1993, 449 *(Tilp)*
sowie WuB I G 4.-5.93 *(Peterhoff)*;
LG Essen, Urt. v. 13.5.1993 – 18 O 74/93 (unveröff.);
zu weitgehend LG Augsburg EWiR 1995, 955,
dazu EWiR 1995, 955 *(Vortmann)*.

dass einem börsenerfahrenen und die einschlägigen Wertpapiere kennenden Anleger einen Schadensersatz zuspricht, weil der Anlageberater unaufgefordert über die Kursentwicklung telefonisch informiert und dem Anleger nach einem Kurseinbruch eine Kaufempfehlung gegeben hat.

Ein kommunales Unternehmen, das am Wirtschaftsleben teilnimmt, Investitionen in nicht unbeträchtlichem Umfang tätigt und täglich mit Krediten in erheblichem Ausmaß arbeitet, kann als ein in Finanzgeschäften generell erfahrener Kunde betrachtet werden. 784

OLG Bamberg ZIP 2009, 1209;
LG Magdeburg ZIP 2008, 1064 = WM 2008, 537,
dazu EWiR 2008, 421 *(Weber)*
und WuB G I G 1.-3.08 *(Bausch)*;
a. A. OLG Stuttgart ZIP 2010 = WM 2010, 756 = BKR 2010, 756 für den Abschluss von Zinsswapgeschäften,
dazu EWiR 2010, 597 *(Tilp)*.

Dies gilt nicht für Stiftungen, denn diese dürfen in der Regel aus stiftungsrechtlichen Gründen die Minderung ihres Kapitalstocks nicht riskieren. Darauf hat die anlageberatende Bank Rücksicht zu nehmen und deshalb darf sie keinen in einer Fremdwährung finanzierten geschlossenen Immobilienfonds empfehlen. 785

OLG Frankfurt/M. ZIP 2015, 821,
dazu EWiR 2015, 367 *(Theewen)*,
m. Anm. *Stürner*, BKR 2015, 294;
kritisch *Oppenheim*, BKR 2015, 364.

Ein in Spekulationsgeschäften erfahrener Anleger, der gegenüber der Bank zudem mit einer bestimmten Kaufempfehlung auftritt, bedarf keiner besonderen Beratung über die Risiken des angestrebten Geschäfts. 786

II. Besondere Aufklärungs-, Beratungs- und sonstige Warnpflichten der Bank

> BGH ZIP 1998, 1183 = WM 1998, 1441 = BB 1998, 1437
> = NJW 1998, 2673;
> OLG Köln WM 1995, 697,
> dazu EWiR 1994, 1065 *(Hartung)*;
> OLG Schleswig WM 1996, 1487 = NJW-RR 1996, 556,
> dazu EWiR 1996, 1117 *(v. Randow)*;
> vgl. auch Rn. 878 ff.

787 Ein Kunde, der erfahren im Handel mit „klassischen" (abgetrennten) Optionsscheinen ist, bedarf keiner zusätzlichen Beratung für den Kauf von „Covered Warrants" über Aktien.

> LG München I WM 1996, 1907,
> dazu WuB I G 1.-3.97 *(Lachmair)*;
> LG Duisburg WM 1997, 1898,
> dazu WuB I G 7.-2.98 *(Zeller)*.

788 Kennt der Anleger das generelle Gegenparteirisiko bei Zertifikaten unmittelbar aus seinen bisherigen Anlagegeschäften, ist die Feststellung einer konkreten früheren Beratung nicht erforderlich.

> BGH WM 2015, 1055,
> dazu *Lechner*, WuB 2015, 424
> sowie *Faulmüller*, VuR 2015, 347.

789 Ein Anleger, der ausweislich seiner eigenen Erklärung im WpHG-Bogen „chancenorientiert" und auf „Vermögensaufbau" gerichtet anlegen will, gilt als erfahren. In einem solchen Fall ist die Beratung ausreichend erfolgt, selbst wenn dem Anleger eine Beteiligung an einem Flottenfonds angeboten wird.

> OLG Frankfurt/M. WM 2015, 1852.

790 Ist einem Kunden das Währungsrisiko bekannt, das mit dem Erwerb einer Fremdwährungsanleihe verbunden ist, weil er schon früher Fremdwährungsanleihen gekauft hat, muss ihn die Bank nicht erneut auf dieses Risiko hinweisen. Dies gilt auch dann, wenn damit eine Kreditaufnahme verbunden ist.

> LG Gießen WM 1992, 1025,
> dazu WuB I G 4.-11.92 *(van Look)*.

791 Es ist deshalb empfehlenswert, die bisherigen Geschäfte des anspruchstellenden Anlegers zu kontrollieren, um festzustellen, ob eine Aufklärungsbedürftigkeit überhaupt gegeben ist. Oftmals lässt sich damit der Schadensersatzanspruch abweisen.

> LG Darmstadt WM 1994, 1565, 1571 zum Fall eines Anlegers, der sich im Schriftverkehr der Bank selbst als regelmäßigen Leser einer Börsenzeitschrift bezeichnete und zugab, schon Verluste erlitten zu haben.
> Dazu auch EWiR 1994, 1187 *(Summ)*.

792 Eine Bank braucht bei der Anlageberatung den Wissensstand des Kunden nicht zu erfragen, wenn dieser von einem Vermögensberater betreut wird und bereits deutliche Vorstellungen von dem gewünschten Anlagegeschäft hat.

8. Kapitalanlagen

BGH ZIP 1996, 667 = WM 1996, 664 = BB 1996, 923,
dazu EWiR 1996, 395 *(Steiner)*
sowie WuB I G 1.-7.96 *(Schäfer)*.

bb) Anlegergerechte Beratung

Die anlegergerechte Beratung ist ein Teil des Prozesses der Anlageentscheidung. Der Anlageberater schuldet im Rahmen eines konkludent geschlossenen Beratungsvertrages (vgl. dazu Rn. 36, 863) eine anleger- und objektgerechte, auf die persönlichen Verhältnisse des Anlegers bezogene Beratung hinsichtlich Eigenschaften und Risiken der Anlage, die für den Anleger von Bedeutung sein können. 793

BGH ZIP 1993, 1148 = ZBB 1994, 44 (m. Bespr. *Heinsius*, S. 47)
= WM 1993, 1455 = BB 1993, 1903
= MDR 1993, 861 = NJW 1993, 2433 = JZ 1994, 102
(m. Anm. *Escher-Weingart*) = DZWir 1994, 197 (m. Anm. *Kunz*),
dazu EWiR 1993, 857 *(Köndgen)*
sowie WuB I G 4.-9.93 *(Schwark)*;
Emmerich, JuS 1993, 962;
OLG Frankfurt/M. ZIP 1994, 367 = WM 1994, 542,
dazu EWiR 1994, 231 *(Hartung)*
sowie WuB I G 4.-6.94 *(Rössner)*;
OLG Braunschweig ZIP 1994, 1462;
KG BKR 2005, 362;
LG München BKR 2003, 556;
LG München BKR 2003, 558.

Die anlageberatende Bank ist nur dazu verpflichtet, den Anleger über alle für 794
seine Anlageentscheidung wesentlichen Umstände richtig und vollständig zu
informieren. Wesentlich sind jedoch nur die Chancen und Risiken derjenigen
Anlageprodukte, auf die sich die Beratung bezieht. Demnach ist die anlageberatende Bank nicht verpflichtet, den Anleger über möglicherweise bessere
Gewinnchancen zu unterrichten, die das empfohlene Zertifikat haben würde,
wenn ihm ein anderer Basiswert zugrunde läge.

OLG Düsseldorf BKR 2014, 297.

Die empfohlene Anlage muss infolgedessen auf die persönlichen Verhältnisse 795
des Kunden zugeschnitten sein. Ein Papier, das z. B. einem risikofreudigen
Anleger mit entsprechendem finanziellen Freiraum im Rahmen sorgfältiger
Beratung durchaus empfohlen werden kann, kann sich für einen anderen Anleger als völlig ungeeignet herausstellen und entsprechende Haftungsrisiken
der beratenden Bank auslösen. Praktisch trägt jedes Anlageobjekt ein potentielles Haftungsrisiko in sich, wenn im Rahmen seiner Vermarktung und der
damit verbundenen Anlageberatung den individuellen Verhältnissen des Kunden nicht hinreichend Rechnung getragen wird.

Vgl. zur Gesamtproblematik *Heinsius*, ZBB 1994, 47;
Vortmann, ÖBA 1994, 579;
Arendts, ÖBA 1994, 251;
ders., JuS 1994, 915;

II. Besondere Aufklärungs-, Beratungs- und sonstige Warnpflichten der Bank

ders., DZWir 1994, 185;
Mutter, MDR 1994, 233;
Horn, ZBB 1997, 139.

796 Insbesondere ist bei der anlegergerechten Beratung zu berücksichtigen, worum es dem Kunden geht: um eine spekulative oder sichere Geldanlage. Will ein im Börsentermingeschäft unerfahrener Kunde Geld für eine begrenzte Zeit sicher und risikolos anlegen und empfiehlt ihm die Bank dazu einen Laufzeit-Rentenfonds, muss sie ihn über die mit dieser Anlage verbundenen Kursrisiken aufklären und ihm, wenn er ganz sicher gehen will, z. B. lieber den Erwerb von Finanzierungsschätzen des Bundes empfehlen. Entscheidend für eine anlegergerechte Beratung ist daher das Risikobewusstsein des Kunden, was dieser eben durch die Beratung erhält.

OLG Koblenz NJW 1996, 1391.

797 Auch wenn der Bank nicht bekannt ist, für welche Zeitspanne der Kunde sein Geld anlegen will, obliegt ihr die Pflicht, ihn darauf hinzuweisen, dass der Kauf eines Rentenfonds wirtschaftlich nur auf längere Sicht interessant ist.

AG Frankfurt/M. WM 1995, 700,
dazu EWiR 1995, 645 *(Bähr)*
sowie WuB I G 1.-5.95 *(Zeller)*.

798 Die Anlageziele des Kunden spielen somit eine große Rolle. Deshalb kann die Bank einen Kunden, der im Rahmen seiner privaten Altersvorsorge sehr langfristig sparen will, trotz einer eher geringen Risikobereitschaft des Anlegers, im Schwerpunkt kurzfristig stark im Kurs schwankenden Aktienfonds empfehlen. Bei einem Anlagehorizont von 20 Jahren oder mehr werden kurzfristige Verluste durch einen kontinuierlichen Wertzuwachs erfahrungsgemäß mindestens ausgeglichen. In einer solchen Empfehlung besteht weniger das Risiko, Geld zu verlieren, als eine angemessene Rendite zu verpassen.

799 Dies gilt insbesondere, wenn der Anleger nur geringere Rentenansprüche hat und die Bank ihm dennoch empfiehlt, einen zur Altersversorgung bestimmten Geldbetrag aus einer Lebensversicherung ausschließlich in mehreren Aktienfonds (mittlerer bis hoher Risikoeinstufung) anzulegen.

OLG Jena OLG-NL 2005, 148,
dazu EWiR 2005, 677 *(Drescher)*.

800 Ein Kunde kann nicht bereits deswegen als risikobereit eingestuft werden, weil er zuvor Festgeldanlagen in US-Dollar getätigt hat, deren Währungsrisiko durch Optionsgeschäfte abgesichert ist.

LG Osnabrück BKR 2003, 552.

8. Kapitalanlagen

cc) Pflichtenkatalog

Prozess der Anlageentscheidung

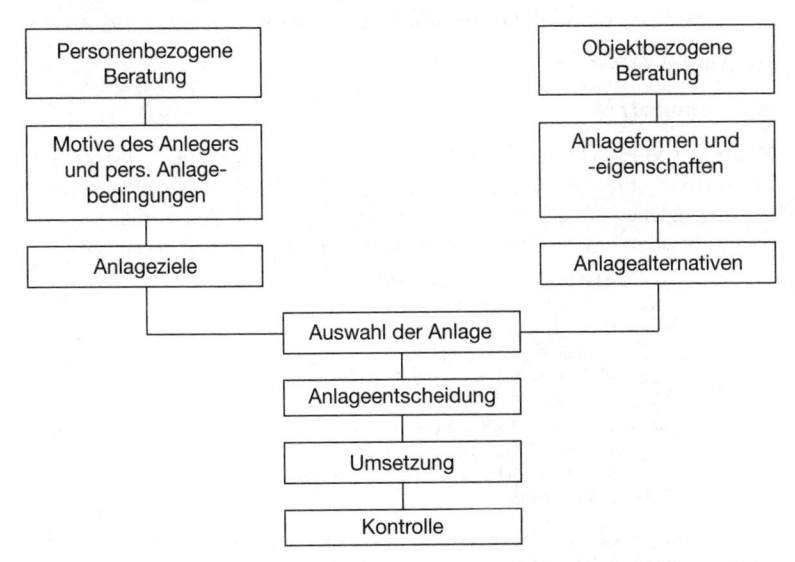

```
┌─────────────────────┐                    ┌─────────────────────┐
│  Personenbezogene   │                    │   Objektbezogene    │
│      Beratung       │                    │      Beratung       │
└──────────┬──────────┘                    └──────────┬──────────┘
           │                                          │
┌──────────┴──────────┐                    ┌──────────┴──────────┐
│  Motive des Anlegers│                    │  Anlageformen und   │
│  und pers. Anlage-  │                    │   -eigenschaften    │
│     bedingungen     │                    │                     │
└──────────┬──────────┘                    └──────────┬──────────┘
           │                                          │
┌──────────┴──────────┐                    ┌──────────┴──────────┐
│    Anlageziele      │                    │  Anlagealternativen │
└──────────┬──────────┘                    └──────────┬──────────┘
           │          ┌─────────────────┐             │
           └──────────┤ Auswahl der Anlage├──────────┘
                      └────────┬────────┘
                               │
                      ┌────────┴────────┐
                      │ Anlageentscheidung│
                      └────────┬────────┘
                               │
                      ┌────────┴────────┐
                      │    Umsetzung    │
                      └────────┬────────┘
                               │
                      ┌────────┴────────┐
                      │    Kontrolle    │
                      └─────────────────┘
```

Die Banken sind aufgrund des § 31 Abs. 2 Nr. 2 WpHG verpflichtet, ihren **801** Kunden alle zweckdienlichen Informationen mitzuteilen. Da diese Vorschrift allein ordnungspolitischen Charakter hat, kann der Anleger mithilfe dieser Vorschrift Schadensersatzansprüche nicht begründen.

> BGH ZIP 2008, 873 = WM 2008, 825 = BKR 2008, 294 = DStR 2008, 2297,
> dazu EWiR 2008, 415 *(Lange)*
> sowie WuB I G 6.-1.08 *(Gamann-Nuissl)*;
> *Leisch*, Informationspflichten nach § 31 WpHG, S. 86 ff.;
> *Veil*, WM 2007, 1821;
> *Schäfer*, WM 2007, 1872, 1875 ff.;
> *Kumpan/Hellgardt*, DB 2006, 1714, 1715.

Allerdings darf nicht verkannt werden, dass Ziel des WpHG nicht nur die **802** Erhaltung der Funktionsfähigkeit der Kapitalmärkte, sondern auch der Anlegerrechte ist.

> *Schwintowski*, VuR 1997, 83, 85;
> *Möller*, in: Kölner Komm. z. WpHG, § 31 Rn. 10;
> *Podewils/Reisich*, NJW 2009, 116, 119;
> *Teuber*, BKR 2006, 429.

Eine zivilrechtliche Wirkung der Wohlverhaltensvorschriften ist deshalb nicht **803** ausgeschlossen. Gleiches gilt für die Vorschriften gemäß FRUG. Neuere Entscheidungen zeigen dies. Jedoch dienen diese Bestimmungen des WpHG und des FRUG ausschließlich der Konkretisierung der von der Rechtsprechung festgelegten anleger- und objektgeprüften Beratung.

II. Besondere Aufklärungs-, Beratungs- und sonstige Warnpflichten der Bank

Podewils/Reisich, NJW 2009, 116, 118 f.;
a. A. *Mülbert*, WM 2007, 1149, 1156.

(1) Aufklärungs- und Beratungspflichten

(a) Allgemeines

(aa) Grundsatz

804 Neben der Verpflichtung zur wahrheitsgemäßen richtigen und vollständigen Information obliegt es dem Anlageberater, die Informationen auf der Basis der vorhandenen Unterlagen unter Berücksichtigung der Anlageziele und Risikobereitschaft des Anlegers fachkundig zu bewerten und zu beurteilen.

> BGH ZIP 1982, 169 = NJW 1982, 1095;
> BGH WM 1987, 531,
> dazu WuB I G 4.-6.87 *(Assmann)*;
> OLG Oldenburg WM 1987, 169,
> dazu WuB IV A. § 276 BGB 2.87 *(Assmann)*;
> OLG Köln WM 1989, 402,
> dazu WuB I G 1.-1.89 *(Peterhoff)*;
> *Lehmann*, WM 1985, 181 ff.;
> *Witte/Mehrbrey*, ZIP 2009, 744, 745 f. am Beispiel des Falles Lehman Brothers.

805 Die Haftung aus der Anlageberatung begründet aber keine Einstandspflicht für den wirtschaftlichen Erfolg der Kapitalanlage. Dieser geht allein zulasten des Anlegers.

> BGH ZIP 1982, 169 = NJW 1982, 90;
> *Rümker*, in: RWS-Forum 1, S. 71, 81.

806 Die konkrete Ausgestaltung der Beratungspflicht hängt von den Umständen des jeweiligen Einzelfalls ab.

> OLG Düsseldorf WM 1996, 1082, 1085:
>
> „Ihr Sinn und Zweck besteht darin, dem Anlageinteressenten gegenüber dem professionellen Anbieter eine annähernd gleiche Verhandlungsstärke zu verschaffen. Die Notwendigkeit dazu ergibt sich daraus, dass der Grundsatz der Privatautonomie in einem der Rechts- und Werteordnung gerecht werdenden Sinn nur dann gewahrt ist, wenn ein annähernd ausgewogenes Kräfteverhältnis zwischen den Partnern gegeben ist (vgl. BVerfG NJW 1994, 36, 38 f. m. w. N.; *Grün*, NJW 1994, 1330, 1331 m. w. N.). Besteht demnach – wie in einem Fall der vorliegenden Art – ein strukturelles Ungleichgewicht zwischen der Sachkunde des Anlageberaters und -vermittlers einerseits und der des Kunden andererseits, so kann diese gestörte Vertragsparität nur dadurch sachgerecht ausgeglichen werden, dass der erfahrene und überlegene Anlageberater das beim Kunden vorhandene Informationsdefizit durch eine entsprechende Aufklärung behebt. Dementsprechend hat sich die Intensität der erforderlichen Aufklärung an der Interessenlage des Schwächeren zu orientieren, wobei gleichzeitig zu erwägen ist, was den Parteien im Einzelfall unter Vertrauens- und Zumutbarkeitsgesichtspunkten abverlangt werden kann (vgl. *Grün*, a. a. O.). Inhalt und Umfang der Beratungspflicht werden folglich von einer Reihe von Faktoren bestimmt, die sich einerseits auf die Person des Kunden und andererseits auf das Anlageobjekt beziehen (vgl. BGH WM 1993, 1455 = NJW 1993, 2433; *Köndgen*, NJW 1992, 2263, 2272)."

8. Kapitalanlagen

Die Äußerung konkreter Anlageziele eines Kunden erhöht die Beratungspflicht der Bank. **807**

> OLG Frankfurt/M. EWiR 1997, 777,
> dazu EWiR 1997, 777 *(Zeller)*;
> AG Leipzig WM 2009, 19 = BB 2009, 240 (m. Anm. *Elixmann*).

Äußert der Anleger gegenüber der ihn beratenden Bank die Anlageerwartung, er wolle „Ertrag generieren", so darf ihm die Bank ein Zertifikat ohne hundertprozentigen Kapitalschutz nicht anbieten. **808**

> OLG München ZIP 2011, 1655 = WM 2011, 1897 = BKR 2011, 343,
> dazu WuB I G 1.-4.12 *(Fink)*;
> fraglich ist allerdings, ob aus einer solchen Äußerung eines Kunden bereits auf den Wunsch des Kapitalerhalts geschlossen werden kann.

Für die Bank, über die ein Kunde in spekulativer Absicht ausländische Aktien erworben hat, besteht beispielsweise ohne ausdrückliche Vereinbarung keine Verpflichtung, den Kunden über Umstände zu unterrichten, die für die Kursentwicklung von Bedeutung sein können (z. B. Reorganisationsvorschläge des Managements in einem Insolvenzverfahren). **809**

> LG Freiburg WM 1991, 279,
> dazu WuB I G 1.-1.91 *(Peterhoff)*:
>
> „Es ist allein Sache des Kunden, den Kursverlauf und ihn beeinflussende Marktgeschehnisse und Managemententscheidungen zu beobachten. Anderenfalls würde das Spekulationsrisiko vom Anleger auf die Bank abgewälzt, ohne dass dem eine angemessene Gegenleistung entgegenstünde."
>
> *Peterhoff* sieht jedoch eine Ausnahme von diesem Grundsatz, wenn starke Kursveränderungen bei einer ganz außergewöhnlichen und nach den allgemeinen Erfahrungen nicht zu erwartenden Kursentwicklung gegeben sind. Dem kann nicht zugestimmt werden, weil dies eine einseitige Risikoabwälzung bei einem Spekulationsgeschäft auf den bedeuten würde, der am Spekulationsgewinn nicht partizipiert.

Die Empfehlung zum Kauf von Wertpapieren nach einem Börsencrash führt selbst dann nicht zur Haftung aus Beratungsverschulden, wenn die Kurse danach weiter fallen, weil zu keinem Zeitpunkt eindeutig vorauszusehen ist, in welche Richtung sich die Kurse entwickeln werden. **810**

> OLG Frankfurt/M. WM 1990, 1452,
> dazu EWiR 1990, 1085 *(Vortmann)*
> sowie WuB I G 5.-7.90 *(Pohle)*;
> a. A. LG Augsburg EWiR 1995, 955 *(Vortmann)*.

Wenn der Kunde eine sichere Anlage wünscht, handelt die Bank nicht anlegergerecht, wenn sie eine Anleihe empfiehlt, die von einer angesehenen Rating Agentur als sehr spekulativ eingestuft wird. **811**

> OLG Nürnberg ZIP 2002, 611,
> dazu EWiR 2002, 467 *(v. Buttlar)*.

II. Besondere Aufklärungs-, Beratungs- und sonstige Warnpflichten der Bank

812 Eine Bank muss im Rahmen eines Beratungsgesprächs einen Kunden umso deutlicher auf das Risiko eines Totalverlustes einer von ihr empfohlenen Anlage hinweisen, je realer die Gefahr ist, dass sich dieses Risiko verwirklicht.

> LG Frankfurt/M. ZIP 2009, 184 = WM 2009, 17 = BKR 2008, 170, dazu WuB I G 1.-3.09 *(Assies)*.

813 Ein zum Schadensersatz führender Beratungsfehler ist es auch, wenn die Bank den Anleger anhand des von dritter Seite erstellten Prospekts berät, darin enthaltene Berechnungen nicht den kalkulatorischen Grundlagen des Prospekts entsprechen und das Risiko für den Anleger kleiner erscheinen lassen als es tatsächlich ist. Die unrichtige Beschreibung eines bestimmten Risikos wird nicht dadurch berichtigt oder aufgehoben, dass an anderer Stelle des Prospekts für den Fall des Eintritts anderer oder fernerliegender Risiken auf die Möglichkeit des Totalverlusts hingewiesen wird.

> OLG Oldenburg WM 2009, 304.

814 Eine Bank, die für den Kunden Depots führt und Wertpapiergeschäfte abwickelt, trifft jedenfalls die Nebenpflicht, den Kunden über die Abwicklung und den Verlauf der Geschäfte zutreffend zu informieren, insbesondere insoweit, als dies für den Kauf- und Verkaufsentschluss des Kunden von Belang ist.

> LG Itzehoe ZIP 2001, 1000, dazu EWiR 2001, 747 *(Steiner)*.

815 Die Intensität der Beratungsverpflichtung hat sich nicht nur an der Schutzbedürftigkeit des Anlegers zu orientieren, sondern auch an der Verfügbarkeit des dem Berater zur Verfügung stehenden Informationsmaterials und seinen Erkundigungsmöglichkeiten. Darüber hinaus hängt der Pflichteninhalt von der Art der Kapitalanlage ab. Größere Aufklärungsbedürfnisse der Anleger bestehen gerade dann, wenn Anlagen – z. B. ausländische Wertpapiere – vom Berater angeboten werden, bei denen grundsätzlich davon ausgegangen werden kann, dass die Anleger bereits aufgrund der geringen allgemeinen Informationsmöglichkeiten ein Informationsdefizit haben.

816 Dagegen ist der Maßstab der Aufklärungs- und Beratungspflichten bei Spekulationsgeschäften sehr niedrig anzusetzen, da die Banken bei einer Verletzung von Pflichten im Zusammenhang mit diesen Geschäften kaum übersehbaren Risiken ausgesetzt wären.

> OLG Köln WM 1989, 402,
> dazu WuB I G 1.-1.89 *(Peterhoff)*;
> ebenso OLG Karlsruhe WM 1988, 411,
> dazu WuB I G 4.-4.88 *(Assmann)*;
> OLG Frankfurt/M. WM 1995, 245,
> dazu WuB I G 1.-10.95 *(Kalbrath)*;
> a. A. *Köndgen*, JZ 1978, 392.

817 Ob sich für den Anlageberater eine darüber hinausgehende Pflicht ergibt, eine bestimmte Anlageentscheidung zu empfehlen, ist eine Frage der zwi-

8. Kapitalanlagen

schen den Parteien geschlossenen Vereinbarung. Es ist nicht Aufgabe eines Anlageberaters, darüber zu wachen, dass sein Kunde sich wie ein konservativer Anleger verhält. Ist in einer bestimmten Situation aber vernünftigerweise alleine eine bestimmte Anlageentscheidung zu treffen, so kann den Anlageberater eine vertragliche Nebenpflicht treffen, diese dem Anleger zu empfehlen.

BGH WM 1987, 531 = NJW-RR 1987, 936,
dazu WuB I G 4.-6.87 *(Assmann)*:
„Dabei kann für eine umfassende Beratung das relativ hohe Honorar des Beklagten sprechen, das an der Höhe der Gewinne ausgerichtet ist. Auf der anderen Seite war von vorneherein klar ersichtlich, dass es sich um Spekulationsgeschäfte mit entsprechendem Risiko handelte. Sinn eines Vertrages über Auskunft oder Beratung bei derartigen Spekulationsgeschäften ist es nicht, dem Anleger das Anlagerisiko abzunehmen. Eine Haftung kann sinnvollerweise nur für die Richtigkeit und Vollständigkeit von erforderlichen Informationen und allenfalls für deren sorgfältige Auswertung gegeben sein, nicht aber dafür, ob eine etwa gegebene Anlageempfehlung sich im Nachhinein als richtig oder nicht richtig herausstellt oder dafür, dass eine bestimmte Anlageempfehlung nicht gegeben wurde."

Der Anlageberater hat darüber hinaus eine erhöhte Aufklärungs- und Beratungspflicht, wenn er in besonderem Maße persönliches Vertrauen in Anspruch nimmt und sich dabei auf seine Berufserfahrung und Sachkunde oder auf seine besondere persönliche Zuverlässigkeit stützt. Dies gilt bereits bei der Darstellung eines bestimmten Beteiligungsobjekts als in das Beratungsprogramm der Bank aufgenommen. Der Kunde kann hier davon ausgehen, dass die Bank das ihm überlassene Informationsmaterial zumindest auf Plausibilität geprüft hat. 818

BGHZ 100, 117 = ZIP 1987, 500 = WM 1987, 495 = NJW 1987, 1815,
dazu EWiR 1987, 575 *(Niehoff)*
sowie WuB I G 4.-5.87 *(Assmann)*.

Auf das Risiko einer wiederauflebenden Kommanditistenhaftung nach § 172 Abs. 4 HGB auf Rückzahlung der erhaltenen Ausschüttungen hat der Anlageberater auch dann aufzuklären, wenn diese auf 10 % des Anlagebetrages begrenzt ist. 819

BGH ZIP 2015, 79 = WM 2015, 68,
dazu *Reinhart/von Katte* WM 2015, 150;
vgl. auch *Wigand/Ludwig*, BKR 2015, 448, die einer weitergehenden Haftung gem. den §§ 30, 31 GmbHG analog eine Absage erteilen.

Der Anlageberater muss ferner etwaige Hindernisse bei der Erfüllung bzw. bei nicht fristgemäßer Erfüllung eines Beteiligungsvertrages bekannt geben. 820

BGHZ 56, 81 = WM 1971, 592 = NJW 1971, 1309.

Eine Bank hat aber nicht die Aufgabe, ihren Kunden vor sich selbst zu schützen. Sie darf deshalb grundsätzlich auch objektiv unvernünftige Aufträge eines hinreichend aufgeklärten und gewarnten Kunden ausführen. 821

II. Besondere Aufklärungs-, Beratungs- und sonstige Warnpflichten der Bank

BGH ZIP 2004, 111 = WM 2004, 24 = BB 2004, 177,
dazu EWiR 2004, 95 *(Koller)*.

822 Es ist anerkannt, dass die Bank auch Eigeninteressen verfolgen darf. Folgerichtig, muss sie nicht darüber informieren, ob die Bank im Wege des Eigengeschäfts oder des Fremdgeschäfts tätig wird.

BGH ZIP 2012, 1650 = WM 2012, 1520 = NJW 2012, 2873,
dazu EWiR 2012, 587 *(Kalomiris)*;
BGH ZIP 2011, 2226 = BKR 2011, 508 = WM 2011, 2261
= MDR 2011, 1489 = NJW-RR 2012, 43,
dazu EWiR 2011, 763 *(Lang)*
m. Anm. *Klöhn* ZIP 2011, 2237 und
Sommermeyer BKR 2012, 27.

823 Beim Verkauf von Indexzertifikaten im Wege des Eigengeschäfts kann deshalb auch keine Aufklärung über die Gewinnspanne verlangt werden.

BGH, a. a. O.;
OLG Bamberg ZIP 2010, 1225 = WM 2010, 1354 = BKR 2010, 1354,
dazu EWiR 2010, 599 *(Pitsch)*
sowie WuB I G 1.-26.10 *(Edelmann)*;
OLG Hamburg ZIP 2010, 973 = WM 2010, 1029 = BB 2010,
1945 = BKR 2010, 250 (m. Anm. *Bausch*, S. 257
und Anm. *Harnos/Rudzio*, BKR 2010, 259),
dazu ebenso EWiR 2010, 381 *(Simon)*
sowie WuB I G 1.-17.10 *(Blankenheim)*;
OLG Köln WM 2011, 1652,
dazu WuB I G 1.-22.11 *(Assies)*;
OLG Saarbrücken BKR 2012, 171;
OLG Frankfurt/M. ZIP 2009, 1708 = BKR 2009, 378;
OLG Frankfurt WM 2011, 880,
dazu WuB I G 1.-19.11 *(Vortmann)*;
OLG Karlsruhe WM 2010, 1893,
dazu WuB I 1.-1.11 *(Assies/Heibel)*;
LG Mönchengladbach WM 2010, 515 = BKR 2010, 40,
dazu WuB I G 1.-13.10 *(Assies)*;
LG Landshut BKR 2011, 82;
LG Chemnitz ZIP 2009, 2241 (LS) = WM 2009, 1505,
dazu EWiR 2009, 703 *(Maier)*
sowie WuB I G 1.-13.09 *(Blankenheim)*;
LG Itzehoe WM 2009, 1745;
s. auch *Geßner*, BKR 2010, 89, 94 f.;
Bausch, NJW 2012, 354, 355 ff.;
a. A. LG Hamburg ZIP 2009, 1948 = WM 2009, 1363,
dazu EWiR 2009, 595 *(Mehrbrey/Sevenheck)*
sowie WuB I G 1.-9.09 *(Siol)*;
LG Heidelberg WM 2010, 515,
dazu WuB I G 1.-13.10 *(Assies)*;
a. A. *Buck-Heeb*, BKR 2010, 1, 2 ff.

824 Kaum ein Thema hat die Diskussion um die Aufklärung und Beratung im Anlagegeschäft in den vergangenen Jahren so beherrscht, wie die Frage, ob die Bank als Anlagevermittler oder als Anlageberater über erhaltene Rück-

8. Kapitalanlagen

vergütungen oder Innenprovisionen aufklären muss. Dies liegt nicht zuletzt daran, dass dieses Argument von enttäuschten Anlegern immer dann herangezogen wird, wenn keine anderen Pflichtverletzungen seitens der Berater vorliegen.

Jordans, BKR 2015, 309 gibt einen aktuellen Überblick über die einschlägige Rechtsprechung.

Die Rechtsprechung, insbesondere der BGH, hat dazu jedoch Grundsätze 825 herausgearbeitet, so dass mittlerweile von einer gefestigten Rechtsprechung auszugehen ist. Diese Grundsätze werden im Folgenden dargestellt:

Die Offenbarungspflicht obliegt den Banken nur im Rahmen eines Beratungs- 826 vertrages,

BGH ZIP 2009, 455 = ZfIR 2009, 318 = WM 2009, 405 = NJW 2009, 1416 = MDR 2009, 507 = BB 2009, 459 = DB 2009, 844, dazu EWiR 2009, 193 *(Dörfler)*,

und erstreckt sich nicht nur auf Rückvergütungen,

BGH ZIP 2007, 518 (m. Anm. *Lang/Balzer*) = ZBB 2007, 193 (m. Bespr. *Koller*) = WM 2007, 487 = BKR 2007, 160, dazu EWiR 2007, 217 *(Hanten/Hartig)*;
vgl. auch *Pap*, BKR 2008, 367, 368 f.;
Brocker, BKR 2007, 365 f.;
vgl. dazu grundlegend *Witte/Hillebrand*, DStR 2009, 1759 ff.;
Zingel/Rieck, BKR 2009, 353 ff.;
Assmann, ZIP 2009, 2125 ff.;
Buck-Heeb, BKR 2009, 309 ff.;
Jordans, BKR 2011, 456 ff.;
Jooß, WM 2011, 1260 ff.;
grundlegend *Habersack*, in: Bankrechtstag 2010, S. 3 ff.
und *Ellenberger*, Bankrechtstag 2010, 37 ff.,

sondern auch auf verheimlichte Rückflüsse aus offen ausgewiesenen Vertriebsprovisionen.

BGH ZIP 2011, 1807 = ZfIR 2011, 731 (LS) = WM 2011, 1804 = NJW 2011, 3231 = BKR 2011, 435,
dazu EWiR 2011, 625 *(Lang)*;
BGH ZIP 2011, 1559 = WM 2011, 1506 = NJW 2011, 3229 = BKR 2011, 433,
dazu EWiR 2011, 623 *(Toussaint)*;
zu beiden Entscheidungen WuB I G 1.-20.11 *(Edelmann)*;
OLG Frankfurt/M. WM 2010, 2111,
dazu WuB I G 1.-4.11 *(Podewils)*;
LG Frankfurt/M. WM 2010, 1317,
dazu WuB I G 1.-23.10 *(Gesmann-Nuissl)*;
Maier, VuR 2010, 25;
OLG Karlsruhe WM 2014, 556 = ZfIR 2013, 606 (LS),
dazu WUB I G 1.-1.14 *(Stöhr)*.

Vor dem Abschluss eines Unterbeteiligungsvertrags zu Anlagezwecken ist 827 der Vertragspartner des Kapitalanlegers nur unter besonderen Voraussetzungen

179

II. Besondere Aufklärungs-, Beratungs- und sonstige Warnpflichten der Bank

verpflichtet, diesen über die Zahlung von Vertriebsprovisionen aufzuklären, die er an einen zugleich für den Anleger tätigen Anlagevermittler leistet.

> BGH ZIP 2011, 2145 = WM 2011, 2085 = DB 2011, 2425
> = AG 2011, 880,
> dazu EWiR 2011, 73 *(Frisch)*
> sowie WuB I G 1.-3.12 *(Knops/Korff)*.

828 Bei Rückvergütungen muss es sich um regelmäßig umsatzunabhängige Provisionen handeln, die im Gegensatz zu versteckten Innenprovisionen nicht aus dem Anlagevermögen, sondern aus offen ausgewiesenen Provisionen gezahlt werden, deren Rückfluss an die beratende Bank aber nicht offenbart wird, sondern hinter dem Rücken des Anlegers erfolgt.

> BGH ZIP 2011, 1807 = ZfIR 2011, 731 (LS) = WM 2011, 1804
> = NJW 2011, 3231 = BKR 2011, 435,
> dazu EWiR 2011, 625 *(Lang)*;
> BGH ZIP 2011, 1559 = WM 2011, 1506 = NJW 2011, 3229 =
> BKR 2011, 433,
> dazu EWiR 2011, 623 *(Toussaint)*;
> zu beiden Entscheidungen WuB I G 1.-20.11 *(Edelmann)*;
>
> zur Unterscheidung von Rückvergütung und verdeckten Innenprovisionen vgl. *Einsiedler*, WM 2013, 1109, 1113 f.

829 Rückvergütungen im Sinne der BGH-Rechtsprechung setzen ein Dreipersonenverhältnis voraus, bei dem die Bank dem Anleger das Produkt eines Dritten lediglich vermittelt.

> OLG Frankfurt/M. VuR 2012, 312 (m. Anm. *Faulmüller*).

830 Eine Rückvergütung liegt auch dann vor, wenn die Zahlung des Anlegers nicht über die Bank an die Fondsgesellschaft erfolgt, sondern direkt an die Fondsgesellschaft und von dort zurück an die Bank.

> BGH ZIP 2014, 1165.

831 An einer Rückvergütung fehlt es, wenn die Bank das Zertifikat selbst unter dem Nennwert von dem Emittenten erwirbt und in Form des Festpreisgeschäfts zum vollen Nennwert an den Kunden verkauft.

> OLG Düsseldorf BKR 2011, 26;
> OLG Karlsruhe ZIP 2010, 2442 = WM 2011, 353,
> dazu WuB I G 1.-10.11 *(Vortmann)*;
> a. A. OLG Köln ZIP 2011, 1092,
> dazu EWiR 2011, 481 *(Sommermeyer)*.

832 Ein bestimmter und feststehender Nachlass der Emittentin auf den Emissionspreis (Nominalwert) bei Zertifikaten (Einkaufsrabatt der Bank) stellt keine Zuwendung i. S. d. § 31d Abs. 2 WpHG in der ab dem 1.11.2007 geltenden Fassung dar. Mit dem Erwerb von Zertifikaten im Eigenhandel durch eine Bank ist die Möglichkeit zum Weiterverkauf nach eigenständiger Kalkulation verbunden. Die bloße Möglichkeit, bereits bei einem Weiterverkauf der Zertifikate zum Nominalbetrag einen Gewinn zu erzielen, rechtfertigt die An-

8. Kapitalanlagen

nahme einer Zuwendung der Emittentin an die Bank als ihren Vertragspartner nicht.

> OLG Karlsruhe ZIP 2012, 1852, dazu EWiR 2012, 689 *(Vortmann)*;
> zustimmend *Habersack*, WM 2010, 1245, 149;
> *Köndgen*, JZ 2012, 260, 261;
> *Bausch*, NJW 2012, 354, 357;
> a. A. *Schumacher*, WM 2011, 678, 680;
> *Veldhoff*, S. 305 f.

Die Entscheidung des OLG Karlsruhe konnte gar nicht anders lauten. Es ist **833** schon erstaunlich, warum eine Bank ihre Gewinnmarge offenlegen soll, während keiner der Kritiker verlangen würde, dass ein Autohändler seinen Gewinn offenlegt.

Für die Zeit nach 1984 kann sich die Bank nicht auf einen unvermeidbaren **834** Rechtsirrtum über das Bestehen und den Umfang einer Aufklärungspflicht über Rückvergütungen berufen.

> BGH ZIP 2014, 1672 = BKR 2014, 457 = WM 2014, 1670
> = NJW 2014, 2951,
> dazu EWiR 2014, 605 *(Fuxmann/John)*
> sowie WuB I G 1.-17.14 *(Kropf)*.

Die Rückvergütungsrechtsprechung ist nicht auf bloße Innenprovisionen bis **835** zum 31.7.2014 übertragbar.

> BGH ZIP 2011, 855 = WM 2011, 925 = BKR 2011, 299
> = NJW 2011, 3227,
> dazu EWiR 2011, 337 *(Lindner)*
> sowie WuB I G 1.-20.11 *(Edelmann)*.

In diesen Fällen ist nur ausnahmsweise eine Aufklärung erforderlich, wenn **836** die Innenprovision 15 % des von den Anlegern einzubringenden Kapitals überschreitet. Dies gilt dann allerdings nicht nur für Anlageberater, sondern auch Anlagevermittler.

> BGH ZIP 2012, 1496 = ZfIR 2012, 701 (m. Anm. *Wolters*,
> S. 705) = WM 2012, 1389,
> dazu EWiR 2012, 585 *(Deblitz)*;
> BGH ZIP 2011, 607 = WM 2011, 640 = NJW-RR 2011, 913
> = BB 2011, 1035 = DB 2011, 761 = MDR 2011, 579;
> OLG Stuttgart ZIP 2010, 1386,
> dazu EWiR 2010, 631 *(Weber)*;
> *Lippe/Voigt*, BKR 2011, 151 ff.;
> *Nittel/Knöpfel*, BKR 2009, 411.

Der BGH hat nunmehr die Aufklärungspflicht erweitert. Bei Innenprovisio- **837** nen hat die Bank seit dem 1.8.2014 über den Empfang versteckter Innenprovisionen von Seiten Dritter unabhängig von deren Höhe aufzuklären.

> BGH ZIP 2014, 1418 (m. Bespr. *Hoffmann/Bartlitz*, S. 1505)
> = ZBB 2014, 421 (m. Bespr. *Freitag*, S. 357) = BKR 2014, 370
> = NJW 2014, 370,

dazu EWiR 2014, 505 *(Dörfler/Waßmuth)*
sowie WuB I G 1.-15.14 *(Edelmann)*;
Anm. von Weck, BKR 2014, 374,
Anm. von Balzer/Lang, BKR 2014, 377;
kritisch *Heun-Rehn/Lang/Ruf*, NJW 2014, 2909;
zu möglichen Verteidigungsstrategien der Banken vgl.
Oppenheim, BKR 2014, 454,

838 Die Bank hat auf die Tatsache als solche und auf die Höhe der Rückvergütung hinzuweisen.

BGH ZIP 2007, 518 (m. Anm. *Lang/Balzer*) = ZBB 2007, 193
(m. Bespr. *Koller*) = WM 2007, 487 = BKR 2007, 160,
dazu EWiR 2007, 217 *(Hanten/Hartig)*
sowie WuB I G 1.-1.08 *(Meder/Flick)*;
OLG München BKR 2010, 479;
vgl. auch *Pap*, BKR 2008, 367, 368 f.;
Brocker, BKR 2007, 365 f.;
vgl. dazu grundlegend *Witte/Hillebrand*, DStR 2009, 1759 ff.
sowie *Edelmann*, BB 2010, 1163.

839 Allerdings muss nicht darüber aufgeklärt werden, an wen die Innenprovision fließt, sondern allein, dass sie anfällt.

LG Nürnberg-Fürth BKR 2014, 467,
Einsiedler, WM 2013, 1109, 1111 m. w. N.

840 Die Aufklärung über erhaltene Vertriebsprovisionen kann durch die Überlassung interner E-Mails erfolgen.

OLG Brandenburg BKR 2014, 345.

841 Allgemeine Angaben in den „Kundeninformationen für Wertpapiergeschäfte" genügen für eine Aufklärung über erhaltene Provisionen nicht.

OLG Hamm BKR 2014, 340.

842 Diese Rechtsprechung ist vom Bundesverfassungsgericht als verfassungsgemäß bestätigt worden.

BVerfG ZBB 2012, 134 (m. Bespr. *Herresthal*, S. 89) = ZIP 2012,
164 = WM 2012, 68 = BKR 2012, 23
= NJW 2012, 443,
dazu EWiR 2012, 103 *(Hoffmann-Theinert)*;
dazu *Herresthal*, ZBB 2012, 89.

843 Die sog. „Kick-back-Rechtsprechung" ist nicht nur auf die Anlage in Wertpapieren wie Aktienfonds anwendbar, sondern auch auf die Anlage in geschlossenen Fonds.

BGH ZIP 2009, 455 (m. Anm. *Lang/Balzer*) = ZfIR 2009, 318 =
WM 2009, 405 = NJW 2009, 1416 = MDR 2009, 507 = BB 2009,
459 = DB 2009, 844,
dazu EWiR 2009, 193 *(Dörfler)*.

844 Die Rechtsprechung stellt diese Anforderungen, weil sie davon ausgeht, dass eine vorweggenommene Beschränkung der Beratungsleistung durch Ver-

8. Kapitalanlagen

triebsabsprachen entsteht und dies die Gefahr eines schwerwiegenden Interessenkonflikts in sich birgt. Deshalb muss über der Anleger über diesen Umstand aufgeklärt werden.

> OLG Hamm ZIP 2011, 1949,
> dazu EWiR 2011, 733 *(Wigand)*;
> OLG Stuttgart ZIP 2011, 219 = WM 2011, 356 = BKR 2011, 33,
> dazu EWiR 2011, 173 *(Brocker)*
> sowie WuB I G 1.-10.11 *(Vortmann)*.

Folgerichtig kann sich die Hinweispflicht auch nur auf hinter dem Rücken **845** des Anlegers zurückfließende Rückvergütungen erstrecken.

> BGH ZIP 2009, 2380 = WM 2009, 2306,
> dazu EWiR 2010, 11 *(Dörfler/Pallasky)*;
> OLG Bamberg ZIP 2011, 265 (LS),
> dazu EWiR 2011, 137 *(Theewen)*;
> OLG Stuttgart ZIP 2010, 1386,
> dazu EWiR 2010, 631 *(Weber)*.

Die Beratungspflicht besteht unabhängig vom Zahlungsweg der erhaltenen **846** Provisionen.

> OLG Stuttgart WM 2010, 360 = DB 2010, 531 = MDR 2010, 437,
> dazu EWiR 2011, 205 *(Stoll/Mayer)*.

Die Bank kann sich nicht darauf berufen, dass sie von ihrer Aufklärungs- **847** pflicht nichts gewusst habe.

> BGH ZIP 2011, 1807 = ZfIR 2011, 731 (LS) = WM 2011, 1804
> = NJW 2011, 3231 = BKR 2011, 435,
> dazu EWiR 2011, 625 *(Lang)*
> sowie WuB I G 1.-20.11 *(Edelmann)*.

Zumindest für die Zeit nach 1990 liegt nach Ansicht des BGH kein unver- **848** meidbarer Rechtsirrtum über das Bestehen und den Umfang einer entsprechenden Aufklärungspflicht bezüglich der Rückvergütungen vor. Spätestens seit diesem Zeitpunkt musste die Bank damit rechnen, dass die Rechtsprechung von einer solchen Hinweispflicht ausgeht.

> BGH, a. a. O.;
> BGH ZIP 2010, 1335 = ZfIR 2010, 559 (LS) = ZBB 2010, 303
> (m. Bespr. *Herresthal*, S. 305) = WM 2010, 1694 = BKR 2010, 331,
> dazu EWiR 2010, 519 *(Koller)*
> sowie WuB I G 1.-6.11 *(Meder/Flick)*;
> OLG Frankfurt/M. ZIP 2010, 2039,
> dazu EWiR 2010, 771 *(Pitsch)*;
> a. A. OLG Dresden ZIP 2009, 2144 = WM 2009, 1689
> = BKR 2009, 428,
> dazu EWiR 2009, 701 *(Theewen)*
> sowie WuB I G 1.-5.10 *(Nobbe)*;
> zum Vorsatz und Rechtsirrtum vgl. auch *Harnos*, BKR 2009, 316,
> *ders.*, BKR 2012, 185;
> *Schäfer*, WM 2012, 1022.

II. Besondere Aufklärungs-, Beratungs- und sonstige Warnpflichten der Bank

849 Eine Entlastung vom Vorwurf des vorsätzlichen Organisationsverschuldens kann nicht dadurch erfolgen, dass sich die Bank auf ein Rundschreiben des einschlägigen Verbandes beruft, in welchem die Rechtslage greifbar fehlerhaft dargestellt worden ist.

OLG Stuttgart ZIP 2011, 803,
dazu EWiR 2011, 405 *(Meyer zu Schwabdedissen)*.

850 Auch durch Outsourcing der Beratungstätigkeit auf eine Tochtergesellschaft der Bank entfällt die Verpflichtung zur Aufklärung des Anlegers über die – nun an die Bankentochter fließende – Rückvergütung grundsätzlich nicht.

OLG München ZIP 2011, 2139 = BKR 2011, 215;
OLG München BKR 2011, 338 = NJW 2011, 2814;
s. auch Besprechungsaufsatz *Mahler*, AG 2011, R356;
OLG Hamm ZIP 2011, 1949,
dazu EWiR 2011, 733 *(Wigand)*.

851 Sie ist aber wie ein freier Anlageberater zu behandeln.

BGH ZIP 2012, 1596 = NJW 2012, 2952 = WM 2012, 1584,
dazu EWiR 2012, 615 *(Lang)*.

852 Die Bank kann die Haftung nur vermeiden, wenn die an die Bank gezahlten Beträge für die Eigenkapitalbeschaffung dem Inhalt und der Höhe nach in einem Prospekt ausgewiesen sind.

OLG Stuttgart ZIP 2010, 1386,
dazu EWiR 2010, 631 *(Weber)*.

853 Dies wiederum setzt die Aushändigung eines Prospektes frühzeitig vor dem Geschäftsabschluss voraus, und im Prospekt müssen die Vergütungen in Bezug auf die Bank vollständig und zutreffend bezeichnet werden.

BGH ZIP 2009, 2380 = WM 2009, 2306,
dazu EWiR 2010, 11 *(Dörfler/Pallasky)*;
ebenfalls zu dieser Entscheidung *Koch*, BKR 2010, 177 ff.

854 Diese letzte Voraussetzung ist in der Realität nicht möglich. Bei Prospektauflegung weiß keiner der Initiatoren, welche Vertriebspartner tätig werden. Angaben zur Höhe der Vergütung einzelner Vertriebspartner können somit nicht gemacht werden.

855 Die Aufklärung durch den Prospekt ist nämlich bereits ausgeschlossen, wenn die beratende Bank in dem Prospekt neben weiteren Unternehmen als Provisionsempfängerin genannt ist und die Vertriebsprovision zusammen mit den Kosten der Werbung und der Prospekterstellung in einer Summe genannt wird.

LG Stuttgart EWiR 2012, 337,
dazu EWiR 2012, 337 *(Bendermacher)*.

856 Eine gesonderte Aufklärungspflicht im Zusammenhang mit Rückvergütungen besteht dann, wenn die Bank an den Steuerberater eines Zeichners Rückvergütungen zahlt.

OLG München BKR 2010, 479.

8. Kapitalanlagen

Keine Aufklärungspflicht besteht bei Zahlung an Dritte, 857
BGH ZIP 2011, 2145 = WM 2011, 2085 = NJW-RR, 2012,
und bei Zahlung an Konzerngesellschaften,
BGH, Beschl. v. 24.6.2014 – XI ZR 219/13;
Kotte, BB 2014, 1353,
sowie bei Zahlung von Dritten, die kein Kick-Back darstellen.

BGH ZIP 2012, 1650 = WM 2012, 1520,
dazu *Mann*, BKR 2013, 727.

Eine beratende Bank, die als Kaufkommissionärin dem Kunden für die Be- 858
schaffung eines empfohlenen Wertpapiers eine Provision in Rechnung stellt,
hat den Kunden über eine Vertriebsvergütung vonseiten der Emittentin des
Wertpapiers aufzuklären.

BGH ZIP 2013, 2099 = WM 2013, 2065,
dazu EWiR 2013, 709 *(Koller)*
sowie WuB I G 1.-5.14 *(Buck-Heeb)*.

Ein Anlageinteressent, der im Rahmen eines Beratungsgesprächs nach der 859
Höhe der an die Bank fließenden Provisionen fragt und trotz ausdrücklicher
Erklärung des Anlageberaters der Bank, ihm die Höhe der an die Bank fließenden Rückvergütung nicht mitzuteilen, das Anlagegeschäft gleichwohl abschließt, verhält sich widersprüchlich, wenn er später von der Bank Schadensersatz wegen fehlender Aufklärung über die Rückvergütung geltend
macht.

BGH ZBB 2014, 327 (m. Bespr. *Kropf*, S. 331) = ZIP 2014, 1117
= WM 2014, 1036 = BKR 2014, 290,
dazu EWiR 2014, 507 *(Haertlein/Göb)*
sowie WuB I G 1.-12.14 *(Thume)*.

Macht der Bankberater konkrete, jedoch fehlerhafte Angaben zur Höhe der 860
Rückvergütung, so liegt eine fehlerhafte (Teil-)Aufklärung vor, die als eigen-
ständige Pflichtverletzung anzusehen ist. Eine solche (Teil-)Aufklärung ist
insbesondere dann anzunehmen, wenn die Bank für die Empfehlung eines
geschlossenen Fonds eine Rückvergütung erhält, die das Agio übersteigt, der
Bankberater indes dem Anleger mitteilt, dass die Bank das Agio bekommt.

OLG Karlsruhe, Urt. v. 31.3.2015 – 17 U 45/14,
dazu EWiR 2015, 499 *(Fuxman/Fink)*.

Der Anlageberater genügt regelmäßig seinen Pflichten, wenn die Beitrittser- 861
klärung zu einem Schiffsfonds ausreichende Informationen enthält, dass die
Bank selbst an dem Anlagegeschäft eine Provision verdient, und der Anleger
die Beitrittserklärung nicht liest.

OLG Karlsruhe WM 2015, 1853,
dazu *Schultheiß*, WuB 2016, 6.

II. Besondere Aufklärungs-, Beratungs- und sonstige Warnpflichten der Bank

862 Rechtsfolge der Verletzung von Aufklärungspflichten im Zusammenhang mit Rückvergütungen und Provisionen kann nicht das Verlangen des Anlegers auf Auskunft und nicht die Herausgabe der Vergütungen jeglicher Form sein, denn der Beratungsvertrag als mögliche Rechtsgrundlage ist kein Rechtsverhältnis, in dem das Recht des Auftrags, insbesondere der §§ 666 ff. BGB, uneingeschränkt anzuwenden ist. Ein auftragstypisches Auftreten des Beratenden gegenüber Dritten findet nicht statt.

> *Regenfus*, WM 2015, 169 ff., 205 ff.,
> *Kotte*, BB 2015, 1283 ff.

(bb) Beratungsvertrag

863 Haftungsgrundlage für ein Beratungsverschulden ist dabei aufgrund des Fehlens eines ausdrücklichen Beratungsvertragsabschlusses ein stillschweigender Beratungsvertrag. Im Rahmen der Anlageberatung geht die Rechtsprechung im Hinblick auf die Annahme stillschweigend abgeschlossener Beratungsverträge sehr weit.

> BGHZ 74, 103 = WM 1979, 530 = NJW 1979, 1449:
> „Nach gefestigter Rechtsprechung des BGH ist eine Haftung aus einem (stillschweigend) abgeschlossenen Beratungsvertrag immer dann zu bejahen, wenn Auskünfte erteilt werden, die für den Empfänger erkennbar von erheblicher Bedeutung sind und die dieser zur Grundlage wesentlicher Entschlüsse und Maßnahmen machen will. Das gilt insbesondere dann, wenn der Auskunftsgeber für die Erteilung der Auskunft sachkundig ist oder wenn bei ihm ein eigenes wirtschaftliches Interesse im Spiel ist."

> Vgl. auch BGH WM 1985, 381,
> dazu EWiR 1985 153 *(Feuerborn)*;
> OLG Hamm ZIP 1996, 2067 = WM 1996, 2274;
> vgl. dazu grundsätzlich *Wagner*, DStR 2003, 1757
> *Wagner*, DStR 2004, 1883 ff.;
> *Buck-Heeb*, WM 2012, 625 ff.
> *Schnauder*, JZ 2013, 120 ff.

864 Macht ein Anlageinteressent einer Bank gegenüber deutlich, dass er deren Kenntnisse und Verbindungen für seine Anlageentscheidung in Anspruch nehmen will, und geht die Bank darauf ein, kommt ein Auskunfts- oder sogar Beratungsvertrag mit Haftungsfolgen zustande.

> BGHZ 100, 117 = ZIP 1987, 500 = WM 1987, 495 = NJW 1987, 1815 = JZ 1987, 721 (m. Anm. *Köndgen)*,
> dazu EWiR 1987, 575 *(Niehoff)*
> sowie WuB I G 4.-5.87 *(Assmann)*;
> LG Hamburg ZIP 1992, 829 = WM 1993, 196,
> dazu EWiR 1992, 651 *(Reifner)*;
> LG Kleve EWiR 2003, 1011 *(Strube)*.

865 Tritt ein Anlageinteressent an eine Bank oder der Anlageberater einer Bank an einen Kunden heran, um über die Anlage eines Geldbetrages beraten zu werden bzw. zu beraten, so wird das darin liegende Angebot zum Abschluss

8. Kapitalanlagen

eines Beratungsvertrages durch die Aufnahme des Beratungsgespräches angenommen.

BGH ZBB 1994, 44 (m. Bespr. *Heinsius*, S. 47) = ZIP 1993, 1148
(zu weiteren Fundstellen dieser Entscheidung siehe Rn. 793);
OLG Köln ZIP 1997, 1372,
dazu EWiR 1997, 879 *(Steiner)*.

Entscheidend ist lediglich, dass das Gespräch eine konkrete Anlageentscheidung des Kunden zum Gegenstand hat. Die Zahlung einer Vergütung ist ohne Bedeutung. 866

Raeschke-Kessler, WM 1993, 1830, 1831;
kritisch *Vortmann*, ÖBA 1994, 579, 580, der zwecks Unterscheidung, ob eine Anlagevermittlung oder Anlageberatung vorliegt, auf den Inhalt des konkreten Gesprächs abstellt.

Ein fünfminütiges Telefongespräch kann einen stillschweigenden Beratungsvertrag begründen. 867

OLG Frankfurt ZIP 2010, 567 = WM 2010, 613,
dazu EWiR 2010 *(Podewils)*
sowie WuB I G 1.-14.10 *(Knops)*.

Wendet sich der Kunde mit seinem Anliegen an einen bestimmten Bankangestellten, so kommt der daraus resultierende Vertrag mit der Bank selbst zustande, wenn nicht besondere Umstände vorliegen, die zu dem Schluss zwingen, dass der Kunde ausschließlich mit dem Bankangestellten persönlich und nicht mit dem Bankinstitut selbst etwas zu tun haben wolle. 868

OLG Frankfurt/M. WM 1993, 1030,
dazu WuB I G 4.-6.93 *(Assmann)*.

Die in der Rechtsform einer GmbH betriebene deutsche Repräsentanz einer US-amerikanischen Investmentbank wird bei Vermittlung von Optionsscheingeschäften nicht Partei eines Beratungsvertrages, wenn sie den Anleger darauf hinweist, dass sie Kundenaufträge nur weitergibt und den Anleger im Auftrag der kontoführenden Gesellschaft auf der Grundlage des von dieser zur Verfügung gestellten Informationsmaterials berät. 869

OLG Frankfurt/M. WM 1994, 1025,
dazu WuB I G 1.-1.95 *(Marwede)*.

Die Annahme eines Beratungsvertrages scheidet grundsätzlich aus, wenn eine Bank lediglich eine Execution-Only-Dienstleistung anbietet. 870

BGH BKR 2014, 203.

Von der Rechtsprechung ist bisher nicht entschieden worden, ob eine Bank, die ihren Kunden berät, auch dann haftet, wenn der Kunde den Kauf – oder den Verkaufsauftrag – bei einem Mitbewerber im Anschluss an die Beratung ohne eine weitere Beratung (z. B. im Wege des Discount-Brokerage) tätigt. Eine Haftung scheidet hier aus, weil die Bank insoweit keinen Rechtsbindungswillen hat. Für die Annahme eines Beratungsvertrages ist es erforder- 871 lich, dass sich aus den Umständen des Einzelfalles ein bestimmter rechtsgeschäftlicher Verpflichtungswille schlüssig ergibt.

> OLG Frankfurt/M. WM 1992, 2140,
> dazu WuB I 4.-1.93 (v. *Heymann*).

872 Dies setzt eine umfassende Gesamtwürdigung aller Gegebenheiten voraus.

> BGH ZIP 1985, 1506 = WM 1985, 1531 = NJW 1986, 180, 181,
> dazu EWiR 1985, 965 *(Gräfe)*;
> BGH WM 1990, 1554 = NJW 1991, 32.

873 Der Rechtsbindungswille der Bank erstreckt sich gerade bei der Anlageberatung auf die mit der Beratungsleistung im Zusammenhang stehende Kaufentscheidung des Anlegers. Ohne Vereinbarung einer Beratungsgebühr bleibt der Bank als Entgelt nur die Provision aus dem tatsächlichen Anlagegeschäft. Der Anleger kann nicht erwarten, dass der Rechtsbindungswille der Bank sich auf eine Beratung ohne Kaufabsicht erstreckt.

> *Vortmann*, ÖBA 1994, 879, 582;
> ebenso *Buck-Heeb*, WM 2012, 625, 627;
> a. A. *Escher-Weingart*, JZ 1994, 104, die für diesen Fall bei der Haftung allein auf die Wichtigkeit der Anlageentscheidung abstellt.

874 Eine Warnpflicht des Discounter-Brokers kann folgerichtig nur dann bestehen, wenn er die tatsächliche Fehlberatung positiv kennt oder wenn diese Fehlberatung aufgrund massiver Verdachtsmomente objektiv evident ist.

> BGHZ 196, 370 = ZIP 2013, 870 = ZBB 2013, 265
> (m. Bespr. *Bracht*, S. 252) = WM 2013, 789 = NJW 2013, 239
> (m. Anm. *Brocker)* = GWR 2013, 252,
> dazu EWiR 2013, 365 *(Balzer)*
> sowie WuB I G 1.-11.13 *(Schweinsberg-Zügel)*;
> BGH BKR 2014, 203.

875 Auch die Übersendung eines Werbeschreibens, in dem auf die Mündelsicherheit einer Anleihe hingewiesen wird, führt nicht ohne Weiteres zur Annahme eines Beratungsvertrages.

> OLG Frankfurt/M. BKR 2014, 338.

876 Gleiches gilt für die Zurverfügungstellung eines sog. „Informers" auf der Homepage des Discount-Brokers.

> OLG Schleswig WM 2015, 236;
> LG Itzehoe WM 2014, 2222;
> zu beiden Entscheidungen *Vortmann*, WuB 2015, 101.

877 Von der hier angesprochenen privatrechtlichen Aufklärungs- und Beratungspflicht aufgrund eines Beratungsvertrages ist die aufsichtsrechtliche Informationspflicht nach dem Wertpapierhandelsgesetz zu unterscheiden. Letztere ist nicht als Beratungspflicht zu sehen, sondern als die Pflicht der Bank, sich

vom Kunden die für die Beratungspflicht notwendigen Informationen zu beschaffen.

> Vgl. dazu insgesamt *Schödermeier,* WM 1995, 2053 ff.
> sowie *Kropf,* WM 2014, 640.

(cc) **Beratungsverzicht**

Ein Anleger, der erklärt, keine Beratung zu wünschen, kann nach Treu und Glauben, der Grundlage vorvertraglicher Aufklärungspflicht, eine Beratung und Aufklärung berechtigterweise nicht erwarten. **878**

> BGH ZIP 1996, 1161 = WM 1996, 1214 = BB 1996, 1574
> = NJW-RR 1996, 947,
> dazu EWiR 1996, 791 *(Schwintowski)*
> sowie WuB I G 1.-11.96 *(Koller)*;
> BGH ZIP 1996, 2064 = WM 1997, 309 = NJW-RR 1997, 176,
> dazu EWiR 1997, 71 *(Schwintowski)*.

Der Beratungsverzicht kann konkludent erklärt werden. Maßstab ist z. B. die Art der Erteilung des Wertpapierauftrages, sofern der Kunde durch seine Handlungsweise deutlich macht, dass er anlageerfahren ist. **879**

> OLG Nürnberg EWiR 1996, 685,
> dazu EWiR 1996, 685 *(Vortmann)*;
> OLG Hamm ZIP 1996, 2067 = WM 1996, 2274,
> dazu EWiR 1997, 27 *(Schwark)*;
> OLG Koblenz WM 2002, 1224,
> dazu EWiR 2002, 755 *(Frisch)*;
> LG München WM 1996, 2113.

Ein Anleger, der in der Geschäftsstelle selbst anruft und ohne weitere Erklärung unter Nennung der Wertpapierkennnummer und Buchstabierens des Namens der ausgebenden Gesellschaft einen Kaufauftrag gibt, verzichtet auf eine Beratung. **880**

> LG Hannover WM 1996, 1575;
> ähnliche Fallkonstellationen BGH ZIP 1996, 2064 = WM 1997, 309,
> dazu EWiR 1997, 71 *(Schwintowski)*
> und *Schwennicke,* WiB 1997, 322;
> OLG Hamm WM 1997, 568 = BB 1997, 12;
> OLG Oldenburg BB 1997, 1275;
> OLG Düsseldorf ZIP 1999, 2144 = EWiR 2000, 269,
> dazu EWiR 2000, 269 *(Kälberer)*;
> OLG Düsseldorf NJW-RR 2004, 409,
> dazu EWIR 2004, 1161 *(Allmendinger)*;
> LG Hannover WM 1996, 2111,
> dazu WuB I G 1.-4.97 *(Zeller)*;
> LG Berlin WM 1997, 1896,
> dazu WuB I G 7.-1.98 *(Zeller)*.

Die Annahme eines stillschweigend abgeschlossenen Beratungsvertrages kommt nicht in Betracht, wenn ein Kunde seiner Bank gezielt den Auftrag zum Kauf bestimmter Wertpapiere gibt, die ihm von einem Dritten empfohlen worden sind. **881**

II. Besondere Aufklärungs-, Beratungs- und sonstige Warnpflichten der Bank

> BGH ZIP 1996, 872 = WM 1996, 906 = BB 1996, 1353
> = NJW 1996, 1744,
> dazu EWiR 1996, 641 *(Zeller)*
> sowie WuB I G 1.-9.96 *(Schäfer)*;
> siehe auch *Steiner*, ZKW 1996, 400;
> OLG Hamm WM 1997, 569.

882 Das OLG Karlsruhe,

> OLG Karlsruhe WM 1999, 1059,
> dazu WuB I G 1.-3.99 *(Hauptmann)*,

sieht eine Ausnahme, wenn der Kunde schon von seiner Hausbank Informationen über die Kapitalanlage erhalten hat, oder noch weitere Informationen und Aufklärung über eine ganz bestimmte steuerwirksame Anlage wünscht.

883 Die im Kontoeröffnungsantrag eines Discount-Brokers enthaltene Klausel, er verzichte im Interesse günstiger Konditionen auf jede Form der Beratung, verstößt gegen § 307 Abs. 1 BGB und benachteiligt den Anleger unangemessen.

> LG Köln ZIP 1997, 1328 = WM 1997, 1479,
> dazu EWiR 1997, 675 *(Balzer)*;
> *Siller*, WiB 1997, 882;
> *Reich*, WM 1997, 1601;
> a. A. *Balzer*, DB 1997, 2311.

884 Die im Kontoeröffnungsformular eines Discount-Brokers enthaltene Bestimmung, nach der es dem Kunden bewusst ist, „dass die Bank im Interesse besserer Konditionen auf jede Form der Beratung verzichtet", ist wirksam.

> LG München EWiR 1998, 473 *(Siller)*.

(dd) Dauer der Beratung

885 Die Aufklärungs- und Beratungspflichten der Banken bestehen nur vor oder bei der Anlageberatung. Nach Abschluss des Geschäfts – grundsätzlich im Zeitpunkt der Anlageentscheidung – enden diese Pflichten.

> *Heinsius*, ZHR 145 (1981), 177, 192 f.;
> OLG Köln WM 1989, 402,
> dazu WuB I G 1.-1.89 *(Peterhoff)*.

886 Die Bewertung und Empfehlung eines Anlageobjekts durch ein Kreditinstitut muss ex ante betrachtet vertretbar sein. Das Risiko, dass sich eine aufgrund anleger- und objektgerechter Beratung getroffene Anlageentscheidung im Nachhinein als falsch erweist, trägt der Kunde.

> BGH ZIP 2006, 891 m. Bespr. *Puszkajler/Weber*, ZIP 2007, 401
> = ZfIR 2006, 486 (LS) = WM 2006, 851 = BKR 2006, 256 = DB 2006, 1052,
> dazu EWiR 2006, 391 *(Allmendinger)*.

887 Die Bank ist infolgedessen nicht verpflichtet, ihre Kunden als Ausfluss einer Überwachungspflicht über Umstände zu unterrichten, die für die Kursentwicklung einer bereits getätigten Vermögensanlage von Bedeutung sein können

8. Kapitalanlagen

(z. B. Bonitätsschwund des Emittenten). Die Überwachungspflicht besteht nur, wenn darüber eine ausdrückliche Vereinbarung mit dem Anleger geschlossen wird (z. B. Depotüberwachung).

> LG Hamburg ZIP 1994, 1439 = WM 1994, 2014,
> dazu EWiR 1994, 1167 *(Staab)*
> sowie WuB I G 1.-3.95 *(van Look);*
> OLG München ZIP 1994, 125 = WM 1994, 236,
> dazu EWiR 1994, 119 *(Wittkowski)*
> sowie WuB I G 4.-4.94 *(Vortmann);*
> OLG Düsseldorf ZIP 2003, 471 = WM 2003, 1263,
> dazu WuB I G 1.-1.04 *(Zeller);*
> LG München WM 1996, 2113, 2114 f.;
> a. A. AG Frankfurt/M. WM 1995, 700, das allerdings eine Überwachungspflicht ohne Begründung dafür festlegt.

Eine solche Pflicht wäre unzumutbar und würde den Umfang und die Kosten der Anlageberatung außerordentlich erhöhen, wenn ohne konkreten, dann laufend zu honorierenden Auftrag zur Vermögensbetreuung die von der Bank vermittelten Anlagen auf negative Meldungen hin überwacht werden und sämtlichen Kunden darüber Hinweise erteilt werden müssten. 888

Eine Bank kann deshalb nicht verpflichtet werden, alle noch nicht erledigten Kundenaufträge ständig darauf hin zu überprüfen, ob sie aufgrund der aktuellen Börsenentwicklung zu einem konkreten Zeitpunkt noch gewinnversprechend sein werden oder nicht. 889

> OLG Frankfurt/M. WM 1994, 234,
> dazu WuB I G 5.-3.94 *(Potthoff)*.

Dies ist schon allein deshalb zutreffend, weil die Aufklärungs- und Beratungspflicht als Pflicht zur Aufklärung über die Umstände, die für die Anlageentscheidung des Kunden von Bedeutung sind, zu verstehen ist. Mit der Auftragserteilung ist deshalb die Erfüllung der Pflicht der Bank beendet. Ausnahmen von diesem Grundsatz können nur gemacht werden, wenn die Bank unter Berücksichtigung ihrer auftragsrechtlichen Interessenwahrungspflicht den Auftrag des Anlegers nicht durchführt bzw. neue Weisungen einholt (z. B. bei Kursaussetzungen). 890

> So auch *Potthoff*, WuB I G 5.-3.94.

Eine erneute Beratung nach Auftragserteilung wegen derselben Wertpapiere kann allerdings durch Abschluss eines neuen Beratungsvertrages entstehen. Erkundigt sich der Anleger nach dem von der Bank vermittelten Ankauf von Wertpapieren bei einer Bank danach, wie er sich angesichts einer sich abzeichnenden Krise des Papiers zu verhalten habe, so kommt durch die Aufnahme von konkreten Beratungsleistungen durch die Bank ein (neuer) Auskunfts- und Beratungsvertrag zustande. 891

> BGH, Urt. v. 15.10.2013 – XI ZR 51/11;
> LG Essen NJW-RR 1993, 1392.

II. Besondere Aufklärungs-, Beratungs- und sonstige Warnpflichten der Bank

892 Die Aufklärungs- und Beratungspflicht kann allerdings fortlaufend bestehen, wenn es sich beispielsweise um die Anlage von Termingeldern für jeweils einen Monat handelt und der Anlagevertrag nicht befristet ist.

> BGH WM 1987, 531 = NJW-RR 1987, 936,
> dazu WuB I G 4.-6.87 *(Assmann)*.

(ee) Beratungsdokumentation

893 Dokumentationspflichten waren bis zum 1.1.2010 nur aufsichtsrechtlicher Natur. Die Dokumentationspflicht war in § 34 WpHG geregelt. Eine zivilrechtliche Herausgabepflicht ergibt sich auch nicht aus den §§ 675, 667 BGB.

> LG Nürnberg-Fürth WM 2007, 647.

894 Allerdings kam bereits dieser Regelung eine anlegerschützende Funktion zu, denn von der Bank konnte im Streitfall im Wege der sekundären Darlegungslast auch die Vorlage der Beratungsdokumentation verlangt werden. Mit dieser Regelung wollte der Gesetzgeber eine Beweislastumkehr herbeiführen.

> Vgl. dazu *Müller-Christmann*, DB 2011, 749, 754;
> *Pfeifer*, BKR 2009, 485;
> zur Kritik an dieser Neuregelung vgl. *Möllers/Wenninger*,
> NJW 2011, 1697, 1699.

895 Seit dem 1.1.2010 gibt es einen gesetzlichen Herausgabeanspruch der Beratungsdokumentation des Kunden nach den §§ 34 Abs. 2b, 47 WpHG. Die Bank ist verpflichtet, über die Beratung ein schriftliches Protokoll anzufertigen. Das Protokoll ist von der die Beratung durchführenden Person zu unterschreiben, wenn der Berater und der Anleger beide bei der Beratung persönlich anwesend sind. Die Dokumentation ist dem Kunden vor Geschäftsabschluss auszuhändigen.

> Zu den einzelnen Inhalten eines Protokolls vgl. *Maier*, VuR 2011, 3.

(b) Pflichteninhalt

(aa) Wahrheit

896 Aus der Verpflichtung zur Aufklärung und Beratung folgt die Verpflichtung der Banken zur Wahrheit. Bereits bei vorvertraglichen Beratungsgesprächen ist jede Irreführung des künftigen Vertragspartners zu vermeiden.

> BGH WM 1990, 145 = NJW-RR 1990, 229,
> dazu EWiR 1990, 871 *(W. Müller)*
> sowie WuB I G 8.-1.90 *(v. Heymann)*.

897 Diese Wahrheitspflicht erstreckt sich bei den Aufklärungs- und Beratungspflichten im Zusammenhang mit der Anlageberatung auf Tatsachen ebenso wie auf Beurteilungen und Prognosen. Die Feststellung, ob eine Bank ihrer Wahrheitspflicht nachgekommen ist, bereitet gerade bei Prognosen und Beurteilungen Schwierigkeiten, weil die Bewertung erheblichen subjektiven

8. Kapitalanlagen

Maßstäben unterliegt. Während Tatsachen wahr sind, wenn sie zutreffen, müssen Beurteilungen zur Erfüllung der Wahrheitspflicht plausibel und glaubhaft und Prognosen schlüssig sein.

Niehoff, Sparkasse 1987, 61, 63;
F. Kübler, ZHR 145 (1981), 204, 212.

Die Wiedergabe von unwesentlichen Unrichtigkeiten bei der Darstellung von Tatsachen bleibt unberücksichtigt. Es kommt nicht auf die buchstäbliche Richtigkeit, sondern auf die zutreffende Wiedergabe des Gesamtbildes der Kapitalanlage an. **898**

Hopt, in: Festschrift Pleyer, S. 341, 364.

Gleiches gilt für die Prognose und die Bewertung durch den Anlageberater. **899**

BGH NJW 1984, 2823, 2824, zu den Pflichten einer Emissionsbank bei Prognosen.

Ein wahres Gesamtbild kann der Anlageberater deshalb nur vermitteln, wenn er die einzelnen Angaben in einer ihrer jeweiligen Bedeutung entsprechenden Gewichtung mitteilt. Beispiele für unrichtige Angaben sind die Behauptung des Beraters, dass der Absatz der von der Publikums-KG hergestellten Waren schon ab dem ersten Produktionsjahr gesichert sei, **900**

BGHZ 74, 103 = WM 1979, 530, 532 = NJW 1979, 1449,

und die Werbung mit einer wirtschaftlich nicht durchsetzbaren Garantie für einen Teil der Kommanditeinlage.

BGH ZIP 1982, 169 = WM 1982, 90 = NJW 1982, 1095.

(bb) Klarheit

Die Pflicht zur Wahrheit schließt auch die Pflicht zur Klarheit ein. Der Anleger muss in für ihn verständlicher Art und Weise über die für die Anlageentscheidung wesentlichen Umstände aufgeklärt und beraten werden. **901**

Heinsius, ZHR 145 (1981), 177, 188.

Das bedeutet, dass der Berater sich bei der Information des Anlegers auf die individuellen Eigenkenntnisse, die individuelle Vorbildung und Auffassungsgabe des Anlegers einstellen und ihn im Vergleich zu anderen Anlegern unterschiedlich ansprechen muss. Der Anlageberater kann sich insbesondere nicht darauf berufen, der Anleger habe aus seinen vorsichtigen Äußerungen selbst die richtigen Schlüsse ziehen können. **902**

(cc) Vollständigkeit

Der Vollständigkeitsgrundsatz beinhaltet die Verpflichtung, alle für die Anlageentscheidung wesentlichen Umstände mitzuteilen. Durch das Weglassen **903**

II. Besondere Aufklärungs-, Beratungs- und sonstige Warnpflichten der Bank

bestimmter Informationen würde der Anleger ein falsches Bild bekommen und die falsche Anlageentscheidung fällen. Der Anlageberater muss deshalb alle günstigen und ungünstigen Umstände darlegen.

> BGH ZIP 1982, 169 = WM 1982, 90 = NJW 1982, 1095;
> BGH ZIP 1983, 421 = WM 1983, 300:
>
> Der Vertragspartner darf dem Anleger danach nicht „wesentliche Tatsachen vorenthalten, deren Kenntnis ihn erst in die Lage versetzt hätte, das ihm aufgebürdete Verlustrisiko und die Gewinnchancen richtig einzuschätzen. Wer so seinen eigenen Wissens- und Erfahrungsvorsprung auf Kosten eines anderen gewerbsmäßig ausnutzt, der in Geschäften dieser Art nicht ausreichend bewandert und deshalb auf die Fairness seines Vertragspartners angewiesen ist, missbraucht auf grob anstößige Weise seine geschäftliche Überlegenheit und handelt sittenwidrig i. S. v. § 826 BGB."

904 Die Pflicht zur vollständigen Information wird verschärft, wenn der Anlageberater den Interessenten auf bestimmte Anlageobjekte von sich aus aufmerksam macht. Werden hochspekulative ausländische Aktien empfohlen, muss auf die sich daraus ergebenden speziellen Risiken unaufgefordert hingewiesen werden.

> LG Kassel EWiR 1985, 579,
> dazu EWiR 1985, 579 *(Rümker)*;
> zur Aufklärungspflicht bei amerikanischen Billigaktien
> (sog. Penny Stocks) vgl. BGH ZIP 1992, 297 = WM 1991,
> 315 = NJW 1991, 1108,
> dazu EWiR 1991, 437 *(Schwark)*
> sowie WuB I G 4.-4.91 *(Graf)*;
> vgl. dazu ebenfalls BGH WM 1991, 667.

905 Eine Beratungspflicht scheidet dagegen aus, wenn der Kunde von sich aus bestimmte ausländische Werte zu erwerben wünscht. Sie besteht in diesen Fällen nur ausnahmsweise bei Kenntnis von ungünstigen Umständen, die gegen den Erwerb sprechen.

> *Niehoff*, Sparkasse 1987, 61, 64;
> vgl. dazu auch LG Freiburg WM 1991, 279, 280.

906 Zur Vollständigkeit gehört ebenfalls der Hinweis des Anlageberaters, dass nicht gesichert ist, dass die von ihm angebotene neue Anlageform den mit der Anlage verfolgten Zweck (z. B. Reduzierung der Steuerlast) gewährleistet. In diesen Fällen wird das neue Anlagemodell gerade aus bestimmten Motiven heraus gewählt, weil es – im Gegensatz zu den bisher vorhandenen Modellen – das Erreichen der Motive garantieren soll. Diese Motive sind für den Anleger für seine Anlageentscheidung erkennbar von entscheidender Bedeutung.

(dd) Richtigstellung

907 Bei der Pflicht zur Richtigstellung geht es nicht um die Korrektur eines bei der Beratung gemachten Fehlers, sondern darum, ob der Anlageberater seit der Beratung veränderte Umstände, die nachträglich den früher gegebenen Rat falsch werden lassen, mitteilen muss. Eine solche Pflicht besteht ohne

8. Kapitalanlagen

weitere Nachfrage durch den Anleger nicht, weil die Beratung mit dem Erwerb der Anlage abgeschlossen ist und der Kunde danach allein die Verantwortung trägt.

Niehoff, Sparkasse 1987, 61, 64;
F. Kübler, ZHR 145 (1981), 204, 215;
a. A. *Hopt*, S. 53 ff.

Etwas anderes gilt nur, wenn der Kunde erneut nachfragt oder die Bank mit dem Anleger einen langfristigen Beratungsvertrag, z. B. als Vermögensverwaltungsvertrag, schließt. 908

(c) Einzelne Anlagearten

(aa) Aktien

Eine Bank ist vor und bei dem Abschluss von Effektengeschäften zu einer umfassenden und sachgemäßen Beratung des Kunden verpflichtet. Dies schließt grundsätzlich auch die Pflicht zur Warnung und Aufklärung des Kunden ein, soweit dieser erkennbar falsche oder übermäßig gefährliche Maßnahmen plant. Bestehen und Inhalt der Beratungs- und Warnpflichten hängen allerdings ganz wesentlich von den Umständen des Einzelfalles ab. 909

OLG Köln WM 1989, 402,
dazu WuB I G 1.-1.89 *(Peterhoff)*;
OLG Saarbrücken WM 1990, 909, 911;
Schwark, ZHR 151 (1987), 325, 334.

Ratschläge beim Wertpapiergeschäft sind jedoch grundsätzlich als Börsentipps zu Spekulationsgeschäften einzuordnen. An die Annahme besonderer Aufklärungspflichten, hier insbesondere als Warnung, sind bei Spekulationsgeschäften gerade geringe Anforderungen zu stellen, weil die Bank bei einer Verletzung solcher Pflichten kaum übersehbaren Risiken ausgesetzt sein kann. 910

OLG Köln WM 1989, 402,
dazu WuB I G 1.-1.89 *(Peterhoff)*.

Dies gilt insbesondere, wenn der Effektenerwerb offenkundig primär nicht als Anlage, sondern Spekulationszwecken dient. 911

OLG Frankfurt/M. WM 1995, 245,
dazu WuB I G 1.-10.95 *(Kalbrath)*;
OLG München WM 1997, 1802,
dazu WuB I G 1.-12.97 *(Peterhoff/J. Schneider)*.

Solche Risikogeschäfte liegen anerkanntermaßen nicht mehr im Rahmen einer vertraglichen oder vorvertraglichen Haftung für Rat und Auskunft. 912

BGH WM 1971, 987 = NJW 1971, 2126;
zu diesen Geschäften gehört auch der kreditfinanzierte Kauf einer auf kanadischen Dollar lautenden Anleihe.

Ohne ausdrückliche Vereinbarung besteht deshalb auch keine Pflicht für eine Bank, über die ein Kunde in spekulativer Absicht ausländische Aktien erwor- 913

II. Besondere Aufklärungs-, Beratungs- und sonstige Warnpflichten der Bank

ben hat, den Kunden über Umstände zu unterrichten, die für die Kursentwicklung von Bedeutung sein können.

> LG Freiburg WM 1991, 279, 280, zu Reorganisationsvorschlägen des Managements in einem Insolvenzverfahren;
> a. A. OLG Koblenz WM 1996, 1089, das – zu weitgehend – bei Auslandsanleihen eine Hinweispflicht der Bank verlangt, dass die Rückzahlung der Anleihe zum Nennbetrag bei Fälligkeit von der dann bestehenden Solvenz der Anleiheschuldnerin abhängt.
> Dazu EWiR 1996, 781 *(v. Randow)*.

914 Im Einzelfall ist der Anlageberater aber verpflichtet, umfassend zu beraten, wenn er erkennt, dass der Anleger eine solide Kapitalanlage anstrebt oder die Initiative zum Wertpapierkauf des bestimmten Papiers von der Bank ausgeht. Hier muss der Berater vor einem ersichtlichen Missgriff und den sich daraus ergebenden Risiken warnen.

> OLG Köln WM 1989, 402,
> dazu WuB I G 1.-1.89 *(Peterhoff)*.

915 Der Umfang der Aufklärungs- und Beratungspflicht richtet sich somit nach der Person des Anlegers und nach dem Zweck, den der Anleger mit seiner Kapitalanlage im Effektengeschäft verfolgt.

> OLG Koblenz WM 1996, 1089 = NJW-RR 1996, 1391,
> dazu EWiR 1996, 781 *(v. Randow)*
> sowie WuB I G 1.-6.97 *(Rössner)*.

916 Ein weiteres Kriterium für den Umfang ist die Anlagedauer. Diese Kriterien setzen voraus, dass der Anlageberater sich bei dem Anleger ausführlich nach dessen Anlagemotiven erkundigt.

917 Bei kurzfristigen Anlagen muss der Anleger infolgedessen auf die Möglichkeit des Kursverlustes hingewiesen werden. Dies gilt ebenso grundsätzlich bei ausländischen Wertpapieren.

> *Niehoff*, Sparkasse 1986, 45, 46 f.

918 Bei akademisch gebildeten Personen kann die Belehrung über das Kursrisiko unterbleiben.

> OLG Hamm WM 1996, 1812,
> dazu WuB I G 1.-7.97 *(Lachmair)*.

919 Gleiches gilt für das Insolvenzrisiko.

> LG Duisburg WM 1997, 574,
> dazu WuB I G 1.-8.97 *(Jaskulla)*;
> LG Osnabrück WM 1998, 381,
> dazu EWiR 1998, 489 *(Steiner)*
> sowie WuB I G 1.-2.98 *(Horn/Balzer)*.

920 In diesem Zusammenhang ist ferner darüber zu informieren, dass dieser Aktienmarkt nur schwerer als der deutsche überblickt werden kann und deshalb Prognosen unrealisierbar sein können, weil der Kurs ausländischer Aktien

8. Kapitalanlagen

von der konjunkturellen Entwicklung des Auslandes und dem Währungsrisiko abhängt. Auf alle diese Umstände sollte hingewiesen werden.

Zur objektgerechten Anlageberatung gehört auch die Aufklärung darüber, dass sich der in Aussicht genommene Markt seit längerer Zeit in einer Hausse-Stimmung befindet und deshalb das Risiko einer Überreizung mit der Folge alsbald eintretender Abkühlung verbunden mit entsprechenden Kursverlusten realisieren kann. 921

OLG Zweibrücken NJW-RR 1996, 949.

Aktienerfahrene Kunden sollten darauf hingewiesen werden, dass bei einer Platzierung von weiteren Aktien in einem erheblichen Umfang – gemessen am bisherigen Aktienumfang – der Kurs der Aktie vorübergehend beeinträchtigt werden kann. 922

Sofern ein Kunde Aktien auf Kreditbasis erwerben will, ist eine Empfehlung auf hochspekulative Wertpapiere mit einem Beratungsverschulden gleichzusetzen. Der Anleger muss darüber aufgeklärt werden, dass er bei einem Kursverfall den Kredit mit den Aktien nicht zurückzahlen kann. 923

Die Bank als Anlageberater hat schließlich bei Effektengeschäften keine Pflicht zur Mitteilung von Insiderinformationen an ihren Kunden, weil in der Weitergabe solcher Kenntnisse eine Verletzung des Bankgeheimnisses gesehen wird, denn mit Insiderinformationen gibt die Bank immer Daten über Dritte, die sie in der Regel aus ihrer Geschäftsbeziehung kennt, weiter. 924

Canaris, Rn. 1983;
a. A. *Schwark*, DB 1971, 1605, 1607;
differenzierend Heymann/*Horn*, HGB, § 347 Rn. 78, der eine
Warnpflicht bei unvorteilhafter Veräußerung annimmt, sofern
dabei nicht andere Vertraulichkeitspflichten verletzt werden. Die
Ausnutzung von Insiderinformationen zugunsten von Kunden ist
aber umstritten,
vgl. dazu *Heinsius*, ZHR 145 (1981), 177, 193;
F. Kübler, ZHR 145 (1981), 204, 209.

Besondere Beratung ist erforderlich, wenn der Kunde eine limitierte Order gibt und diese nicht alsbald ausgeführt werden kann. Darüber hinaus muss der Kunde von vorneherein auf die Möglichkeit des Preislimits hingewiesen werden. 925

Roth, in: Assmann/Schütze, 2. Aufl., § 12 Rn. 30.

Der Effektenkäufer ist über erhöhte Kosten der Transaktion oder der späteren Depotverwaltung, z. B. bei ausländischen Aktien, aufzuklären, sofern er diese Kenntnisse beim Kunden nicht voraussetzen kann. 926

OLG München WM 1986, 1217.

Eine Hinweispflicht besteht insbesondere bei atypischen Auswirkungen bestimmter Effekte auf die Vermögenssphäre des Kunden; z. B. devisenrechtliche Restriktionen, steuerliche Behandlung von Zero-Bonds, Besonder- 927

II. Besondere Aufklärungs-, Beratungs- und sonstige Warnpflichten der Bank

heiten bei ausländischen Papieren (z. B. aufgrund von Doppelbesteuerungsabkommen), sonstige steuerliche Begünstigungen oder Nachteile und Probleme einer Rechtsausübung im Ausland.

Roth, in: Assmann/Schütze, 2. Aufl., § 12 Rn. 39.

928 Der fehlende Hinweis auf einen Emissionsprospekt stellt keine Verletzung einer Aufklärungs- und Beratungspflicht dar, weil das Vorliegen eines derartigen Prospektes zurzeit der Anlageentscheidung den Anleger nicht vor einem möglicherweise eintretenden Verlust bewahrt.

LG Wiesbaden NJW-RR 1992, 1074;
zustimmend *Potthoff*, AG Neuss EWiR 1992, 19, 20,
dazu EWiR 1992, 19 *(Potthoff)*;
a. A. *Hartung*, EWiR 1991, 1059, 1060.

929 Es bedarf ferner keines Hinweises auf ein bestimmtes Rating ausländischer Rating-Agenturen, weil deren Klassifizierung insbesondere auf dem deutschen Kapitalmarkt keine Aussagekraft zukommt und sie für einen deutschen Anleger mangels internationaler Vergleichbarkeit nicht als verlässliche Angabe gelten können.

Potthoff, EWiR 1992, 19, 20;
Hartung, EWiR 1991, 1059, 1060;
LG Hamburg ZIP 1992, 829,
dazu EWiR 1992, 651 *(Reifner)*;
a. A. *Arendts*, ÖBA 1994, 251;
ders., WM 1993, 229;
Raeschke-Kessler, WM 1993, 1830, 1835;
van Look, in: Handbuch Rating, S. 521, 529 ff.;
OLG Nürnberg ZIP 1998, 380 = WM 1998, 378,
dazu EWiR 1998, 255 *(Schwark)*;
OLG Nürnberg AG 1998, 194,
dazu EWiR 1998, 441 *(Drygala)*
sowie WuB I G 1.-2.98 *(Horn/Balzer)*.

930 Die Bedeutung des Ratings für die Beurteilung der Werthaltigkeit eines (Auslands-)Anleihepapiers ist erst Ende 1990 in das Blickfeld eines breiten Anlagepublikums gerückt und hat auch erst zu dieser Zeit rechtswissenschaftliche Beachtung gefunden. Deshalb ist ein fehlendes Rating für die Frage der Schadensersatzpflicht einer Bank für fehlerhafte Anlageberatung im Jahre 1988 unbeachtlich.

OLG Schleswig WM 1996, 1487 = NJW-RR 1996, 556,
dazu EWiR 1996, 1117 *(v. Randow)*.

931 Ein Down-Rating ist allerdings mitzuteilen.

OLG Frankfurt/M. BKR 2005, 286.

932 Die bloße Weitergabe des Ratings genügt den Anforderungen an eine Aufklärung über das Risiko einer Auslandsanleihe nicht. Es ist auf Risiken hinzuweisen, die sich aus der politischen und wirtschaftlichen Lage des Landes ergeben.

8. Kapitalanlagen

LG Münster BKR 2003, 764;
LG Frankfurt/M. NJW-RR 2004, 1053.

Ein Bankkunde, der vorzeitig kündbare Anleihen über die Tafel erwirbt und 933
selbst verwahrt, trägt allein das Risiko der rechtzeitigen Einlösung. Die die
Zinsscheine einlösende Bank ist nicht verpflichtet, den Kunden auf die Kündigung einer Anleihe hinzuweisen, weil der Kunde in der Regel durch Aushändigung der Anleihebedingungen über die vorzeitigen Kündigungsmöglichkeiten informiert wird. Eine Verpflichtung zur Überwachung, ob eine solche Kündigung ausgesprochen worden ist, besteht ebenfalls nicht.

LG Ellwangen WM 1992, 53,
dazu WuB I G 2a.-1.92 *(van Look)* (Schuldverschreibungen);
LG Saarbrücken WM 1992, 1271,
dazu WuB I G 1.-1.93 *(van Look)* (Anleihe);
AG München WM 1993, 1035.

Dies führt zur folgenden Rechtsfolge:

Löst die Bank Zinsscheine trotz Kündigung der Anleihe ein und unterlässt sie später irrtümlich den Abzug des ausgezahlten Gegenwertes bei Einlösung der Schuldverschreibungen selbst, so steht ihr gegen den Kunden ein Rückforderungsanspruch in Höhe der ausgezahlten Zinsen nach den Grundsätzen der ungerechtfertigten Bereicherung zu.

(bb) **Aktienfonds**

Ein Beratungsvertrag verpflichtet die Bank, dem Anleger etwaige Rückvergü- 934
tungen, unabhängig von der Rückvergütungshöhe, offenzulegen. Dabei macht
es keinen Unterschied, ob die beratende Bank Aktienfonds oder Medienfonds
vertreibt; der aufklärungspflichtige Interessenkonflikt ist in beiden Fällen gleich.

BGH ZIP 2009, 455 (m. Anm. *Lang/Balzer)* = ZfIR 2009, 318 =
WM 2009, 405 = BKR 2009, 126 = BB 2009, 455 = DStR 2009,
649,
dazu EWiR 2009, 193 *(Dörfler)*
sowie WuB I G 7.-1-09 *(Lenenbach)*.

Ein Anlageberater handelt pflichtwidrig, wenn er einem als „konservativ" zu 935
bezeichnenden Anlageinteressenten die Zeichnung von Aktienfonds empfiehlt,
die als „gewinnorientiert" einzustufen sind.

OLG Frankfurt/M. WM 2007, 1215,
dazu WuB I G 1.-6.09 *(Arnold)*.

(cc) **Wandelschuldverschreibungen**

Die Bank ist einem Anleger gegenüber zur Aufklärung über die gesteigerten 936
Risiken einer Wandelschuldverschreibung verpflichtet. Diese Art von Anlagepapieren beinhaltet aufgrund ihrer Ausstattung (Währungsrisiko, Nachrangigkeit) gegenüber einer DM-Schuldverschreibung zusätzliche Risiken.

AG Neuss WM 1993, 211,
dazu EWiR 1992, 19 *(Potthoff)*.

II. Besondere Aufklärungs-, Beratungs- und sonstige Warnpflichten der Bank

(dd) Aktienoptionen

937 Ein Kreditinstitut verletzt seine Beratungspflicht nicht allein deswegen, weil es im Rahmen einer Anlageberatung einen nicht finanztermingeschäftsfähigen Kunden auf die Möglichkeit zum Abschluss von Aktienoptionsgeschäften hinweist.

BGH ZIP 1989, 827 = WM 1989, 807,
dazu EWiR 1989, 657 *(Canaris)*
sowie WuB I G 5.-12.89 *(Welter)*
unter Aufhebung des vorinstanzlichen Urteils
KG ZIP 1989, 226 = WM 1989, 173,
dazu EWiR 1988, 1201 *(Rehbein)*
sowie WuB I G 5.-4.89 *(Häuser)*.

938 In der zitierten Entscheidung hat der BGH aber auch deutlich gemacht, welchen Inhalt Aufklärungs- und Beratungspflichten bei solchen Geschäften haben müssen. Der Kunde muss darauf hingewiesen werden, dass

- die Optionen ausgeübt werden müssen, um einen Gewinn erzielen zu können,

- im Fall der Nichtausübung der gesamte für den Erwerb der Option eingesetzte Kapitalbetrag verloren ist und

- der Anleger sich selbst um die Wahrung der Ausübungsfristen kümmern muss,

- das eingesetzte Kapital grundsätzlich der Gefahr des Verlustes ausgesetzt ist, möglicherweise schon während der Laufzeit.

BGH ZIP 2001, 1628, 1629 = WM 2001, 1718;
BGH ZIP 2002, 1238 = BKR 2002, 682 = WM 2002, 1442;
OLG Köln WM 1995, 381,
dazu EWiR 2001, 1087 *(Derleder)*,
dazu EWiR 1994, 849 *(Nassall)*;
OLG Frankfurt/M. WM 1993, 684, 686;
OLG Schleswig WM 1993, 503,
dazu EWiR 1993, 447 *(Nassall)*
sowie WuB I G 5.-5.93 *(Vortmann)*.

939 Dagegen ist eine Bank, die ihrem wertpapiererfahrenen Kunden regelmäßig die Depotauszüge übersendet, aus denen sich der Tageskurs und der Optionstermin ergeben, an dem die Optionsscheine fällig werden, nicht gehalten, den Kunden nochmals ausdrücklich über den Optionstermin und einen möglicherweise bevorstehenden völligen Wertverlust der Optionsscheine aufzuklären oder zu warnen.

OLG Köln WM 1995, 381,
dazu EWiR 1994, 849 *(Nassall)*.

940 Ein Kreditinstitut, das an einen als selbständiger Finanzkaufmann auftretenden Kunden Optionsscheine verkauft, muss diesen nicht gesondert darauf hinweisen, dass bei dieser Anlageart die Wahrscheinlichkeit eines Totalver-

8. Kapitalanlagen

lustes größer ist als bei einer Anlage in Aktien; der Hinweis auf die sog. Hebelwirkung der Optionsscheine genügt.

LG Stuttgart WM 1989, 984, 990, 993,
dazu WuB I G 5.-13.89 *(Schwark)*;
ebenso LG Stuttgart:
„Die Beklagte war nicht verpflichtet, den Kläger über das Verlustrisiko der Optionsscheine aufzuklären. Eine solche Aufklärungspflicht besteht nicht, da Optionsscheingeschäfte außer jenem ihnen als Spekulationsgeschäften innewohnenden Risiko kein besonderes Risiko in sich bergen, über das allein die Beklagte aufgrund größerer Sachkunde Bescheid wusste."

Ist dem Anleger aufgrund der schon früher von ihm getätigten Geschäftsabschlüsse der Umstand bewusst, dass Gewinn oder Verlust bei Optionsscheinen von der Kursentwicklung der Werte abhängen, auf die sich die Optionsscheine beziehen, bedarf es keiner Aufklärung darüber, dass eine seinen Erwartungen nicht entsprechende Kursentwicklung zu erheblichen Nachteilen führen kann. **941**

OLG Frankfurt/M. WM 1990, 1452, 1453,
dazu EWiR 1990, 1085 *(Vortmann)*;
Allerdings schließt der Abschluss anderer spekulativer Geschäfte als Optionsgeschäfte die Aufklärungspflicht nicht aus, siehe
Potthoff, WM 1993, 1319, 1321.

Für jeden durchschnittlichen Bankkunden ist klar, dass – hochgerechnete – Jahresgewinne aus kurzfristigen Optionsscheingeschäften in der Größenordnung von 40 % bis weit über 300 % absolut ungewöhnlich sind und nur durch ein überdurchschnittliches Risiko erzielt werden. **942**

LG Osnabrück WM 1995, 483,
dazu WuB I G 7.-6.95 *(Potthoff)*.

Ein Anlageberater kann davon ausgehen, dass dem Anleger aus vier Optionsscheingeschäften mit – auf das Jahr hochgerechneten – derart hohen Gewinnen bewusst ist, dass damit außergewöhnlich hohe Risiken verbunden waren und der Kunde keine langfristigen, sicheren und konservativen Anlagen, sondern spekulative Anlagen wollte. **943**

Die Vorlage einer Computersimulation, die den falschen Eindruck erweckt, ein Termingeschäft biete größere Gewinn- und Verlustchancen, genügt nicht den Anforderungen an die Aufklärung eines mit Termingeschäften nicht vertrauten Kunden. **944**

LG Osnabrück BKR 2003, 552.

(ee) Aktienanleihen

Bei Aktienanleihen handelt es sich um eine kurzlaufende Schuldverschreibung mit einem hohen festen Zinssatz. Der Emittent (Verkäufer) entscheidet kurz vor der Fälligkeit, also am Ausübungstag, ob er die Schuld mit Geld oder mit einer zuvor bestimmten Zahl von Aktien begleicht. Der Anleger hat **945**

II. Besondere Aufklärungs-, Beratungs- und sonstige Warnpflichten der Bank

die Option (das Wahlrecht), Aktie oder Geld zu liefern. Als Ausgleich erhält er die Optionsprämie, die in dem hohen Zinssatz enthalten ist. Der Anleger verkauft damit gleichzeitig dem Emittenten einen Put (Verkaufsoption). Der Emittent wird Aktien nur liefern, wenn der Wert der Aktien am Ausübungstag geringer ist als der Nennbetrag der Anleihe.

946 Diese Art der Aktienanleihen, auch als Equity-linked Note, Equity-linked Bond, Cash-or-share-Bond oder Reverse Convertible bezeichnet, sind keine Optionsgeschäfte.

> BGH ZIP 2002, 748 = WM 2002, 803 = BKR 2002, 393
> (m. Anm. *Assies*),
> dazu EWiR 2002, 1091 *(Balzer)*
> sowie WuB I G 1.-3.02 *(Haertlein)*;
> Vorinstanz KG ZIP 2001, 1194 = ZBB 2001, 360 (m. Bespr. *Müller*, J., S. 363) = WM 2001, 1369 = BKR 2001, 42 (m. Anm. *Clouth* und *F. Bra*un),
> dazu EWiR 2001, 713 *(Schwark)*;
> vgl. dazu auch *Müller*, ZBB 2001, 363.

947 Infolgedessen genügt eine mündliche Aufklärung.

> BGH ZIP 2002, 748;
> KG BKR 2002, 399,
> dazu EWiR 2002, 673 *(Koller/Kirsten)*;
> LG Wuppertal BKR 2002, 190.

948 Ein erfahrener Anleger, der bereits wiederholt Aktienanleihen erworben hat, ist nur über risikoerhöhende besondere Umstände aufzuklären; dazu gehört nicht der Hinweis, dass der Emittent bei der Tilgung der Anleihe von der ihm günstigeren Möglichkeit (hier Lieferung von Aktien mit niedrigerem Kurswert anstelle der Rückzahlung zum Nennwert) Gebrauch machen wird.

> BGH ZIP 2005, 1410 = DStR 2005, 1500,
> dazu EWiR 2005, 853 *(Reiff)*.

(ff) Swapgeschäfte

949 Auch beim Vertrieb von Zertifikaten gelten die Grundsätze der anleger- und anlagegerechten Beratung. Diese sind erfüllt, wenn der Berater den Kunden auf die Einzelheiten der Anlage in Zertifikaten hingewiesen hat und der Kunde bereits Kenntnisse und Erfahrungen in fest- und variabel verzinsliche Wertpapieren hatte.

> OLG Frankfurt/M. ZIP 2009, 1708 = WM 2009, 1563;
> OLG Düsseldorf WM 2011, 399,
> dazu WuB I G 1.-11.11 *(Reinhart)*;
> LG Potsdam BKR 2009, 204;
> LG Würzburg ZIP 2008, 1059 = WM 2008, 977,
> dazu EWiR 2008, 391 *(Simon)*
> sowie WuB I G 1.-4.08 *(Koller)*;
> LG Wuppertal ZIP 2008, 2014 = WM 2008, 1637;
> LG Hanau ZIP 2008, 2014;

8. Kapitalanlagen

LG Ulm ZIP 2008, 2009;
LG Bremen BKR 2010, 297;
LG Osnabrück WM 2010, 1358,
dazu WuB I G 1.-24.10 *(Lang)*.

Zinsswaps sind intransparente synthetische Finanzinstrumente; allerdings 950
kann nicht von einer Sittenwidrigkeit ausgegangen werden.

OLG Bamberg ZIP 2009, 1209 = WM 2009, 1082,
dazu WuB I G 1.-7.09 *(Grönwoldt)*;
m. Anm. *Bausch*, BKR 2009, 288;
a. A. *Köndgen/Sandmann*, ZBB 2010, 77, 88 ff.

Zinsswaps beinhalten eine komplexe Risikostruktur, welche nur noch anhand 951
von komplexen Berechnungsverfahren und Bewertungsmethoden durchschaut
werden kann. Für die beratende Bank bestehen deshalb besondere Hinweis-
und Aufklärungspflichten, die sich an dem Glücksspielcharakter des Geschäfts
orientieren müssen. Es ist gleichgültig, ob eigene oder fremde Produkte in
diesem Marktsegment angeboten werden.

OLG Stuttgart ZBB 2010, 162 = ZIP 2010, 716 = WM 2010, 756
= BKR 2010, 208,
dazu EWiR 2010, 597 *(Tilp)*
sowie *Roberts*, DStR 2010, 1082;
OLG München WM 2012, 1716 = BKR 2012, 245;
OLG Stuttgart ZIP 2012, 1798 = WM 2012, 1829;
OLG Frankfurt/M. WM 2012, 1826;
OLG München ZIP 2013, 511 = WM 2013, 369,
dazu EWiR 2013, 199 *(Ruland/Wetzig)*
sowie WuB I G 1.-10.14 *(Reiner/Schacht)*.

Aufgrund dieser Risikostruktur wird diese Art von Geschäften als Glücks- 952
spiel bewertet.

OLG Stuttgart, a. a. O.;
OLG München WM 2012, 1716 = BKR 2012, 245.

Die Aufklärung umfasst den Umstand, dass der Kunde die Erfolgsaussichten 953
nicht allein auf der Grundlage seiner subjektiven Zinsmeinung einschätzen
kann, sondern hierfür die Ergebnisse von anerkannten Bewertungsmodellen
benötigt.

OLG Stuttgart ZIP 2010, 2189 = WM 2010, 2169,
dazu EWiR 2011, 9 *(Hoffmann-Theinert/Tiwisina)*.

Die Aufklärung muss gewährleisten, dass der Anleger im Hinblick auf das 954
Risiko des Geschäfts im Wesentlichen den gleichen Kenntnis- und Wissensstand hat wie die beratende Bank, weil ihm nur so eine eigenverantwortliche
Entscheidung darüber möglich ist, ob er die ihm gebotene Zinswette annehmen
will.

BGHZ 189, 13 = ZIP 2011, 756 (m. Anm. *Klöhn*, S. 762) = NJW
2011, 1949 = MDR 2011, 614 = VersR 2011, 1183 = WM 2011,
682 = BB 2011, 1674 = DB 2011, 988,
dazu EWiR 2011, 407 *(Baumann)*

sowie WuB I G 1.-21.11 *(Reiner)*;
Anm. von *Klöhn*, ZIP 2011, 762;
Spindler, NJW 2011, 1920;
Köndgen, BKR 2011, 283;
Roberts, DStR 2011, 1231
und *Lange*, BB 2011, 1674,
vgl. dazu auch *Zoller*, Die Haftung bei Kapitalanlagen, § 10 Rn. 21 ff.;
zur Vorinstanz vgl. OLG Frankfurt/M. ZIP 2010, 921, dazu EWiR 2010, 275 *(Keller)*.

955 Diese Aufklärung umfasst in Sonderfällen auch den Hinweis auf den negativen Marktwert, den die Bank in die Formel zur Berechnung der variablen Zinszahlungspflicht des Anlegers einstrukturiert hat, weil dieser Ausdruck ihres schwerwiegenden Interessenkonflikts ist – wenn die Bank auf beiden Seiten Vertragspartnerin ist – und die konkrete Gefahr begründet, dass sie ihre Anlageempfehlung nicht allein im Kundeninteresse abgibt.

BGH, a. a. O.;
ebenso OLG Stuttgart ZIP 2010, 2189 = WM 2010, 2169,
dazu EWiR 2011, 9 *(Hoffmann-Theinert/Tiwisina)*;
differenzierter OLG Frankfurt/M. ZIP 2009, 1708 = ZBB 2009, 399 = BKR 2009, 378;
kritisch *Seibert*, Das Recht der Kapitalanlageberatung und -vermittlung, Teil C § 1 Rn. 76;
OLG München BKR 2014, 386 = WM 2014, 1581,
dazu WuB I G 1.-16.14 *(Vortmann)*.

956 Auch bei Swapgeschäften ist zwar der bestehende Interessenkonflikt der Art offenkundig,

OLG Hamm BKR 2011, 68;
OLG München ZIP 2015, 76 = WM 2015, 2183,

dass auf ihn nicht gesondert hingewiesen werden muss, es sei denn, es treten besondere Umstände hinzu. Solche Umstände liegen beim CMS-Spread-Ladder-Swap-Vertrag vor, weil dessen Risikostruktur von der Bank bewusst zulasten des Anlegers ausgestaltet worden ist, um unmittelbar im Zusammenhang mit dem Abschluss des Anlagegeschäfts das Risiko verkaufen zu können, dass der Kunde aufgrund der Beratungsleistung der Bank übernommen hat.

BGH, a. a. O;
bestätigt von BGH ZIP 2015, 1276 = ZBB 2015, 322 (m. Bespr. *Lehmann*, S. 282) = WM 2015, 1273,
dazu EWiR 2015, 563 *(Haertlein)* sowie Reinhart, WuB 2015, 502;
a. A. *Jäger/Meuschke/Hartlieb*, BKR 2013, 456, die die Aufklärungspflicht über den anfänglichen negativen Marktwert auch bei anderen Finanzinstrumenten sehen;
ablehnend insoweit *Seibert*, Das Recht der Kapitalanlageberatung und -vermittlung, Teil C § 1 Rn. 79.

957 Allerdings ist die Situation anders zu bewerten, wenn die Bank nicht zugleich Vertragspartnerin des CCS (Cross Currency Swap)-Vertrages ist. Da es insoweit an einem schwerwiegenden Interessenskonflikt fehlt, muss über den

8. Kapitalanlagen

negativen Marktwert nicht aufgeklärt werden, denn der negative Marktwert spiegelt nicht den voraussichtlichen Erfolg und Misserfolg des Geschäfts wider.

BGH ZIP 2015, 572 = WM 2015, 575 = NJW 2015, 1095, Anm.
von *Herresthal*, ZIP 2015, 576,
dazu EWiR 2015, 265 (*Harter*) sowie *Clouth*, WuB 2015, 258;
kritisch *Zoller*, NJW 2015 2220, *Roberts*, BKR 2015, 330;
so auch schon *Ruland/Wetzig*, BKR 2013, 57 und *Brennecke*, WM 2014, 1749, 1753 ff.;
OLG Nürnberg ZIP 2013, 1905 = WM 2013, 1897,
dazu EWiR 2013, 763 (*S. Weber*).

Die Behauptung eines „negativen Marktwertes" eines Swaps setzt zudem einen **958** konkreten Vortrag des Anlegers und ggf. den Nachweis voraus, welcher Swap wann, welchen konkreten negativen Marktwert gehabt haben soll.

OLG München WM 2014, 1916,
dazu *Podewils*, WuB 2015, 10;
OLG München BKR 2014, 386 = WM 2014, 1581,
dazu WuB I G 1.-16.14 (*Vortmann*).

Eine Bank, die eigene Anlageprodukte empfiehlt, muss grundsätzlich nicht **959** darüber aufklären, dass sie mit Anlagegeschäften Gewinne erzielt.

OLG Frankfurt/M. ZIP 2009, 1708 = WM 2009, 1563,
dazu WuB I G 1.-3.10 (*Jaskulla*);
OLG Frankfurt/M. WM 2014, 1675,
dazu WuB I G 1.-18.14 (*Nobbe*).

Zinsswapgeschäfte erfordern wegen ihres spekulativen Charakters auch gegen- **960** über Nicht-Privatpersonen besondere Risikohinweise, die auch den Marktwert zutreffend abbilden.

OLG Stuttgart BKR 2012, 300 (m. Anm. *Roberts*, S. 377).

Allerdings sind Swapgeschäfte mit Kommunen weder wegen Überschreitung des der Gemeinde zugewiesenen Wirkungskreises noch wegen Verstoßes gegen ein gemeindliches Spekulationsverbot unwirksam.

BGH ZIP 2015, 1276 = ZBB 2015, 322 (m. Bespr. *Lehmann*,
S. 282) = WM 2015, 1273,
dazu EWiR 2015, 563 (*Haertlein*)
sowie Reinhart, WuB 2015, 502;
a. A. *Gundermann*, BKR 2013, 406, 412 f.

Zur ordnungsgemäßen Aufklärung bei Zinsswapgeschäften gehört nicht mehr, **961** dass der Kunde selbst die Formel zur Berechnung des zu zahlenden variablen Zinssatzes im Einzelnen nachvollziehen kann.

LG Magdeburg ZIP 2008, 1064 = WM 2008, 537 = BKR 2008, 166,
dazu EWiR 2008, 421 (*Weber*).

Der Hinweis auf ein theoretisch unbegrenztes Verlustrisiko stellt dem **962** Grunde nach eine hinreichende Risikoaufklärung bei Zinsswaps dar,

OLG Frankfurt/M. ZIP 2010, 316,
dazu EWiR 2010, 109 (*Pitsch*),

II. Besondere Aufklärungs-, Beratungs- und sonstige Warnpflichten der Bank

allerdings ist auf den bei realistischer Betrachtung größtmöglichen Verlust hinzuweisen.

OLG Koblenz WBKR 2010, 197 = WM 2010, 453,
dazu WuB I G 1.-12.10 *(Arnold)*.

963 Allerdings genügt insoweit nicht der allgemeine Hinweis auf ein theoretisch begrenztes Verlustrisiko sowie einen nicht bezifferbaren „Worst Case". Szenario-Betrachtungen hinsichtlich der Verlusthöhe und -wahrscheinlichkeit müssen anhand repräsentativer Fälle dargestellt werden.

LG München BKR 2009, 391 = WM 2009, 1318,
dazu EWiR 2009, 735 *(Theinert/Bömeke)*
sowie WuB I G 1.-8.09 *(Bulach)*.

(gg) Medienfonds

964 Medienfonds sind als Steuerstundungsmodelle nur für spekulativ ausgerichtete Anleger geeignet.

Zur Struktur dieser Fonds vgl. *Seibert*, Teil C § 1 Rn. 58 ff.

965 Obwohl bei Steuersparmodellen geringere Anforderungen an die Aufklärungs- und Beratungspflichten zu stellen sind, ist der Anlageberater aufgrund dieser Ausrichtung verpflichtet, darauf hinzuweisen, dass das steuerliche Konzept des vermittelten Medienfonds durch die Finanzbehörde noch nicht endgültig und verbindlich anerkannt worden ist.

OLG Koblenz DB 2007, 96;
Weber/Bulach, BKR 2009, 504, 507.

966 Die Überschrift „Garantiefonds" an herausgehobener Stelle in einem Prospekt über einen Medienfonds erweckt beim Anleger den Anschein, seine Anlage werde garantiert. Der Anlageberater muss den Anleger darauf hinweisen, dass dies nicht der Fall ist.

OLG München WM 2010, 836,
dazu WuB I G 1.-16.10 *(Assies)*
sowie *Schwintowski*, VuR 2010, 181;

OLG Karlsruhe ZIP 2010, 2289 (LS) = WM 2010, 1264,
dazu WuB I 1.-21.10 *(Lang)*.

967 Bei Immobilienfonds ist grundsätzlich immer auf das Totalverlustrisiko hinzuweisen, da der Misserfolg der Produktion unmittelbar einen entsprechenden Verlust des eingebrachten Kapitals nach sich ziehen kann.

BGH ZIP 2009, 2377 = ZfIR 2010, 83 (LS) = WM 2009, 2303,
dazu EWiR 2010, 49 *(Brocker)*
sowie WuB I G 1.-6.10 *(Edelmann)*;
BGH ZIP 2008, 838 = WM 2008, 725,
dazu WuB I G 1.-308 *(Lenenbach)*;
OLG Naumburg WM 2014, 2357,
dazu *Lechner*, WuB 2015, 147.

8. Kapitalanlagen

Das OLG München hat in einer weiteren Entscheidung auch einer finanzierenden Bank die Verpflichtung auferlegt, bezüglich der Anlage und der sich ergebenden Mittelverwendung aufzuklären, denn die Bank habe in dem konkreten Fall einen Wissensvorsprung gehabt. Der Anleger sei durch den übergebenen Prospekt nicht ordnungsgemäß über die Verwendung seines Anlagebetrages aufgeklärt worden. 968

OLG München ZIP 2010, 1744 = BKR 2010, 412 = WM 2012, 68 = BB 2010, 2782;
dazu *Henning*, WM 2012, 153.

Ist ein in einem Prospekt vorhandener Hinweis auf das Risiko eines Totalverlustes eingebettet in Ausführungen, die ersichtlich den Gesamteindruck vermitteln, dass der Anleger mit seiner Beteiligung nur ein äußerst begrenztes Risiko eingeht, stellt dies keine hinreichend klare, sondern eine im Hinblick auf die spezifischen Risiken eines Filmfonds irreführende und verharmlosende Information über das Risiko eines Totalverlustes dar. 969

OLG Naumburg ZIP 2010, 1120 (LS) = BKR 2010, 215 = WM 2010, 1165,
dazu EWiR 2010, 447 *(Bendermacher)*
sowie WuB I 8.-4.10 *(Weber)*.

(hh) Immobilienfonds

In fast jedem Anlegerprozess im Zusammenhang mit einer Kapitalanlage in einen Immobilienfonds spielt die Frage eine Rolle, ob die Empfehlung schon dann nicht anlegergerecht sein soll, wenn der Anlageinteressent das Anlageziel „Altersvorsorge" verfolgt hat. Viele Instanzgerichte haben diese Frage bejaht. Der BGH sieht dies jedoch anders. Danach ist der Begriff „Altersvorsorge" zu weit gefasst, um diese Schlussfolgerung zuzulassen. Auch ein auf Altersvorsorge orientierter Anleger kann daneben weitere Anlagemotive haben, z. B. das Sparen von Steuern oder das Schließen einer echten Versorgungslücke im Alter. Entscheidend ist allein, ob eine anlegergerechte Beratung stattgefunden hat. 970

BGH NJW-RR 2014, 1075 = NZG 2014, 904,
dazu *Schlick*, WM 2015, 261 ff;
BGH ZIP 2014, 431 = WM 2015, 128,
dazu EWiR 2015, 279 *(Wösthoff)*
sowie *Thume*, WuB 2015, 153.

Inhalt und Umfang der Hinweispflicht zum Risiko des Totalausfalls hängen bei der Empfehlung der Kapitalanlage in einem Immobilienfonds nicht schematisch von einer bestimmten Fremdkapitalquote des Fonds, sondern vielmehr von dessen konkreten Risiken und dem individuellen Beratungsbedarf des Anlegers ab, der sich nach dessen Wissensstand, seiner Risikobereitschaft und dem von ihm verfolgten Anlageziel bestimmt. 971

BGH ZIP 2009, 2377 = ZfIR 2010, 83 (LS) = WM 2009, 2303 = MDR 2010, 208 = BB 2009, 2601 = NJW-RR 2010, 115,

II. Besondere Aufklärungs-, Beratungs- und sonstige Warnpflichten der Bank

dazu EWiR 2010, 49 *(Broker)*
sowie WuB I G 1.-6.10 *(Edelmann)*;
vgl. dazu *Seibert*, Teil C § 1 Rn. 53.

972 Der Anlageberater ist grundsätzlich gehalten, den Anlageinteressenten, dem er zur Eingehung einer Kommanditbeteiligung an einem geschlossenen Immobilienfonds rät, darauf hinzuweisen, dass die Veräußerung eines solchen Anteils in Ermangelung eines entsprechenden Marktes nur eingeschränkt möglich ist.

BGH ZIP 2007, 636 = ZfIR 2007, 410 (m. Anm. *Balzer*, S. 411)
= BKR 2007, 298 = DStR 2007, 587;
BGH ZIP 2015, 1981 = ZfIR 2015, 777 (LS) = WM 2015, 1935,
dazu EWiR 2016, 15 *(S. Krüger)*.

973 Dabei kommt es für die Beurteilung, ob eine Aufklärung über die eingeschränkte des ausreichend ist, auf das Gesamtbild an.

OLG Köln BKR 2015, 295.

974 Die Anforderungen an die Darstellung der Fungibilität dürfen nicht überspannt werden. Grundsätzlich kann sich der Berater zur Erfüllung seiner Aufklärungspflichten des Informationsmaterials bedienen, das er dem Anlageinteressenten zur Verfügung stellt, wenn dieser ausreichend Gelegenheit hat, vor Zeichnung der Beteiligung von dessen Inhalt Kenntnis zu nehmen.

BGH BKR 2014, 504 = NJW 2014, 1075;
BGH ZIP 2015, 431 = ZfIR 2015, 119 (LS) = WM 2015, 128,
dazu EWiR 2015, 279 *(Wösthoff)*
sowie *Thume*, WuB 2015, 153.

975 Im Zusammenhang mit offenen Fonds wird der Hinweis auf Preisabschläge beim Rückkauf erforderlich.

OLG München WM 1986, 1217.

976 Der Anleger, der Anteile an geschlossenen Immobilienfonds zeichnet, muss über enge kapitalmäßige und personelle Verflechtungen zwischen den an der Durchführung beteiligten Unternehmen und Personen aufgeklärt werden.

OLG Karlsruhe WM 1999, 1059 = NJW-RR 1999, 990.

977 Die rechtliche Gestaltung und die daraus sich ergebenden haftungsrechtlichen und steuerrechtlichen Konsequenzen sind ebenfalls darzulegen.

Keßler, VuR 1998, 3, 12.

978 Die Bank verletzt ihre vorvertragliche Aufklärungspflichten, wenn sie nicht darauf hinweist, dass ein im Prospekt der Fondsgesellschaft vorgesehene steuerliche Verlustzuweisung wegen der tatsächlich realisierten Zahlungs- und Geldflüsse als unsicher erscheint.

LG München BKR 2008, 211.

979 Bei einer Absicherung der Miete über eine Mietausfallgarantie muss der Anlageberater darauf hinweisen, dass Garant und Initiator bei wirtschaftlicher

8. Kapitalanlagen

Betrachtungsweise identisch sind. Gleiches gilt für den Fall, dass eine erhebliche Diskrepanz zwischen dem Stammkapital des Garanten und dem garantierten Risiko besteht.

BGH WM 1990, 1658.

Ein Hinweis auf das vorliegende Prospektmaterial genügt den Anforderungen einer anlagegerechten Beratung nicht. 980

OLG Karlsruhe ZIP 2006, 2167 (LS) = ZfIR 2006, 815 (LS)
= VersR 2007, 994;
Keßler, VuR 1998, 3, 13;
a. A. OLG Stuttgart WM 2006, 1100,
dazu WuB I G 8.-8.06 *(Hachenberg)*.

Der Anleger ist bei Zweifeln bezüglich der zeitgerechten Erstellung des Objekts, 981

BGHZ 56, 81 = DB 1971, 1006,

und der Vermietbarkeit sowie sonstiger Verlautbarungen der Initiatoren,

OLG Köln BB 1988, 92;
a. A. OLG Köln, Urt. v. 30.4.2014 – 13 U 252/12;
ablehnende Kommentierung *Loritz* BKR 2014, 404,

zu informieren. Hohe dingliche Belastungen der Fondsgrundstücke, die die Sicherheit und Ertragskraft der Anlage zu beeinträchtigen drohen, müssen dem Anleger offengelegt werden.

BGH DB 1978, 1398.

Eine Aufklärung darüber, dass der Initiator den Anlageberater über eine bezüglich des Prospekts gegebene Erklärung von Haftungsansprüchen aus der Prospekthaftung freistellt, muss nicht erfolgen, weil dies eine interne Regelung zwischen Initiator und Anlageberater und für den Anleger ohne Bedeutung ist, wer ihm für die Angaben im Prospekt einsteht. 982

Wenn eine Bank einen Kunden über Kapitalanlagen berät und Fondsanteile empfiehlt, bei denen sie verdeckte Rückvergütungen aus den Ausgabeaufschlägen und jährlichen Verwaltungsgebühren erhält, muss sie den Kunden über diese Rückvergütungen aufklären, damit der Kunde beurteilen kann, ob die Anlageempfehlung allein im Kundeninteresse nach den Kriterien anleger- und objektgerechter Beratung erfolgt ist oder im Interesse der Bank, möglichst hohe Rückvergütungen zu erhalten. 983

BGH ZIP 2007, 518 (m. Anm. *Lang/Balzer*) = ZBB 2007, 193
(m. Bespr. *Koller*) = WM 2007, 487 = BKR 2007, 160,
dazu EWiR 2007, 217 *(Hanten/Hartig)*;
vgl. auch *Pap*, BKR 2008, 367, 368 f.;
Brocker, BKR 2007, 365 f.;
vgl. dazu grundlegend *Witte/Hillebrand*, DStR 2009, 1759 ff.

II. Besondere Aufklärungs-, Beratungs- und sonstige Warnpflichten der Bank

984 Die Aufklärungspflicht umfasst auch die konkrete Höhe.

LG Heidelberg BKR 2008, 435.

985 War dem Mitarbeiter einer Bank, der einem Kunden Fondsanteile empfohlen hat, nicht bewusst, den Anleger darüber aufklären zu müssen, dass und in welcher Höhe die Bank Rückvergütungen („Kick-backs") aus Ausgabeaufschlägen und Verwaltungskosten von der Fondsgesellschaft erhält, so haftet die Bank nicht aus vorsätzlicher Aufklärungspflichtverletzung. Auch wenn das Unterlassen der Aufklärung auf einen Organisationsverschulden der Bank beruht, lässt dies allein nicht die Feststellung vorsätzlichen Handelns zu.

OLG München WM 2008, 251;
dazu WuB I G 6.-1.08 *(Schmies/Schneider)*.

986 Eine Bank erfüllt die ihr gegenüber einem Anleger obliegende Aufklärungspflicht, wenn in einem rechtzeitig vor der Kaufentscheidung übergebenen Prospekt für einen Immobilienfonds Eigenkapitalbeschaffungskosten der maximalen Höhe nach ausgewiesen sind.

OLG Bamberg WM 2011, 112,
dazu WuB I G 1.-8.11 *(Arnold)*.

987 Der Anlageberater muss über ein ihm bekanntes strafrechtliches Ermittlungsverfahren gegen Fondsverantwortliche ebenso aufklären, wie über Vorstrafen dieser Personengruppe.

BGH ZIP 2012, 85 = WM 2011, 2253 = MDR 2012, 24
= NJW-RR 2012, 283,
dazu WuB I G 1.-5.12 *(Stöhr)*.

988 Die beratende Bank ist nicht verpflichtet, den Anleger beim Erwerb von Anteilen eines offenen Immobilienfonds über das Risiko einer Wertberichtigung oder die Möglichkeit der vorübergehenden Aussetzung der Anteilsrücknahme aufzuklären.

LG Nürnberg-Fürth WM 2011, 695,
dazu WuB I G 1.-16.11 *(Blankenheim)*.

989 Eine Bank, die den Erwerb von Anteilen an einem offenen Immobilienfonds empfiehlt, muss den Anleger ungefragt über die Möglichkeit einer zeitweiligen Aussetzung der Anteilsrücknahme durch die Fondsgesellschaft aufklären. Die Aussetzung stellt ein die Anlage in offene Immobilienfonds prägendes Strukturprinzip und ein ihr grundsätzlich innewohnendes (Liquiditäts-)Risiko dar. Für das Bestehen der Aufklärungspflicht kommt es nicht darauf an, ob Anhaltspunkte für eine bevorstehende Aussetzung vorgelegen haben.

BGH ZIP 2014, 1324 = ZfIR 2014, 698 (m. Bespr. *Servatius*,
S. 677) = BKR 2014, 508 = WM 2014, 1221,
Anm. von Gerlach, GWR 2014, 284,
dazu EWiR 2014, 469 *(Hoffmann-Theinert)*
sowie WuB I G 1.-13.44 *(Buck-Heeb)*;
ebenso BGH BKR 2016, 35 sieht die Aufklärungspflicht bereits

8. Kapitalanlagen

seit 2008 als gegeben an,
dazu EWiR 2014, 471 *(Wösthoff);*
kritisch *Vogel/Habbe,* BKR 2016, 7;
allgemein zum Umfang der Beratungspflichten beim Erwerb von
offenen Immobilienfonds vgl. *Schultheiß,* VuR 2014, 300.

Die Aussage eines Anlageberaters im Zusammenhang mit dem Kauf von 990
Fondsanteilen, dass die Schließung des Fonds möglich ist, er diese aber für
unwahrscheinlich halte, stellt keine Pflichtverletzung dar. Eine weitergehende
Belehrung über die Möglichkeit einer dauerhaften Schließung des Fonds ist
nicht erforderlich.

OLG Dresden ZIP 2015, 1114 = BKR 2015, 468.

(ii) Genussscheine

Bei der Anlageempfehlung von Genussscheinen ist es geboten, dass der An- 991
leger über diese Art der Anlage im Allgemeinen und die spezielle Ausgestaltung des Anlageobjekts im Besonderen aufgeklärt wird, weil zur Einschätzung des Risikos und der Chancen einer solchen Kapitalanlage die genaue
Kenntnis der jeweiligen Genussscheinbedingungen erforderlich ist. Insbesondere muss darauf hingewiesen werden, dass – sofern die Genussscheinbedingungen dies vorsehen – die Teilnahme am Verlust erfolgt.

Machunsky, KaRS 1990, 754, 757.

(jj) Unternehmensbeteiligungen

Zur Erfüllung der Beratungspflichten in diesem Bereich ist es erforderlich, 992
den zum Beitritt zu einem Unternehmen willigen Anleger auf die wirtschaftlichen Verhältnisse des Unternehmens aufmerksam zu machen. Eine Pflicht,
auch die ungünstigen Tatsachen offenzulegen, muss insbesondere dann angenommen werden, wenn die beratende Bank Hauptgläubigerin des zur Anlage empfohlenen Unternehmens ist und ihr auch sämtliche erreichbaren
Werte zur Sicherung eines erheblichen Debets übertragen worden sind, und
deshalb Zweifel bestehen können, ob ihre pauschale Beurteilung der künftigen Unternehmensentwicklung unbefangen und in keiner Weise interessenbestimmt ist.

BGH WM 1973, 164 = NJW 1973, 456.

Zur Aufklärung über wirtschaftliche Verhältnisse gehört nach dieser letztge- 993
nannten Entscheidung auch, mit dem Anleger zu erörtern, ob seine Einlage
und ihre Verzinsung bei dem Verhältnis von Eigen- und Fremdkapital sowie
dem zu erwartenden Umsatz und der Kostenstruktur bei der Wettbewerbslage des Unternehmens eine ausreichende Sicherheit finden würden. Der Anlageberater ist im Zweifel gehalten, von der Anlage abzuraten. Jedenfalls
genügt er seiner Aufklärungs- und Beratungspflicht nicht, wenn er nur ein
Gespräch allgemeinen Inhalts führt. Er muss dem Anleger klar mitteilen,

II. Besondere Aufklärungs-, Beratungs- und sonstige Warnpflichten der Bank

welches Risiko er eingeht und auch danach fragen, ob dieser es wegen einer guten Verzinsung dennoch eingehen will.

994 Bei Fehlen einer ordnungsgemäßen Buchführung des Beteiligungsunternehmens ist der Anleger auf die sich daraus ergebenden Risiken hinzuweisen. Das gleiche gilt dann, wenn der Berater feststellt, dass in dem zu beurteilenden Unternehmen kein Eigenkapital vorhanden ist.

BGH WM 1984, 465 = NJW 1984, 2474.

995 Ebenso sind Interessenkollisionen, insbesondere durch kapitalmäßige und personelle Verflechtungen, offenzulegen. Diese Pflicht kann so weit gehen, dass von einer Beteiligung abzuraten ist.

BGHZ 79, 337 = ZIP 1981, 517 = WM 1981, 483
= NJW 1981, 1449.

996 Die Verpflichtung, den Anleger über die wirtschaftliche Situation des Unternehmens zu informieren, besteht auch bei einer stillen Beteiligung.

BGH WM 1973, 164 = NJW 1973, 456.

997 Es muss allerdings auch bei Industrieanleihen oder -beteiligungen nicht grundsätzlich auf die Möglichkeit des Totalverlustes beim wirtschaftlichen Zusammenbruch des Unternehmens hingewiesen werden. Dies ist ein bei jeder Anlageart bestehender und allgemein bekannter Umstand. Eine generelle Aufklärungs- und Beratungspflicht gibt es nicht.

OLG Schleswig WM 1996, 1487,
dazu EWiR 1996, 1117 *(v. Randow)*
sowie Vortmann, WuB I G 1.-1.97;
OLG Düsseldorf ZIP 1994, 1256 = WM 1994, 1468,
dazu EWiR 1994, 1083 *(Hegmanns)*;
LG Duisburg WM 1997, 574;
a. A. *Köndgen*, WuB I G 4.-7.94;
Schwark, WuB I G 4.-9.93;
OLG Celle ZIP 1993, 181 = WM 1993, 191,
dazu EWiR 1993, 135 *(Köndgen)*:

„Im Zusammenhang mit dem Vertrieb von Industrieanleihen muss einem insoweit unerfahrenen Kunden ... regelmäßig verdeutlicht werden, dass das eingesetzte Kapital z. B. bei einem wirtschaftlichen Zusammenbruch des Emittenten grundsätzlich der Gefahr des Verlustes ausgesetzt ist."

Ähnlich LG Paderborn WM 1996, 1843, 1846 zu einer Beteiligung an einer Publikums-KG;
offengelassen von OLG Nürnberg ZIP 1998, 380 = BB 1998, 498.

(kk) Lebensversicherung

998 Maßstab für den Verkauf einer Lebensversicherung sollte der persönliche Versicherungsbedarf des Kunden sein, da die Entscheidung für ein bestimmtes Lebensversicherungsprodukt davon abhängt, welchen Schutz der Kunde

8. Kapitalanlagen

durch eine Lebensversicherung erreichen möchte. Der Versicherungsbedarf lässt sich anhand folgender Feststellungen klären:

- Soll die Versicherung der Familienabsicherung, der Altersversorgung oder beidem dienen?
- Welche Anwartschaften hat der Kunde in der betrieblichen Altersvorsorge und in der Rentenversicherung?
- Welches Nettoeinkommen ist mindestens erforderlich, um den Lebensstandard der Familie aufrechtzuerhalten?
- Wird mit der Lebensversicherung nur die Absicherung der Ausbildung der Kinder bezweckt?
- Besteht die kalkulierbare Möglichkeit für die Ehefrau, im Extremfall eine Berufstätigkeit (gegebenenfalls wieder) aufzunehmen?

Auf keinen Fall genügt es, dem Kunden nur schriftliche Informationen an die Hand zu geben, es sei denn, es handelt sich um einen Direktversicherer, der von vorneherein deutlich macht, dass er keine Hausbesuche macht. Der den Kunden besuchende Versicherer hat eine mündliche Aufklärung durchzuführen, da der Kunde die Möglichkeit haben muss, durch Nachfragen Widersprüche aufdecken oder Unklarheiten beseitigen zu können. **999**

> Zur Haftung einer Lebensversicherungsgesellschaft im Zusammenhang mit einer Kapitalanlage und einer fremdfinanzierten Lebensversicherung vgl. BGH ZIP 1998, 1389 = WM 1998, 673 = NJW 1998, 2898,
> dazu EWiR 1998, 775 *(Schwark)*
> sowie WuB I G 1.-4.98 *(Schwintowski)*.

Grundsätzlich legt der BGH beim Vertrieb von Lebensversicherungen hinsichtlich der Aufklärung und Beratung die gleichen Maßstäbe an wie beim Vertrieb von Kapitalanlagen. Insbesondere verlangt er Beratung zu den Renditeprognosen und zum Verwaltungssystem der Versicherungen. **1000**

> BGH BGHZ 194, 39 = ZIP 2012, 1674 (LS) = WM 2012, 1582
> = NJW 2012, 3647,
> dazu EWiR 2012, 687 *(Podewils)*;
> zustimmend *Pielsticker*, BKR 2013, 368

Zu der produktbezogenen Beratung gehört beispielsweise die Aufklärung über Nachteile eines bestimmten Lebensversicherungsprodukts. Es ist deshalb der Hinweis erforderlich, dass eine dynamische Lebensversicherung Vor- und Nachteile hat. Die Vorteile für die Versicherten liegen darin, dass die Versicherungssumme nicht jährlich überprüft werden muss und weitere ärztliche Untersuchungen entfallen. Die Dynamik erhöht jedoch nicht nur die Versicherungssumme, sondern auch die Beiträge. Besonders nachteilig ist dabei die jährliche Verringerung des Sparanteils am Beitrag. Dies ist die Folge des steigenden Altersrisikos. Die dynamische Anpassung ist deshalb ab dem 50. Lebensjahr nur noch mit Einschränkungen zu empfehlen. **1001**

II. Besondere Aufklärungs-, Beratungs- und sonstige Warnpflichten der Bank

Zu den gesetzlichen Informationspflichten nach § 10a VVG vgl. *Römer*, VersR 1998, 1313, 1315.

1002 Bei fondsgebundenen Lebensversicherungen muss der Versicherungsnehmer zusätzlich über die Einzelheiten der Fonds informiert werden, in denen das Sparkapital angelegt werden soll. Diese Informationen sind dem Versicherungsnehmer im Wesentlichen,

vgl. dazu *Hasse*, BI 9/98, 63, 64 f.,

auch während der Laufzeit des Vertrages zu übermitteln, wenn er einen Zusatzvertrag abschließt oder die Rechtsvorschriften sich ändern. Insbesondere bei der Änderung von Rechtsvorschriften trifft den Versicherer aufgrund der Bedeutung der rechtlichen Verhältnisse bei der Anlageentscheidung des Kunden eine Überwachungs- und Benachrichtigungspflicht.

Vgl. dazu im Einzelnen *Schwintowski*, VuR 1996, 223; *ders.*, VuR 1997, 83.

1003 Besondere Bedeutung für den Umfang der Beratungs- und Aufklärungspflicht wird in Zukunft den Aussagen über die Gewinnversprechen zukommen. Anders als bei der Anlage anderer Kapitalanlagen (z. B. Aktien) ist das System der Lebensversicherung als Kapitalanlage noch mehr auf die Gewinnerwartung des Kunden abgestellt. Die in Zukunft zu erwartende gesteigerte Haftung für die Gewinnversprechen dürften nicht nur die Versicherer selbst, sondern insbesondere auch die Makler treffen, weil die Finanzberater selbst in die Haftung genommen werden können.

1004 Für die Beispielrechnung gibt es nach der Neuregelung keine Genehmigungspflicht, nicht einmal allgemeine Regeln. Die Unterschiede zwischen Gewinnversprechen und tatsächlicher Rendite haben schon in der Vergangenheit bis zu 20 % betragen. Die fehlende Genehmigungspflicht wird dazu führen, dass Makler und Versicherung in Zukunft auch aufgrund des gesteigerten Wettbewerbs mit ausländischen Versicherern ihre Gewinnversprechen erhöhen werden.

1005 Es besteht sicherlich auch eine Aufklärungspflicht über die negativen Folgen des Zillmerns. Zillmern ist eine versicherungsmathematische Verrechnungsmethode für Abschlusskosten. Wenn ein Lebensversicherungsvertrag gezillmert wird, so bedeutet dies, dass der Versicherte mit seinen ersten Beiträgen zunächst einmal die Abschlusskosten, also die Vermittlungsprovision, tilgt. Folglich wird in den ersten ein bis zwei Jahren für den Versicherten nichts angespart. Löst der Versicherte seinen Vertrag in dieser Zeit auf, so erhält er nichts zurück. Löst er ihn im fünften oder sechsten Jahr auf, so wird der Rückkaufwert noch niedrig sein. Erst im letzten Drittel der Vertragsdauer nähert sich die Kapitalausstattung des gezillmerten Vertrages derjenigen eines ungezillmerten Vertrages an. Zillmern wirkt damit also wie eine mehrjährige Kündigungssperre.

8. Kapitalanlagen

Eine Bank muss einen Anleger bei Vermittlung einer Lebensversicherung als Kapitalanlage innerhalb eines Beratungsvertrages entsprechend der Rechtsprechung des BGH zu den Rückvergütungen über die aus den von der Versicherungsgesellschaft deklarierten Kosten gezahlten Vermittlungsprovisionen nicht aufklären. Gleiches gilt für Banken, die einen durch eine neu abgeschlossene Lebensversicherung abgesicherten Kredit an den Kunden ausgeben. Provisionen der Lebensversicherung müssen auch hier nicht offengelegt werden. 1006

> BGH ZIP 2014, 1620 = WM 2014, 1621 = NJW 2014, 3360,
> dazu EWiR 2014, 639 *(Podewils)*
> sowie *Reinhart*, WuB 2015, 60;
> zustimmend *Feuchter/Bauer*, BKR 2015, 271.

(ll) Sonstige Anlagen

Bei Investmentzertifikaten muss auf die Kostenbelastung aus der Fondsverwaltung hingewiesen werden. 1007

> *Edelmann*, in: Assmann/Schütze, 4. Aufl., § 32 Rn. 73.

Bei Inhaberschuldverschreibungen mit 100 %igem Kapitalschutz oder mit bedingtem Kapitalschutz bezogen auf das Erreichen, Überschreiten oder Unterschreiten bestimmter Schwellenwerte oder Barrierepuffer stellt ein Sonderkündigungsrecht der Emittentin, verbunden mit dem Risiko eines teilweisen oder völligen Kapitalverlustes, eine für die Anlageentscheidung eines an Zertifikaten mit Kapitalschutz interessierten Anlegers wesentliche Anleihebedingung dar, über die ein solcher Kunde durch die ihn beratende Bank ungefragt aufgeklärt werden muss. 1008

> BGH ZIP 2015, 21 = WM 2015, 46 = NJW 2015, 398,
> dazu *v. Livonius* EWiR 2015, 165
> sowie *Buck-Heeb*, WuB 2015, 318,

Beim Vertrieb von Fonds, deren Geschäftstätigkeit sich auf den Zweitmarkt für US-amerikanische Lebensversicherungspolicen erstreckt, muss auf die – aus deutscher Sicht – bestehende Mischform zwischen Risiko- und Kapitallebensversicherung hingewiesen werden. Aufgrund der langen Laufzeit (Abschluss bis zum Alter von 90 bis 100 Jahren) erfolgt zum einen die Auszahlung nur im Todesfall und zum anderen bei Zahlung der Versicherungsraten als Kapitalrückstellungen. Werden die Prämien nicht bis zum Tode gezahlt, verfallen die Policen entschädigungslos. 1009

> KG, Urt. v. 30.04.2015 – 8 U 183/13.

Bei Garantiezertifikaten stellt ein in den Anleihebedingungen enthaltenes Sonderkündigungsrecht einen aufklärungsbedürftigen Umstand dar. 1010

> BGH BKR 2015, 163.

Bei Zinscollargeschäften ist die Bank verpflichtet, den Anleger darüber aufzuklären, dass ihm im Gegensatz zu dem ihm im Darlehensvertrag zustehen- 1011

II. Besondere Aufklärungs-, Beratungs- und sonstige Warnpflichten der Bank

den Kündigungsrecht nach § 489 Abs. 1 Nr. 1 BGB in Bezug auf den Zinscollar-vertrag kein solches Kündigungsrecht zusteht.

OLG Dresden WM 2015, 1191.
Windthorst, WuB 2015, 498.

1012 Ist die von einer deutschen Bank emittierte festverzinsliche Anleihe mit einem Kreditderivat („Cobold-Anleihe") verknüpft, besteht ein erheblicher Aufklärungs- und Beratungsbedarf über die komplexe Struktur der Anleihe für den Anleger. Dies gilt trotz eines guten Ratings im Zeitpunkt der Emission der Anleihe.

OLG Karlsruhe ZIP 2014, 867 = BKR 2014, 205,
dazu EWiR 2014, 539 *(Podewils)*.

(2) Nachforschungspflichten

(a) Grundsatz

1013 Im Einzelfall kann sich aus der Aufklärungs- und Beratungspflicht für die Bank als Anlageberaterin eine Pflicht zur Nachforschung über die Verlässlichkeit der erteilten Information ergeben. Der Anlageberater ist dabei den gleichen Grundsätzen wie der Vermittler unterworfen (vgl. Rn. 760 f.).

Vgl. grundlegend *Arendts*, DStR 1997, 1649.

1014 Nachforschungen über die Qualität eines ausländischen Wertpapiers braucht eine Bank nur dann anzustellen, wenn sie von sich aus gezielt einem Kunden dazu rät. Solcher bedarf es nicht, wenn der Anleger von sich aus ausdrücklich eine Auslandsanleihe verlangt.

LG Traunstein WM 1993, 207 zum Erwerb der Bond-Anleihe.

1015 Ein hochspekulatives Papier darf nicht als „interessant" bewertet und empfohlen werden, wenn die Bank nicht zuvor alle Informationsmöglichkeiten ausgeschöpft hat.

OLG Köln ZIP 1997, 1372,
dazu EWiR 1997, 879 *(Steiner)*.

1016 Der Umfang der Nachforschungspflicht richtet sich danach, in welchem Maße der Anleger schutzwürdig auf die Richtigkeit der ihm gemachten Angaben vertraut hat.

BGHZ 74, 103 = WM 1979, 530 = NJW 1979, 1449.

1017 Die Rechtsprechung verlegt mit diesem Maßstab bei der Vertrauenshaftung zunehmend das Schwergewicht vom Verhalten des Haftenden auf das Vertrauen desjenigen, der geschützt werden soll, obwohl die Vertrauenshaftung an sich darauf beruht, dass ein bestimmtes Verhalten als rechtlich bedeutsam gewertet wird und daher Rechtsfolgen erzeugt.

Coing, WM 1980, 206, 211 zum Bereich der Prospekthaftung;
Niehoff, Sparkasse 1987, 61, 64;
Rümker, in: RWS-Forum 1, S. 71, 78.

8. Kapitalanlagen

Der Anlageberater muss nicht nur die Entwicklung der Börse beobachten, **1018** sondern sich auch das für die Beratung notwendige Wissen über die Vermögensanlage in Bezug auf Liquidität, Rentabilität und Sicherheit verschaffen,

OLG Karlsruhe WM 1989, 1380,
dazu WuB I G 4.-2.90 *(Häuser)*,

persönliche Verhältnisse und Absichten des Anlegers – z. B. Anlagesumme, Anlagedauer, Vermögensverhältnisse, Steuerpflicht, Alter, Beruf, Personenstand und Anlageziele nachfragen.

Heinsius, ZHR 145 (1981), 177, 189 ff.;
BGH WM 1976, 630, zur Pflicht zu Erkundigungen über die Qualität eines ausländischen Investmentfonds.

Dies gilt insbesondere, wenn der Anlageberater sorgfältig geprüfte Ver- **1019** dienstmöglichkeiten verspricht,

BGHZ 70, 356 = WM 1978, 306, 308 = NJW 1978, 997,

oder er den Eindruck erweckt, das von ihm angebotene Objekt sei von ihm geprüft worden.

BGHZ 74, 103 = WM 1979, 530 = NJW 1979, 1449;
in diesen Fällen haftet die Bank nach *Niehoff*, Sparkasse 1987, 61, 64, wegen ihrer „Identifikation" mit der Vermögensanlage;
vgl. ebenso BGH ZIP 1986, 562 = WM 1986, 517, zur Verwendung eines Werbeschreibens, in dem die Kapitalanlage als „bankgeprüft" dargestellt wird.
Dazu auch EWiR 1986, 473 *(Niehoff)*.

Nachforschungen sind allerdings entbehrlich, wenn Gutachten Dritter oder **1020** Testate von Wirtschaftsprüfern vorliegen, es sei denn, es bestehen Zweifel an der Richtigkeit der Prüfungsfeststellungen, z. B. aufgrund anders lautender Zeitungsartikel.

BGH ZIP 1982, 923 = WM 1982, 862;
a. A. OLG Nürnberg ZIP 1986, 562
= WM 1986, 124, das grundsätzlich Testate von Wirtschaftsprüfern als nicht ausreichend ansieht und eigene Nachforschungen des Beraters verlangt. Die Entscheidung muss aber eindeutig unter dem Aspekt gesehen werden, dass sie sich gegen eine Bank richtet;
dazu EWiR 1985, 473 *(Köndgen)*;
aufgehoben durch BGH ZIP 1988, 1464 = WM 1988, 1685;
vgl. auch OLG Braunschweig ZIP 1992, 1463,
dazu EWiR 1992, 965 *(Vortmann)*, das zu den Gutachten Dritter auch den Börseneinführungsprospekt zählt. Nach dieser Ansicht besteht nicht einmal Anlass für Nachforschungen, wenn nach Börsenprospektveröffentlichung entgegengesetzte Zeitungsartikel erscheinen.
Revidiert durch BGH ZIP 1993, 1148 (zu weiteren Fundstellen zu dieser Entscheidung vgl. Rn. 793). Danach kann sich die Bank nicht auf einen Börsenprospekt verlassen;
ZBB 1994, 44 (m. Bespr. *Heinsius*, S. 47).

II. Besondere Aufklärungs-, Beratungs- und sonstige Warnpflichten der Bank

1021 Ein Anlageberater, der den Erwerb von Auslandsaktien empfiehlt und sich dabei lediglich auf nicht objektivierte Informationen von an der ausländischen AG beteiligten Personen stützt, handelt leichtfertig. Eine solche unzuverlässige Informationsquelle ist keine geeignete Grundlage für die Empfehlung einer deutschen Großbank, der Kunden erfahrungsgemäß ein hohes Vertrauen entgegenbringen. Hier muss der Berater eigene Nachforschungen anstellen.

OLG Karlsruhe WM 1989, 1380,
dazu WuB I G 4.-2.90 *(Häuser)*.

1022 Eine Bank muss nicht jede negative Berichtserstattung in Brancheninformationsdiensten über die von ihr vertriebenen Kapitalanlagen kennen.

BGH ZIP 2008, 2208 = ZfIR 2009, 239 (m. Anm. *Deuber*,
S. 242) = WM 2008, 2166 = NJW 2008, 3700 = BB 2008, 2645
= DB 2008, 2590 = VersR 2009, 116 = ZIfR 2009, 239
(m. Anm. *Deubner)*,
dazu EWiR 2009, 467 *(Balzer)*.

1023 Hat eine Bank Kenntnis von einem negativen Bericht in einem Brancheninformationsdienst, muss sie ihn bei der Prüfung der Kapitalanlage berücksichtigen. Anlageinteressenten müssen aber nicht ohne Weiteres auf eine vereinzelt gebliebene negative Publikation, deren Meinung sich in der Fachöffentlichkeit (noch) nicht durchgesetzt hat, hingewiesen werden.

BGH ZIP 2008, 2208 = ZfIR 2009, 239 (m. Anm. *Deuber*,
S. 242)

1024 Der Anlageberater hat jedoch trotz grundsätzlicher Verpflichtung zur Information über negative Berichte nicht sämtliche Veröffentlichungen der Presse, in denen Artikel erscheinen können, zu überblicken.

BGH ZIP 2009, 1332 = WM 2009, 688 = BKR 2009, 199 = BB 2009, 124;
zustimmend *Unzicker*, BB 2009, 1095.

1025 Die Nachforschungspflicht umfasst nicht eine Nachfragepflicht bei Bundesaufsichtsämtern dahingehend, ob es Verlautbarungen der Behörde gibt, die Zweifel an der Bonität und Seriösität des in Aussicht genommenen Emittenten.

BGH ZIP 2010, 2206 = WM 2010, 1932 = ZBB 2010, 516
= NJW-RR 2011, 329 = VersR 2011, 77,
dazu WuB I G 1.-2.11 *(Hanowski)*.

(b) Bonitäts- und Plausibilitätsanalyse

1026 Nach der Rechtsprechung des BGH,

ZIP 1993, 1148 (zu weiteren Fundstellen dieser Entscheidung vgl. Rn. 793);
BGH ZIP 2011, 816 = WM 2011, 505 = DB 2011, 702 = NJW-RR 2011, 910 = ZfIR 2011, 264 (LS) sieht eine Plausibilitätsprüfung bezüglich der Modellberechnung einer Fondsinitiatorin,

8. Kapitalanlagen

dazu EWiR 2011, 557 *(Frisch)*
sowie WuB I G 1.-12.11 *(Nassall)*,

muss eine beratende Bank, die sich als kompetent geriert, sich selbst aktuelle Informationen über das Anlagegeschäft verschaffen.

Ähnlich OLG Celle ZIP 1993, 181 = WM 1993, 191
= NJW-RR 1993, 500,
dazu EWiR 1993, 135 *(Köndgen)*
sowie WuB I G 4.-4.93 *(Köndgen)*.
Das OLG Celle spricht anstatt von einer Bonitätsanalyse von einer Plausibilitätsprüfung.

Dazu gehört bei privaten Anleihen die eigene Unterrichtung über die für die Beurteilung des Risikos wesentliche Bonität des Emittenten, und zwar unter Auswertung der dazu vorhandenen Veröffentlichungen in der Wirtschaftspresse. 1027

Köndgen, WuB I G 4.-4.93.

Bei einer Auslandsanleihe ist der Beratungsbedarf des Kunden wegen der erschwerten Zugänglichkeit der Quellen höher. 1028

Während der BGH in der genannten Entscheidung von einer generellen Bonitätsanalyse vor Aufnahme des Vertriebs spricht, sehen Instanzgerichte diese nur dann als zwingend an, wenn konkrete negative Anhaltspunkte über die Vermögenslage des Emittenten vorliegen. Bis dahin kann sich die beratende Bank auf die Prüfung eines anderen renommierten Bankhauses stützen. 1029

OLG Düsseldorf ZIP 1994, 1256 = WM 1994, 1468,
dazu EWiR 1994, 1083 *(Hegmanns)*
sowie WuB I G 4.-7.94 *(Köndgen)*.

Die Bank genügt dieser Pflicht beim Verkauf von empfohlenen japanischen Optionsscheinen, wenn sie zur Beurteilung der Bonität der Gesellschaft das Japan Company Handbook sowie Fundamentalanalysen japanischer Brokerhäuser heranzieht. 1030

OLG Oldenburg WM 1991, 255,
dazu WuB I G 7.-4.96 *(Schäfer)*;
zu weitgehend LG Augsburg EWiR 1995, 955 *(Vortmann)*.

Bietet eine Volksbank ihrem Kunden in einem Beratungsgespräch eine von ihrer Zentralbank oder ihrem Verband empfohlene Kapitalanlage an, deren Anlagekonzept einschließlich -prospekt sie selbst nicht auf wirtschaftliche Plausibilität geprüft hat, hat sie dem Kunden das Unterlassen der eigenen Prüfung und ggf. eine Prüfung durch die Zentralbank bzw. den Verband und das Ergebnis einer solchen Plausibilitätsprüfung zu offenbaren. 1031

Jedenfalls wenn ein zentrales Organ von Banken die erforderliche Plausibilitätsprüfung eines Anlagekonzepts übernommen hat, ist auch die Auswertung von berichten in Brancheninformationsdiensten zu der empfohlenen Kapitalanlage einzubeziehen und eine negative Berichterstattung (auch) mit sach- 1032

II. Besondere Aufklärungs-, Beratungs- und sonstige Warnpflichten der Bank

lichem Inhalt gegenüber dem Kunden – ggf. mit einer eigenen Bewertung – offenzulegen. Eine schuldhafte Pflichtverletzung im Rahmen der dem zentralen Organ überlassenen Plausibilitätsprüfung muss sich die beratende Bank gegenüber dem Kunden zurechnen lassen.

OLG Stuttgart WM 2007, 593,
dazu EWiR 2007, 323 *(Reiner/Pech)*
sowie WuB I G 1.-2.08 *(van Look)*;
ähnlich zur Pflicht eines auf den Vertrieb von Beteiligungen an Windkraftanlagen spezialisierten Anlagevermittlers, den Emissionsprospekt auf Plausibilität zu überprüfen vgl.
BGH WM 2009, 739,
dazu WuB I G 1.-5.09 *(Wulff)*.

(3) Überwachungspflichten

1033 Im Rahmen einer sachgerechten, soweit vorhandenen Aufklärungs- und Beratungspflicht ist die Bank als Anlageberaterin auch zur Überwachung von Kursen, Bezugsrechten usw. verpflichtet. Dieser Pflicht genügt sie, wenn sie die Informationen einer Fachzeitschrift entgegennimmt und keine zusätzlichen Nachforschungen anstellt. Fehler in den Fachzeitschriften hat sie nicht zu vertreten.

OLG Karlsruhe NJW-RR 1990, 753.

1034 Übernimmt ein Anlageberater die Repräsentanz für eine angeblich im Ausland existierende Bank, so muss er, bevor er die Anleger zur Anlage teilweise hoher Beträge bewegt, zumindest die Existenz dieser Bank und ihre Einbindung in das Bankensystem des betreffenden Landes abklären.

LG Kassel, Urt. v. 23.6.1993 – 6 O 282/93 (unveröff.).

(4) Dokumentationspflicht

1035 Kreditinstitute haben keine zivilrechtliche Pflicht oder Obliegenheit zur schriftlichen Dokumentation der Erfüllung ihrer Beratungs- und Aufklärungspflichten gegenüber Kapitalanlegern.

BGH ZIP 2006, 504 = WM 2006, 567 = BKR 2006, 161
(m. Anm. *Jordans/Mucke*, S. 163) = DB 2006, 663,
dazu EWiR 2006, 287 *(Lang)*.

d) Maßnahme zur Reduzierung des Haftungsrisikos

1036 Der Haftung aus Beratungspflichtverletzung bei einem Verzicht auf die kosten- und zeitintensive eigene Bonitätsanalyse kann die Bank nur dadurch entgehen, dass sie den Kunden auf die fehlende Bonitätsanalyse hinweist. Die vom Kunden zu unterzeichnende Erklärung könnte folgenden Wortlaut haben:

„Ich bin auf Folgendes hingewiesen worden: Die Bank macht keine Aussage zur Bonität des Emittenten, insbesondere nicht aufgrund einer eigenen Bonitätsanalyse. Sie spricht daher auch keine Empfehlungen aus. Es wurde darauf

8. Kapitalanlagen

hingewiesen, dass es infolge von Markt- bzw. Devisenkursänderungen zu Wertschwankungen kommen kann."

Da der Pflichtumfang, den der Anlagevermittler zu erfüllen hat, geringer als der des Anlageberaters ist, kann die Haftung dadurch reduziert werden, dass die Bank sich auf die Position des Anlagevermittlers zurückzieht. Unabhängig von geschäftspolitischen Überlegungen ist dies angesichts der BGH-Rechtsprechung zum Abschluss eines konkludent abgeschlossenen Beratungsvertrages nur möglich, wenn der Kunde ausdrücklich darauf hingewiesen und die Beratung tatsächlich nicht durchgeführt wird. 1037

Da nicht jedes Papier für die persönlichen Bedürfnisse jedes Anlegers geeignet ist, sollten bestimmte Produkte nur für bestimmte Kundengruppen angeboten werden, z. B. Zuordnung von bestimmten Kunden, die ein bestimmtes Anlageverhalten haben, in unterschiedliche Risikoklassen, denen bestimmte Anleihen zugeordnet werden. 1038

Die Empfehlung von Wertpapieren für bestimmte Kundengruppen setzt jedoch voraus, dass über den jeweiligen Anlageinteressenten Informationen vorhanden sind. Darüber hinaus kann der Berater, der vielfachen täglichen Kundenkontakt hat, nur dann eine anlegergerechte Beratung durchführen, wenn er die Anlageziele und persönlichen Vermögensverhältnisse des Kunden kennt. Aufgrund der vielen Kunden, die täglich zu betreuen sind, und der Tatsache, dass zwischen den einzelnen Gesprächen mit dem Anleger größere Zeitabstände bestehen können, ist es empfehlenswert, für jeden Kunden ein Profil zu erstellen, in dem Hinweise auf den Kunden enthalten sind. Ein solches Kundenprofil trägt zur anlegergerechten Beratung bei. Zu den in ein Kundenprofil aufzunehmenden Kriterien gehören: 1039

- Beruf, Familienstand, Alter;
- Zusammensetzung des Vermögens;
- Jahreseinkommen und steuerliche Belastungen;
- Erfahrungen des Kunden im Wertpapiergeschäft (allgemeine Kenntnisse und bisheriges Anlageverhalten), Dauer der Geschäftsverbindung;
- Anlageziele und Anlagementalität;
- Anlagedauer;
- Anlagebetrag – insbesondere im Verhältnis zum sonstigen Vermögen.

Vortmann, ÖBA 1994, 579, 586.

Dieses Kundenprofil kann Bestandteil einer Kundenkartei sein, die zwecks Dokumentation und als Informationsquelle geführt wird. Die Kundenkartei kann eine wichtige Unterstützung bei der Beratung darstellen, die individuelle Beratung jedoch nicht ersetzen. 1040

II. Besondere Aufklärungs-, Beratungs- und sonstige Warnpflichten der Bank

1041 Der Kunde muss sich an einer von ihm unterzeichneten „Kundenerklärung" festhalten lassen, auch wenn die betreffenden Kreuze in den Rubriken nicht von ihm selbst vorgenommen worden sind.

OLG Frankfurt/M. BKR 2005, 286.

9. Vermögensverwaltung

a) Benachrichtigungspflichten

1042 Der Vermögensverwalter hat ebenfalls bei Eintritt von erheblichen Verlusten eine frühzeitige Benachrichtigungspflicht,

BGH ZIP 1994, 693 = WM 1994, 834,
dazu EWiR 1994, 563 *(Tilp)*
sowie WuB I G 5.-5.94 *(Schäfer)*;
OLG Hamm WM 1996, 669,
dazu EWiR 1996, 499 *(Horn)*;
Schäfer, S. 111 f.;
zu den Möglichkeiten, Vereinbarungen über Benachrichtigungspflichten zu treffen, vgl. *Schäfer*, WM 1995, 1009,

um dem Vermögensverwalter entweder durch Vertragskündigung die Verwaltung der anvertrauten Vermögenswerte ganz zu entziehen oder mit ihm neue Vereinbarungen im Sinne bestimmter Vorgaben für die weitere Vermögensverwaltung zu treffen. Die Verlustbestimmung richtet sich nach dem Gesamtportfolio; die Erheblichkeit des Verlustes nach der Risikoneigung des Anlegers.

Schäfer, WM 1995, 1009, 1011 f.

1043 Der Vermögensverwalter ist verpflichtet, den Kunden bei einer Anlagestrategie mit überdurchschnittlich hohem Risiko jedenfalls dann zu benachrichtigen, wenn der (Buch-)Verlust 25 % des eingesetzten Kapitals von 2 Mio. DM überschreitet.

LG Kiel EWiR 2006, 135, dazu EWiR 2006, 135 *(Balzer)*.

1044 Wesentlicher Inhalt der Benachrichtigungspflichten bei einer Vermögensverwaltung sind die in § 9 WpDVerOV festgelegten Berichtspflichten gegenüber Privatkunden. Danach ist eine Berichtserstattung grundsätzlich alle sechs Monate erforderlich. Der Kunde kann allerdings verlangen, dass das Reporting alle drei Monate erfolgt. Bei kreditfinanzierten Portfolios ist eine monatliche Berichterstattung vorgeschrieben. Erhält der Kunde eine Abrechnung über jedes Einzelgeschäft, ist eine Berichterstattung nur einmal im Monat erforderlich.

Schäfer, in: Schriftenreihe der Bankrechtlichen Vereinigung,
Bd. 27, S. 3149 ff.;
Teuber, BKR 2006, 429, 436.

1045 Während bisher nur die Rechtsprechung zur Frage Benachrichtigungspflicht bei Verlusteintritt Stellung genommen hat, sind nunmehr die Benach-

9. Vermögensverwaltung

richtigungspflichten beim Eintritt von Verlusten gesetzlich in den §§ 9 Abs. 5, 8 Abs. 6 WpDVerOV geregelt. Maßgeblich für die Benachrichtigung des Kunden ist dabei die Verlustschwelle, die im Verwaltungsvertrag vereinbart worden ist. Bei einem Überschreiten dieser Schwelle hat die Benachrichtigung des Kunden spätestens am Ende des Geschäftstages zu erfolgen. Der Kunde soll die Möglichkeit erhalten, unmittelbar auf Verluste reagieren zu können, bis hin zur Kündigung des Verwaltervertrages.

Die Reportingvorschriften verpflichten den Vermögensverwalter darüber hinaus, Zahlungen von Dritten in der regelmäßigen Berichterstattung über die Vermögensverwaltung gegenüber den Privatkunden auszuweisen. **1046**

b) Aufklärungs- und Beratungspflichten

Die Bank hat im Rahmen des Vermögensverwaltungsvertrags Aufklärungs- und Beratungspflichten nur im Zusammenhang mit der ordnungsgemäßen Ausführung der Verwaltung, nicht aber bei der Entscheidung des Kunden über den Geschäftsabschluss. **1047**

Gaßner/Escher, WM 1998, 93, 97 f.;
ebenso *Balzer*, WM 2000, 441;
Sprockhoff, WM 2005, 1739, 1740 ff.;
vgl. dazu auch BGH ZIP 2002, 795 = WM 2002, 913,
dazu EWiR 2002, 425 *(Balzer)*.

Bei Durchführung von Aktiengeschäften im Rahmen einer Vermögensverwaltung hat die beauftragte Bank vor Kauf einer bestimmten Aktie ihre Kursentwicklung und Bewertungen in den einschlägigen Fachzeitschriften zu beachten und in ihre Kaufentscheidung mit einzubeziehen. Verhält sie sich dementsprechend, bleibt das nicht kalkulierbare Risiko, das jedem Aktiengeschäft anhaftet, beim Käufer, sofern sich die Bank an die mit dem Anleger im Rahmen des Vermögensverwaltungsvertrags vereinbarten Anlagerichtlinien hält. **1048**

LG Stuttgart WM 1997, 163,
dazu EWiR 1997, 295 *(Balzer)*;
siehe auch OLG Karlsruhe ZIP 2000, 2060 = WM 2001, 805,
dazu EWiR 2001, 57 *(Balzer)*
sowie WuB I G 9.-2.01 *(Schwernicke)*.

Bei einer Vermögensverwaltung, die auf den An- und Verkauf von in- und ausländischen Wertpapieren ausgerichtet ist, ist der Verwalter bei Vertragsschluss oder jedenfalls vor Vollzug einer Anlageentscheidung verpflichtet, dem Kunden ein zutreffendes Bild von den Chancen und Risiken der auszuführenden Geschäfte zu vermitteln. **1049**

BGH ZIP 2002, 795,
dazu EWiR 2002, 425 *(Balzer)*.

Die Beratung muss sich nicht auf jedes mögliche Anlageobjekt, sondern nur auf die allgemeine Anlagestrategie der Vermögensverwaltung und deren Risiken beziehen. **1050**

II. Besondere Aufklärungs-, Beratungs- und sonstige Warnpflichten der Bank

OLG Frankfurt WM 2013, 2070,
dazu WUB I G 9.-1.14 *(Ueding)*.

1051 Der Vermögensverwalter ist aufgrund seiner Interessenwahrungspflicht gehalten, den Kunden vor Erwerb von Aktien auf gesellschaftsrechtliche Verflechtungen hinzuweisen, die einen Loyalitätskonflikt auslösen können.

LG Düsseldorf EWiR 2006, 267,
dazu EWiR 2006, 267 *(Balzer)*;
OLG Düsseldorf EWiR 2008, 271,
dazu EWiR 2008, 271 *(Elixmann)*.

1052 Bei einem Vermögensbetreuungsvertrag ist hinsichtlich der Frage, ob eine Anlage anleger- bzw. objektgerecht war, keine Gesamtbetrachtung hinsichtlich des Wertpapierdepots anzustellen, sondern jeder Ankauf eines Papiers ist isoliert zu betrachten.

OLG Bamberg BKR 2002, 185.

1053 Der Vermögensverwalter ist verpflichtet, den Kunden vor Erwerb von Regulation-S-Aktien schriftlich über die besonderen Risiken der Geschäfte hinzuweisen.

LG Frankfurt/M. BKR 2004, 242,
dazu EWiR 2004, 787 *(Balzer)*.

1054 Ist ein Vermögensverwaltungsvertrag auf konservative Anlage ausgelegt und soll deshalb auf die gute Bonität der Emittenten von Aktien und Obligationen Wert gelegt werden, darf der Vermögensverwalter keine Papiere für Rechnungen des Auftraggebers erwerben, die in der Fachpresse als „turn around-Kandidaten" bezeichnet werden (z. B. im Jahre 1994 KHD und Klöckner).

LG München WM 1999, 179,
dazu EWiR 1999, 249 *(Balzer)*
sowie WuB I G 9.-1.99 *(Eichhorn)*.

1055 Eine Haftung des Vermögensverwalters besteht allerdings dann, wenn er den Kunden nicht über die in großem Umfang praktizierte Anlagepolitik des Erwerbs von Nebenwerten mit dem Ziel der Paketbildung aufklärt und auf die damit verbundenen Risiken hinweist. Gleiches gilt, wenn er den Kunden vor Erwerb von Aktien nicht darüber aufklärt, dass sein alleinvertretungsberechtigter Mehrheitsaktionär Aufsichtsratsvorsitzender der Gesellschaft ist.

OLG Köln NZG 1999, 1177,
dazu EWiR 2000, 169 *(Balzer)*.

1056 Bei einem Vermögensverwaltungsvertrag trifft den Kunden gegenüber dem Vermögensverwalter nicht die Pflicht, Abrechnungen und Aufklärungsanzeigen von Wertpapiergeschäften zeitnah zu kontrollieren.

BGH ZIP 1997, 2149 = WM 1998, 21 = BB 1998, 71 = DB 1998, 190,
dazu EWiR 1998, 109 *(Horn/Balzer)*.

1057 Ein Vermögensverwalter muss über den bloßen Höchstgebührensatz pro Geschäft hinaus auch darüber aufklären, wie viele Geschäftsvorgänge im

Normalfall bei der Anlageform in welcher Zeit getätigt werden und inwieweit allein durch die anfallenden Gebühren die Gefahr besteht, binnen relativ kurzer Zeit das eingesetzte Kapital zu verlieren (hier: Verlust von rund einem Drittel allein durch Gebühren innerhalb von zehn Monaten), wenn keine entsprechenden Gewinne erwirtschaftet werden können.

KG ZIP 2006, 1497 = BKR 2006, 504.

Ob der Vermögensverwalter verpflichtet ist, Kunden auf die Höhe der Rückvergütung hinweisen muss, ist von der Rechtsprechung bisher offengelassen worden. 1058

OLG Karlsruhe ZIP 2009, 2288 (LS),
dazu EWiR 2010, 207 *(Balzer)*, die Entscheidung ist n. rkr.
(Aktenzeichen des BGH: III ZR 227/09).

Die schadensverursachende Kausalität wird unterbrochen, wenn die Bank im Rahmen eines Vermögensbetreuungsvertrages zum Verkauf der Anlage rät und wiederholt vor einem Rückkauf der Anlage, der aus Gründen der Schadenskompensation vom Anleger beabsichtigt wird, warnt. Ein trotzdem durch den Anleger erfolgter Rückkauf und ein damit einhergehender Schaden ist vom Anleger selbst zu tragen. 1059

OLG Bamberg BKR 2002, 185.

10. Besonderheiten bei grenzüberschreitenden Bankdienstleistungen

Die deutschen Grundsätze sind auf Geschäfte inländischer Banken mit ausländischen Kunden und auf Geschäfte ausländischer Banken mit deutschen Kunden anwendbar, wenn in Ermangelung einer anderweitigen Rechtswahl der Schwerpunkt des abzuschließenden Vertrages in der Bundesrepublik Deutschland liegt. Anderenfalls unterliegen Kunden bei Geschäften mit ausländischen Banken dem ausländischen Recht, in dem der abzuschließende Vertrag seinen Schwerpunkt hat; im Zweifel im Heimatrecht der ausländischen Bank, mit der der Kunde Geschäfte tätigt. 1060

Der Inhalt der Aufklärungs- und Beratungspflichten bei grenzüberschreitenden Bankdienstleistungen orientiert sich an den von der deutschen Rechtsprechung entwickelten Grundsätzen. Der Kunde ist allerdings auf die speziellen sich aus den Besonderheiten dieser Geschäfte ergebenden Risiken hinzuweisen (z. B. Fremdwährungsrisiko, besondere Risiken im Hinblick auf Eurokredite). 1061

Vgl. dazu insbesondere *Vortmann*, WM 1993, 581, 585 f.

Beispielsweise ist über erhöhte Kosten der Transaktion oder der späteren Depotverwaltung bei ausländischen Papieren aufzuklären, wenn die Kenntnis beim Kunden nicht vorausgesetzt werden kann. 1062

OLG München WM 1986, 1217,
dazu WuB I G 4.-2.86 *(Rössner/Lachmaier)*.

II. Besondere Aufklärungs-, Beratungs- und sonstige Warnpflichten der Bank

11. Insolvenzverfahren

1063 Die Bank haftet bei unberechtigten Auszahlungen an die Insolvenzmasse, wenn ihr mit dem Sequestrationsbeschluss, der ein allgemeines Veräußerungsverbot enthält, der Firmenname ihres Kunden fehlerhaft mitgeteilt wird, und sie weitere Nachforschungen unterlässt.

> LG Stralsund ZIP 1995, 578 = BB 1995, 844,
> dazu EWiR 1995, 853 *(Warneke)*.

1064 Allerdings kann eine solche Nachforschungspflicht nur gegeben sein, wenn der Firmenname offenkundig fehlerhaft und die Abweichung von der richtigen Schreibweise geringfügig ist; z. B. Verwendung von im Firmennamen nicht vorhandenen Bindestrichen im Sequestrationsbeschluss, obwohl solche im tatsächlichen Firmennamen nicht enthalten sind. Es darf nicht verkannt werden, dass letztlich das den Sequestrationsbeschluss ausstellende Insolvenzgericht für die Richtigkeit des Beschlusses haftet.

12. Steuerfahndungsverfahren

1065 Die Zunahme der Durchsuchungen in Banken im Rahmen von Maßnahmen der Steuerfahndungen gegen Anleger führt zu der Auffassung vieler Anleger, die Bank sei verpflichtet, die Anleger von solchen Durchsuchungsmaßnahmen zu informieren, damit diese zur Vermeidung einer Strafe noch Selbstanzeige erstatten können. Unstreitig ist, dass die Bank ein Informationsrecht hat.

> *Ungnade/Kruck*, WM 1980, 258, 267;
> *Bilsdorfer*, DStR 1984, 498, 500.

1066 Dieses Recht steht ihr auch dann zu, wenn die Steuerfahndung die Bank um Stillschweigen gebeten hat.

> *Ungnade/Kruck*, WM 1980, 258, 267.

1067 Eine Hinweispflicht besteht jedoch nicht, weil es nicht Aufgabe der Bank sein kann, den Kunden vor strafrechtlichen Konsequenzen zu schützen. Eine Interessenwahrungspflicht ist nicht gegeben.

> LG Bielefeld WM 1995, 2096,
> dazu WuB I B 4.-1.96 *(Vortmann)*;
> ebenso *Vortmann*, WM 1996, 1166 ff.;
> offengelassen *Streck/Mack*, BB 1995, 2137, 2140.

Stichwortverzeichnis

Abschlussgehilfe 57
Abschreibungsgesellschaft 350, 683
Abzahlungsgeschäft 295
Abzahlungskauf 424 ff.
- Anschaffungsdarlehen 433
- Einwendungsdurchgriff 424
- Ertragsfähigkeit des Kaufgegenstandes 426
- geschäftserfahrener Kunde 432
- geschäftsunerfahrener Kunde 432
- Personalkredit 433
- Vorausquittung 429
AGB-Banken 225, 456, 495, 602
AGB-Sparkassen 225
Agio 85
Aktienfonds 934 f.
Aktienoption 748 ff., 937 ff.
Altschulden 237
Anlageberatung 16
- Aktienoption 937
- anlegergerechte Beratung 793
- Beratungsvertrag 863
- ausdrücklicher 863
- stillschweigender 863
- Bonitätsanalyse 1026
- „chancenorientierte" 796
- Effekten 906
- Dauer 885
- Genussscheine 991
- Grundsatz 804
- Interessenkollision 995
- Investmentzertifikat 1007
- Lebensversicherung 998
- Versicherungsbedarf 998
- Nachforschungspflicht 1014
- Umfang 1016
- Pflicht
- zur Klarheit 900
- zur Richtigstellung 907
- zur Vollständigkeit 903
- zur Wahrheit 896 f.
- Risiko des Totalverlustes 812

- Schutzbedürftigkeit 778
- Überwachungspflicht 1033 f.
- Unternehmensbeteiligung 992
- Verzicht 879 ff.
- Wandelschuldverschreibung 936
Anlagedauer 915
Anlagemotiv 915
Anlageprodukt, konservatives 44
Anlagerichtlinie 101
Anlagevermittler 171, 228, 395, 640 ff.
Anlagevermittlung
- Abgrenzung zur Anlageberatung 637 f.
- Abschreibungsgesellschaften 683
- Aktienoption 748
- Anlageberater 650
- Aufklärungspflicht 658
- Vermittlungsvertrag 659
- Billigaktien 757, 459
- Finanztermingeschäft 719
- Grenzziehung 650
- Immobilien 675 f.
- Nachforschungspflicht 760
- nicht börsennotierte Aktien 758
- sonstige Optionsscheine 752
- Stillhalteroptionsgeschäft 755
- Termindirektgeschäft 715
- Warenterminoption 684
- Differenzeinwand 686
- Informationsbroschüre 709
- Termineinwand 685
Anschaffungsdarlehen 295
Anschaffungsspesen 85
Anscheinsbeweis 175
Anspruch aus positiver Vertragsverletzung 170
Arbeitnehmer 380 f.
Arbeitnehmereinlage 380
Aufhebung 78

Stichwortverzeichnis

Aufklärung, falsche
- Definition 48

Aufklärungsbedürftigkeit 50
Aufklärungskosten 55
Aufklärungspflicht 2 ff.
- Abzahlungskauf 424
- Anlagevermittlung 658
- Baufinanzierung 296
- Bauherrenmodell 321
- Begriff 2
- betriebliche Tragbarkeit für die Bank 55
- Einklagbarkeit 8
- Falschinformation 9
- finanzielle Tragbarkeit für die Bank 55
- Finanzierung von Vermögensanlagen 348
- Gegenstand 6
- Grundsatz 18
- Idealkredit 326
- Intensität 292
- Kreditgeschäft 250 ff.
- Kreditvermittlung 416
- Lebensversicherungskredit 309
- Mietpool 375 f.
- neue Erkenntnisse der Bank 3
- Richtigkeit und Vollständigkeit 662
- Scheck 569
- Systematik 4
- Treuhand 615
- Umfang und Inhalt 49
- Umschuldung 334
- Umstände, aufklärungsbedürftige 670
- Unterlassung 9
- Verbraucherkredit 326
- vertragliche Schutzpflicht 17
- vorvertragliche Nebenleistungspflicht 9
- vorvertragliche Schutzpflicht 17
- Wissensvorsprung 382, 393 f.

aufklärungsrichtiges Verhalten 128, 157 ff.
Auskunftsanspruch 6
Auskunftsgeber
- eigenes wirtschaftliches Interesse 38

Bankauskunft 45
Bankdienstleistung
- grenzüberschreitend 1060
Bankgeheimnis 35, 478, 532, 924
Bankvollmacht 232
Baufinanzierung 40, 264, 296 ff.
- baurechtliche Voraussetzung 303
- Bearbeitungsgebühren 300
- Disagio 300
- geschäftliche Verbindung 299
- Teil- 302
- Überwachungspflicht 304 f.
Bauherrenmodell 51, 350, 355, 375, 402, 435
Bausparvertrag
- Zuteilungszeit 256
Bausparzwischenfinanzierung 256
Benachrichtigung
- des Kunden 17
Benachrichtigungspflicht 608
- vertragliche Obliegenheit 17
Beratung, anlegergerechte 608
Beratungspflicht 604
- Abzahlungskauf 424
- Baufinanzierung 296
- Begriff 2
- betriebliche Tragbarkeit für die Bank 55
- Falschinformation 9
- finanzielle Tragbarkeit für die Bank 55
- Finanzierung von Vermögensanlagen 348
- Grundsatz 18
- Idealkredit 326
- Kreditgeschäft 250
- Kreditvermittlung 416

228

Stichwortverzeichnis

– Lebensversicherungskredit 309
– Treuhand 624
– Scheckverhältnis 577
– Umfang und Inhalt 49
– Umschuldung 334
– Unterlassung 9, 150
– Verbraucherkredit 326
– vertragliche Schutzpflicht 17
– vorvertragliche Nebenleistungspflichten 9
– vorvertragliche Schutzpflicht 17
Beratungsvertrag 36 ff.
– ausdrücklicher 36, 864
– Dienstvertrag 43
– Entgelt 42
– rechtsgeschäftlicher Verpflichtungswille 37
– stillschweigender 36, 38, 651, 863
– Werkvertrag 43
Beratungsverzicht 878 ff.
Beweis- und Darlegungslast 150 ff.
– des GmbH-Geschäftsführers 181
– des Kunden 161
– Grundsatz 157
– Kreditnehmer 182
– sittenwidrige Schädigung 218
Billigaktie 757 ff.
Börsenentwicklung 26
Börsentermingeschäft 71
Bonitätsanalyse 1026, 1036
Brancheninformationsdienst 1022 f., 1031
Bürgschaft 457
– Bank als Bürgin 483
– Benachrichtigungspflicht 485
– Bürgschaft auf erstes Anfordern 488
– Bank als Bürgschaftsnehmerin 458
– Bankgeheimnis 479
– bei vermögensloser Person 472

– Überschreitung des Kreditrahmens 461

Darlegungs- und Beweislast
– Lastschriftverfahren 560
– Pflichtverletzung, objektive 178
Darlehen
– Verwendungszweck 274
Darlehenszinsen
– Schwankungen 266
Depotgeschäft 602
Devisentermingeschäfte 744 ff.
Disagio 300, 315
Diskontgeschäft 447
– Vermögensverhältnis anderer Wechselbeteiligter 446
DM-Schuldverschreibung 936

Effekten 85, 909
Eigenes wirtschaftliches Interesse
– des Auskunftsgebers 17
– des Vermittlers 58
Einlagengeschäft 502
Einlagensicherung
Entschuldigungsgrund 63
Erfüllungsgehilfe 57, 138
Existenzgründungsdarlehen 435

Factoring
– echtes 451
– unechtes 451 ff.
Fahrlässigkeit 57, 225
Falschinformation 9
Finanzierung von Vermögensanlagen 348
– Bank als Kreditgeberin 349, 372
– Beteiligung an der Vermögensanlage 408
– Informationsbedarf 378
– erkennbarer 365
– Interessenkollision 365, 397
– Risikoverteilung 372
– Wissensvorsprung
– Zweckvereitelung 365

229

Finanztermingeschäft 719 ff.
– Termingeschäftsfähigkeit 733
– Transaktionskosten 741
Fonds 196, 388
Fördermittel 435
formularmäßiger Hinweis 295
FRUG 803

Gefährdungstatbestand 28
Geldausgabeautomat 601
Gemeinschaftskonto 232
Genussschein 991
Geschäftsverbindung 15, 46, 225
– langjährige 20
– mit Dritten 289
Gewinnmargen 823
Grundschuld 489
Güterabwägung 35

Haftungsausschluss 225 ff.
– Freizeichnung 225 f.
Haftungsgrundlage
– gesetzliche Ansprüche 215
– vertragliche Ansprüche 32
Haftungsrisiko
– Maßnahme zur Reduzierung 1036
Hypothekenfinanzierung 256

Idealkredit 182, 258, 326
Immobilie 410
– Zwangsversteigerung 410
– Wert 411
Immobilienfonds 196, 973 ff.
– Rückvergütung 983
Immobilienkapitalanlage 396, 983
Informationsbedarf 378
Informationspflicht 874
Innenprovisionen 835
Insiderinformation 924
Insolvenz 522, 1063
Interessenkollision 397
– bei Schuldmitübernahme 438
Investmentfonds 605

Kapitalanlage
– Anlageberatung 778
– Anlagevermittlung 636
– Finanzierung 348
– Mitverschulden des Anlegers 775
– Treuhand 615 f.
– allg. Pflichten 619
– Aufklärungs- und Beratungspflichten 624
– Benachrichtigungspflicht 634
– Nachforschungspflicht 632
– Überwachungspflicht 635
Kapitallebensversicherung 309, 312 ff.
Kausalität 87, 120, 128, 157
Kick-backs 995
Kindergeld 259
Konjunkturlage 26
Kontoeröffnung 232 f.
– Oder-Konto 233
Kontoführung 244 ff.
– Hinweispflicht bei Missbrauch durch GmbH-Geschäftsführer 244 ff.
Kontonummer
– Änderung 247
Kontoverbindung 232 ff.
Kontovollmacht 239
Kredit
– Kontokorrent- 256
– Lebensversicherungs- 295, 318
– Masse- 295
– Raten- 295
– Teil- 276
– Überziehungs- 256
Kreditart 296
– Zweckmäßigkeit 250, 256
Kreditaufnahme
– Zweckmäßigkeit 250
Kreditausweitung 255
Krediterweiterung 334
Kreditgeschäft 250 ff.

Stichwortverzeichnis

Kreditnehmer
– Risikobereich 259
– Unerfahrenheit 342
Kreditsicherheit 454 ff.
– Abtretung 454
– Irrtum des Sicherungsgebers 454
– Nachforschungspflicht 455
– Sicherheitenbestellung 455
Kreditvermittlung 416 ff.
– Packing 419 ff.
Kreditvermittler 416, 419
Kunde
– Erfahrenheit 43
– gehobene Schulbildung 20
– Mitverschulden 64
– Profil 1039
– Unerfahrenheit 283, 292
Kundenkredit für Geschäfte mit anderen Bankkunden 439

Lastschriftverfahren 549
– Benachrichtigungspflicht
  – gegenüber dem Gläubiger 552
  – gegenüber dem Schuldner 555
– Inkassostelle 563
– Oder-Konto 558
– Zahlstelle gegenüber Gläubiger 552
– Zahlstelle gegenüber Schuldner 552
– Darlegungs- und Beweislast 560
– Vertrag mit Schutzwirkung für Dritte 553
– Zusammenbruch des Lastschriftgläubigers 550
Lebensversicherung
– Abtretung 492
– Anlageberatung 998
– dynamische 1001
– fondsgebundene 1002
– Zillmern 1005

Lebensversicherungskredit 295, 309
– Abtretung von Lebensversicherung 492
– Kapitallebensversicherung 309, 312 f.
– Restkreditversicherung 310
– Risikolebensversicherung 310
– Schadensersatzanspruch 319

Massekredit 295
Medienfonds 964
Mieteinnahme 383
Mietpool 375

Nachforschungspflicht 16, 262
– Anlageberatung 1013
– Anlagevermittlung 761
– Kreditsicherheiten 455
– Treuhand 632 f.
– Überweisung 536 f.
– Umschuldung 342, 345
– Wechsel 568 f.
– Zweckvereitelung 373
Nebenerwerbskosten
– Kausalität 86

Oder-Konto 232, 234 f.
– Aufklärungspflicht 235
Optionsschein 754
– „klassischer" 787
Orderscheck 585

Penny Stocks 757
Pflichtverletzung 45 f., 100
Portfolios 1044
positive Forderungsverletzung 33, 334
Prospekthaftung 113
Prospekthaftungsanspruch 191
Prospektverantwortlicher 138, 388
Publikumsgesellschaft 97

Quellensteuer 14

Stichwortverzeichnis

Ratenkredit 295
Raterteilung 6
Rating 929
– Agenturen 929
Rechtsberatungsgesetz 19
Rechtsirrtum, entschuldbarer 63
Regelverjährung 192
Restschuldversicherung 317, 332 f.
Risikolebensversicherung 309
Rückvergütungen 826

Sanierungsverhandlung 471, 533, 550
Schaden 73 ff.
– Aufwendungsersatz 76
– Kursverlust 85
– negatives Interesse 76
– positives Interesse 77
Schadensersatzanspruch 11
– Anlageberatung 83
– Aufhebung des Kreditvertrages 78
– deliktischer 218
– Drittfinanzierung 86
– Grunderwerb 82
– Lebensversicherungskredit 324
– merkantiler Minderwert 98
– Musterfeststellungsverfahren 228
– Nebenerwerbskosten 85 f.
– Prospekthaftung 113
– Reduzierung des effektiven Vertragszinses 78
– Regelverjährung 192
– Restschuldversicherungsvertrag 78
– Risikoaufklärung, unzureichende 171
– Umfang 78
– Umschuldung 334
– Unterlassen anderer Anlagen 89
– wegen Nichterfüllung 84
Schädigung, sittenwidrige 215 f.
– Beweislast 218

– Beginn der Verjährungsfrist 218
Scheck
– Aufklärungspflicht 569
– BSE-Verfahren 575
– Insolvenz des Einreichers 570
– Nichteinlösung mangels Deckung 573
– Sittenverstoß 572
– strafbare Handlung 572
– Benachrichtigungspflicht 596
– Nachforschungspflicht der Einzugsbank 578
– Verdachtsmomente 588
– Nachforschungspflicht der bezogenen Bank 592
– Orderscheck 585
Schiffsbeteiligung 350
„Schnellballsystem" 216
Schuldmitübernahme 435
– Innenverhältnis der Verpflichteten 436
– Interessenkollision 437
Schutzverzicht 54
Schutzzweck 81
Sicherheitenverwertung 494
– Mitteilungspflicht der Bank 494
Sittenwidrigkeit
– Umschuldung 334
Sparvertrag 502
Steuerberatungsgesetz 316
Steuerersparnis 114, 259, 502
Stillhalteoption 755

Teilfinanzierung 301
Teilkredit 276
Telefonverkäufer 215
Termindirektgeschäft 715 ff.
Testamentsvollstreckung 611
– Treuhandkonto 16
T-Online 238
– Haftung durch Missbrauch Dritter 237
Transaktionskosten 741

Stichwortverzeichnis

Treu und Glauben 20 f., 47, 279, 332, 442, 448, 495, 526
Treuhänder 306 f., 356 f., 615 ff.
– Einstandspflicht 356
Treuhandkommanditist 621 ff.
Treuhandkonto 246

Überwachungspflicht 17, 602
Überweisung 517 ff.
– Abrechungsverkehr der Zentralbanken 547
– Benachrichtigungspflicht 541
– Oder-Konto 545
– Empfängerbank 546
– drohende Insolvenz der 522
– Verdacht der Untreue 534, 537
– Warnpflicht der Bank 520
Umschuldung 334 ff.
– Aufklärung der umschuldenden Bank 344
– c. i. c. 37
– eigener Kunde 334
– Nachforschungspflicht 343, 345
– Nachteile 339
– positive Forderungsverletzung 334
– Schadensersatzspruch 334
– Sittenwidrigkeit 334
– des Vorkredits 340
– wirtschaftlich unsinnig 337
Unerfahrenheit 342, 473
Unternehmensbeteiligung 992 ff.

Verbraucherkredit 326
– Restschuldversicherung 332 f.
– Sittenwidrigkeit 326
Verhalten, aufklärungsrichtiges 128, 157 f.
Verhandlungsgehilfe 57, 139
Verjährung
– c. i. c. 186
– positive Forderungsverletzung 186
– Prospekthaftungsanspruch 191

Verkehrsauffassung 21
Vermittler
– Eigenhaftung 58
– eigenes wirtschaftliches Interesse 58
Vermögensanlage 348
– Abschreibungsgesellschaft 350
– Bauherrenmodell 350
– Schiffsbeteiligungen 350
Vermögensberatung
– selbständige 53
Vermögensverwaltung 100 f., 1042
– Berichtspflichten 1044 f.
– Interessenwahrungspflicht 1044 f.
– Schadensersatz 196
Vermögensverwaltungsvertrag 100 f., 178, 188
Verschulden 56 ff.
– Ausschluss 61
– der Bank 56
– grobes 225
– Mitverschulden 65, 538
Verwirkung 214
Volljährigkeit, Eintritt der 23
Vollkaufleute 50
Vorenthalten von Informationen 6 f.
Vorsatz 57, 225
Vorschaltdarlehen 266
Vorteilsausgleichung 102
– Nachversteuerung 111
– steuerlicher Vorteil 105
– Steuerminderung, tatsächliche 104
– Wiederversteuerung 104

Währungsrisiko 20, 920, 936
Wandelschuldverschreibungen 936
Warenterminoption 215
– Anlagevermittlung 684
– Differenzeinwand 686
– Informationsbroschüre 701
– Termineinwand 685

233

Warnpflicht 14 f., 527
- als Gefahrenabwendungspflicht 14
- Grundsatz 29
Wechsel 565
- Nachforschungspflicht 568
Wertpapierberatung, selbständige 53
Wertpapiere 71
Wertungs- und Bewertungsspielraum 7
Wissensvorsprung 378
- bei Beteiligung an Vermögensanlage 408
- bei Kreditvermittlung 416
- konkreter 28, 281
Wohngeld 259

Zahlungsverkehr 508 ff.
- Ausland 513
- Kundeninformationsbroschüre 515
- Überweisungsart 516
- devisenrechtliche Vorschrift 513

- Devisenvergehen 514
- Geldausgabeautomat 598
- Inland 508
- Lastschriftverfahren 549
- Scheck 569
- Überweisung 517
- Überweisungsbank 522
Zero-Bonds 927
Zinskompensation 248
Zinsswapgeschäft 27, 949 f.
Zurechnung
- Bevollmächtigter 148
- Erfüllungsgehilfe 138
- Filialleiter 145
- Kreditvermittler 147
- Treuhänder 149
- Verhandlungsgehilfe 138
- Vermittler 138
- Vertreter 138
- Wissensvorsprung der Bankmitarbeiter 138
Zweckvereitelung 366
- Nachforschungspflicht 373

Gut investiert

...ken/Schaumann/Zenker

...nleihen in
...estrukturierung
...nd Insolvenz

Praxisbuch
..202 Seiten
..chur € 48,00
..978-3-8145-8230-6

Auch als RWS eBook erhältlich

...ihen als Finanzierungsinstrument haben in den letzten ...en erheblich an Bedeutung gewonnen. Kommt es jedoch ...rise oder Insolvenz des Unternehmens, müssen die ...ger meist nicht nur hohe Abschläge auf ihr Investment ...ehmen, die Struktur der Anleihen kann sogar die mögliche ...erung der Firma erschweren.

...nsolvenzverwalter und Sanierungsberater ist das Thema ...großer praktischer Relevanz. Das Werk behandelt praxisge-...t alle Fragen rund um die Anleihe in Krise und Insolvenz.

...r Informationen unter rws-verlag.de/82306

Rechtsanwalt Dr. **Oliver Wilken** ist Partner bei GÖRG Partnerschaft von Rechtsanwälten mbB, Köln. Er betreut Konzerne und Investoren, vorwiegend bei Reorganisationen sowie Kapitalmarkttransaktionen.

Rechtsanwalt Dr. **Michael Schaumann**, Dipl.-Kfm., ist Assoziierter Partner bei GÖRG Partnerschaft von Rechtsanwälten mbB, Köln. Tätig ist er vor allem im Bereich des Gesellschaftsrechts, des Bank- und Kapitalmarktrechts und der Restrukturierung und Beratung in der Krise.

Rechtsanwalt Dr. **Michael Zenker** ist Rechtsanwalt bei GÖRG Partnerschaft von Rechtsanwälten mbB, Köln. Seine Tätigkeitsschwerpunkte sind das Gesellschaftsrecht, insbesondere das Aktienrecht und das Kapitalmarktrecht.

RWS Verlag
Kommunikations-
forum GmbH

...terkommen im Wirtschaftsrecht.
...her. Zeitschriften. Seminare. Online.

ZIP Praxisbuch

Wilken/Schaumann/Zenker

Anleihen in
Restrukturierung
und Insolvenz

RWS

Faxbestellung (0221) 400 88 77

Versandkostenfreie Bestellung unter rws-verlag.de/shop

___ Expl. **Wilken/Schaumann/Zenker,
Anleihen in Restrukturierung und
Insolvenz**
€ 48,00 · ISBN 978-3-8145-8230-6

Name

Firma

Straße

PLZ/Ort

Datum/Unterschrift

E-Mail-Adresse

Ich bin damit einverstanden, dass Sie mir weitere Informationen zu Produkten und Dienstleistungen des RWS Verlags zusenden (Wenn nicht gewünscht, bitte streichen).

Bei schriftlicher oder telefonischer Bestellung habe ich das Recht, meine Bestellung innerhalb von 2 Wochen nach Absendung ohne Begründung in Textform (z.B. Brief, Fax, E-Mail) zu widerrufen. Die rechtzeitige Absendung des Widerrufs innerhalb der genannten Frist genügt. Die Frist beginnt dabei nicht vor Erhalt dieser Belehrung. Der Widerruf ist zu richten an den Lieferanten (Buchhändler, rws-verlag.de oder RWS Verlag Kommunikationsforum GmbH, Aachener Str. 222, 50931 Köln). Im Falle eines Widerrufs sind beiderseits empfangene Leistungen zurückzugewähren. Kosten und Gefahr der Rücksendung trägt der Lieferant. Zu gleichen Bedingungen habe ich auch ein Rückgaberecht für die Erstlieferung innerhalb von 14 Tagen nach Erhalt.

Folgen Sie uns auf Twitter.
twitter.com/RWS_Verlag

Besuchen Sie uns bei Facebook.
facebook.com/RWS.Verlag